Phi losophical foundation of
Bri tish Classical Political
Eco nomics

情感的
自然化

英国古典政治经济学的
哲学基础

NATURALIZATION OF SENTIMENTS

Philosophical Foundation of
British Classical Political Economics

李家莲 —— 著

社会科学文献出版社
SOCIAL SCIENCES ACADEMIC PRESS (CHINA)

目　录

序一

近代西方启蒙运动中的情感主义

——序李家莲教授《情感的自然化》

万俊人[*]

近代西方启蒙运动被视为人类文明、文化思想史上最具划时代意义的重大事件之一，不仅之于现代欧洲乃至现代世界，而且之于整个人类的现代思想理念与实践，以至于有研究者将之与"轴心期"（Axial Period，一译"轴心时代"）[①] 相提并论，称之为人类文明史上"两个划时代的爆发期"（two staccato Bursts，或译"两个断裂性爆发期"）[②]。按照雅斯贝斯的论断，"轴心期"最重要的思想成就在于，这一时期（公元前 8 世纪至公元前 4 世纪）先后在印度、中国和古希腊等地区出现的思想家群体——如佛陀（即佛祖释迦牟尼）、"诸子百家"和苏格拉底、柏拉

---

[*] 万俊人，清华大学人文学院院长，清华大学首批文科资深教授，教育部"长江学者"特聘教授，主要研究领域为伦理学与政治哲学。

[①] 〔德〕卡尔·雅斯贝斯：《历史的起源与目标》，魏楚雄、俞新天译，华夏出版社，1989，第 7～9 页。

[②] Anthony Gottlieb, *The Dream of Enlightenment: The Rise of Modern Philosophy*, New York & London: Liveright Publishing Corporation, A Division of W. W. Norton & Company 2016, p. ix.

图、亚里士多德等等——代表着人类文明进入一个崭新的时代，该时代的"新特点"是：人类"开始意识到整体的存在、自身和自身的限度"并"走向普遍性"，而人类意识得以最终走出"神话时代"并"走向普遍性"的根本动力，则是人性的"精神化"，以最早产生的哲学家或智者群体为代表的思想家们率先开始进行"理论思辨"①。

雅斯贝斯的论断已获公认，但它也隐含了——或者更确切地说，是给后来者留下了——一个可能容易引起争论的推论或结论，即无论是雅斯贝斯所说的"轴心期"还是当代英国学者安东尼·戈特利伯（Anthony Gottlieb）所说的"断裂性爆发期"，均可以看作（甚或被归结为）人类理性的胜利，仿佛唯有理性地思辨或者推理才能"走向（人类意识与观念的）普遍性"。这并非我的多虑！事实上，近代以降的西方哲学进程真实地反映了这种"理性之梦"的追逐轨迹，从笛卡尔、康德、黑格尔到现当代欧美分析哲学和实践哲学，甚至是最新的新自由主义政治哲学和新理性主义伦理学，一直占据着西方哲学的主流地位。尽管其间涌现出诸如感性主义、情感主义、唯意志主义、生命哲学、现象学－存在主义运动等哲学伦理学思潮，但不可否认的是，这些非主流或不太连贯的理性主义之外的思想观念很难受到同样的关注，当然也很难获得同样深入广泛的研究，17～18世纪苏格兰启蒙运动中的情感主义便是显证之一，而且，这一现象在中国现代学术界表现得尤

---

① 〔德〕卡尔·雅斯贝斯：《历史的起源与目标》，魏楚雄、俞新天译，华夏出版社，1989，第8～10页。

其突出。正是因为有这一学术判断和思想感受，所以，当我几年前初次读到李家莲教授的博士后报告《情感的自然化》时，便有久俟初逢且一见如故的喜悦。

这种喜悦首先是在我国哲学研究之学术意义上说的，其次也是我对中国伦理学前沿研究之最新成果的真切感受。就前者而言，情感主题确乎可以称为当代中国之哲学研究的一片亟待开垦的"灰地"。以我有限的了解，西方哲学界从来也没有遗忘甚至轻视过情感哲学的主题化研究。易言之，在某种意义上说，自古希腊以来的西方哲学伦理学一直都是在理性与感性或经验的二元紧张（张力）中生长和展开的，虽然苏格拉底—柏拉图—亚里士多德师门三代一直被视为古希腊哲学的主脉，但其思路和理路的演进从来都是以古希腊早期的快乐主义或"唯物论"作为其理论镜像的，没有后者的镜鉴，很难呈现前者的真实镜像。中世纪的"唯名论"与"唯实论"之争贯穿千年而不息，更不用说近代及其后始终争锋不止的唯物论与唯心论，或者更确切地说，普遍理性主义与特殊经验主义哲学的二元竞争了。

"两分性"（dichotomy）或"二元论"（dualism）不单是西方哲学流变的基本状态，也是西方文明或西方文化的基本思维模式，至今依然主导着西方人和西方社会的致思理路，这几乎是毋庸置疑的。然而，对于中国的哲学研究来说，其思想样态很少呈现连贯清晰的二元镜像——也许，"文革"时期有所例外，但恰恰是这种例外造成了中国社会空前的总体性灾难性社会后果，相反，自古至今的中国哲学生长整体呈现的是多元互竞中的一元化寻求，或者换言之，一种"多元论"与"一元论"互竞相长的思想状态，从先秦的诸子百家到汉代的"独尊儒术"，洎今益盛的"一体"（马克思主义哲学）"两翼"（中国哲学与西方哲学）①之思想演进趋势，其间虽多有曲折变幻，却也始终未改其宗。这一状况当然也会影响——事实上是宰制——中国伦理学界的知识状况和知识形态。

我想特别指出的是，自近代"哲学"这一西式概念和学科名称正式进入中国知识界和学术界，很长时间里一直呈现着"诸主义"（－isms）多元互竞的状态，很多时候，经验主义或自然主义哲学——如英国近代经验主义、英美自然主义、美国实用主义等等——甚至占据优势发展地位，随着马克思主义哲学的意识形态化，被确认为马克思主义"三大来源"之一的、以黑格尔为杰出代表的德国古典理性主义哲学在中国哲学界的地位迅速上升，而各种形式的欧美经验主义哲学及其中国研究则受到不同程度的限制性影响，由于近现代科学主义思潮日益强劲，近代英国经验主义哲学逐渐转向"逻辑经验主义"或"逻辑实证主义"，在某种可见复可理解的意义上，脱胎于逻辑经验主义或逻辑实证主义的现代分析哲学又逐渐与普遍理性主义哲学结成所谓"科学（主义）的"联盟，蔚然成为当今西方哲学的主流形态，因之这一趋势对经验主义哲学研究的限制性影响至今尤盛。从当代中国伦理学界的情形来看，

---

① 依我有限的了解和记忆，"一体两翼"之说最早为北京大学哲学系黄楠森先生在20世纪90年代中期的一次哲学学术研讨会上所做的主旨发言中正式提出来的，后来逐渐被广泛接受和使用，最终也得到官方的正式认可。尽管有些可惜，那次会议的主题名称我已然记不大清楚了，但黄楠森先生的这一提法前所未见，其时颇为突出，故留下深刻印象。

由于理论形式化、程序化、"理性化或合理性"（马克斯·韦伯语）和规范型的伦理学研究居于主流，即使近年来的"美德伦理学"研究渐渐兴起，中国当代伦理学的总体知识状况依旧没有发生根本性改变。这就是我在读到李家莲教授新作《情感的自然化》时感到由衷喜悦的另一缘由所在。我尊重甚至一直恪守着某种理性主义的伦理学研究方式，我喜欢尼采、存在主义和麦金泰尔，但在运思致论上却更偏爱康德和罗尔斯。然而，作为一位理性的伦理学者，我的学术直觉和判断总是时刻提醒我，别开生面的理论研究和多元互竞的学术生态最值得珍惜和期待。这也是我珍视家莲教授的情感主义伦理学研究并乐于为之鼓呼的主要理由。

"启蒙"（enlightenment）是人类自由意识（思想）的自我觉醒和自我解放。用康德的著名定义来说，所谓"启蒙运动就是人类脱离自己所加之于自己的不成熟状态。不成熟状态就是不经别人的引导，就对运用自己的理智无能为力。当其原因不在于缺乏理智，而在于不经别人的引导就缺乏勇气与决心去加以运用时，那么这种不成熟状态就是自己所加之于自己的了。Sapere audi！要有勇气运用你自己的理智，这就是启蒙运动的口号。"[①]在康德的哲学理

---

① 〔德〕康德：《答复这个问题："什么是启蒙运动"？》，载康德《历史理性批判文集》，何兆武译，商务印书馆，1996，第22页。中译本的脚注之二有译者注释："Saqere audi！"意即"敢于认知！"语出古罗马诗人贺拉斯（Horace，即 Q. Horatius Flaccus）。德国启蒙运动的重要组织之一"真理之友社"于1736年采用这句话作为该社的口号。有译者注释：按启蒙运动（德文"Aufkarung"）亦称"启蒙时代"或"理性时代"。这篇为当时的启蒙运动进行辩护的文章，发表在当时德国启蒙运动的主要刊物《柏林月刊》上。

念中，启蒙是人类自觉运用理性之光照亮自由前行的路。这一理解被现代世界普遍接受，但它并非不可作进一步的商榷：启蒙仅仅是点亮人类自身的理性之光而无需其他了吗？当康德呼吁人类自我摆脱"自己加诸自身"的"不成熟状态"时，他其实还了解"勇气和决心"的必要与重要，也就是说，康德知道，仅有理智是不够的，还需要有敢于运用自身理智能力的"勇气和决心"！

然而，"勇气和决心"并不取决于"理智"本身，它们还仰赖于人的其他能力和资源。人的勇气和决心来自人的意志、意愿、激情、心理或心态等"非理性"（non-rational）因素。显然，理性并不是启蒙（运动）的全部，把"启蒙时代"等同于"理性时代"很可能是不完备的。这一点不仅早已被苏格兰启蒙思想家们深刻地洞见到，而且也被他们深刻地揭示和阐发出来。经过从沙夫茨伯里、哈奇森到休谟、亚当·斯密一以贯之的哲学伦理学阐发，形成了近代西方启蒙运动中别具一格的道德情感主义，它成了整个西方启蒙哲学的重要成果和主脉之一，也因之成为启蒙运动之理性主义哲学伦理学的主要镜像，两者可视为近代西方启蒙运动中的两座高峰或两股洪流，既相互比肩竞力，又相互缠绕交汇。我们需要注意的是两者各自的源流律动，而非二者择一式的单向偏执。

感谢家莲教授的出色研究，为我们呈现了一幅近代苏格兰启蒙运动的完整、融贯而清晰的知识论理图像，使我们注意到了同西方近代古典理性主义哲学伦理学平行发展的另一条思想脉络及其思想魅力。在《情感的自然化》一书中，作者从苏格兰启蒙运动中道德哲学的情感化转向切入全书的"情感的自然化"之主题，进而相当完整地刻画了苏格兰启蒙运动中道德情感主义的生成及演化进程与内在机理，并从审美判断、道德判断、道德情感、宗教情感等维度逐一揭示和分析了苏格兰启蒙运动中道德情感主义之"情感自然化"理路、特征和主要理论成果（以几位哲学伦理学家和思想家的代表性著述为证），并同时揭橥了这一"情感自然化"给既定伦理学理论所带来的冲击、相对优越性和新的理论难点，从而较为系统连贯地实现了作者力图完整呈现近代苏格兰启蒙运动中的道德情感主义一脉，及其在这一时期苏格兰乃至西欧极为复杂多变的思想嬗变图景中之真实影像、伦理学理论意义和社会思想价值的初衷或学术目标。就此而论，氏著无疑是相当成功的，甚至应该说是极为出色的。

作为氏著的中心主题词或核心概念，"情感的自然化"是贯通全书——当然也是解读全书——的关键所在。为此，作者花费了大量的笔墨在全书各章从不同侧面阐释了这一概念。让我印象较深的地方很多，其中，凭借解析亚当·斯密《道德情操论》一书中的"公正旁观者"（impartial observer），作者耐心而周备地解析了斯密是如何借助于"公正旁观者"这一概念预制及其背后构置的相互性和客观性意味，来破解因个体道德情感——诸如同感、同情、情感转移等等——难以脱出个体自我主观性，而将其擢升为具有普遍意义的道德情感主义伦理学的。熟悉近代英国经验主义伦理学的人都知道，从较早的剑桥柏拉图学派开始，"道德感"（moral sense）就被作为一个十分关键的伦理学概念，而非仅仅用来刻画人们日常道德经验的心理学术语。为了强化"道德感"的自然普遍性，剑桥柏拉图学派几乎异口同声地将之称为人的"第六感（官）"，即人人皆备的一种道德本能。然而，这种明显带有武断倾向的观点，不仅缺少客观可信的理论说服力，反而因其武断而暴露了早期道德情感主义伦理学的思想软肋和理论脆弱性。斯密的"公正旁观者"理论最初是为了证明以"合宜"为道德判断（善恶好坏）之依据而设置的，斯密本人最初也未必想到，基本人类日常生活经验、习惯、风俗、礼仪等"习惯法则"自然而然地形成"公正旁观者"，却极为充分地揭橥了人类社会生活中经由习俗、文化和共同的心理－情感经验所逐渐生成并历史地积淀起来的道德"情感的自然化"过程，以及经由这一过程后道德"习惯法"的普遍有效性。事实上，这也是我们大都同意将"道德"和"伦理"界定为"人类社会风俗习惯之总和"的基本原因。

不独如此，斯密引以为亦师亦友的道德情感主义集大成者休谟还敏锐地洞悉到，崇尚知识理论化体系化的理性主义伦理学家们自始至终都未能解释——遑论解决——一个对于伦理学来说生死攸关的根本问题，即道德的本源问题。在其大作《人性论》第三卷"论道德"一章中，可敬可爱的休谟先生几乎是用一种揶揄的语气写道："在我迄今所遇到且一直讨论的每一种道德体系中，作者有时是从平常的推理方式着手的，在确立上帝存在或者对人类事务做过各种观察之后，我惊奇地发现，他们便突然不再用通常的命题搭配，而是——我所看到的是——所有是（is）或非（is not）的命题无一不与应当（ought）或不应当

（ought not）关联。"①休谟的疑问是，人们是如何从"是然"中推导出或者跳跃到"应然"的呢？休谟的这一疑问也被称为哲学伦理学上的"休谟问题"。这一问题关乎伦理学之大者，可是，面对休谟之"道德的区分由道德感而来"②的主张，或者，康德坚持的道德的普遍法则源于人类理性推理的主张，人们很难简单断论，我们姑且按下不表，就眼下的行文而言，这一问题的相关性在于，"休谟问题"乃至整个苏格兰启蒙运动中的道德情感主义之理论警示是值得关注和研究的，它至少表明，仅仅通过理性或普遍理性化——在此，我将之视作"情感自然化"的镜像性概念——难以证成伦理学自身的知识合法性。明乎此，我们对"情感自然化"的理解便可更深一层：道德情感的自然化实际关乎道德知识或伦理学本身合法正当性这一根本问题。由此我们也可以更深一层地理解家莲教授之所以用"只及一点，不及其余"的"极简"方式，聚焦"情感的自然化"一域，以解苏格兰启蒙运动中道德情感主义之幽的良苦用心和独具慧眼了。

诚然，人类情感尤其是道德情感乃是一个极为复杂的问题，不要说将其置于伦理学的理论体系或知识体系中来加以探讨，本身就充满着各种理论的不可确定性，即便是个人日常生活中所体验到的喜怒哀乐已足以让人心神不定了。可麻

---

① David Hume, *A Treatise of Human Nature*. Edited with an analytical Index, by L. A. Selby-Bigge. Second edition with text revised and variant readings by P. H. Hidditch, Oxford University Press, 1978, p. 469.（参见〔英〕休谟《人性论》，关文运译，郑之骧校，商务印书馆，2018，第 505 页。）

② Ibid., p. 470.（中译本，第 506 页。）

烦偏偏就在于，情感的日常纠缠恰恰是人类生活的一部分，甚至就是人生本身。由于道德情感不仅关涉个体自身，而且还涉及他人和社会的陟罚臧否，想要对之做出知识化或可公度的理论研究，无疑是难上加难了。就此而论，道德情感主义能够称为一种伦理学理论或道德知识系统，这本身已然堪称人类思维或知识社会学的一种难得的成就了。更重要的是，作为人类社会风俗、习惯和礼仪之总和的道德，的确如中国古代智者所云"发乎情"而"止于礼"。或可说，道德情感是一切伦理学得以成立的根基和沃土，无怪乎近代普遍理性主义伦理学大师康德在探究"道德形上学基础"时也不得不承认，道德形上学的建构必须首先"自下而上"，而后再"自上而下"，非经过如此往返而不能有所作为。

囿于篇幅，我无法对道德情感主义问题做详尽的展开讨论。但我想说，伦理学中的道德情感主义与伦理理性主义之争很可能由于康德所直觉到的这种上下往返之必要而成为某种理论竞技的常态，一如法学理论中习惯（自然）法与成文法两种类型的法之间的理论竞技和长久并存一样，甚或较之于法学理论更为烦琐和复杂。好在有家莲教授这样的中青年学者能够不随波逐流，选择在伦理学术的"冷门"和"荒地"上静心耕耘，并颇有收获。客观地说，眼下的中国伦理学人能在道德情感主义研究领域达到《情感的自然化》这样专深研究的学术成果并不多见，家莲教授有此造化，除了有她自己谈到的浙江大学博士后合作导师罗卫东教授的悉心指导，和美国当代著名情感主义伦理学家迈克尔·斯洛特（Michael Slote）先生的专门指点之外，最重要的还应归结为她为人为学的美德玉成。我曾有幸受邀成为她博士后学术报告的评阅人，说实话，读到她的博士后学术报告着实让我有些吃惊，其文之厚实，其思之缜密，其论之新颖，都让我印象深刻。我甚至向三联哈佛燕京丛书编委会推荐过此书，也是继我推荐过香港大学慈继伟教授的《正义的两面》一书后，向该丛书推荐的第二部伦理学专著。可惜在该丛书的匿名通信评审中未能获得专家的一致首肯。这也难怪（亦请恕我直言），在眼下中国伦理学界，能够见识家莲教授此书之不凡的专家学者已然不多，想求得学术知音并非易事。我希望家莲教授能够坚持自己的研究方向，"咬定青山不放松"，持之以恒，必有更大建树。

承蒙家莲教授美意，命我为其书一序，我的情感直觉是乐意为之的，但我的理性或理智又不时地提醒我"且慢随言"，因为我确非行家里手。抱歉得很，我对于苏格兰启蒙运动和道德情感主义论题均缺少研习，只是早年应业师周公辅成先生之命，短时期地研读过剑桥柏拉图学派、亚当·斯密和休谟的一些伦理学著述，对近代英伦哲学也只限于一般性的了解，只是出于我对道德情感主义研究的推崇，以及最重要的是对氏著本身的特别赏识，便大胆冒昧地承诺下来。几经周折，尽心尽力地写下这些文字，或多谬误之处，权且作鼓呼唱和也罢，是耶非耶，一任方家批评指正。

且为序，所望焉。

2021 年 8 月 8 日（辛丑立秋次日）于

北京远郊悠斋

序二

关怀伦理学与儒家哲学视镜中的
18 世纪英国道德情感主义

〔美〕迈克尔·斯洛特*

为李家莲的新著作序，我感到十分高兴。这本书重点讨论的是了不起的 18 世纪哲学运动，也称道德情感主义或道德感理论，这场运动完全可以说代表着英国人对道德哲学做出的最了不起的贡献。我自己是一个当代道德情感主义者，我认为道德情感主义是我致力于在伦理学领域中有所作为的必要背景。事实上，我从了不起的大卫·休谟那里受惠最多，我 2010 年出版的《道德情感主义》就是献给休谟的一本书。李家莲已把该书译成了汉语，即将由北京的商务印书馆出版，不过，我和李家莲教授的联系比这更深。我们在哲学上保持频繁联系已有数年，写作该著的缘起部分来自她在我任教的佛罗里达州迈阿密大学哲学系学习期间的收获。

---

* 〔美〕迈克尔·斯洛特，美国佛罗里达州迈阿密大学哲学系教授，爱尔兰皇家科学院院士，香港中文大学唐君毅讲座教授，主要研究领域为道德情感主义哲学、情感主义美德伦理学、情感主义美德认识论以及中西哲学比较等。

It gives me great pleasure to be writing this preface to Li Jialian's new book. The book, this book, focuses on that great eighteenth-century philosophical movement known, alternatively, as moral sentimentalism or moral sense theory, a movement that represents what can safely be called Britain's greatest contribution to moral philosophy. I am myself a modern-day moral sentimentalist, and I consider moral sentimentalism to be the necessary background to what I have sought to do in the field of ethics. My greatest debt is in fact to the great sentimentalist David Hume, and my 2010 book *Moral Sentimentalism* was dedicated to Hume. Li Jialian has translated that book, and it is now coming out from the Commercial Press in Beijing, but my connection with Professor Li goes much deeper than that. We have been in constant philosophical contact over the years, and the present book arises in part from time she spent at the University of Miami in Miami, Florida, which is where I teach.

李家莲教授对被称为道德情感主义的运动的认知和理解不仅深刻，而且具有百科全书式的特点。我相信在中国没有人比她更透彻地了解这一运动的多样性和发展过程，而摆在我们面前的这本专著则以百科全书的方式反映了所有那些认知。李家莲教授认为，情感主义在哲学上的重要发展始于早期的沙夫茨伯里（伯爵三世）和弗朗西斯·哈奇森的作品，后来终结于大卫·休谟和亚当·斯密的作品。本书全面细致地揭示了道德情感主义如何通过其在不同领域中的发展而演变成越来越复杂的思想的过程，我们有理由感谢李家莲对这些发展描述了一幅全面且精微的哲学图景。我相信在中国甚或也可以说在其他任何地方，没有人比她更了解18世纪的情感主义，但本序言的目的不是要评价她的分析和论证，唯有阅读这本书才能公正地做出分析和论证。我在序言中要做的是把上述哲学运动置于更宽泛的历史和哲学语境中。道德情感主义，就其是一种一般性的哲学研究方法且不限于了不起的18世纪英国情感主义者们的成就而言，在18世纪前就出现过重要实例，且在今天的哲学中依然是一种极有影响的力量或观点。道德情感主义认为，道德的基础是情感而非理性或宗教，如果稍微讨论一下沙夫茨伯里等人之前的情感主义及其在今天的表现形式，我希望读者会感兴趣。基于下文将清晰阐述的原因，我将以情感主义的当代发展为起点展开我的讨论。

Professor Li's knowledge and understanding of the movement known as moral sentimentalism is profound and encyclopedic. I believe no one in China more thoroughly understands the variety and development of that movement, and the present book reflects all that knowledge in magisterial fashion. Professor Li believes that sentimentalism developed in philosophically important ways from its earlier embodiment in the works of (the third Earl of) Shaftesbury and Francis Hutcheson to its later accomplishments through the works of David Hume and Adam Smith. The present book thoroughly and painstakingly shows how moral sentimentalism became increasingly sophisticated through its different representatives, and we have reason to be grateful for the comprehensive and philosophically subtle picture Li offers of these developments. I don't believe there is anyone in China—or perhaps *anywhere*—who knows eighteenth-century sentimentalism better than Li does, but it will not be my purpose here in this preface to review her analyses and arguments. Nothing can do justice to these except a reading of the book itself. What I do propose to do in this preface is place the said philosophical movement within a wider historical and philosophical context. Moral sentimentalism, considered as a general philosophical approach and not limited to what the great eighteenth-century British sentimentalists accomplished, has had important instances before the eighteenth century of the common era and continues to be an influential force or point of view in philosophy today. Moral sentimentalism holds that morality is based in emotion or sentiment rather than in reason or religion, and I hope it will interest the reader if I say a bit about sentimentalism prior to Shaftesbury et al. and as it is articulated and propounded nowadays. For reasons that may become clearer in what follows, I propose to start with current developments in sentimentalism.

　　我将要展开的讨论需以理解历史上的西方哲学倾向为背景。尽管 18 世纪的道德情感主义后来产生了巨大影响，但较之以西方理性主义伦理学（道德哲学）为指归的更大或更强倾向，那种影响还是显得相形见绌。我心里想到的不仅有柏拉图、亚里士多德和斯多葛学派，而且，更重要的是，还有现身于情感主义者们身后且在一定程度上在西方哲学精神中使道德情感主义显得黯然失色的伊曼纽尔·康德的作品。时至今日，大多数西方哲学伦理学都是理性主义的，且往往是康德式的，在这种思想主导的整个时期，情感主义几乎无话可说。

What I am about to say needs to be brought in against a background of understanding historic Western philosophical tendencies. Although eighteenth-century moral sentimentalism has had a considerable subsequent influence, that influence is dwarfed by the larger or stronger Western tendency toward rationalistic accounts or understandings of ethics (moral philosophy). I have in mind not only Plato, Aristotle, and the Stoics, but also, and more importantly, the work of Immanuel Kant, which occurred after the sentimentalists had published their works and which, in Western philosophical minds, has put moral sentimentalism somewhat in the shade. Up till very recently most Western philosophical ethics has been rationalistic and, quite often, specifically Kantian, and during the whole period of that intellectual dominance sentimentalism had very little to say for itself.

然而，当教育心理学家卡罗尔·吉利根（Carol Gilligan）以一种历史性和决定性方式将性别问题引入道德哲学时，这一切都发生了改变。她于 1982 年出版的《不同的声音》一书认为，男性和女性倾向于以十分不同的方式来思考道德问题。其中一种方式可以与理性主义尤其是康德联系起来，吉利根认为这是一种典型的、以男性为主导或男性化的道德思维方式。据吉利根所言，这种思维方式，也即她所说的正义伦理学，重点强调的是自主性、个体之间的分离性以及用以规范道德行为的公共规则体系。与之相反的研究方法，她将它称为关爱伦理或伦理学并将其与女性视角联系起来，认为我们与他人的道德关系建立在我们与他人的联系、对他人的责任而非与他人的深度分离之上。虽然吉利根没有提到理性主义与情感主义，但所谓的正义伦理在西方理性主义伦理传统中得到了最广泛的表现，而关爱伦理则与 18 世纪道德情感主义者们提出的道德观高度相似。当然，二者之间有一个主要区别，即早期情感主义者从未提到过他们的研究与女性性别之间的联系。

All that changed, however, when educational psychologist Carol Gilligan brought issues of gender into moral philosophy in a historically decisive manner. In her 1982 book *In a Different Voice*, she argued that men and women tend to think about moral issues in quite different ways. One of those ways can be associated with rationalism and with Kant in particular, and Gilligan argued that this way of moral thinking is typically and predominantly male or masculine. According to Gilligan, such thinking, which she called the ethics of justice, involves an emphasis on the autonomy and separateness of every individual and on systems of public rules for regulating moral conduct. The contrasting approach, which she called an ethic or ethics of care and which she associated with the female point of view, sees our moral relations with others as based in a sense of our connection with and responsibility toward others, rather than any deep separation from others. Although Gilligan didn't mention rationalism vs. sentimentalism, the ethics of justice so called is most widely represented within the Western rationalist ethical tradition, and the ethics of care is deeply similar to what the eighteenth-century moral sentimentalists said about morality. With, of course, one major difference. The earlier sentimentalists never suggested a connection between their approach and the female/feminine gender.

迫于批评者的压力，吉利根最终不再强调性别差异，而是以一种更纯粹的哲学方式宣称，关爱伦理学，由于重点强调我们与他人的联系，故代表着一种比正义伦理学更可靠、更有前瞻性的道德思想和道德哲学研究。而正义伦理学，据她所述，主要体现在康德（以及其他形式）的伦理理性主义中。就此而言，她对道德本质的看法与 18 世纪的情感主义者的道德观十分相似。他们也以情感——比如，仁爱和同情——的名义反对理性主义，这非常像吉利根及其追随她的关爱伦理学家对关爱——对 18 世纪的作家来说，关爱或许是一个过于口语化和非正式的表达的看法。

Under pressure from critics Gilligan eventually put less emphasis on differences of gender and claimed, in a more purely philosophical manner, that the ethics of care, with its emphasis on our connection (s) with others, represents a more plausible and forward looking approach to moral thought and moral philosophy than the ethics of justice which, as she describes it, is embodied most notably in Kantian (and other forms of) ethical rationalism. To that extent her views on the nature of morality run very much parallel to what the eighteenth-century sentimentalist said about morality. They too opposed rationalism in the name of sentiments like benevolence and compassion, and this is very much like what Gilligan and the care ethicists who have followed her have said about caring—a term that is perhaps too colloquial and informal to have appealed to eighteenth-century writers.

18 世纪的情感主义和今天的关爱伦理学之间还有另一个重要的相似之处。二者都以最可信的方式诉诸移情并将其作为被他们视为道德之核心的情感（仁爱、关爱等）的重要引擎。18 世纪还没有出现"移情"一词，18 世纪思想家使用"同情"（sympathy）指代我们现在说的"移情"和我们更熟悉的"同情"（"移情"在 20 世纪的第一个十年才进入英语语言）。我们现在所说的"移情"通常指的是感他人所感，就像美国前总统比尔·克林顿曾说过的那样：我感受到了你的痛苦。另一方面，同情的意思是对另一个人（比如说）的痛苦感到难过，而这种同情似乎并不要求通过传染或移情把他人的痛苦传导给自己。那么，现在开始重点讨论移情，休谟和当代关爱伦理学的观点是，对他人的同情（compassion）或仁爱必须以分享他们的痛苦或困境为基础——这就是我们现在所说的移情。这是一个主要相似点，但我必须说的是，现今的关爱伦理学家至少一开始时并没有意识到他们是在"白费力气重复做工"，也就是说，他们致力于讨论的关爱的移情基础已经被大卫·休谟（使用更有限的词汇）讨论过了。18 世纪的道德情感主义者最早对该问题展开了讨论，这更加意味着有必要从哲学上解释 18 世纪道德情感主义的起源和发展。

There is another crucial similarity between eighteenth-century sentimentalism and present-day care ethics. At their most plausible, both appeal to empathy as the main engine of the sentiments (benevolence, caring, etc.) they find at the heart of morality. The eighteenth century had no word for empathy—they used "sympathy" to refer both to what we now call empathy and to what is more familiarly known to us as sympathy. (The term "empathy" entered the English language in the first decade of the twentieth century.) What we now call empathy typically refers to feeling what others feel, as when American president Bill Clinton said: I feel your pain. Sympathy, on the other hand, means feeling bad that another is (say) in pain, and such sympathy doesn't seem to require the other's pain to spread by contagion, or empathically, into oneself. Focusing then on empathy, Hume's view and that of present-day care ethics is that compassion for or benevolence toward others has to be based in sharing their suffering or distress—which is what we now call empathy. This is a major similarity, but I have to mention that the more recent care ethicists didn't at least initially recognize that they were "reinventing the wheel," that is, that what they had to say about the empathic basis of caring had already been said (using more limited vocabulary) by David Hume. The moral sentimentalists of the eighteenth century were there first, and that all the more underscores the need for a philosophical account of how eighteenth-century sentimentalism originated and developed.

那么，说到起源，还有一个非常重要的相似点，即18世纪情感主义者特别是该学派的创始人沙夫茨伯里预见到了当代关爱伦理学的思想。吉利根讨论过正义伦理和关爱伦理这两种基本道德取向，除了探讨二者之间的性别差异外，她还提出了一个重要且的确可谓至关重要的观点，即康德等传统伦理理性主义者所信奉的正义伦理强调自主性以及个体之间的分离性，而关爱伦理则认为，道德思考和道德行动的核心是与其他人（或动物）的关联感。不过，令人惊讶的是，沙夫茨伯里在两百年前就提出了同样的基本观点。他批评托马斯·霍布斯和（自己的老师）约翰·洛克将人视为心理上独立或孤立的单位或原子，强调说我们都倾向于通过同情共感的方式与其他个体建立联系。他未曾使用过"移情"一词，不过，他当时的讨论实际上却指出了他人的感受或痛苦会自然而然地进入我们自身的方式。霍布斯曾说过，人类生活自然而然就是孤独的，但沙夫茨伯里不同意该观点，在这个过程中，他以一种近乎诡异的方式预见到吉利根和后来的关爱伦理学家两百年后针对人际联系的重要性提出的观点。请让我补充一点：最初的关爱伦理学家并不知道先前已经有人预见到了他们的观点。故此，我们更有理由试图消除这种当代的无知，也更有理由把像李家莲教授的专著这样的著作置于历史背景中予以考量并使当代情感主义者更彻底地理解自身观点的基础。不过，现在让我开始进入第二部分内容，即把 18 世纪的情感主义置于更大的历史语境中。现在让我简单谈谈出现在 18 世纪之前的欧洲思想且预示着该思想的某些观点。

Speaking, then, too about origins, there is another very important respect in which the eighteenth-century sentimentalists and in particular the founder of the school (the Earl of)

Shaftesbury anticipated the ideas of contemporary care ethics. Gilligan spoke of two basic moral orientations, the ethics of justice and that of care, and in addition to speculating about gender differences between the two, she made the important, indeed crucial point that the justice ethics espoused by traditional ethical rationalists like Kant emphasizes what it takes to be the autonomy and separateness of individuals, whereas care ethics sees moral thinking and moral action as centrally involving a sense of *connection* with other people (or animals). Amazingly, though, Shaftesbury had made the same basic point two hundred years earlier. He had criticized Thomas Hobbes and (his own teacher) John Locke for viewing human beings as psychologically separate or isolated units or atoms and had emphasized instead how sympathetically connected we all tend to be with other individuals. He didn't have the term "empathy," but what he was then saying in effect points to the way the feelings or sufferings of others naturally flow into ourselves. Hobbes had said that human life is naturally solitary, but Shaftesbury disagreed, and in so doing he anticipated in an almost eerie fashion what Gilligan and subsequent care ethicists were going to say two hundred years later about the importance of human connection. And let me just add that the original care ethicists didn't know about that earlier anticipation of their views. All the more reason, then, for us to try to undo such contemporary ignorance, all the more reason why a book like Professor Li's is needed to set the historical record straight and give contemporary sentimentalists a more thoroughgoing understanding of the basis or bases of their own views. But let me now proceed to the second part of my attempt to put eighteenth-century sentimentalism into a larger historical context. Let me now briefly say something about some ideas that came before and that anticipate what was done in eighteenth-century Europe.

第一个哲学意义上的情感主义者（就历史记载而言）是伟大的中国思想家孟子。孟子认为，我们的道德思维和道德情感都出自某些被他称为"萌芽"或"起点"（也即"端"）的自然感受。最重要的是，他认为仁爱、同情、正义和道德判断都来自情感而非理性，就此而言，他的工作比欧洲情感主义者们的工作领先了两千多年。不过，欧洲的践行者们似乎对孟子一无所知，故，现在我想进一步谈谈中国思想是如何领先沙夫茨伯里等人并在某种程度上超越他们的道德观的。

The first philosophical sentimentalist (as far as the historical record allows us to know) was the great Chinese thinker Mencius (Mengzi). Mencius in the book we now in English name after him held that our moral thinking and moral emotions all come from certain natural feelings that he called "sprouts" or "beginnings" (doan). Most significantly, he held that benevolence/compassion, justice, and moral judgment all came from emotional, rather than rational, origins, and to that extent his work anticipates the European sentimentalists by more than 2000 years. But the European practitioners seem to have had no knowledge of Mencius, and right now I would like to say a bit more about how Chinese thought anticipates Shaftes-bury et al. and to some extent goes beyond what they said about morality.

孟子是十足的情感主义者，但并非每个中国道德哲学家都是情感主义者。不过，非常重要的是，中国未曾有过纯粹的道德理性主义者。理性主义或许支配着西方道德哲学，但它在中国从未有过立足点。故，尽管从西方视角言之，道德情感主义是少数人的观点而伦理理性主义才是哲学伦理学中占主导地位的思想，但如果我们接纳并认真对待中国思想家对道德本质的看法，一切都将不再如此。进一步说，中国（哲学）思想的某些元素可以引领我们（在某种意义上）超越 18 世纪西方道德情感主义并走向一种比 18 世纪思想家更重视感觉和情感的道德观。

Mencius was a full-blooded sentimentalist, but not every Chinese moral philosopher was a sentimentalist. However, and this is a very significant point, there has never been a pure eth-ical rationalist in China. Rationalism may dominate Western moral philosophy, but it has never gotten a foothold in China. So although from a Western perspective, moral sentimentalism is a minority view and ethical rationalism dominates philosophi-cal ethics, this is no longer true if one takes in and takes seri-ously what Chinese thinkers have held about the nature of mo-rality. Further, there are certain aspects of Chinese (philo-sophical) thinking that can lead us (in some sense) beyond eighteenth-century Western moral sentimentalism toward a view that puts even more emphasis on feeling and the emotions than the eighteenth-century thinkers did.

尽管他们在伦理学和美学中强调情感，但沙夫茨伯里、哈奇森、休谟和斯密认为，心灵的认知那一部分或那一面却是自由的且能在与情感因素或构成要素毫无关系的情况下发挥作用。然而，中国人的思维并没有以这种方式把理性推理和信念与情感分离开来。英语中的"mind"（心智）一词暗示着且可以说不仅仅暗示着我们感受到的所有情感于心智的认知功能而言完全无关紧要，然而，汉语中有时被英译为"heart-mind"的"xin"（心）这一术语却认为理性和情感无法以这种方式分离开来。就此言之，一切信念、一切逻辑推理、一切慎之又慎的思考、一切计划都必须（也）包含某种感觉，然而，西方思想（除一切非常罕见的例外）却从未产生过这种观点。倘若中国人是对的，而西方人是错的，那么，结果如何？

For all their emphasis on emotion（s）within ethics and aesthetics, Shaftesbury, Hutcheson, Hume, and Smith saw the cognitive part or side of the mind as free of and operating separately from emotional elements/constituents. However, Chinese thinking doesn't separate reasoning and ordinary beliefs from the emotions in this fashion. The English term "mind" suggests and more than suggests that any emotions we feel are inessential to the cognitive functioning of the mind, whereas the Chinese term "xin" which is sometimes translated into English as "heart-mind" involves the assumption that reason（ing）and emotion cannot be separated in this way. On such a view, all belief, all logical reasoning, all cogitation, all planning must (also) involve certain sorts of feeling, something which West-ern thought (with a couple of very rare exceptions) has never held. What if the Chinese are right and the West wrong about this matter?

　　事实上，我强烈地倾向于认为中国人在此是对的，而倘若他们是对的，那么，18 世纪情感主义者的某些观点就需要被修订或重构。让我简要陈述一下得出该结论的一个理由。休谟、康德、亚里士多德和其他西方思想家都认为，针对世界产生的日常信念可以独立于一切情感，不过，如果仔细思考一下，实际上却并非如此。以信心为例，对某事有信心显然需要一种认知情感。我们说我们对某事就是这样感到有信心，不过，一如英语词典所言，信心可被定义为强信念。倘若如此，那么，信心和信念则在单一尺度上位于不同位置，就像对"外面阳光明媚"之类的命题会产生肯定性的认知情感一样，信心所含的情感更多，而信念则更少。那么，较之信心，确信则会对该命题产生更多肯定性情感：我们会说我们感觉某事就是这样。故此，我们就对某假说或命题在单一情感尺度上拥有了用以衡量（肯定性越来越强的）认知情感的三种因素。故，信念包含情感，且只要心智或心完全发挥功能，信念似乎就会产生或发挥作用。故此，根本就不存在康德所说的"纯粹理性"，更有意义的说法是，认为人类拥有的是"heart-minds"（心），而非可以脱离所有感觉和情感独立发挥功能的"minds"（心智）。

　　I am in fact strongly inclined to think the Chinese *are* in the right here, and if they are, then some of the views of the eighteenth-century sentimentalists need to be qualified or reworked. Let me briefly state one reason for this conclusion. Hume, Kant, Aristotle, and other Western thinkers hold that ordinary beliefs about the world can occur in the absence of all emotion, but this doesn't, if you think about it, actually seem to be the case. Confidence that something is the case clearly requires a kind of cognitive emotion. We speak of *feeling* confident that something is the case, but as my English-language dictionary indicates, confidence can be defined as *strong belief.* If that is so, then confidence and belief occupy different places on a single scale with confidence involving more and belief requiring less in the way of positive cognitive feeling about some proposition like " it is sunny outside. " Then, too, certitude represents an even more positive feeling toward such a proposition than confidence does: we say we feel certain that something is the case. We thus have three factors on a single emotional scale that measures (increasingly positive) cognitive feeling toward some assumption or proposition. Belief therefore involves emotion, and belief seems to occur or have a role whenever the mind or heart-mind is fully functioning. So there is no such thing as what Kant called " pure reason," and it makes more sense to think of human beings as having heart-minds, xin, rather than minds that can operate separately from all feeling and emotion.

　　就我们对 18 世纪道德情感主义的看法而言，这一切可谓意味深长。它意味着休谟或其他情感主义者曾错误地将情感限制在道德和审美反应上。要是他们能从中国汲取些重要的哲学教训就好了，即使这些教训或许不会彻底改变他们对道德和美学提出的所有具体观点。就此而言，我们完全有理由研究沙夫茨伯里等人，因为他们可以在道德上给我们以教益，故，当我们看到像李家莲这本专著这样追踪这些了不起的哲学思想家的概念和哲学发展轨迹的著作时，我们完全有更多理由为之欢欣鼓舞。

This has implications for how we view eighteenth-century moral sentimentalism. It implies that Hume or the other sentimentalists were wrong to limit feeling to morality and aesthetic reactions. They could have learned important philosophical lessons from China, even if those lessons might not have made them retract any of their specific views about ethics and aesthetics. In that case, again, we have every reason to study Shaftesbury et al. for what they can teach us about morality, and there is all the more reason to welcome a book like Li Jialian's that traces the conceptual and philosophical trajectory of the developing ideas of these great philosophical thinkers.

序三

18世纪英国道德情感主义与社会科学的构建

罗卫东[*]

李家莲博士的书稿《情感的自然化：英国古典政治经济学的哲学基础》，就苏格兰启蒙运动中的情感主义问题做了全面系统的梳理，重点考察了沙夫茨伯里、哈奇森、休谟和亚当·斯密这四位重要的具有代表性的启蒙思想家。就情感的性质、功能、运行机理及情感在审美、道德、社会秩序诸方面的影响和表现进行了详细的讨论。该书所考察的主题具有极为重要的思想史意义和理论意义。

作者通过相当仔细且深入的文本研读，勾勒出了情感的自然化这一思想主线，以此来定位苏格兰启蒙思想的本质特征，定位自沙夫茨伯里开始，至亚当·斯密为止。作者试图重新解释斯密作为近代世界极具影响力的道德哲学家和政治经济学家的思想特征及其巨大历史影响的学理基

---

* 罗卫东，浙江大学经济学院教授，浙江大学城市学院校长，主要研究领域为经济学。

础，认为亚当·斯密是最彻底的自然情感论者，是情感自然化思想运动的最后完成者和终极理论体系构建者，并以此来定义斯密道德哲学及政治经济学说的内在价值。这样的视角及论点别出心裁，具有一定独创性。

沙夫茨伯里是苏格兰启蒙运动早期最具有原创性的思想家。中国学术界对他的关注很少，主要作品也是近年来才陆续译为中文的。此前，国内学术界对沙夫茨伯里的思想的关注恐怕主要聚焦在美学方面，全面深入地理解，是谈不上的。李家莲博士多年来潜心阅读翻译沙夫茨伯里的作品，把它置于苏格兰启蒙思想的源头并深入西方哲学传统内部去把握，尤其是从沙夫茨伯里与洛克的论辩中去找寻沙氏基本思想的内涵、特质及其后续影响，这样的考察，可以说是目前国内具有领先性的。

李家莲在博士研究生在读阶段就对弗兰西斯·哈奇森的思想产生了浓厚的兴趣，并开始译介和研究哈奇森的思想。她以哈奇森的道德情感思想为主题撰写了博士学位论文，在此基础上出版了学术专著《道德的情感之源——弗兰西斯·哈奇森道德情感思想研究》，随后还发表了多篇关于哈奇森思想研究的学术论文，从某种意义上说，她也是我国学术界哈奇森思想研究的拓荒者之一。

博士研究生毕业以后，李家莲来到浙江大学经济学院，跟着我做博士后研究。在长达三年的时间里，逐字逐句研读亚当·斯密的《道德情操论》和《国富论》，参与我组织的专题研讨，对斯密的思想也有了相当深入的理解。她选择了"英国古典政治经济学的哲学基础研究"作为博士后出站报告的主题，试图以"情感的自然化"这一主线将沙夫茨伯里、哈奇森、休谟、斯密四人的思想加以串联。

博士后出站后，李家莲根据答辩专家的意见和建议对出站报告进行了反复修改，保留且进一步凸显了苏格兰启蒙哲学中情感自然化这条主线，补充了一些新的材料，强化了伦理，使其更能自圆其说。

作为李家莲在博士后工作期间的合作指导老师，我对她的学术热情、持之以恒的韧劲、探究的精神、广泛的阅读及比较扎实的文献爬梳功夫印象深刻。以我有限的阅读来判断，这本书稿是中国学者在苏格兰启蒙思想研究领域中不可多得的作品。不仅如此，作者就情感自然化及自然情感所做的多维阐释和深度解读，十分有益于新的伦理学基础理论的形成和发展，因此，有相当重要的理论价值。

当然，思想史的研究是一项艰巨的知识考古活动，即便是对某一位思想家的某一部作品，要做到融会贯通地理解和把握，也很不容易，往往需要穷数年之功，遑论作者要面对四位大师级的人物。在本书中，不可避免地存在可以进一步研讨的问题，例如，亚当·斯密的道德哲学体系的渊源和根底到底是什么，合宜性原理是否存在"游叙弗伦困境"，等等。根据我自己在这两个问题上的研究和思考，本书在这方面的阐释并非没有可商榷之处，还有进一步深入讨论的空间。

另外，情感主义伦理学复兴以及与此相关联的社会科学理论的建构，依然需要有多方面和多层面的支持，从生物学到脑科学，从生理学到心理学，从语言学到哲学……如何从苏格兰启蒙思想史中寻找更多更重要的思想资源予以传承并推动真正的思想理论创新，还需要学术界做出更大更多的努力。年轻一代的学者正在迅速成长，希望他们沿着正确的方向勇往直前。

总的来说，本书的出版必将对我国的近代西方思想史研究尤其是苏格兰启蒙思想史研究的发展起到重要的推动作用，甚而亦会促进我国伦理学研究水平的进一步提升。有理由相信，该书也有助于提升我国学者在该领域中的国际学术对话能力。

是为序。

引　言

英国古典政治经济学又称古典经济学或古典学派，其创始人是亚当·斯密（Adam Smith，1723～1790），以大卫·李嘉图（David Ricardo，1772～1823）、约翰·斯图亚特·穆勒（John Stuart Mill，1806～1873）、卡尔·马克思（Karl Marx，1818～1883）和托马斯·罗伯特·马尔萨斯（Thomas Robert Malthus，1766～1834）等为杰出代表。[①]在英国古典政治经济学诞生前，经院哲学、重商主义和重农主义的经济思想都包含一些新思想的萌芽，但唯有斯密的政治经济学把它们统一成了一个体系。作为英国古典政治经济学的奠基之作，《国富论》重点讨论国民财富的性质及其增长之道。该问题之所以被提出，与17～18世纪英国哲学讨论的核心主题不无关系。如何处理自爱与美德的关系或自我利益与社会公共利益之间的关系并以此为基础构建社会政治经济新秩序，是17～18世纪英国哲学中的热点问题，这场旷日持久的论战孕育并最终催生了斯密的

---

① 根据哈里·兰德雷斯和大卫·C. 柯南德尔在《经济思想史》（周文译，人民邮电出版社，2011年）中提及的观点，斯密、李嘉图和穆勒通常被视为英国古典政治经济学的拥护者，马克思和马尔萨斯通常被视为英国古典政治经济学的批判者。

《道德情操论》。随着该问题得到彻底解决，当斯密以一种十分具体的方式用《道德情操论》的核心思想分析国民财富的性质和增长之道，并且据此整合当时流行的其他政治经济学思想时，英国古典政治经济学从此便宣告诞生。此外，对于专注于以自我为中心的经济行为的17~18世纪英国资产阶级来说，当道德哲学为其找到了通往社会公共利益的路径时，则不仅意味着经济行为自此确立了道德合法性，而且也意味着以此为基础建立起来的政治经济秩序随之享有了道德尊严。

以斯密为代表的英国古典政治经济学得以诞生的理论渊源是很多人的研究选题，本书试图从《道德情操论》所属的18世纪苏格兰启蒙学派情感哲学传统寻找答案。18世纪英国道德哲学以情感为关键词，在为苏格兰启蒙运动提供思想动力的同时也在西方伦理思想史上以情感与美德为主题抒写了历史新篇章。然而，长期以来，无论是经济学还是道德哲学均难以以心平气和的态度深究其来龙去脉。对经济学来说，情感不是关键词，主流经济学家们似乎不太在意隐藏在经济行为背后的情感动机乃至动力问题，尽管这正是斯密当年得以取得经济学成就的重要原因。由此产生的后果是多方面的，以"斯密问题"为例，如果沿着18世纪情感哲学的内在理论线索解读《道德情操论》和《国富论》，那么该问题立即会成为伪问题。对哲学来说，较之理性，情感在哲学中或多或少是个难登大雅之堂的话题。自古希腊以来，西方哲学就为理性确立了绝对统治地位。一如迈克尔·斯洛特所言："自柏拉图以降，我们在西方哲学史上看到理性主义当道。

希腊人是最早的西方哲学家，他们对纯粹的肉身存在持有一种十分令人不解的、极端不同寻常的抵制态度……柏拉图告诉我们，我们应该尽一切可能远离我们的肉身存在（且应该追求理性）。亚里士多德告诉我们，纯理论生活是最高的存在。康德告诉我们，我们应该或尽可能希望摆脱肉身的意愿。"① 迈克尔·弗雷泽（Michael L. Frazer）也有过类似评价，"不管是好还是坏，统治哲学和社会科学是理性主义而非情感主义的后裔。与理性主义相比，启蒙时代的情感哲学长久以来都没有得到充分认可，18 世纪被称为'理性的时代'就是证明"②。然而，无论理性受到了多少偏爱，情感却在 18 世纪苏格兰启蒙时代的道德哲学中发出了最强音且据此为英国古典政治经济学奠定了哲学基础。

就哲学传统而言，18 世纪苏格兰启蒙时代道德情感哲学依然是 17 世纪英国经验主义哲学的延续。然而，较之后者，前者却因情感在其中具有基础性地位而表现出截然不同的理论特色。苏格兰启蒙时代的道德哲学发生了情感转向，推动这种转向得以发生的关键人物是沙夫茨伯里伯爵三世（Anthony Ashley Cooper, 3rd Earl of Shaftesbury, 1671 ~ 1713）。这种转向之所以得以产生，就沙夫茨伯里的心路历程来说，直接源于他对洛克（John Locke, 1632 ~

---

① Michael Slote, "The Philosophical Reset Button: A Manifesto", *Dao* (2015) 14, pp. 1 – 11.

② Michael L. Frazer, *The Enlightmenment of Sympathy: Justie and the Moral Sentiments in the Eighteenth Century and Today* (Oxford: Oxford University Press, 2010), pp. 4 – 5.

1704）与霍布斯（Thomas Hobbes，1588～1679）哲学的不满。以论证审美情感和道德情感的天然性为起点，在批判这两种哲学的同时，沙夫茨伯里开启了18世纪英国道德情感哲学的大门。沙夫茨伯里的思想虽然缺乏系统性但却极具创新性，在18世纪伦理学、宗教学和美学思想史上扮演了多重角色，而《论人、风俗、舆论以及时代的特征》（以下简称《论特征》）也一度成为18世纪欧洲再版次数最多的畅销书。在伦理学领域，他是重要的情感主义道德学家，以道德感（moral sense）学说为苏格兰启蒙时代的道德情感哲学奠定了理论基调；在宗教领域，由于从自然情感①出发反对教权，他是知名的自然神论者；通过讨论美感问题并创立以"美的感官"为基础的审美判断原则，他是西方美学史上不可被略过的现代美学家；通过基于自然而然的合群性（natural sociability）讨论社会得以建立的基础并倡

---

① 本书选择用"自然情感"而非"情感"描述日常情感，有两个主要原因。第一，基于对沙夫茨伯里开创的情感哲学之主题与主旨的高度尊重。就主题而言，他使用"自然情感"（natural affections）一词指日常情感，以示他的情感哲学所讨论的情感与宗教情感和理性情感之间的区分，即，就情感来源而言，他的情感哲学讨论的情感是源于自然而非宗教或理性的情感。第二，就道德判断的对象而言，沙夫茨伯里认为，作为善恶判断之对象的情感是出自自然性情（natural temper）的情感，善人在自然性情或感情的支配下直接做出善的行为，而恶人在自然性情或感情的支配下直接作恶。如果所有的情感或激情都与公共善一致，那么，该人的自然性情就完全为善，反之，则为恶。[Anthony Ashley Cooper, Third Earl of Shaftesbury, *Characteristicks of Men*, *Manners*, *Opinions*, *Times* (Volume 2), Introduction by Douglas Den Uyl (Indianapolis: Liberty Fund, 2001), p. 15.]

导基于情感构建一种新的社会治理之道，他为苏格兰道德情感哲学家们讨论的政治经济新秩序确立了理论方向。当哈奇森（Francis Hutcheson，1694～1746）、休谟（David Hume，1711～1776）和斯密沿着情感主义路径研究伦理、审美、宗教、社会和政治经济学等问题时，事实上都在沿着沙夫茨伯里开创的理论传统进一步延展并深化他曾试图讨论，但却未能以明晰的方式系统讨论的问题。哈奇森对沙夫茨伯里的思想进行了系统化哲学阐述，这使哈奇森被后人视为苏格兰启蒙运动的"原型"① 和"领军人物"②。休谟与斯密受到了哈奇森的深刻影响，他们从他那里继承并发扬光大的，不仅有他和沙夫茨伯里创立的道德情感哲学，而且还有启蒙的目标，即，基于情感而构建以全新政治经济秩序为内容的文明社会。研究显示，无论是从师承而言，还是从思想的内在逻辑线索或问题意识而言，这四位道德情感主义者构建的道德哲学显示出了严密的理论一致性。虽然他们并未以相同的态度处理某个具体概念［例如"美的感官"（sense of beauty）或"道德感官"（moral sense）］或观点（例如仁爱是否是道德的基础），但这不仅没有使他们构建的道德情感哲学显得四分五裂或各自为政，而是以一种独特的方式进一步深化了沙夫茨伯里为该学派最早确立的理论基础，并以一种新的姿态实现了他想

---

① Scott，William Robert，*Francis Hutcheson*：*His Life*，*Teaching and Position in the History of Philosophy*（Cambridge：Cambridge University Press，1900），p. 265.

② Scott，William Robert，*Francis Hutcheson*：*His Life*，*Teaching and Position in the History of Philosophy*（Cambridge：Cambridge University Press，1900），pp. 2，266，267，271.

实现但却未能实现的理论愿景。沙夫茨伯里开创的情感主义道德哲学是一项十分庞大、十分复杂的事业。很显然，单凭一己之力，《论特征》远未完成其理论愿景。毋宁说，该书最大的贡献在于它塑造了后来者的理论趣味并为其指明了前进的方向。因此，当那未被实现的沙夫茨伯里理论愿景以一种极具诱惑力的方式吸引哈奇森、休谟和斯密投身这场伟大的精神事业时，沙夫茨伯里、哈奇森、休谟和斯密的情感哲学则以一种环环相扣的方式表现出了可被称为"情感的自然化进程"的理论一致性。

　　沙夫茨伯里、哈奇森、休谟和斯密沿着"情感的自然化进程"讨论审美判断原则和道德判断原则中的规范问题。从历时的视角而言，针对规范的来源，他们的讨论经历了下面这样一个动态发展过程：当外在于情感或异于情感的"规范"（例如理性、情感后果或效用）被一步步受到排斥后，斯密的《道德情操论》最终真正把内蕴于情感自身、以同情为表征的情感机制或自然法则确立为规范之源。就此而言，情感的自然化进程得以完成的过程，也即以同情为表征的情感机制或自然法则在审美、道德与宗教领域逐步取代异于自身的诸因素并获取支配地位的过程。18世纪的人们对知识和学问的看法与今天迥异，今天分属于不同学科门类的哲学、社会科学、自然科学在当时被视为真理统一体加以研究，社会精英被要求掌握最广泛的知识而非专攻某一领域内的专业知识。例如，牛顿写过经济学论文，斯密写过天文学论文，而休谟不仅写过经济学论文，而且还在史学领域内取得了杰出成就。拥有百科全书式知识观的人文社会科学的研究者们认为自己能像牛顿在自然科学领域内发现万有引力定律一样，在人文社会科学领域内发现一种可以一以贯之的自然法则。当 18 世纪道德哲学家们带着浓厚的牛顿情结研究伦理学问题时，很显然，他们并未把今天的人们所说的实证性问题和规范性问题区分开来。事实上，正是因为缺乏这种区分，18 世纪道德情感哲学才得以在"情感的自然化进程"中最终把情感机制或自然法则确立为道德的规范之源。①

　　以沙夫茨伯里为起点的 18 世纪英国道德情感哲学致力于为 1688 年以来的英国社会政治经济新秩序给予道德阐释并奠定道德基础。在沙夫茨伯里看来，随着 1688 年光荣革命的到来，绅士已在英国社会占主导地位，接下来亟须完成的任务是推动全社会进入以绅士为主导的文雅时代，《论特征》致力于从情感角度出发论证其道德合法性。虽然沙夫茨伯里提出了恢宏的理论愿景，但《论特征》却未能将它付诸现实，毋宁说，经哈奇森、休谟和斯密接力式的努力，这项伟大的事业才最终得以完成，而《国富论》出版之际也即苏格兰启蒙运动退幕之时。就此而言，这种道德情感哲学为英国古典政治经济学提供了哲学基础和理论动力，不过，由于受诸多限制，这种道德情感哲学最终未能在规范问题上交出令人满意的答卷，它也为未来的政治经济学埋下了去道德化隐患。

---

①　尽管如此，但不可认为 18 世纪道德情感哲学尤其是斯密道德哲学在规范问题上犯了自然主义谬误。本书第五章第一节的分析显示，一方面，该派道德哲学存在浓厚的美学化倾向；另一方面，《道德情操论》虽然终结了道德判断原则自然化进程，但最终因其存在"游叙弗伦困境"而陷入了无规范的尴尬境地。

一　苏格兰启蒙时代道德哲学的情感转向

　　参照 17 世纪英国道德哲学乃至自古希腊以来的整个西方道德哲学传统，苏格兰启蒙时代的道德哲学实现了情感转向。就其与 17 世纪英国道德哲学的关系而言，它直接源于对洛克与霍布斯道德哲学的批判。以情感为基点，沙夫茨伯里最早在《论美德与功德》① 表达了这种不满。沙夫茨伯里曾公开表示自己对洛克的不满，他说："我的哲学反对我的老师和监护人，该人在世界上享有盛名，不过我从未尽力隐藏过自己与他的不同。"② 尤其令沙夫茨伯里感到不满的是洛克的白板说。在他看来，如果在道德与审美领域内承认人类的心灵是一块白板，就等于割裂心灵与自然之间的天然关联性，那么道德与审美对人来说就将不再是自然天成之物。更确切地说，当我们做出道德的行为或欣赏美时，心灵将无法为我们提供天然情感基础，而道德与审美也将成为我们的身外之物。1709 年，沙夫茨伯里在给迈克尔·安斯沃斯（Michael Ainsworth）的信中表达了这种不满，他说："是洛克打破了一切基本原则，他把一切秩序和德性都驱逐到了世界之外，与此有关的所有观念（同

---

① 该书于 1699 年由沙夫茨伯里的朋友托兰德（John Toland）匿名出版，由于未经本人授权，沙夫茨伯里甚不悦，为了阻止该书进入流通领域，据说他曾耗费巨大资财把已出版的著作从市场上全部购买回家，后来，当沙夫茨伯里出版《论特征》时，该书内容被收录进来，成为第二卷中的部分内容。

② Benjamin Rand, *The Life*, *Unpublished Letters and Philosophical Regimen of Anthony*, *Earl of Shaftesbury* (New York：The Macmillan Co., 1900), p. 416.

样也包括与上帝有关的观念）都变得‘不自然的’了，在我们心灵中失去了基础。"① 不过，尽管不满很多，但由于洛克与沙夫茨伯里家族有非常深厚的私人情感，虽然沙夫茨伯里道德情感哲学认为洛克与霍布斯在阐述"道德在人性中是否具有天然情感基础"时有诸多共性，但较之对霍布斯的公开批判与大肆嘲弄，《论特征》对洛克的批评还是显得隐晦得多。有鉴于此，出于对《论特征》文本的尊重，我们将主要聚焦于霍布斯哲学来描述沙夫茨伯里对二者的不满，综合看来，沙夫茨伯里的不满主要有三。

第一，沙夫茨伯里感到不满的是霍布斯道德哲学未能基于情感为道德确立天然的人性基础。霍布斯道德哲学视自爱为人性中唯一处于支配地位的情感。在原子论式自爱观的支配下，霍布斯把人性视为纯粹的自私，生活被视为一场战斗，战士们为之奋战的目的仅仅只是满足自爱，无关道德或精神。因此，毋宁说，对他人的怜悯之心等道德原则须被置于次要地位才能有希望在这场战斗中赢得胜利。原子因自爱而彼此隔离，道德不会生于自爱，换句话说，自爱使人无法自然而然地构筑道德大厦。然而，社会生活却显示，道德于人而言必不可少。那么，道德得以存在的根源在何处？在霍布斯看来，虽然道德在人性中找不到天然情感基础，但却可以从奖惩法则寻求理论支撑。

沙夫茨伯里并不认为自爱是人性中处于支配地位的唯一情感，人性中并非每一种情感都像霍布斯所述仅只为了满足

---

① Benjamin Rand, *The Life*, *Unpublished Letters and Philosophical Regimen of Anthony*, *Earl of Shaftesbury*（New York：The Macmillan Co.，1900），p. 403.

自我利益，例如以无功利性（disinterestedness）为特点的审美情感就是如此。审美的目的不是满足自爱，而是心灵对内在于美本身的无功利性做出回应。沙夫茨伯里据此认为，美和道德有关，更确切地说，美生于秩序，而道德也生于秩序。不过与前一种秩序不同的是，后一种秩序专指人类情感领域内的秩序，最道德的行为也即最美的行为。① 就此而言，美德并非生于奖惩法则，其目的也不是满足自爱以及以自爱为指归的私人善，而是实现与私人善紧密相连但却有别于私人善的公共善。沙夫茨伯里则认为，道德主题在奖惩法则的支配下做出的道德行为实则毫无道德价值，这种行为无异于受铁链捆绑或被皮鞭威胁的老虎或猴子做出温顺的动作，仅仅只是奴性的展现罢了。

"如果……有一种与神有关的信念或概念，而该神却仅仅被设想为比其被造物更有力量且会通过特定的奖惩强迫被造物服从其绝对意志，以此为基础，如果被造物出于纯粹对奖励的希冀或对惩罚的害怕而被引导做出了自己憎恨的善或未能做出本来一点儿都不反感的恶，那么，（如其所示）这其中根本就没有什么美德或善。尽管该被造物做出了善行，但就内在本质而言，这种行为就像未受忧虑和恐惧的影响时自然而然做出的行为那样，几乎没有价值。以这种方式被塑造的被造物，其正直、虔诚或圣洁就像被铁链捆绑的老虎表现得服从或温和一样或像被皮鞭威

---

① 就此而言，审美情感和审美判断原则从该学派创立之初就扮演了重要角色。当代西方道德情感主义者们几乎都不怎么关注审美情感，但对于 18 世纪道德情感主义者而言，审美情感却与道德情感紧密相连，而审美判断原则也与道德判断原则紧密相连。

胁的猴子表现得天真和温顺一样没有价值。这些动物或受
类似法则支配的人，不管表现得多么听话和温顺，其行为
都是被诱导的结果，既不受意志的支配，也不受意愿的影
响，仅是因畏惧而被迫服从，这种服从具有奴性，而出于
奴性的一切都仅仅属于奴性。这种顺从或服从的程度越
高，奴性就越大，不管其服从的对象是谁。"①

　　第二，沙夫茨伯里还对霍布斯哲学阐述的自然状态深感
不满。对自然状态的不同理解使霍布斯哲学与沙夫茨伯里哲
学得以展现出不同的理论面貌。毋宁说，正是基于对前者的
批判，后者才得以推动苏格兰启蒙时代的道德哲学实现情感
转向。霍布斯把自然状态视为战争状态，人人相互为敌，
"在这种条件下，产业根本无法存在，因为其成果不稳定。
随之而来，农业、航海、海路进口商品的使用、舒适的建
筑、移动与卸载须费巨大力量的物体的工具、地貌知识、历
史、文艺、文学、社会等都无法存在，最糟糕的是，持续不
断地存在于暴力死亡的恐惧和危险中，人的生活孤独、贫
困、卑污、残忍而短寿"②。显然，这种自然状态无法为文
明的社会秩序直接提供哲学基础，毋宁说，文明的社会秩
序始于对抗该自然状态。沙夫茨伯里认为霍布斯笔下的这
种自然状态是"对上帝、世界以及人类的亵渎"。之所以
亵渎世界，是因为它"用最阴暗的笔调描述世界"；之所

---

① Anthony Ashley Cooper, Third Earl of Shaftesbury, *Characteristicks of Men*, *Manners*, *Opinions*, *Times* (Volume 2), Introduction by Douglas Den Uyl (Liberty Fund, 2001), p. 32.

② Thomas Hobbes, *Leviathan*, reprinted from the edition of 1651 with an essay by the late W. G. Pogson Smith (London: Oxofrd Unviersity Press, 1965), pp. 96 – 97.

以亵渎人类，是因为"当它竭尽全力维护上帝的权威时，它已经宣告，从根本上而言，我们所有的品质都是邪恶的，它把我们所有的德行都交给了上帝，我们唯一所能做的就是不断拒绝我们的私利和欲望"①。这种自然状态在亵渎上帝、世界和人类的同时不仅从根本上摧毁了人类的文明与秩序，而且消灭了人类的道德与精神生活。为了挽救这种危机，《论特征》从情感出发给予了自然状态以全新阐述。

第三，沙夫茨伯里对霍布斯基于充满痛苦与苦难的自然状态所建立的政治经济秩序表示不满。霍布斯基于原子论式自爱观和他对自然状态的理解构建了一种他所理解的政治秩序。霍布斯认为，为了在恶劣的自然状态中寻求和平，我们需向自然法或自然律求助。如同古老的西方思想家们一样，他视理性为自然法的根源本性。不过与古老的西方思想家们不同的是，他认为，以理性为根源的自然法拥有以保全生命为目的的一般法则，"自然律是理性所发现的戒条或一般法则。该戒条或一般法则禁止人们做有损自己生命或丧失保全自己的生命的手段的事，且禁止人们忽视自己认为最有利于保全生命的事"②。自然法有两条基本法则，即，寻求并保卫和平以及尽可能使用一切手段自卫，后者派生于前者。③基于这两条基本法则，霍布斯还推出了十三条自然法则。不过霍布斯哲学讨论的所有这些自然法均无法单凭"自然"

---

① "Article on Shaftesbury's characteristics", *Fraser's Magazine*, volume Ⅶ, new series (London: Longman, Green, and Co, January, 1875), p. 88.

② Thomas Hobbes, *Leviathan*, reprinted from the edition of 1651 with an essay by the late W. G. Pogson Smith (London: Oxofrd Unviersity Press, 1965), p. 99.

③ Ibid., p. 100.

自身的力量给人类社会提供安全的保障，相反，必须诉诸令人畏惧的国家权力才能使人享受平安。然而，这种观点却恰好是《论特征》极力指责的对象。沙夫茨伯里以乐观和充满善意的眼光理解自然状态，试图基于情感为文明社会的政治经济秩序奠定新的哲学基础。就此而言，基于对自然状态的全新理解，沙夫茨伯里在批判霍布斯哲学的过程中必然会推动苏格兰启蒙学派道德哲学实现情感转向，其目的是构建一种全新的社会政治经济秩序。

二 苏格兰启蒙时代道德情感哲学的自然化进程

苏格兰启蒙学派的道德情感主义者们试图在自然的视域内理解道德善，不仅试图基于单一自然情感——如仁爱论证道德善，而且还试图基于隐藏在情感背后的情感机制论证道德善。另外，他们还试图在自然的视域内理解自由。理性主义哲学时常把自由与自然对立起来，以康德对自由的理解为例，自由不仅要与自然律划清界限，而且具有超自然性。然而，对于苏格兰启蒙时代道德情感主义者们来说，自由仅位于自然的限度之内，无须也无法与表现为情感机制的自然律保持泾渭分明的状态。因此，追求自由的过程不是与自然律划清界限的过程，而是在自然的限度内逐步摆脱理性、功利等各种非自然力量对情感的限制的过程，尤其是要摆脱它们对审美判断原则、道德判断原则和宗教等的限制与影响，使情感机制在凸显自律价值的同时为道德、审美和宗教独立奠定理论基础。就此而言，对自由的自然状态的诉求即苏格兰启蒙时代道德情感哲学的内在理论诉求。该诉求得以实现的过程可被描述为情感的自然化进程。这既是基于自然情感逐步把自由的情感机制或自然法则确立为审美判断原则和道德判断原则之基础的过程，也是在自然的限度内推动自然情感走向自律的过程。

斯密的道德情感哲学完全实现了该学派的理论理想，当未受干扰的情感机制或自然法则在斯密哲学中被确立为审美、道德与社会的基础时，既意味着自然情感在审美、道德和社会领域内彻底摆脱了理性、情感的后果或效用的约束而享有了自由，也意味着它因接受源于情感机制或自然法则的约束而实现了自律，更意味着它自此享有了充分的道德自主性。就此而言，当始于沙夫茨伯里并终于斯密的道德情感哲学沿着可被称为"情感的自然化"的逻辑进程赋予社会政治经济秩序以道德合法性时，随着自然情感以内蕴于自身的情感机制或自然法则为道德奠基，同样的情感机制或自然法则也得以为《国富论》中的人类政治经济活动奠定了哲学基础。

自古希腊以来，随着理性主义在哲学中获取主导地位，哲学对自然法的理解也染上了理性色彩。然而，苏格兰启蒙时代的道德情感哲学所理解的自然法却与此不同。① 以经验主义哲学为背景，以对自然情感的讨论为切入点，

---

① 彼得·盖伊曾指出，普遍公认的是，由于启蒙运动的作用，自然法观念在18世纪走向了衰落［参见彼得·盖伊《启蒙时代：人的觉醒与现代秩序的诞生（文献卷）》，刘北成、王皖强译，上海人民出版社，2019，第320页］。事实上，就苏格兰启蒙时代道德情感哲学的自然化进程来说，真正衰落的是受传统西方理性主义主导的那种自然法观念。随着英国经验主义哲学开始为18世纪的美学、道德、宗教和政治经济学提供哲学基础，受经验主义主导的自然法观念不仅没有衰落，反而日渐具有强势。

该派的情感哲学一开始就宣称理性尤其是先验理性与自然情感以及内蕴于情感的情感机制或自然法则毫无关联。那么我们是否可以据此认为该派哲学在讨论自然情感、情感机制或自然法则时会倡导非理性主义呢？事实上，当该派的情感哲学把先验理性元素从自然情感、情感机制或自然法则中排除开来时，并不意味着会走向非理性主义，相反，该派的情感哲学据此倡导了一种新的理性主义，一种由近代英国经验主义哲学孕生出的、不包含任何先验或先天成分的理性主义。例如用同情机制阐述审美、道德和政治经济秩序的斯密体系，虽然在这些领域内推动道德情感哲学完成了情感的自然化进程，但却并未走向非理性主义，相反，有不少思想家都指出，斯密的思想中存在较严格的理性主义。然而，事实上，弥漫于斯密道德哲学中的这种理性与那种包含了先天观念的西方传统理性有本质不同。正是这样，本书认为，使情感机制或自然法则在美学、道德和宗教中成为支配性原则，构成了以沙夫茨伯里、哈奇森、休谟和斯密为代表的苏格兰启蒙学派道德情感哲学的核心理论线索。这一理论任务最终在斯密哲学中得以完成，就此而言，位于斯密之前的情感哲学始终在沿着情感的自然化进程不断演进。随着情感的自然化进程逐步走向终点，情感机制或自然法则也一步步排除了以理性、情感后果或效用等异己力量的制约，最终变得仅仅服从于内蕴于自身的某种法则的约束且据此表现出自律性。《道德情操论》是这一进程的终极哲学表达，而《国富论》则是这一进程在政治经济生活中的终极现实表达。

　　道德情感哲学的自然化逻辑进程主要表现在美学、道德和宗教等领域。沙夫茨伯里确立了苏格兰启蒙时代道德情感哲学的问题域，重点讨论宗教情感、审美情感和道德情感，继他之后，哈奇森、休谟和斯密的道德情感哲学也重点讨论了这三类情感。有鉴于此，本书将以这三类情感为对象探析蕴含在苏格兰启蒙时代道德情感哲学中的情感的自然化进程。虽然沙夫茨伯里、哈奇森和休谟均共同关注这三类主题中的情感问题并或多或少对情感的自然化进程做出了自己的贡献，但却终未完成该进程设定的理论目标，就此而言，对于作为情感的自然化进程终结者的斯密道德情感哲学来说，他们只是在为之持续不断地奠基罢了。在此意义上，本书试图从审美、道德和宗教视域考察苏格兰启蒙时代的道德情感哲学的自然化逻辑进程。在确立这三重考察视域的同时，按照苏格兰启蒙时代道德情感哲学思想史的内在发展脉络，本书把沙夫茨伯里和哈奇森视为早期情感主义思想家，而把休谟和斯密视为晚期情感主义思想家。

第一章主要讨论美学问题，致力于描述审美判断原则的自然化进程。苏格兰启蒙时代的道德情感哲学家们以讨论审美情感为契机而展开对道德情感问题的讨论。道德问题从未被理解为纯道德问题，而是被置于美学视域下予以讨论，论审美问题而讨论道德问题已成为 18 世纪道德情感哲学的特征之一。① 在讨论审美问题时，最受重视的问

---

① 由于苏格兰启蒙学派道德情感主义者们总是从美学出发讨论道德问题，该派道德哲学讨论的道德判断原则也与审美判断原则有紧密关联。虽然该派学说把快乐或不快视为道德判断原则的情感表达，但由于具有审美本性，因此，该派学说中的道德判断原则并不能被视为犯下了"自然主义谬误"。

题是审美判断原则问题。对"美之为美的根源是什么"或"审美判断的标准是什么"等问题的讨论，使苏格兰启蒙学派道德情感哲学家们所讨论的审美判断原则在其理论发展过程中经历了情感的自然化之逻辑进程。随着该进程走向终结，以同情机制为表现形式的自然法则最终在《道德情操论》中被确立为审美判断原则，与此同时，美或由美所产生的审美情感被视为自然法则的附属物，其目的是辅助自然法则顺利实现自身的目的。在此意义上，对于位于斯密之前的其他情感主义美学体系来说，审美判断原则要么被视为不同于同情机制或自然法则的东西，如理性（沙夫茨伯里）或宗教（哈奇森），要么被视为同情机制或自然法则的某种单一特征（例如休谟所说的效用）。就此而言，对于苏格兰启蒙学派道德情感哲学讨论的审美判断原则来说，蕴含在自然情感内部的同情机制或自然法则在获得胜利之前经历了一个不断排除异己的历史进程。

　　第二章主要描述道德判断原则的自然化进程。道德判断原则的自然化进程，既是道德判断原则的世俗化过程，也是传统道德逐步去神圣化的过程。以仁爱为例，哈奇森道德哲学把仁爱视为神的善性的证明，仁爱之情具有自明的、绝对的或毋庸置疑的道德价值，天然即为道德情感，这种道德哲学既能为道德奠基，也能为作为道德判断原则的"道德感官"（moral sense）奠基。然而，随着道德判断原则自然化进程不断向前推进，仁爱在休谟和斯密的道德哲学中便不再享有自明、绝对或毋庸置疑的道德价值，相反，作为与任何其他自然情感无异的普通情感，仁爱自身的道德性成了一个有待被证明的问题。在休谟的道德情感哲学中，源于我们本性之结构的仁爱因公共效用而被赞许并因此成为社会美德，"对公共利益的趋向，和对促进社会和平、和谐和秩序的趋向，总是通过影响我们本性结构的仁爱原则而使我们站在社会性的德性一边"①。在斯密的道德情感哲学中，仁爱意味着对自爱的克制，须受制于合宜性的约束才能具有道德价值，因此，缺乏合宜性，仁爱将失去道德价值。随着道德判断原则的自然化进程不断向前推进，随着仁爱的道德价值从自明性问题转化为有待被证明的问题，苏格兰启蒙学派道德情感哲学中的仁爱也一步步走下神坛，逐步开始接受同情机制的约束，最终消融在来势汹涌的世俗化浪潮之中。这一切之所以能发生，均与道德判断原则的自然化进程有关。随着道德判断原则自然化进程不断被推进，沙夫茨伯里、哈奇森、休谟和斯密先后提出了四类道德判断原则，即，以理性为本的"道德感官"原则、以情感后果为基础的"道德感官"原则、同情机制效用化原则和同情机制审美化原则。道德判断原则的自然化进程终结于《道德情操论》，然而，建立在以合宜性为表现形式的同情机制之上的美德虽然为《国富论》奠定了哲学基础，但自身却面临以无规范为本质的"游叙弗伦困境"，且因此为未来的经济学埋下了去道德化的隐患。

在描述了道德判断原则的自然化进程后，第三章聚焦于道德情感的生成与培养问题讨论道德情感的自然化问

---

① David Hume, *Enquiries Concerning the Human Understanding and Concerning the Principles of Morals*, edited by L. A. Selby-Bigge, M. A. 2nd edition (Oxford: Clarendon Press, 1902), p. 231.

题。事实上，该问题可被视为道德判断原则自然化进程的附属问题，因为前者是后者的实践表达。一如不断向前推进的道德判断原则的自然化进程伴随着不断排除异己的过程，道德情感的生成与培养也是如此。以斯密道德哲学为参照点，此前的道德情感主义者们在讨论道德情感的生成与培养问题时，均采取了给自然情感施加某种异于情感机制或自然法则的限制①的方法来培养道德情感。斯密道德哲学认为一切自然情感拥有成为道德情感的均等机会，那么只要符合以同情为基础的合宜性原则，则意味着任何情感均可成为道德情感。在对待自然情感与道德情感之关系问题上，斯密道德哲学比其他任何道德情感主义都更具平等视野，同时也显得更激进，更热爱源于自然的自由。就此而言，道德情感的自然化进程也可被视为自然情感的自由化进程，斯密道德哲学基于情感机制或自然法则为自然情感确立了道德身份。这意味着这种道德哲学为自然情感找到了以道德自律为表现形式的自由之道，就此而言，还意味着这种道德哲学在终结 17~18 世纪英国道德哲学家们围绕自爱与仁爱（私人善与公共善）展开的理论论争的同时为 17~18 世纪英国资产阶级掀起的以自我为中心的经济行为真正赋予了道德合法性。

第四章通过聚焦于宗教情感的自然化进程讨论苏格兰

---

①　所谓"异于情感机制或自然法则的限制"，指的是通过使自然情感受制于异于情感机制或自然法则的因素而成为道德情感，例如沙夫茨伯里认为自然情感须接受理性的限制才能成为道德情感，哈奇森则认为自然情感须接受仁爱的后果（公共善）的限制才能成为道德情感，而休谟则认为，自然情感须接受公共效用的限制才能成为道德情感。

启蒙时代道德情感哲学中的宗教观。概言之，宗教情感的自然化进程在苏格兰启蒙时代道德情感哲学思想史中的终极理论成果体现为对自然本身的信仰。流行于苏格兰启蒙学派道德情感哲学中的信仰与 17 世纪的英国流行的自然神看似相同，实则差异甚大。以斯密道德哲学为例，与 17世纪自然神论不同的是，斯密的信仰对象与理性无关，该对象深藏于自然深处，更确切地说，深藏于以情感机制为表现形式的自然法则深处。就此而言，宗教情感的自然化进程在斯密哲学体系中表现为对自由的自然的信仰。因此，就《道德情操论》所讨论的位于最高法庭之内的无偏的旁观者所展现出来的合宜性来说，本质上指的是自然情感因服从情感机制或自然法则而表现出来的自律性与自由性。较之斯密的这种宗教观，斯密之前的情感主义思想家们都可被理解为以"非自然化"态度处理宗教情感问题。此外，尽管斯密之前的道德情感主义者们以各种不同的方式在苏格兰启蒙运动中表现了宗教情感自然化进程之不同发展阶段的不同特点，但这些思想家在宗教问题上都有一个共同点，即，反对启示神以及因此而产生的宗教狂热。本书认为，这一思想的源头与沙夫茨伯里不无关联，通过反对宗教狂热，倡导把轻松自在的自然情感作为宗教的尺度，沙夫茨伯里开启了宗教情感自然化进程的历史大门。以自然情感（仁爱）和"道德感官"为基础，哈奇森哲学为神奠定情感基础的同时也为宗教奠定了道德基础，从而彻底驱逐了启示神的统治地位，推动自然神的本性从理性转变为情感。自哈奇森之后，休谟和斯密开始以不同方式讨论神，休谟把神驱逐到了人类理性的限度之外。在推动情感机制神圣化的过程中把神限定于自然情感的限度之内，斯密道德哲学为人类情感全面服从于自然情感限度内的神指明了理论和实践的道路。

当我们聚焦于审美、道德和宗教三个层面描述苏格兰启蒙学派道德情感哲学中的自然化逻辑进程时，第五章将对其理论得失进行评价。从《论特征》的面世到《国富论》的出版，苏格兰启蒙学派道德情感哲学伴随着苏格兰启蒙运动兴起与落幕的全过程完成了自身的理论进化。"游叙弗伦困境"的存在表明该派情感哲学在规范理论建设方面存在难以逾越的鸿沟，后来的伦理思想史发展历程表明，该派情感哲学在规范问题上给后人留下了巨大的争论与挑战。尽管如此，由于未受干扰的自然情感及其情感机制最终被该派情感哲学赋予了道德价值，随着该观点被应用于以《国富论》为代表的英国古典政治经济学，苏格兰启蒙学派道德情感哲学在为英国古典政治经济学奠定哲学基础的同时也在该领域取得了令人瞩目的巨大历史成就。或许正是基于该原因，历史时常只记住了作为"经济学之父"的斯密而忘记了作为道德情感主义者的斯密以及孕育其政治经济学的情感哲学传统。

三 苏格兰启蒙时代道德情感哲学视域下的英国古典政治经济学

在审美、道德和宗教三个层面展现了自然化逻辑进程的苏格兰启蒙学派情感哲学具有明确的社会向度。通过为近代英国古典政治经济学奠定哲学基础，它推动英国资本主义社会政治经济秩序得以建立起来。关于这种秩序得以建立的原因，赫希曼（Albert Otto Hirschman，1915～2012）从激情与利益的角度做过研究。按照赫希曼的观点，传统社会的人们不怎么重视利益，他们更重视情感，尤其重视关乎荣誉的情感，而到了近代社会，情感的焦点发生了变化，从重视荣誉变成了重视利益。赫希曼据此认为，利益被视为情感的统帅正是资本主义得以兴起的情感基础。不过，令人遗憾的是，赫希曼并未进一步阐述利益为何能在近代取代荣誉而成为普遍情感诉求。

事实上，由沙夫茨伯里开创的苏格兰启蒙学派道德情感哲学传统可以为该问题提供答案。以经验主义哲学为基础，苏格兰启蒙学派道德情感哲学基于情感理解对利益的诉求，被视为情感后果的利益甚至被哈奇森等道德情感主义者视为道德判断原则的基础。就此而言，对利益的追逐之所以能在近代成为一种支配性的普遍情感诉求且推动资产阶级成功反对专制愚行①，从根本上说，是因为该派道德情感哲学从情感出发厘清了以自爱为基础的私人利益以及以美德为基础的社会公共利益之间的关系，并为基于美德而生的政治经济秩序赋予了道德合法性。就理论性质来说，苏格兰启蒙学派中的道德情感主义既不同于西方传统哲学所倡导的那种具有超验性特征的情感主义，也不同于基督教所倡导的那种以上帝的爱为核心的情感主义，更不

①　赫希曼认为"近代经济（各种利益）的复杂系统必然是曾被发明出来以反对专制主义愚行的最为有效的马勒"。参见〔美〕阿尔伯特·赫希曼《欲望与利益》，冯克利译，浙江大学出版社，2015，第15页。

同于现代西方元伦理学中的那种情感主义，而是一种以近代英国经验主义哲学为基础、沿着情感的自然化进程不断演进的情感主义。事实上，早在该学派诞生前，以利益为旨归的情感主题就已成为英国思想家们争论不休的重要伦理学主题，以霍布斯、曼德维尔为代表的思想家们从自爱（私人善或私人利益）出发解释美德（社会公共利益），由于找不到联结二者的天然情感基础，该派学说认为，美德或公共利益以及以此为基础而构建的政治经济秩序和社会制度也无法在人性中找到天然情感基础，这一切仅只是基于各种技艺被发明出来的人造物罢了。苏格兰启蒙学派道德情感哲学加入这场论战的目的是要重新梳理情感与美德的关系，旨在阐明自爱与美德之间的天然情感纽带，更确切地说，要从情感出发重新阐释私人善（利益）与公共善（利益）的关系。

随着苏格兰启蒙学派道德情感哲学中的情感自然化逻辑进程不断被推进，《道德情操论》在伦理学领域完成了该学派的理论愿景，而随着这种伦理思想真正开始为英国古典政治经济学奠定哲学基础，《国富论》就成了这种伦理理论的现实表达。就此而言，如果苏格兰启蒙学派道德情感哲学最终未能以一种富有智慧的方式推动 18 世纪道德情感主义者们以一种不同于 17 世纪思想家们的方式解决好自爱（私人善或私人利益）与美德（公共善或公共利益）的关系并为美德找到天然情感基础，那么始于 17 世纪的这些问题将会继续困扰后来的思想家们，利益以及与利益有关的情感最终也将无法获得道德合法性。就此而言，利益即使能取代荣誉成为新的情感焦点，这种情感也无法推动人类社会从封建社会迈入资本主义社会。因此，梳理苏格兰启蒙学派道德情感哲学的核心理论线索不仅能使我们进一步推动赫希曼的观点向纵深发展，而且能使我们立足一种新的视角理解英国古典政治经济学的哲学基础。

英国古典政治经济学始于 1776 年斯密《国富论》的出版，该书被视为英国古典政治经济学兴起的标志。《国富论》分析了国民财富的性质和原因，认为国民财富的性质不是金银而是以劳动分工和资本为基础的国民收入，自由市场之于国民财富的增长而言扮演着十分重要的角色。为此，该书对重商主义、垄断以及重农主义中的部分观点，主张限制政府权力，倡导自由竞争。英国古典政治经济学的核心思想是以自我调节系统为核心的市场经济学说，主张生产和交换受某种排除了一切人为干扰的法则——尤其体现为斯密学说中的"看不见的手"——支配。斯密所属的苏格兰启蒙学派道德情感哲学传统给他的政治经济学思想提供了坚实的哲学背景并直接为《国富论》奠定了哲学基础。《道德情操论》出版于 1759 年，而《国富论》则出版于 17 年之后的 1776 年，虽然两本书的出版时间相距颇远且在今天看来分属不同学科领域，但二者在主题上却具有较大一致性。对于关于财富和人类经济行为的哲学构想来说，是《道德情操论》而非《国富论》最早对其进行了阐述。如果说《道德情操论》的主题是自爱、美德与社会秩序之间的关系，那么《国富论》则重点讨论受自爱支配的个体如何在利益的制约下形成公正的社会并在市场机制的引导下以非本意的方式增进国民财富。不难看出，自爱、对自爱的约束以及对未受干扰的情感机制或市场机制等问题的探讨构成了《道德情操论》和《国富论》这两本著作的共同主题。

　　未受干扰的情感机制、自然法则或市场机制之所以能在《道德情操论》和《国富论》中备受重视，不仅是苏格兰启蒙哲学中的自然化逻辑进程不断演进的理论后果，而且与苏格兰启蒙时代的思想家们心中怀有的牛顿情结有关。如果说艾萨克·牛顿在《自然哲学的数学原理》中提出的万有引力定律蕴含与自然神思想相一致的地方，那么可以这样表述该一致性：这两种思想认为神创造了一种不加干涉就能自由、和谐、自主运行的自然机制。那么当我们处理道德事务和社会事务时，放弃人为的干扰而采取自由放任的态度就意味着是一种最高的智慧。如果说万有引力定律只意味着自然机制、情感机制、市场或自然法则可以以自由（排除一切人为干扰）的方式在自然界有效发挥作用，那么经沙夫茨伯里、哈奇森、休谟和斯密等道德情感主义者的不断努力，当苏格兰启蒙学派道德情感哲学在道德领域内论证了这种自由的自然观之于人类事务的重要性和有效性后，必然会在"情感"的引导下把这种哲学确立为理想社会模型的基础，使之从理想变为现实。以斯密为代表的英国古典政治经济学就是这种哲学被应用于社会政治经济领域后产生的实践成果。

　　在政治经济学领域内倡导自然的自由观，相对于斯密之前的政治经济学而言，是一种极具革命性的思想。古典政治经济学又被称为经济自由主义，在这种思想诞生之前，封建主义和重商主义对个人自由、私人财产、个人自主权等均施加了多种限制，较之这些限制，这种思想是

"自由的"。对政府来说，这种思想蕴含的自由观主张减少政府干预，管得越少的政府被认为是管得最好的政府，相信市场有力量自行引导生产、交换和分配，无须政府干涉，经济活动自身会实现自我调节。因此，政府的作用不是直接干预经济活动，而是在财产所有权、国防和国民教育等公共事务上发挥效力。对个体来说，随着在经济活动中扮演重要角色的自利动机和以自我利益或私人善为目标的激情或行为被赋予道德合法性，享有高度自由的个体将在市场机制的约束下以非本意的方式增进社会公共利益、公共善或国家财富。把自利之情或自爱视为人类生活中的最重要的激情，对于 18 世纪英国思想家们来说，这并非全新的研究主题。早在 17 世纪，霍布斯就基于原子论式自爱观构建过道德哲学体系，而同样的声音也在 18 世纪思想家曼德维尔的《蜜蜂寓言》再次产生过回响。霍布斯、曼德维尔等哲学体系未能在自利与美德之间找到连接二者的天然通道或桥梁，因此，他们讨论的美德始终与自利或自爱处于对立状态。基于对这种讨论的不满，以沙夫茨伯里为首的苏格兰启蒙学派道德情感哲学以天然具有无功利性的审美情感为切入点，试图在美德与自爱或人性之间建立天然的人性纽带，他第一次在 18 世纪道德情感哲学中找到了自爱与道德的情感通道。就此而言，对于《国富论》中的自爱而言，其道德意义与霍布斯和曼德维尔哲学中的自爱截然不同。唯有当自爱获得了道德合法性后，古典政治经济学中的自爱才能真正获得古典政治经济学家们的尊崇。最后，对于各种经济资源与国家财富的关系来说，古典政治经济学持有一种更具自由性的立场。古典政治经济学认为，包括土地、劳动力、企业家和资本在内的所有经济资源以及包括农业、商业和国际贸易在内的所有经济活动均同等重要，对于偏爱商业的重商主义和偏爱农业的重农主义来说，这种思想无疑具有划时代意义。然而，对于《道德情操论》来说，这种思想却并不新鲜，虽然它并非经济学著作。

情感何以具有道德价值？沙夫茨伯里和哈奇森认为，某种单一类型的情感可超越所有其他各种情感天然享有道德优先性和道德合法性，沙夫茨伯里把这种情感称为自然情感，而哈奇森则把这种情感称为普遍而平静的无功利的仁爱。休谟道德哲学虽然消除了情感的道德不平等性，但却需求助于效用才能享有道德合法性。斯密道德哲学则认为，消除了道德不平等性的情感可以因受到内蕴于自身的情感机制或自然法则的约束就能以自由、独立或自律的姿态享有道德合法性。一旦斯密的道德哲学思想开始从哲学上为政治经济学奠基时，一如所有情感之于道德而言具有平等地位且能独立自主地增进道德，那么所有经济资源和经济活动之于国家财富而言也相应可享有平等地位且能独立自主地增进国家财富。

自然的自由观之所以能成功为英国古典政治经济学奠定哲学基础并使这种政治经济学表现出极强的革新性，其原因很多。本书认为，最重要的原因在于斯密所属的情感哲学传统成功找到并论证了连接自爱、美德与社会政治经济秩序的天然情感纽带。探索社会美德的天然情感基础构成了苏格兰启蒙学派道德情感哲学与 17 世纪英国道德哲学的重要区分点。沙夫茨伯里和哈奇森从单一类型的自然情感出发论证社会美德的天然情感基础。沙夫茨伯里认为，社会美德的天然情感基础是以族群的整体利益为目标的整体性情感或自然情感。问世于 1699 年的《论美德与功德》直接反对霍布斯的《论公民》，认为人人生而具有社会性情感和社会美德。因此，美德于人而言乃浑然天成之物；哈奇森则认为，社会美德的天然情感基础是平静而普遍的无功利的仁爱，其代表作《论美与德性观念的根源》以及《论激情和感情的本性与表现，以及对道德感官的阐明》在很大程度上均是为了论证该观点或为该观点进行辩护而创作。当苏格兰启蒙时代的道德情感哲学发展到休谟和斯密这里时，二者均不再立足单一类型的自然情感为社会美德寻求天然情感基础，也不再认可在沙夫茨伯里和哈奇森哲学中担当道德判断之大任的"道德感官"，转而紧扣同情机制论证社会美德的天然情感基础。但他们的理论依然致力于完成沙夫茨伯里和哈奇森哲学试图完成的理论任务，即，论证道德的天然性。就此而言，尽管休谟和斯密在诸多关键性的理论问题上与沙夫茨伯里和哈奇森分歧甚大，但前者却以一种更出色的方式完成了后者试图完成但却未能如愿的理论愿景。因此，当同情机制得以在社会美德的生成过程中扮演重要角色时，推动苏格兰启蒙学派道德情感哲学得以诞生的基础性理论问题，即，美德的基础是自爱还是仁爱，就变成了一个无关紧要的问题，因为受同情机制制约的自爱已经找到了增进社会美德和社会公共利益的全新理论路径。休谟道德哲学把正义视为最重要的社会美德，正义的基础不是自然情感而是利益感，因此，它被称为人为美德。即使如此，人为美德依然受同情机制的制约，而利益感之所以被人认可并为正义奠定基础，其根本原因还是同情使得不同个体之间的利益感能相互感染、相互认可并达成默契。斯密则认为，社会美德得以建立的基础既非利益感，也非某种单一类型的自然情感，而是合宜性，而合宜性则建立在斯密所理解的同情之上。在此基础上，探索未受干扰的情感机制或自然之道何以能对人的情感（例如自爱）形成制约使人形成美德并由此增进国民财富就进一步成了苏格兰启蒙学派的道德情感哲学高度关注的重要现实问题。如果说霍布斯致力于论证自然人如何在人为原则——理性、强权或契约的制约或威慑下以某种人为的方式，即非自然的方式来组成社会、享有安全感并增进幸福，那么苏格兰启蒙学派道德情感哲学高度重视的就是一种由情感内生出来的、全新的社会治理之道。理想虽然宏伟、美丽且极具诱惑性，但其实现之路却并不顺利。要使未受干扰的情感机制或自然之道在道德与社会政治经济秩序中处于支配地位，就意味着要为道德与社会政治经济秩序找到位于情感之内的天然秩序基础。就此而言，以斯密为代表的英国古典政治经济学的诞生，就是斯密所属的情感哲学传统对这个问题持续不断地进行探索之后所产生的理论成果。

　　苏格兰启蒙学派道德情感哲学在沿着情感的自然化进程不断前进的过程中，由它所衍生出来的英国古典政治经济学也展现了越来越浓郁的自然化色彩。在沙夫茨伯里看来，一如道德于人来说具有天然性，人生而具有的内在的社会化倾向，或者说，社会对人来说是一种天然情感诉求。沙夫茨伯里发现，与他同时代的思想家们都喜欢抛弃天然材料并根据人为规则自行设计一套社会秩序和政治哲学。他坚决反对这种做法，在他看来，只有建立在自然状态①之上的政府机制才能自然而然地孕育出友善和诚实等美德。在哈奇森看来，社会起源于人人生而具有的仁爱倾向，因具有这种情感，人人就可享有最长久和最高层次的幸福，如失去这种情感，人人都将遭受最长久和最深重的痛苦。仁爱有很多特点，其中与社会的形成与发展有关的是其具有自然而然的合群性，从而使得不同的个体以一种自然而然的方式相互连接起来并形成社会。休谟的道德情感哲学在讨论社会的起源、正义的本质等问题时虽不再遵循沙夫茨伯里与哈奇森的理论路径，然而，就其在社会问题上对 17 世纪社会契约论的批判来说，却与二者一脉相承。《人性论》中的《论原始契约》较为彻底地批判了支配洛克契约论得以建立的三条核心线索，即，契约论、唯意志论和自然法。休谟认为统治者或社会统治制度不是社会成员通过"自愿的协议"而是通过社会成员的利益感而建立起来的。较之沙夫茨伯里、哈奇森和休谟提出的诸多社会学与政治经济学思想，斯密的政治经济学在情感的自然化逻辑进程中表现得最彻底。他的道德哲学试图基于审美合宜性讨论美德并现出了以缺乏严格道德规范为本质的"游叙弗伦困境"，因此，较之同时期其他政治经济学，这种政治经济学也显得最具自由性。斯密的道德哲学中的合宜性是以位于同一道德语境中的当事人和旁观者的情感与

---

① 苏格兰启蒙学派道德情感哲学对自然状态的理解与 17 世纪英国思想家们所理解的自然状态截然不同。

情感的对称与平衡为基础的美学合宜性。追求合宜性的当事人或旁观者只能通过适当调整自身情感而获得合宜性，尽管如此，双方均无权创造合宜性，因为真正推动合宜性得以诞生的力量，其实既非当事人也非旁观者，而是能同时对二者的情感产生制约作用的情感机制或自然之道，更确切地说，合宜性是审美情感支配下的自然产物。人人皆有爱美之心并因爱美而爱秩序，因此，人人均能在求美的过程中以非本意的方式增进社会公共利益并实现自然原本想要实现的目的。《道德情操论》第四卷第一章认为，我们之所以热衷于改良社会制度，表面看来是为了改善国民的福利并提升国民的幸福，事实却并非如此，隐秘的、对制度与秩序之美的追求才是推动我们改良社会的真正动机与目的。那么为斯密所钟爱的社会秩序是何种社会秩序呢？《国富论》向我们揭示了答案，即，受自由的自然观支配的美的社会秩序。尽管如此，斯密的哲学还是不厌其烦地告诫我们，尽管美丽的理想摆在我们面前，但我们却几乎不会以之为目的，我们仅仅只专注于自爱并在情感机制的制约下以非本意的方式实现这种理想。就此而言，苏格兰启蒙学派道德情感哲学中的自然化逻辑进程使《道德情操论》与《国富论》完美地实现了内在统一，所谓"斯密问题"完全是个伪问题。

第一章　审美判断原则自然化

从沙夫茨伯里开始，以哈奇森、休谟和斯密为代表的情感主义美学家们为 18 世纪英国美学谱写了一曲情感之歌。这种美学在讨论审美判断原则问题时走过了一个可被称为自然化的逻辑进程。为使本主题的讨论更易于进行，在开始讨论审美判断原则自然化进程前，让我们首先简要阐述"18 世纪情感主义者们为什么要研究美学"以及"18 世纪情感主义者们如何研究美学"这两个问题。

在沙夫茨伯里之前，艺术和美在英国不受重视，英国几乎没有专门讨论美学的著作。那么，以沙夫茨伯里为代表的 18 世纪情感主义者们为什么要重视美学研究？更具体地说，作为早期道德情感主义思想家，沙夫茨伯里和哈奇森为什么要研究审美问题？首要原因是，沙夫茨伯里想通过研究美学问题为道德问题的研究找到理论基础。沙夫茨伯里的伦理学直接反对洛克与霍布斯所提出的那种"自私的伦理学"，首要目标是要在人性中找到一种不以自我利益为目标的情感，或者说，以无功利为本性的情感，并用这种情感反驳原子论式自爱观。沙夫茨伯里发现审美情感就是这种类型的情感，因此，这种情感便被用作反驳洛克和霍布斯伦理学的情感证据。因此，沙夫茨伯里在研究道德情感问题时并未把审美与道德分离开来，相反，他认为二者是一回事，至少在反驳霍布斯式的自私伦理学的过程中都能发挥有效作用。此外，与二者有关的情感都具有令人感到愉快的性质。对此，哈奇森也持类似观点，他认为美德隶属美，研究美有助于研究道德。不仅如此，沙夫茨伯里等情感主义者还发现，美学研究不仅能为道德提供基础，而且能为宗教提供基础，有助于构建一种以道德为基础的新宗教。通过研究美的事物、对象或情感，沙夫茨伯里认为最终可以证明神的存在与神的善性，而美德中所蕴含的情感，也被视为可以达到相同的目的。与沙夫茨伯里一样，哈奇森的美学思想中也有浓厚的神学元素。① 随着 18 世纪道德情感哲学自然化的进程不断向前推进，到了休谟和斯密的情感哲学中，审美判断原则也逐步实现了从"美的感官"到同情机制的转变。休谟和斯密对美学研究虽依旧兴趣盎然，但较之沙夫茨伯里和哈奇森，美学在其全部哲学中的地位已发生了根本性变化，美学不再被视为神学的注脚，蕴含在各类情感背后的某种共同情感机制成为美学的支配性法则，美学研究的重要性被弱化。他们认为包括审美情感和道德情感在内的一切人类情感都受同情机制或自然法则支配，所以美学的重要性在道德哲学研究中被淡化，与此同时，同情机制在道德哲学中的重要性得到了强化。

那么，18 世纪情感主义者们是如何研究美学的呢？大

---

① 哈奇森道德哲学中的神不是基督教启示神，而是情感型的自然神，本书第四章将进一步阐述该问题。

体而言，他们的研究离不开两种研究方法：道德化方法与自然化方法。

所谓道德化方法，即，美学问题作为道德问题中的"子问题"被情感主义者们置于道德或伦理视域下展开讨论。就美学在道德情感思想体系所占地位而言，早期情感主义思想家把美德视为美的一种类型，后期情感主义思想家把美和美德视为受某种蕴含在情感内部的普遍原则认可的自然情感。二者是彼此平等的关系，美德作为一种道德情感不再隶属审美情感，与此同时，审美作为一种情感，也不再能囊括美德所代表的道德情感。道德情感不再是美的一个类型或分支，而是与审美情感平起平坐，共同接受某种普遍性的情感法则的支配。若以蕴含于自然情感内部的、以自然情感自然发生机制为表现形式的同情法则或自然法则为考察对象，则可发现，就18世纪情感主义者们讨论的审美情感与情感机制的关系来说，它经历了从独立于情感机制到隶属情感机制的转变，因此，沙夫茨伯里和哈奇森所讨论的审美情感具有无功利性的特征，而休谟和斯密所讨论的审美情感则不再具有这种特征，二者所讨论的审美情感均与某种"利益"相关联。在斯密那里，审美情感虽然撇清了与人的效用或利益之间的关联，但却没有撇清与自然本身的"利益"的关联，而在休谟这里，审美情感则与由效用代表的"利益"紧密相连。

所谓自然化的方法，即，18世纪情感主义者们讨论的审美判断原则经历了从"感官模式"到"同情模式"的转变。沙夫茨伯里和哈奇森在各自的美学研究中都采用"感官模式"研究审美判断原则，着眼于从"美的感官"出发探究美的根源。随着 18 世纪情感哲学自然化逻辑进程不断向前推进，"感官模式"被"同情模式"所取代。令人愉悦或不快的审美情感被视为业已存在的美学事实，美学家的任务不是要探究该事实的本质或根源，而是要探究人们如何认知该事实。在此意义上，美学研究的问题意识也实现了从"美之为美的根源"到对"如何认知美"的转变。对于审美判断原则来说，当"感官模式"转变为"同情模式"时，它便完成了从非自然化原则到彻底的自然化原则的转变。这一系列转变过程也可以被理解为蕴含在自然情感内部的自然法则在美学中逐步变得强势的过程，就此而言，苏格兰启蒙时代道德情感主义者们所讨论的审美情感判断原则经历了一个可被称为自然化的逻辑进程。

审美情感判断原则自然化逻辑进程经历了四个发展阶段。第一阶段是沙夫茨伯里阐述的以理性为基础的审美判断原则，以情感机制为代表的自然法则作为审美判断原则在沙夫茨伯里美学中被理性遮蔽了自然本性。沙夫茨伯里所说的审美判断原则是以理性为本、以"美的感官"为载体的原则。第二阶段是哈奇森美学所阐述的、以"寓多样性于一致"为基础的审美判断原则。第三阶段是休谟美学所阐述的审美判断原则，效用在该原则中发挥了关键性的作用，简言之，自然法则被效用"绑架"，以效用化的面孔呈现自身。第四阶段是斯密所阐述的审美判断原则，就其本性而言，它是以旁观者和当事人的情感的对称与平衡为表征的同情法则。审美情感判断原则的自然化进程表现为作为审美情感判断原则的审美情感不断摒弃理性、宗教或作为自然法则之单一特征的效用对审美情感判断原则的支配的过程，当它开始仅接受来自以同情机制为表现形式的自然法则的约束时，审美情感判断原则的自然化进程便宣告彻底画上了句号。简言之，可这样描述审美情感判断原则的自然化进程：以真为本的"美的感官"→以"寓多样于一致"为基础的"美的感官"→掺和着效用的同情→以情感与情感的对称平衡为表征的同情。

一 以真为本的"美的感官"

安东尼·阿西尼·库伯·沙夫茨伯里伯爵三世被视为"18 世纪美学的最重要人物"[①]。道格拉斯·登·尤尔（Douglas J. Den Uyl）认为，"18 世纪高度关注美学问题，我相信，这在很大程度上是因为沙夫茨伯里"[②]。沙夫茨伯里在英国乃至人类美学史上第一次给自然或自然情感赋予了美学地位，也第一次试图借"美的感官"阐明蕴含在审美情感中的自然法则。继他之后，哈奇森在对这种美学思想进行系统化论证的同时推出了英国美学思想史上第一篇美学专业论文。不过应注意的是，二者虽在美学中借"美的感官"之名提出了审美判断原则中的自然法则问题，但并未把自然法则等同于审美判断原则，毋宁说，虽由二者所提出的审美判断原则均融合了某种非自然元素，比如理性（沙夫茨伯里）或对行为后果的功利考量（哈奇森），

---

① Ernst Cassirer, *The philosophy of the Enlightenment*, trans. by Koelln and Pettegrove (Boston: Beacon, 1955), p. 312.

② Douglas J. Den Uyl, "Forward" in *Characteristicks of Men*, *Manners*, *Opinions*, *Times* (Volume I) by Anthony, Third Earl of Shaftesbury (Indianapolis: Liberty Fund, 2001), pp. ix – x.

但有别于此前所有西方美学思想的地方在于，这种非自然元素从未成为他们所阐述的审美判断原则中的真正主角，相反，它们充当了后来者的向导。正是基于对此类非自然元素的不满或批判，休谟和斯密才得以把审美判断原则归于某种更"纯粹"的自然法则本身。

在沙夫茨伯里美学中，审美判断由"美的感官"完成，而"美的感官"具有双重原则：一方面，"美的感官"服从于以苦乐感为表现形式的自然情感法则；另一方面，这种以苦乐感为表现形式的自然情感法则又须服从于某种更高原则——艺术的"真"，而后才能成为有效的审美判断原则。在沙夫茨伯里美学思想中，自然情感法则在审美判断原则中所占的分量不及"真"。为了详细阐述"美的感官"概念中的双重审美判断原则，我们需要重点阐述四个问题，即，沙夫茨伯里为何关注美学问题、审美对象、审美判断权以及审美判断标准。

（一）美学问题

沙夫茨伯里的美学思想收录在《论特征》一书中的《道德家们》和《给一位作家的忠告》等论文中。值得一提的是，《论特征》是 18 世纪的英国重印率最高的作品，不仅在英国，而且在欧洲也产生了巨大影响。就沙夫茨伯里是 18 世纪第一位情感主义启蒙思想家而言，该书直接为 18 世纪苏格兰启蒙运动奠定了美学基调。沙夫茨伯里认为，研究哲学的目的是使人过上更好的生活，他有意识地使自己创作的所有哲学著作都服务于该目的，而在所有哲学话题中，美学问题尤其受重视。他认为人类天生能欣赏秩序与和谐之美，对美的欣赏自然而然可以引导人类通往道德与宗教。在研究道德哲学的过程中，沙夫茨伯里之所以对美学情有独钟，是因为他把美学研究当作了一种新的道德哲学的入口，尤其当作了新伦理思想和新宗教思想的突破口。更确切地说，沙夫茨伯里之所以重视美学问题，与四个原因有关：对清教艺术观的背离、对洛克哲学与霍布斯道德哲学的不满、对新古典主义的钟爱以及对剑桥柏拉图学派的追随。

1. 对清教艺术观的背离

17 世纪的英国社会充满动荡，在宗教领域，伴随着国教的兴起，声势浩大的清教运动风起云涌。清教运动是英国圣公会内部发生在 16 世纪晚期的宗教改革。尽管直到 16 世纪 60 年代 "清教"（puritanism）一词才开始出现①，然而，事实上，清教运动从 16 世纪 30 年代亨利八世建立英国国教时就已开始运作。在此意义上，"清教徒" 有时主要用来指 16 ~ 17 世纪的英国改革派新教徒。由于亨利八世建立英国国教时掺和了一些罗马天主教成分，这批改革者致力于使英国国教摆脱罗马天主教旧制及其繁文缛节，提倡过一种洁净、简朴的生活。自此之后，在爱德华六世统治（1547 ~ 1553）以及玛丽女王统治（1553 ~ 1558）期间，清教运动一直在持续进行。在伊丽莎白一世统治期间，清教运动获得了蓬勃发展。清教在发展过程中分成了温和派与激进派。温和派主张从英国国教内部进行宗教改革，取消主教教制，建立长老制，以期进一步净化教会，这些人在政治上拥护君主立宪制；激进派则主张使教区从英国国教中独立

①　该词最初被清教运动的反对者们用来以轻蔑的方式称呼清教徒们。

出来，简化宗教仪式，以期让信徒放弃一切偶像崇拜，在政治上，该派拥护共和制。

清教运动有很多特点，其中一个特点是排斥一切艺术活动。天主教非常看重艺术的宗教感化作用，而清教徒们则在反对罗马天主教的同时也反对与之紧密相连的艺术教化方式。清教徒们把宗教艺术作品视为偶像崇拜，在宗教改革中破坏了大量富含宗教色彩的彩色玻璃、塑像等。他们认为世俗的音乐、舞蹈等艺术都是有罪的，研究文学和艺术只是浪费光阴或自我放纵罢了。在清教徒活跃的 17 世纪，英国以"日益增长的功利主义和现实主义"[①] 为时代精神，几乎没有为后人留下什么文艺作品。在 17 世纪之前发展到了顶峰的戏剧和抒情诗在 17 世纪开始衰落，1642 年清教徒们关闭了剧院，虽然剧院在复辟时期有所复兴，但随后又衰落了。17 世纪早期的英国人对音乐、绘画和雕塑都兴味索然，因此，诗歌在 17 世纪的前 30 年也走向了衰落。

资产阶级革命之后，清教徒们通过行政的力量取消了宗教仪式上的音乐，关闭了国内所有剧院，这导致英国音乐在 18 世纪 50 年代前几乎是一片空白。在被誉为 18 世纪"职场新人手册"的《清教徒的工作观：工作的呼召》中，散文家理查德·斯蒂尔（Richard Steele，1672～1729）认为欣赏音乐无法增进经济利益，纯属浪费时间与金钱。他说："在我们所生活的这个时代，音乐已经吸引了太多人

---

① 罗伯特·金·默顿：《十七世纪英格兰的科学、技术与社会》，范岱年译，商务印书馆，2012，第 48 页。

的注意力，但对你来说，它不过是另一种多余的缠累，不仅无益，而且简直有害。它会使你头脑想入非非，所以，不要总是去听歌剧和音乐会……你一旦对这些着了迷，就会危及你的信誉和财政。它们给你带来的最直接的后果，就是时间与金钱上的浪费……出于同样的原因，你最好不要过多地涉足剧院这样的地方。"① 随着 1688 年光荣革命的到来，18 世纪启蒙思想家们试图恢复人们对艺术的兴趣，沙夫茨伯里则率先按下了这一历史进程的启动键。

2. 对洛克与霍布斯道德哲学的不满

洛克哲学直接构成了沙夫茨伯里美学思想的哲学来源。乔纳森·弗莱德（Jonathan Friday）这样评价洛克哲学对以沙夫茨伯里为首的苏格兰启蒙美学的影响："洛克的《人类理解论研究》（1690）用经验主义解释了人类知识的起源和人类心灵的运行原理，这种做法直接构成了苏格兰美学研究的重要哲学背景。洛克对这一时期苏格兰哲学的影响的确不可低估。"② 不过，在具体阐述美学和道德思想时，众所周知，沙夫茨伯里更倾向于批判而非继承洛克。洛克于 1666 年开始和沙夫茨伯里伯爵一世交往并因种种机缘助力而成为该家族的亲密朋友和政治盟友，洛克促成了沙夫茨伯里伯爵二世的婚姻，曾在包括照顾小沙夫茨伯里的各种事务上给沙夫茨伯里家族提供了诸多帮助。在沙夫茨伯里尚未成年时，洛克就把自己的哲学体系教给了

① 〔爱尔兰〕理查德·斯蒂尔：《工作的呼召》，王培洁、杜华译，团结出版社，2011，第 215 ~ 216 页。

② Jonathan Friday, *Art and Enlightenment*: *Scottish Aesthetics in the 18th Century* (Brampford Speke: Imprint Academic, 2004), pp. 5 – 9.

他，沙夫茨伯里曾在著作中公开表达过自己对洛克的感恩和尊敬。尽管如此，沙夫茨伯里还是撰文表达了自己对洛克哲学的反感。丹尼尔·嘉里（Daniel Carey）曾说："沙夫茨伯里从年轻的时候就开始研究洛克的思想，长期的浸染并未使他在道德和美学问题上成为洛克的追随者……沙夫茨伯里反对洛克在道德法则、动机以及宗教与道德关系问题上持有的观点。"① 在给斯坦霍普（Genenral Stanhope）的信中，沙夫茨伯里自己公开承认自己反对洛克，"我的哲学反对我的老师和监护人，该人在世界上享有盛名，不过我从未尽力隐藏过自己与他的不同"②。不过，沙夫茨伯里在洛克有生之年并未主动发表过任何反对洛克的论文，除托兰德 1699 年未经沙夫茨伯里同意私自出版过《论美德与功德》外③，沙夫茨伯里所有作品直到 1704 年洛克过世之后才公开出版。

在约翰·杜欣格（John A. Dussinger）看来，沙夫茨伯里的《论特征》是对洛克的《人类理解论》的回应。④ 本书据此认为，沙夫茨伯里对洛克哲学的不满可被视为洛克

---

① Daniel Carey, *Locke*, *Shaftesbury*, *and Hutcheson*: *Contesting Diversity in the Enlightenment and Beyond*（New York: Cambridge University Press, 2005），p. 129.

② Benjamin Rand, *The Life*, *Unpublished Letters and Philosophical Regimen of Anthony*, *Earl of Shaftesbury*（New York: The Macmillan Co. , 1900），p. 416.

③ 当沙夫茨伯里得知托兰德在未经自己授权的情况下出版了该论文后，他从市场上收购了所有已出版的论文。

④ John A. Dussinger, "The Lovely System of Lord Shaftesbury: An Answer to Locker in the Aftermath of 1688", *Journal of the History of Ideas*, Vol. 42, No. 1（Jan-Mar, 1981），pp. 151 – 158.

创立的经验主义哲学在审美、道德等领域的进一步发展。
《人类理解论》的出版标志着他领导的经验论在反对以笛
卡尔为代表的唯理论的过程中取得了决定性胜利，从此与
亚里士多德经院哲学传统彻底决裂。但这种决裂在洛克哲
学中并没有表现在道德、政治、经济等领域，当沙夫茨伯
里基于对洛克的不满着手从审美情感出发论证一种全新道
德哲学思想时，他始终都未偏离洛克创立的经验主义哲学
立场，毋宁说，他把这种经验主义推入了尚未被洛克哲学
充分论证过的美学与道德哲学领域。沙夫茨伯里着重反对
洛克的白板说，尤其反对审美和道德领域内的白板说。洛
克认为，人的心灵是一块白板，知识仅仅只源于后天，不
包含先天观念，在道德和审美（秩序）领域内也一样，这
意味着道德和审美没有先天基础。在沙夫茨伯里看来，当
洛克否定一切尤其是道德和审美（秩序）中的先天观念
时，也就否认了道德和审美（秩序）的天然性，进一步
说，道德和秩序在人的心中失去了天然的基础。1709 年，
在给牛津大学神学学生迈克尔·安斯沃斯的信中，沙夫茨
伯里说："是洛克打破了一切基本原则，他把一切秩序和
德性都驱逐到了世界之外，与此有关的所有观念（同样也
包括与上帝有关的观念）都变成'不自然的'了，在我们
心灵中失去了基础①。"② 他在 1709 年 11 月 7 日给斯坦霍普

---

① 就思想史而言，沙夫茨伯里所说的这种"基础"是亚里士多德主
义、斯多葛哲学、中世纪哲学和文艺复兴人文主义思想等所倡导的
观点，即，人天生具有社会性。

② Benjamin Rand, *The Life*, *Unpublished Letters and Philosophical Regimen
of Anthony*, *Earl of Shaftesbury* (New York：The Macmillan Co., 1900),
p. 403.

的信中说，霍布斯和洛克关于先天观念的争论是"世界上最幼稚的争论"①。他认为洛克等人的理论将直接导致人类道德秩序和精神生活的灭亡，为了挽救这种危机，《论特征》重点讨论秩序（审美）和道德问题。而该书在挽救这种危机的同时也把洛克开创的经验主义进一步推向了审美和道德等领域。

为了从情感出发论证道德和审美的天然性，沙夫茨伯里引入了一种具有双重特性的先天观念。一方面，道德判断和审美判断被视为隶属受自然法则支配的感官判断，先天观念被视为某种特殊感受力的源泉，其先天性源于大自然；另一方面，道德判断和审美判断被视为与理性有关。不仅如此，沙夫茨伯里认为源于理性的先天性比源于自然的先天性更重要，就此而言，这种意义上的先天观并未完全反驳洛克对先天性的批判，相反，这种做法与洛克对先天性的批判是一致的，正如丹尼尔·嘉里所言，"沙夫茨伯里架构了一个重要的桥梁，从而使他一方面能接受洛克对先天性的批判，另一方面又能用先天性解释道德法则"②。

3. 对新古典主义的钟爱

所谓新古典主义，指的是从斯图亚特王朝复辟到 1798 年华兹华斯和柯勒律治出版《抒情歌谣集》之间的英国文学与艺术作品。18 世纪初，随着斯图亚特王朝复辟以及奥

---

① Benjamin Rand, *The Life*, *Unpublished Letters and Philosophical Regimen of Anthony*, *Earl of Shaftesbury* (New York: The Macmillan Co., 1900), p. 414.

② Daniel Carey, *Locke*, *Shaftesbury*, *and Hutcheson*: *Contesting Diversity in the Enlightenment and Beyond* (New York: Cambridge University Press, 2005), p. 129.

古斯都时代的来临，清教运动开始衰落，新古典主义流行起来。随着人们对艺术和美的兴趣开始复兴，在 17 世纪受排斥的艺术重新开始发展。17 世纪后期，英国诞生了重要的音乐家亨利·普赛尔（Henry Purcell，1659~1695）。18 世纪初，剧院重新开放，上演了威廉·威彻利（Willia Wycherley，1640~1716）等人创作的戏剧。17 世纪的巴洛克艺术在王朝复辟后开始对英国产生影响，意大利艺术，如意大利歌剧，开始在英国剧院大量演出。亨德尔（George Frideric Handel，1685~1759）于 1714 年来英国定居并创作了《里纳尔多》（Rinaldo）等广受欢迎的歌剧作品。在绘画方面，乔纳森·理查德森（Jonathan Richardson）认为他的作品第一次为绅士们提供了系统指导。在文学方面，荷马（Homer，约前 9 世纪~前 8 世纪）、西塞罗（Marcus Tullius Cicero，106BC~43BC）、贺拉斯（Quintus Horatius Flaccus，65BC~8BC）等古希腊罗马作家深受英国人喜爱，给英国文学注入了古典风格。当我们阅读约翰·德莱顿（John Dryden，1631~1700）、亚历山大·蒲泊（Alexander Pope，1688~1744）以及萨缪尔·约翰逊（Samuel Johnson，1709~1784）等人的作品时，均能从中感受到浓厚的古典气息。到了 18 世纪中叶，英国还出现了小说这种新文学形式。

　　新古典主义浪潮中的自然主义和人文主义为沙夫茨伯里以及以他为首的启蒙思想家们提供了进入新世界的敲门砖，对艺术的兴趣逐渐成为新兴社会力量自我表达的新渠道。沙夫茨伯里和哈奇森等都是辉格党成员，他们重视议会，支持有限君主制，在艺术与审美事务上反对严格的清教教条主义。《论特征》对古希腊推崇备至，荷马、维吉尔（Virgil，70BC～19BC）、贺拉斯等古典作家在该书中频频现身，沙夫茨伯里宣称自己要"日夜称颂我们的希腊典范"[1]。在吸收与借鉴古典思想与艺术形式的过程中，沙夫茨伯里的目的不是要倡导"复古主义"，而是要借古说今，要借助他所欣赏的古典思想，例如对自然秩序的尊崇，为资本主义新秩序提供哲学论证。后来，哈奇森吸收并进一步发展了沙夫茨伯里的这种立场，通过借鉴马可·奥勒留（Marcus Aurelius Antoninus Augustus，121～180）的思想[2]，第一次把"最大多数人的最大幸福"这一功利主义标志性口号引入了英语世界。

4. 对剑桥柏拉图学派的追随

剑桥柏拉图学派起源于17世纪，由1640～1660年在剑桥大学任教的宗教学家们组成，以本杰明·惠科特（Benjamin Whichcote，1609～1683）、拉夫·卡德沃思（Ralph Cudworth，1617～1688）、亨利·摩尔（Henry More，1614～1687）、约翰·斯密（John Smith，1618～1652）等为主要代表。在霍布斯和笛卡尔哲学的影响下，亚里士多德主义在当代哲学舞台上逐步式微，面对如此情景，剑桥柏拉图学派试图为亚里士多德主义找到一种新的哲学基础。剑桥柏拉图学派与17世纪其他英国哲学学派的区别在于，该

---

[1]　Anthony Ashley Cooper, Third Earl of Shaftesbury. *Characteristicks of Men, Manners, Opinions, Times* (volume 1) (Indianapolis: Liberty Fund, 2001), p. 128.

[2]　William Robert Scott. *Francis Hutcheson: His Life, Teaching and Position in the History of Philosophy* (Bristol: Thoemmes Press, 1992), p. 275.

学派拥有神学背景。剑桥柏拉图主义者们虽然接受了伽利略的科学观，但由于深受二元论世界观的影响，他们认为精神才是支配世界的基础性因果律，他们相信理性与信仰可以兼容，把哲学视为神学的合法表达形式。该学派学术兴趣甚广，除了对柏拉图、普诺丁的学说感兴趣外，该学派还非常熟悉亚里士多德和斯多葛学派的思想。该学派用人文主义的视角解读古典著作，使经典与当代生活较好地对接在一起。此外，该学派还致力于结合新时代的新思想阐释古典，在阐释过程中融入了笛卡尔、霍布斯、斯宾诺莎等人的思想（约翰·斯密和拉夫·卡德沃思位于最早阅读笛卡尔哲学的英国人之列）。

沙夫茨伯里深受剑桥柏拉图学派影响。在出版《论特征》前，沙夫茨伯里于1698年出版了惠科特的《布道集》，弗里德里奇·尤希林（Friedrich Uehlein）认为，沙夫茨伯里编辑惠科特的《布道集》的过程为他反驳洛克的观点提供了决定性的力量。① 拉夫·卡德沃思曾与沙夫茨伯里深入讨论剑桥柏拉图学派。此后，沙夫茨伯里与拉夫·卡德沃思的女儿建立了非常密切的关系。罗伯特·沃泰（Robert Voitle）在《沙夫茨伯里三世》中说，卡德沃思的思想影响了《论特征》一书的结构。② 厄尼斯特·卡西勒（Ernst Cassirer）在《英格兰的柏拉图复兴》一书中详细讨论了

---

① Sarah Hutton, "The Cambridge Platonists: Some New Studies", *British Journal for the History of Philosophy*, 2017, pp. 851 – 857.

② Robert Voitle, *The Third Earl of Shaftesbury* (Baton Rouge and London: Louisiana State University Press, 1984), pp. 141 – 142.

剑桥柏拉图学派对沙夫茨伯里的深刻影响。[1] 剑桥柏拉图学派通常被视为道德理性主义者，沙夫茨伯里接受了该派学说中关于道德具有先天理性基础的看法。剑桥柏拉图学派反对洛克哲学中的独断专横且易怒的加尔文神，这个神专制、专横且迷恋权力，他们认为这样的神并不是真正的神，而只是反映了创造他的那些人所具有的局限性罢了。爱在剑桥柏拉图学派中占核心位置，人被视为神的大爱的组成部分。洛克道德哲学把道德知识理解为一种外在于人的、缺乏爱的观念，而剑桥柏拉图学派的观点显然与这种观点截然不同。在剑桥柏拉图学派的影响下，沙夫茨伯里试图借助自然情感为道德找到一种内在于人的全新先天基础，不过本书的论证显示，沙夫茨伯里哲学并未真正实现其理论愿景，毋宁说，它只是为后来者指明了以情感的自然化为路径的行动方向。

（二）审美对象

沙夫茨伯里美学以自然事物为审美对象，仅此一点，就表明这种美学与自古希腊以来的西方美学传统有本质不同。柏拉图美学把位于自然事物之上的理念视为审美对象，认为唯有这种审美对象才能给人提供真正的审美体验。[2] 然而，沙夫茨伯里美学认为这种把超越经验世界的对象视为审美对象的做法并不可取。他在《独白或给一位作家的建议》中认为，美的对象不是圣书所指的主题，因

---

[1]　Ernst Cassirer, *The Platonic Renaissance in England*, Trans. by James. P. Pettergrove（Nelson：Price，1953）.

[2]　〔古希腊〕柏拉图：《柏拉图文艺对话集》，朱光潜译，人民文学出版社，1983，第272页。

为圣书所描述的审美主题往往劝诫人们离群索居并用独白
的方式展示自己见到的那种美。柏拉图式的美学观把来自
自然本身的美视为以理性为本原的美的事物的影像，沙夫
茨伯里却认为，排斥模仿美（representative beauty）并把
审美对象聚焦于本原美（original beauty），这是一种学术
错误。由于没有人可以真正脱离经验世界而离群索居，换
句话说，没有任何人能脱离他人而独自生活①，那么传统
美学所描述的那种超越经验世界的审美对象和审美体验就
变成了一个伪问题，而选择在离群索居状态中进行苦修的
那类人也仅仅只是"伪苦行僧"罢了。他们斜睨着这个世
界，既不能与自己真正交谈，也不能与天堂真正对话。②
圣书的神圣主题不可被视为审美对象，这类主题不能帮助
我们更好地认识自己，如果我们根据这些神圣主题的认知
模式来认识自己的天性，极有可能使自己落入被欺骗的陷
阱。③ 与此相应，沙夫茨伯里认为，君主或暴君不是审美对
象，因为审美对象与审美者之间是平等的关系。因此，美学
须告别超越于经验世界的审美对象，专注于探究自然事物的
美学奥秘，美学家不是独处者，不能使用圣事劝勉者的风格
进行写作。沙夫茨伯里倡导折中主义的写作风格，倡导在启
示性的写作和理性的写作之间保持平衡。以神为主题的作品
往往倡导以启示的方法写作，而以世界为主题的作品却倡导

---

① Anthony Ashley Cooper, Third Earl of Shaftesbury, *Characteristicks of Men*, *Manners*, *Opinions*, *Times*（volume 1）（Indianapolis：Liberty Fund, 2001）, p. 103.

② Ibid. , p. 104.

③ Ibid. , p. 179.

以理性的方法写作。沙夫茨伯里倡导后者，认为写作须与对象相符，不过他并不完全反对以"神"为对象的启示性的写作，认为"平直简明的理性之道与高贵显赫的启示之法各有裨益，关键在于要使各自的领域相互分离并为彼此划定严格的界限"①。很显然，这体现了他的折中主义态度。

虽然沙夫茨伯里美学重视以自然事物为对象的审美对象，但它并不把自然事物视为唯一审美对象。审美对象共有三种，即，来自自然的美、以数字和比例形式呈现的美，以及由情感所呈现的美。三种审美对象具有三种不同的美学地位，来自自然的美是最低级的美，源于情感的美是最高级的美。低级的美又称为美的低级展示方式，它是由普通事物或机械展现的美，例如房屋的建筑模式和装饰物、庭院的布置、植物栽培、行车道和其他各种对称布局等。最高级别的美是展现在人的情感与行为中的美，这是一种与道德有关的美，换句话说，道德被视为美表现自身的高尚路径。"在道德高尚的人所追求、诗人吟诵、音乐家歌唱以及无论何种建筑家或艺术家所描述的各种类型的美中，最令人迷恋和入神的美是源于现实生活的美，也是源于激情的美。只有纯粹出自自身的，只有源自自身本性的东西，如感情之美、行为的优雅、性格的转变以及人类心灵的比例与特征，才能对人的内心产生影响。"② 在最低级的美和最高级的美之间，沙夫茨伯里最推崇的是高尚的

① Anthony Ashley Cooper, Third Earl of Shaftesbury, *Characteristicks of Men, Manners, Opinions, Times* (volume 1) (Indianapolis: Liberty Fund, 2001), p. 222.

② Ibid., p. 85.

美，即，由数字和比例所呈现的美。沙夫茨伯里认为，美在寻求自我表现的过程中会首先通过高尚途径——例如高尚的理性与道德展示自己①，只有当美无法通过这些高尚的途径展示自己时，它才会选择通过更低级的事物去展示自己。这些论证表明，沙夫茨伯里美学虽然排斥超越经验世界的审美对象并主张把自然事物视为审美对象，但被视为审美对象的自然事物在其美学体系中并不具有至高无上的地位。尽管如此，沙夫茨伯里美学所论证的这种美学秩序与柏拉图美学中的美学秩序还是有诸多相似之处的，例如二者都认为自然事物是最低级的审美对象，这体现了沙夫茨伯里美学依然未能摆脱传统西方美学的桎梏。不过，新时代的号角已经吹响，当这种美学被哈奇森、休谟和斯密等情感主义启蒙思想家们沿着情感的自然化线索不断发展后，自然事物的自然之美便逐步散发出了属于它自身的耀眼光芒。

（三） 审美判断权

自古希腊以来，西方美学传统认为唯有理性能有权进行审美判断，简言之，美丑由理性决定。一如情感在哲学中总是受到理性的排斥，在审美判断权问题上，审美者的审美情感无法决定美丑。然而，沙夫茨伯里美学却恰好持有相反的观点，这种美学认为人可据"内眼"（the inward eye）或"美的感官"产生的苦乐感进行审美判断，如此一来，这种

---

① Anthony Ashley Cooper, Third Earl of Shaftesbury, *Characteristicks of Men*, *Manners*, *Opinions*, *Times* （volume 1） （Indianapolis：Liberty Fund，2001），p. 87.

美学第一次把审美判断权移交给了审美者。《道德学家》等文章都对"内眼"做出过解释，认为它能确认秩序和匀称并根据快乐与不快表达审美判断。这是一种天生的自然官能，由它所产生的审美快乐具有即时性和直接性特征，"一旦眼睛接触到外形，耳朵接触到声音，美的效果、优美与和谐随即就会被认知并得到认可。一旦行为被人看见，一旦人类的感情和激情被辨识出来（大多数感情和激情一被感知就立即会被辨识出来），一双内眼随即就能在美好、匀称、可爱、可敬与污秽、丑陋和可鄙之间做出区分"①。当我们见到美的物体或对象时，它就会立即使我们产生审美快乐，"外形、动作、颜色以及彼此不同的比例，一旦呈现在我们眼前，就必然会因其各个不同部分的不同大小排列布局而使我们产生美丑之感"②。不过，沙夫茨伯里虽然指出了由"内眼"做出的审美判断具有即时性和直接性的特点，也由此而提出了著名的"审美无功利"的概念，但并未进一步展开系统化哲学论证，研究显示，历史把这一工作交给了沙夫茨伯里美学的继承者——哈奇森。

"内眼"和"美的感官"概念的提出，标志着以感官官能为基础的感性原则和蕴含在该感性原则内部的自然情感机制第一次被视为审美判断原则。固然沙夫茨伯里因提出"美的感官"而被历史铭记，但从感官出发讨论美学问

---

① Anthony Ashley Cooper, Third Earl of Shaftesbury, *Characteristicks of Men*, *Manners*, *Opinions*, *Times* (volume 2) (Indianapolis: Liberty Fund, 2001), p. 231.

② Ibid., p. 16.

题，在西方美学史上，沙夫茨伯里并非第一人。古希腊思想家普洛丁在西方美学史上第一次提出"美的感官"概念，不过，他所讨论的美既与自然无关，也与人的情感无关，那是一种与超越自然的神或太一紧密相连的美，"凡是已见到神的人，就会为它的美赞叹不已，满怀惊喜交集之情，感到无尚的悸动，以一种真正的爱慕和痴心的热望去爱它，就会耻笑其他种种的爱情，鄙视以前那些僭称为美的事物"①。较之这种美学，沙夫茨伯里美学的最大亮点在于，它借助"美的感官"第一次在西方美学史上把审美判断权交到了审美者手里。为普洛丁所认可的美，是凌驾于自然之上的太一之美，然而，为沙夫茨伯里所认可的美，不仅与此无关，而且甚至可以说是为了批判这种美以及由此而引发的宗教狂热。换句话说，这种美学试图借助"美的感官"概念为美学引入一股清新的自然之风。然而，尽管具有美好而宏大的理论愿景，沙夫茨伯里对审美判断标准的讨论却表明这种美学并未对其给予系统化哲学论证。

（四）审美判断标准

当审美判断权被交给审美者后，审美者会根据何种标准进行审美判断？虽然情感机制或自然法则在沙夫茨伯里的美学中借助"内眼"和"美的感官"概念第一次实现了自我表达，但是它却并未被这种美学视为审美判断标准。审美判断的根源与根据不是来自与感官有关的自然法则，

① 章安祺：《缪灵珠美学译文集》（第一卷），中国人民大学出版社，1998，第 235~240 页。

而是来自与这种法则并无直接关联的真理，只有真理才能成为审美判断的终极根源或根据，美学须在真理而非"内眼"中寻找美之为美的根源。因为"真理是世界上最强大的力量，虚构本身必须受真理支配，只有与真理相似，它才能给人带来愉悦"①，艺术也必须与真理相似，才能使人产生美的感受。这表明，沙夫茨伯里在审美判断标准问题上对真理或真心存有偏爱，不过应注意的是，这并非沙夫茨伯里美学的全部内容。若非如此，沙夫茨伯里美学也只是声势浩大的西方理性主义美学传统中的一个微不足道的声音罢了。事实上，尽管对往昔的真理、真或理性偏爱有加，但那终究只是旧时代的遗风，作为情感主义启蒙思想家，沙夫茨伯里美学的价值在于它强大地给理性主义美学的阵营引入了一种本性迥异的新元素。诚然，面对理性构筑的铜墙铁壁，这种新元素显得极微弱，但它依然具有不可忽视的重要价值。更确切地说，固然"美的感官"依然坚守理性与真理提供的标准，但却同时蕴含着另一种标准，即，源于情感机制或自然法则的标准。英国 18 世纪美学研究专家、美国学者彼特·基维（Peter Kivy）很准确地看到了沙夫茨伯里美学的这种创新性，在他看来，"沙夫茨伯里是美学史上的转折性人物：尽管他通常被视为新传统的开创者，但他却把一只脚坚定地安放在过去，不仅是由意大利文艺复兴所代表的那个过去，而且是传统的古代所代表的那个过去。因此，我们看见他处理趣味问题的

---

①　Anthony Ashley Cooper, Third Earl of Shaftesbury, *Characteristicks of Men*, *Manners*, *Opinions*, *Times*（volume 1）（Indianapolis：Liberty Fund, 2001），p. 4.

时候，一方面有启蒙的特征——对主观判断标准的寻求，另一方面在很大程度上，却又有着文艺复兴传统中的客观精神和理性精神。唯有考虑到沙夫茨伯里的这种分裂性，我们才能从启蒙的视角深刻理解他最终采纳的那种有节制的、犹豫不决的立场"①。乍看起来，沙夫茨伯里美学中的新元素与传统美学中的理性原则似乎水火不容，但二者在沙夫茨伯里美学中却被可以统一在"真"的概念之内。用沙夫茨伯里的话说，"说到底，这个世界上最自然的美是诚实和道德真理，因为所有的美都是真"②。就此而言，沙夫茨伯里美学所说的"真"包含"自然"与"理性"双重元素。

1. 自然之"真"

蕴含于"真"中的自然元素要求审美对象能真实自然地展现自然之"真"。自然之物被认为是美的，沙夫茨伯里推崇模仿自然的艺术品。在讨论文艺创作时，他认为艺术须以自然为师。"不管写作的人是诗人、哲学家还是别的什么人，他其实只不过是大自然的模仿者。他的写作风格会随其生活的时代不同而不同，也会随时代或民族的气质不同而不同，他的行为举止、服饰和着色风尚都会发生变化。然而，如果他的画作并不精准，如果他的设计与自然相悖，其作品一旦被人仔细审视，就会被视为荒谬之

---

① Peter Kivy, *The Seventh Sense: Francis Hutcheson and Eighteenth-Century British Aethetics* (Oxford: Clarendon Press, 2003), p. 20.

② Anthony Ashley Cooper, Third Earl of Shaftesbury, *Characteristicks of Men, Manners, Opinions, Times* (volume 1) (Indianapolis: Liberty Fund, 2001), p. 89.

作。理由在于，自然不可以被嘲弄，任何先入为主、有悖
自然的想法不会永远持存下去，他的法令与本能强而有
力，他的情感是天生的。"① 真实的五官构成了面容之美，
真实的比例构成了建筑物的美，真实的尺度构成了和谐与
音乐的美。诗人是第二个造物主，仅仅只受主神朱庇特的
统治，他所创造的作品像可塑的自然本身一样自成整体、
前后呼应且比例恰当。在这种作品中，激情被限定在适当
的范围之内，而激情也因这种限制而得以展现其高尚之
处。② 基于对自然之"真"的崇拜，沙夫茨伯里把自然本
身视为美的目的，他认为美有自身的目的，不过该目的不
是与神有关的神圣目的，而是与自然有关的自然目的。在
此意义上，不抱任何目的而研究美的人是对自然未加真实
思考的人，这种人将无法对自己或他人提出有益的建议。
此外，沙夫茨伯里对自然之"真"的推崇也体现在道德审
美中。作为一种道德区分能力，"道德感官"所区分的对
象虽不会如同美或丑的自然事物那样一目了然，但它却源
于自然。"即使道德行为中并非真实存在着美或丑，至少
强有力地存在想象性的美或丑。尽管那种东西自身或许不
会见之于自然，但对它的想象或幻想却一定只会源于自
然。"③ 在此意义上，沙夫茨伯里指出，唯有大自然才能给

---

① Anthony Ashley Cooper, Third Earl of Shaftesbury, *Characteristicks of Men, Manners, Opinions, Times* (volume 1) (Indianapolis: Liberty Fund, 2001), p. 218.

② Ibid., p. 129.

③ Anthony Ashley Cooper, Third Earl of Shaftesbury, *Characteristicks of Men, Manners, Opinions, Times* (volume 2) (Indianapolis: Liberty Fund, 2001), p. 25.

我们提供有关美的正当标准。①

对自然之"真"的推崇可以影响艺术创作，它要求艺术作品拥有自然而然的风格。那么如何形成这种风格？沙夫茨伯里认为，艺术家可借助自然与人为这两种途径来培养风格。

所谓自然的途径，指的是借助自然本身的力量消解不真实的艺术表现方式。那么什么是不真实的艺术表现方式？以庄严的主题为例，所谓不真实的艺术表现方式，指的是作家采取浮夸而正式的写作风格表现庄严的主题。沙夫茨伯里认为真实的艺术面对庄严的主题时应该摒弃不真实的艺术表现方式，采用轻松自然的风格。虽然不真实的艺术风格在人类历史上反复出现，但寓于自然本身的力量的作用，艺术终归还是回到了真实。例如，在荷马时代之前，人们在表现庄严的主题时常喜欢"最大限度地放弃自然而轻松的表达方式，放弃人们最熟悉的、最常见的用法"②，不过在自然力量的作用下，随着荷马时代的来临，真实的艺术风格便得到了回归。因为荷马"抛弃了那种虚假的风格，创造了一种真正合格的诗歌风格"③，他的作品描绘的是大自然真实的美、设计的统一性以及人物的真实性格，不仅如此，荷马在描述每个个别人物时也非常注意模仿自然。在分析了荷马如何改变了诗歌风格的例子后，

---

① Anthony Ashley Cooper, Third Earl of Shaftesbury, *Characteristicks of Men, Manners, Opinions, Times* (volume 1) (Indianapolis: Liberty Fund, 2001), pp. 218 – 219.

② Ibid. , p. 150.

③ Ibid. , p. 150.

沙夫茨伯里进一步分析了古典艺术发展史，并据此认为，尽管古代诗歌有很多不自然的东西，但在历史发展过程中，最终还是发展出了令人尊敬的艺术，原因在于，"在健康的身体里面，自然自带解药，可以治疗机体成长和成熟过程中发生的病变"①。虽然沙夫茨伯里高度肯定自然本身的力量，但还是对其效度有所保留，这不仅因为他认为自然自身提供的"解药"有一定的局限性，而且还因为他认为该"解药"自身也会因发生异化而发生病变，"毕竟，这种解药自身也会变成一种疾病"②。因此，人类还需借助非自然即人为途径来培养自然的艺术风格。

所谓人为的途径，指的是借助人为干涉而使艺术拥有自然风格。它有两种表现形式，即，机智幽默（或讽刺嘲弄）和趣味。在文学领域，自然自带的解药可以自动治愈虚假、浮夸的艺术风格，而到了哲学领域，这种"解药"就很难发挥作用了。但这并不意味着哲学不需要自然的风格，相反，哲学同样需要自然的风格。因此，不能指望自然自带的"解药"可以治疗哲学中的虚假、浮夸之风，只有借助讽刺嘲弄才能使哲学回归自然而然的风格。与艺术一样，哲学在其起源之初也被视为庄严神圣的主题的分支，不过随着哲学不断发展，后来的哲学家们开始对哲学中的庄严神圣之物进行讽刺嘲弄。在这种风气的推动下，哲学领域诞生了类似于喜剧的哲学思想，再后来，哲学慢

---

① Anthony Ashley Cooper, Third Earl of Shaftesbury, *Characteristicks of Men, Manners, Opinions, Times* (volume 1) (Indianapolis: Liberty Fund, 2001), p. 153.

② Ibid., p. 154.

慢转变成了模仿自然的简单风格。沙夫茨伯里高度赞赏这种风格，主张文人们大力发展这种风格①，"这种严格模仿自然的哲学，才应该是在部分与部分之间以及整体的对称方面都表现得最完美的哲学，它完全抛弃了一切大气、崇高的东西，尽可能隐藏一切人为之物，仅用最轻松和最随意的风格表达艺术的效果"②。除借助讽刺嘲弄或机智幽默之外，沙夫茨伯里认为人为改变审美趣味也可以使艺术回归自然之"真"。沙夫茨伯里提出了很多重要的美学问题或概念，它们在随后的思想家（包括康德）的写作过程中都成了重要的哲学关键词，趣味就是其中之一。沙夫茨伯里认为，趣味发生改变，公众的舆论就会发生改变，"除了共和国或政府自身的趣味和幽默口味发生真正的改变，没有什么东西能改变公众的舆论，并逐步改善机智风趣之风"③。那么如何才能达到目的？唯有不断增加自由、财产安全感以及私人生活的舒适度，才能使人改变低劣的趣味并有能力批判那些有害于公民良好本性和名声的那些东西。当趣味发生改变时，就会催生机智幽默之风，喜剧性的诙谐幽默将给作家带来最高的声誉，而深谙此道的作家也会在宗教、政治以及文化艺术等各领域给读者提供最风趣的作品，并最大限度地揭露愚蠢、迂腐、错误的理性和不恰当的写作风格。在考察各种古今写作风格后，沙夫茨

---

① Anthony Ashley Cooper, Third Earl of Shaftesbury, *Characteristicks of Men*, *Manners*, *Opinions*, *Times*（volume 1）（Indianapolis：Liberty Fund，2001），pp. 160 – 161.

② Ibid. , p. 160.

③ Ibid. , p. 155.

伯里主张，无论是哲学写作还是文学写作，在作家拥有优良的学识与趣味的同时必须保留幽默的写作风格。在讨论哲学趣味时，沙夫茨伯里还大力赞赏简洁质朴的哲学趣味，至于庄严崇高，他认为虽可成为批评的主题，但决不可成为一种风格。

2. 理性之"真"

在讨论审美判断原则时，沙夫茨伯里还讨论了另一种"真"，即，理性之"真"。在审美事务上，人之所以异于动物，原因在于人并不纯粹依靠"美的感官"中的自然元素认识或欣赏美。人始终在理性的帮助下欣赏美，"如果动物因为是动物，由于只具有感官（动物性的部分），所以不能认识并欣赏美，那么我们就一定会认为人也不能用这种感官或动物性的部分去体会或欣赏美；他欣赏美，要通过一种较高尚的途径，要借助于最高尚的东西，这就是他的心和他的理性"①。就此而言，分辨美丑的能力归根结底隶属理性，理性赋予了审美判断以效力。在此意义上，唯有使自然之"真"服从理性之"真"，才能既产生有效的审美判断，又产生艺术之"真"②，正如我国美学家朱光潜先生所述，在沙夫茨伯里的哲学中，"内在感官是与理

---

① 朱光潜：《西方美学史》上卷，人民文学出版社，1963，第213页。
② 沙夫茨伯里不仅认为理性在审美判断原则中具有支配性地位，而且还把美的根源归结为自然神，（参见 Anthony Ashley Cooper, Third Earl of Shaftesbury, *Characteristicks of Men*, *Manners*, *Opinions*, *Times* (volume 1), Indianapolis: Liberty Fund, 2001, p. 90）深层原因源于与他所信奉的自然神具有理性本质（对该问题的详细讨论，请参考第四章）。

性紧密结合的"①。美来自对数、得体和比例的热爱②，要使艺术符合真，就是说要使艺术创作服从被理性发现的比例规则。尽管沙夫茨伯里主张艺术需以自然为师，但他坚决反对艺术直接抄袭生活，艺术品的美来自真与设计的统一，是艺术家以整齐统一的方式对自然进行加工的结果，"我们都非常清楚，优秀艺术家的杰作必须根据某种整齐统一的方式进行创作。每一份恰到好处的作品，都源于比例和真理的自然规则。大脑的产物必定类似于自然天成之物……它必须使整体和部分之间具有一定的比例"③。指导艺术创作的美学规则不是来自对单个自然事物所呈现的具体形象的研究，而是来自对千千万万的自然对象所呈现的总体规则的研究，"最伟大的天才，根据自然的多种对象，而非某一个特殊的个体而创作艺术作品"④，以雕塑为例，沙夫茨伯里认为，最好的雕塑并不代表最完美的人体本身，而始终只代表着雕塑家对最佳规则的领悟。同理，我们也用相同标准衡量诗人的作品。总之，优秀的艺术家总是基于某种统一的方式来创作优秀的作品。

作为18世纪情感主义美学的开创者，沙夫茨伯里虽然把审美判断的权力借"美的感官"交到了审美主体的手中，但并不认为可以从蕴含在该感官内部的情感机制中或以自然法则为基础来寻找审美判断标准，这直接导致沙夫

---

① 朱光潜：《西方美学史》上卷，人民文学出版社，2002，第207页。

② Anthony Ashley Cooper, Third Earl of Shaftesbury, *Characteristicks of Men, Manners, Opinions, Times* (volume 1) (Indianapolis: Liberty Fund, 2001), p. 85.

③ Ibid., p. 91.

④ Ibid., p. 90.

茨伯里在审美教育中高度重视知识和理性的作用。知识在艺术中的作用不仅大于感官所产生的苦乐感，而且大于蕴含于自然感官内部的自然法则，因此，艺术创作和艺术欣赏均需主动接受知识的规训。在艺术创作比如写作中，优良的知识尤其重要，"优秀的写作首先要求具有优良的知识，认真阅读苏格拉底学派的书籍可以使人得到这些知识"①。同理，欣赏艺术作品最终可以使我们在理性知识的指导下制服天然而未经修饰的自然情感。比如，阅读苏格拉底学派的哲学著作，我们会获得思辨的习惯，就像随身带了一面镜子，我们从中可以看见两张脸，一张是善于发号施令的领袖与首长，而另一张则是纯自然状态下呈现出来的粗鲁、未受过教育的形象，照镜子也即双重反省，推动我们完成自我检查，最终使后者接受前者的训导。②

二　以"寓多样于一致"为基础的"美的感官"

在审美判断原则自然化进程中，沙夫茨伯里美学第一次用"美的感官"分析美之为美的根源，启动了18世纪英国美学审美判断原则向着自然化方向发展的逻辑进程。不过由于他所讨论的审美判断原则终究以理性为圭臬，因此，我们认为这种美学仅为后来者指明了一种新方向，较之沙夫茨伯里，哈奇森美学沿着这种方向向前迈了一大

---

① Anthony Ashley Cooper, Third Earl of Shaftesbury, *Characteristicks of Men*, *Manners*, *Opinions*, *Times* (volume 1) (Indianapolis: Liberty Fund, 2001), p. 119.

② Ibid. , p. 122.

步。不过这并不表明哈奇森美学完全剥离了对传统理性的依赖，但较之沙夫茨伯里美学，哈奇森美学中的理性有两个特点：于哈奇森美学审美判断原则来说，虽总体上依然视理性为基础，但较之沙夫茨伯里，这种美学包含更丰富的自然元素与情感元素；这种美学中的自然神虽依然具有浓厚的设计论和目的论色彩，但其本性已从理性变成了情感。虽然哈奇森美学未像沙夫茨伯里美学那样以理性为基础来阐述蕴含在"美的感官"中的审美判断原则，但这种美学所讨论的审美判断原则依然包含浓厚的理性元素，这表明哈奇森美学与沙夫茨伯里美学一样依然未能把蕴含于"美的感官"内部的情感机制或自然法则视为审美判断原则的基础。更确切地说，这种美学中的"美的感官"虽然包含自然法则，但该法则并未独立成为审美判断原则的基础，经由观察自然和理性归纳而来的"寓多样于一致"取代该法则被视为审美判断原则的基础。

（一）"美的感官"的自然性

把内蕴于"美的感官"中的自然性原则引入审美判断原则是哈奇森美学的特色所在，它表现为审美对象的自然性以及"美的感官"作为审美判断原则而展现的被动性、即时性和普遍性。

"美的感官"把自然事物视为审美判断的对象。美有两种类型：本原美和相对美①，二者都关乎自然事物。通过分析二者美之为美的不同根源，哈奇森想强调的是，唯

① Francis Hutcheson, *An Inquiry into the Original of Our Ideas of Beauty and Virtue* (Indianapolis：Liberty Fund，2004)，p. 26.

有源于自然的审美对象才能直接使"美的感官"产生审美
快乐，或者说，"美的感官"仅因接受自然事物这种审美
对象的刺激才能产生审美快乐。通过把自然事物确立为
"美的感官"的审美对象，哈奇森美学笃定地从自然事物
入手讨论情感性审美判断原则的终极基础，也正是在此意
义上，哈奇森把美划分为本原美（original beauty）和比较
美（comparative beauty）。本原美又被称为绝对美（abso-
lute beauty），指的"仅仅是那种美，即，我们在不把它与
任何外物（该外物的对象被视为它的摹本或影像，比如从
大自然的作品、人造形式、形体、科学定理中所知觉到的那
种美）进行比较的情况下从对象身上知觉到的那种美"①。
具有本原美的事物可以是宇宙中一切自然对象：天体的结
构、秩序和运动；四季的交替、昼夜的轮转；地球表面上
无比多样的颜色；植物的枝叶和果实、花朵的颜色和形
状；动物的肢体活动；禽类的羽毛以及优美的和声等。具
有相对美的事物是因模仿自然而来的事物，例如诗歌、散
文等文学作品的美，其美之为美的根源在于此类作品是否
能精确地模仿自然。此外，还有另一种类型的相对美，
即，作品符合作者或设计者所假定的某种创作意图或普遍
规则，例如，为了符合"蛮荒的自然"这个创作意图，我
们会通过有意识地忽视严格的规则性来布置街上的景观；
为了符合"稳定"这个意图，我们会在制作雕像的时候选
择金字塔或方尖形的造型。

---

① Francis Hutcheson, *An Inquiry into the Original of Our Ideas of Beauty and Virtue* (Indianapolis: Liberty Fund, 2004), p. 27.

"美的感官"赋予本原美和相对美以美学价值。当"美的感官"见到这两种类型的美时，若不能使人产生愉悦之情，那么这两种类型的审美对象则无法使人产生审美感受。而"美的感官"在进行审美判断的过程中之所以能使人产生快乐或不快的审美感受，根本原因在于它遵循了蕴含在感官内部的某种法则。在自然的意义上，由"美的感官"所进行的审美判断是自然官能在自然的力量的作用下所进行的判断；于人而言，这是自然而然的天然过程。因为它须依赖自然对象，所以它具有被动特征。就自然对象天然就能使之产生审美快乐或不快而言，由它所产生的审美快乐具有即时性的特征；就这是一种自然赋予人的天然能力而言，自然自身的普遍存在给"美的感官"主导的审美判断原则赋予了普遍性的特征。因此，被动性、即时性和普遍性可被视为自然之手借"美的感官"进行审美判断时所展现的三重特征。

"美的感官"在进行审美判断时之所以具有被动性，是由它作为一种天然知觉能力的身份所决定的。作为一种知觉能力，它与外在感官一样，均不会预制任何先天观念或知识原则，当外物显现时，二者都是心灵必然会从中接受某种观念的天然知觉能力或决意（natural powers of perception or determinations of the mind）①。也就是说，它对自然本身或观念具有依赖性，必须接受某种异于自身的东西的刺激才能产生审美情感。此外，它在进行审美判断的过程中

---

① Francis Hutcheson, *An Inquiry into the Original of Our Ideas of Beauty and Virtue* (Indianapolis: Liberty Fund, 2004), p. 67.

还须尊重并接受内蕴于自身的普遍法则的约束，此乃导致其具有被动性特征的另一个重要原因。美的对象既可以是自然对象，也可以是前定观念（创作者自身的某种创作观念、公理之美等），无论美的对象是什么，"美的感官"都须以之为前提才能产生审美感受，这使"美的感官"必然具有被动性特征。一如哈奇森所言，"内在感官是一种被动的能力，会从具有寓多样于一致的任何对象中接受美的观念"①。按照美的对象是自然还是观念，主导"美的感官"产生审美快乐的因素可分为两类。一类是自然对象本身，由这种对象所产生的美是简单的美，既不涉及任何前定的观念或意象，也不涉及除广延或延续之外的其他各种伴生性观念。换句话说，在哈奇森看来，自然对象凭自身的广延或延续直接就能刺激"美的感官"并使之产生审美感受。主导"美的感官"产生审美感受的另一类对象是各种前定观念。② 此外，"美的感官"的被动性还体现为它须遵循蕴含在自身内部的某种普遍法则才能产生以快乐或不快为表征的审美情感，用哈奇森的话说，"遵循普遍法则的我们身体内部的某种运动构成了心灵中各种知觉产生的诱因"③。

　　"美的感官"之所以具有天然性，是因为它是人天然

---

① Francis Hutcheson, *An Inquiry into the Original of Our Ideas of Beauty and Virtue* (Indianapolis: Liberty Fund, 2004), p. 67.

② Francis Hutcheson, *An Essay on the Nature and Conduct of the Passions and Affections: With Illustrations on the Moral Sense* (ndianapolis: Liberty Fund, 2002), pp. 15 – 16.

③ Francis Hutcheson. *An Essay on the Nature and Conduct of the Passions and Affections: With Illustrations on the Moral Sense* (Indianapolis: Liberty Fund, 2002), note on p. 16.

具有的一种自然而然的能力，不包含任何天赋观念。换句话说，它先于习俗、教育和典范而存在，其运行法则不以任何天赋观念为前提，也不会受到习俗、教育和典范的影响。①"美的感官"只遵循蕴含于自身之内的普遍法则，在该限度内，由它所产生的审美情感具有即时性和非功利性特征。所谓即时性，指的是"美的感官"可在独立于天赋观念、习俗、教育、文化等的条件下直接令人产生审美知觉。"我们很多敏锐的知觉可直接令人感到愉悦，也有很多敏锐的知觉可直接令人感到痛苦，既无须对该快乐或痛苦的诱因有任何了解，无须知道对象如何激发了它或何谓它的诱因，也无须知道该对象的功用会进一步产生何种利益或危害。与这些事物有关的最精确的知识既不会改变知觉中的快乐，也不会改变知觉中的痛苦，虽然它或许会给人带来有别于感性快乐的理性快乐，也有可能会因预见到蕴含在对象中的深层收益而给人带来一种截然不同的喜悦，或因领悟到了对象中的恶而使人产生嫌恶。"② 本原美能使我们产生具有即时性特征的审美感受，这意味着我们无须探究美之为美的深层原因，只要一见到本原美，我们立即就会产生以快乐为表征的审美感受，用哈奇森的话说："我们无须知其诱因就可拥有该感觉，一如人的味觉可以显明甜、酸、苦的观念，尽管它对于刺激其知觉的小物体的形状或运动一无所知。"③ 由"美的感官"主导的

---

① Francis Hutcheson, *An Inquiry into the Original of Our Ideas of Beauty and Virtue* (Indianapolis: Liberty Fund, 2004), p. 70.

② Ibid., pp. 20 – 21.

③ Ibid., p. 35.

审美判断原则之所以具有非功利性特征，是因为我们可以在完全不了解审美对象会给我们带来何种益处或危害的情况下就能产生审美快乐，而即使我们了解了该对象能给我们带来的益处或危害，我们也不能改变审美知觉本身带给我们的快乐或痛苦感受。这意味着审美判断原则仅仅服从自身的内在法则，不接受外在于该法则的某种其他法则的收买或贿赂。在此意义上，哈奇森进一步论证了沙夫茨伯里美学中的审美无功利概念。

"美的感官"之所以具有普遍性特征，一方面是因为它受内蕴于自身的普遍法则的约束，另一方面是因为由它所产生的审美感受具有普遍性与统一性。"真正的美……具有某种统一性，然而却彼此不同"①，因此，尽管人的审美偏好各有差异，但唯有一致性才能赋予审美感受以普遍价值。就审美对象而言，具有一致性的形体总能给人带来审美愉悦，而不具有一致性的形体，却总得不到"美的感官"的赞同。以房屋为例，没有人会选择不规则的四边形或曲线做房屋的平面图；以人体为例，没有人会把双腿、双眼或双臂不对称说成是美，除非某种"更优秀的善的品质"② 可使我们超越"美的感官"所产生的审美感受而忽视该缺点。不仅如此，哈奇森指出，放眼宇宙，可以发现，对规则性或一致性的喜爱构成了所有民族在不同时代共同拥有的审美情感。那么，在此意义上，如何解释美的多样性问题呢？哈奇森说，美的多样性丝毫不能损害"美

---

① Francis Hutcheson, *An Inquiry into the Original of Our Ideas of Beauty and Virtue* (Indianapolis: Liberty Fund, 2004), p. 66.

② Ibid., p. 64.

的感官"进行审美判断时展现的普遍性，那些不以"寓多样于一致"为美的审美判断，不是因为缺乏"美的感官"，而是因为"观念的联想"① （the association of ideas）对"美的感官"产生了影响。"观念的联想"这一概念非哈奇森首创，这一概念首先由霍布斯创立，随后洛克对它进行了解释。哈奇森的创见在于，他第一次把该概念引入美学领域并用它解释了审美判断的多样性与普遍性问题。哈奇森美学之所以能用它来解释审美判断的多样性，在一定程度上是因为这种美学中的"美的感官"对观念的依赖远甚于对自然本身的依赖。例如有些面孔虽在外形上具有美的特征，但由于我们在观念上总喜欢把它和与美无关的其他观念（如道德）联系在一起并产生联想。因此，借助观念的联想，这些本可以使"美的感官"产生审美愉悦感的对象就会不再如此。再例如面对一个缺乏美的形体，只要我们通过观念的联想而赋予它某种令人愉悦的感受，那么"美的感官"也会受到影响并产生审美情感，这样在天然状态下并不能使"美的感官"产生审美愉悦感的对象就能借助"观念的联想"而达到相反的效果。不过，在哈奇森看来，虽然"观念的联想"能对"美的感官"形成干扰从而使审美情感变得丰富多样，但这并不意味着我们可以据此认为由"美的感官"做出的审美判断不具有普遍性特征，也不能据此认为该判断缺乏统一性或一致性。简言之，它"有助于我们在许多情形中来解释偏好的多样性而不否定内在

---

① Francis Hutcheson, *An Inquiry into the Original of Our Ideas of Beauty and Virtue* (Indianapolis: Liberty Fund, 2004), p. 62.

于我们的美的感官的一致性"①。

"美的感官"的这三个特性表明，审美的眼睛——"美的感官"，拥有蕴含于自身的法则，审美判断须以之为基础。然而，在真正阐述"美的感官"的基础时，哈奇森美学却偏离了内蕴于"美的感官"之中的自然法则或情感机制，把"寓多样于一致"视为其基础。这表明，哈奇森的"美的感官"虽推进了审美判断原则自然化进程，但它毕竟只是该进程中的一个逻辑环节，而更多的工作则等待着哈奇森的后继者们来完成。

（二）"美的感官"的基础：寓多样于一致

虽然"美的感官"包含丰富的自然性，但哈奇森美学并未直接以它为基础阐述审美判断原则，而是把"寓多样于一致"视为美之为美的根源和审美判断原则。在一定程度上，这是因为哈奇森在美学研究中采取了归纳法。观察法和归纳法是哈奇森得以把"寓多样于一致"确立为美的根源的方法论密钥。"寓多样于一致"是一种理性原则，但不同于沙夫茨伯里美学中的理性的是，哈奇森美学中的理性是基于对作为自然对象的审美对象进行观察而来的归纳总结。换句话说，其是归纳法被用于审美实践后的理论后果。在观察法和归纳法的指导下，沙夫茨伯里笔下受理性支配的、关于美的类型的等级性分类，在哈奇森美学中变成了具有平等性特征的两种美——本原美和相对美。而与此不同的是，沙夫茨伯里美学以理性为原点把各种不同

---

① Francis Hutcheson, *An Inquiry into the Original of Our Ideas of Beauty and Virtue* (Indianapolis: Liberty Fund, 2004), p. 69.

类型的美划分为不同等级。沙夫茨伯里认为自然事物的美是低级美，能表现抽象理性之美的事物——比如理性和道德主题，其所展现的美要高于表现自然事物所展现的美。哈奇森美学中的理性是对作为自然事物的审美对象背后的某种法则进行观察或归纳的能力，这种对理性的定位使哈奇森美学讨论的不同类型的美失去了沙夫茨伯里美学用以划分不同类型的美的基础，万物都同等地接受理性归纳法的检验，抽象的数学之美由此可被视为和自然事物之美并列的美，不再有"低级"与"高级"之别。换句话说，沙夫茨伯里认为理性本身可为"美的感官"奠基，而哈奇森则认为，能为之奠基的不是理性本身而是理性审视下的观察法与归纳法。因此，二者对教育在美育中的作用也持有不同看法。沙夫茨伯里认为，为了提高审美能力，或者说，为了使"内眼"或"美的感官"更敏锐，必须诉诸教育，然而，哈奇森则认为，作为一种源于自然的天然能力，"美的感官"不会受教育影响。

"寓多样于一致"虽然包含浓厚的自然元素，不过，它同时也富含理性元素。以公理之美为例，哈奇森认为公理之美精确地反映了"寓多样于一致"原则，因此，它"值得予以特别关注"①。公理之美包括数学公理之美、牛顿的万有引力定律之美、自然科学知识之美、艺术品的部分与整体之间的和谐等，这种类型的美的最大特征是，它精确地体现了"寓多样于一致"。凡不能精确地同时体现

---

① Francis Hutcheson, *An Inquiry into the Original of Our Ideas of Beauty and Virtue* (Indianapolis: Liberty Fund, 2004), p. 36.

"多样"、"一致"以及"寓多样于一致"这三个特征的美的对象，则可被视为不具备公理之美。例如，因"多样"过于丰富从而只能模糊地体现"一致"的对象也不具备公理之美，而"每个整体都会大于其部分"这类形而上学的自明之理也不具备公理之美。再例如，"等边三角形等角"这类过于简单或毫无多样性的命题也不具备公理之美。公理之美以直接的形象生动展示了"寓多样于一致"并赋予它以浓厚的理性特质。

综上所述，这一切都表明，虽然哈奇森美学较之沙夫茨伯里美学来说蕴含了更丰富的自然元素，但它依然和沙夫茨伯里美学一样以理性为本。一如詹姆斯·W. 麦卡里斯特（James W. McAllister）在《美与科学革命》中所言，哈奇森是一位钟爱理智美的美学家，也是一位赋予理智美以独特美学位置的美学家。[①]

三　掺和着效用的同情

休谟认为人性主要由理性和情感所构成，认识论主要研究理智问题，而伦理学和美学则并不研究理智问题，"伦理学和美学与其说是理智的对象，不如说是趣味和情感的对象"[②]。休谟讨论美学的著作较多，主要包括《人性论》第二卷"论情感"、《道德原则研究》、《论趣味的标

---

① 〔英〕詹姆斯·W. 麦卡里斯特：《美与科学革命》，李为译，吉林人民出版社，2000，第16页。

② 北京大学哲学系外国哲学史教研室：《十六—十八世纪西欧各国哲学》，商务印书馆，1975，第670页。

准》（1751）、《论怀疑派》、《论趣味和激情的敏感性》、《论悲剧》以及《论艺术和科学的兴起和进步》等，其中《论趣味的标准》（1751）被视为"英国启蒙运动中最成熟的美学著作"[①]。

较之沙夫茨伯里美学和哈奇森美学，休谟美学极大推进了苏格兰启蒙时代审美判断原则的自然化进程。在沙夫茨伯里美学和哈奇森美学中，美学被视为可囊括伦理的学问，道德行为被视为最高的美，求美被认为有利于获取美德，美学原则被视为最高的哲学原则。然而，美学所具有的这种无所不包的统摄地位在休谟这里从根本上发生了改变。在由认识论、伦理学、政治学和美学所组成的休谟人性哲学中，美学只是其中一个分支罢了，它在休谟哲学中被降为和伦理学等人性哲学平起平坐的学问。这暗示着，作为人性哲学的组成元素，美学会和伦理学等其他人性哲学分支一样受到某种共同人性原则的支配。那么它是什么呢？和哈奇森一样，休谟在美学研究中也采纳了"观念的联想"概念。事实上，他不仅在美学领域内采用了这个概念，而且把它引入认识论领域并详细讨论了联想得以发生的三种条件——类似、时空接近和因果关系。"观念的联想"推动休谟美学提出了同情概念，同情指的是人与人在情感上的相互感染，是一种以类似、时空接近和因果关系为基础的联想。基于"观念的联想"阐述同情，这意味着休谟在苏格兰启蒙时代的道德情感哲学中第一次把蕴含在

---

① Peter Kivy, *The Seventh Sense*: *Francis Hutcheson and Eighteenth-Century British Aethetics* (Oxford: Clarendon Press, 2003), p. 251.

"美的感官"中的情感机制——同情上升到了全新的哲学高度。不过，同情在休谟哲学中并未被视为道德判断和审美判断原则的基础，效用作为自然情感遵循自然情感机制所产生的情感效果，虽不同于该机制本身但却在伦理学和美学中扮演了至关重要的角色。本书将通过描述休谟美学对美的根源与美的标准的阐述来说明它对审美判断原则自然化进程的推动作用。通过讨论美的根源，理性被彻底排除在美学研究之外，而通过讨论美的标准，掺和着效用的同情机制被视为审美判断原则的标准。尽管该观点并不代表审美判断原则的自然化进程的终极成果，但不可否认的是，通过用同情机制取代"美的感官"，休谟第一次开始沿着情感机制探究审美判断标准，从而把审美判断原则的自然化进程向前推进了一大步，就此而言，休谟值得被铭记。

（一）美的根源

探究美的根源是沙夫茨伯里等情感主义美学家们的共同理论兴趣，为了阐明休谟对该问题的阐述在情感的自然化进程中的坐标，让我们首先回顾一下哈奇森对该问题的讨论。哈奇森把美理解为审美主体的主观感受，即，由"美的感官"所产生的、以快乐或不快为表征的审美感受，研究美的根源就是要弄明白"美的感官"为什么会使人产生这种审美感受。不过，有趣的是，哈奇森并未始终聚焦于主体的审美感受回答该问题："美的感官"之所以使人产生审美感受，是因为它受到了审美对象的刺激，要回答"美的感官"为何会使人产生审美感受（美的根源是什么），那么就须明白，审美对象身上究竟有何种特质可刺激"美的感官"从而使主体产生令人快乐或不快的审美感受。就此而言，要回答"美的根源是什么"这一问题，就等于研究美的对象"在我们心中唤起的观念"①，简言之，就要聚焦于审美对象并探明该对象为何能刺激我们的"美的感官"且令我们产生以快乐或不快为表征的审美感受。用哈奇森的话说，要研究什么是美的根源，就是要研究"美的感官"得以产生愉悦观念的原因，即，"什么是这些悦人观念的直接诱因，或者说，对象中的什么真实属性常常唤起了它们"②。一旦我们找到了这种属性，就找到了美的根源，也就揭示了"人类美的观念的一般基础或诱因"③。从主观审美情感出发而以客观性的审美对象收场，是哈奇森美学研究的基本路径，而休谟认为该路径存在严重问题。《道德原则研究》指出，"一切自然美都取决于各组成部分的比例、关系和位置；但倘若由此推断，对美的知觉就像对几何学问题中的真理的知觉一样完全取决于对关系的知觉且完全由知性或智性能力所做出，那将是荒谬的"④。很显然，哈奇森美学就犯了这个荒谬的错误。为了寻找"美的感官"得以产生审美情感的根源，哈奇森美学主张，一旦在审美对象身上找到了令我们的"美的感官"产生审美愉悦的根源或原因，就等于找到了令"美的感官"产生美感的基础，也等于找到了美的根源。所有这一

① Peter Kivy, *The Seventh Sense: Francis Hutcheson and Eighteenth-Century British Aethetics* (Oxford: Clarendon Press, 2003), p. 23.
② Ibid. .
③ Ibid. , p. 28.
④ David Hume, *Enquiries Concerning the Human Understanding and Concerning the Principles of Morals*, edited by L. A. Selby-Bigge, M. A. 2nd edition (Oxford: Clarendon Press, 1902), p. 291.

切"等于"背后存在一种被哈奇森所深信的"必然"，即，由对象所产生的美的观念必然会让我们的"美的感官"产生美感。然而，立足严格的经验主义立场，休谟认为，被哈奇森视为理所当然的"必然"根本就不存在。也就是说，即使对象有能力产生丰富的美的观念，但也不等于说我们必然会从该对象身上体验到审美愉悦感，毋宁说，主体和客体要相互作用以至于达到合拍的状态才能产生美。就此而言，任何一方出了问题，都不会有产生美的效果，因为审美情感和任何一种情感一样，都代表对象与事物之间的吻合，"没有哪种情感能再现真正存在于对象身上的东西。情感仅仅表明，对象和心灵的器官或官能之间存有某种吻合或关系，而如果那种吻合也并非真正实存，那么，情感也将永远不复存在"①。

休谟从主体的心理角度讨论美学问题，"美不是事物自身的性质：它仅仅存在于凝视它们的心灵中"②。审美问题被理解为情感领域内的趣味问题而非理性领域内的是非问题，"这样便可明确判定理性和趣味的范围和职责。前者传达关于真理与谬误的知识；后者产生关于美与丑、恶行与美德的情感。前者根据对象在自然界中的真实图景揭

---

① David Hume, *Essays Moral, Political, and Literary*, Edited and with a Foreword, Notes and Glossary by Eugene F. Miller with an apparatus of variant readings from the 1889 edition by T. H. Green and T. H. Grose (Indiananpolis: Liberty Fund, 1985, 1987), p. 230.

② David Hume, *Essays Moral, Political, and Literary*, Edited and with a Foreword, Notes and Glossary by Eugene F. Miller with an apparatus of variant readings from the 1889 edition by T. H. Green and T. H. Grose (Indiananpolis: Liberty Fund, 1985, 1987), p. 230.

示它们，不增也不减；后者拥有一种创造力，可借内在情感的色彩装点或涂抹一切自然对象并在某种意义上产生一种新的创造物"①。美的根源与对象无关，仅仅与主体自身有关，是一种情感活动。美只是一种主观的心灵效果。以圆的美为例，欧几里得曾经详细解释过圆的各种性质，但却没有在任何一个关于圆性质的命题中讨论过圆的美，其原因一目了然，因为圆的性质或属性不能等同于圆的美。通过数学推理的方式到圆的内部寻找美，这种做法注定是徒劳的。美并不存在于与圆心距离相等的圆形线条之上，而只存在于该线条作用于人的心灵后使心灵产生的效果中，"美只是该图形在心灵中产生的效果，而该心灵特有的结构组织使之容易感受到此类情感"②。美的效果不来自圆本身，而来自圆作为一个图形呈现给心灵的时候所产生的一种效果，只存在于观察者的情感中，离开了这些情感，美就不再为美。因此，如果抛弃情感而在圆中寻找美，如果在感官或数学推理的指导下在圆的各种属性中寻找美，那么，人们注定会一无所获。

休谟把美视为一种纯粹属于审美者的主观活动。美不是实在之物，只是使灵魂产生快乐的能力，或只是灵魂中的情感或印象，即，"美与诙谐一样不能被定义，只能凭趣味或感觉被辨识，我们断言，美仅仅只是产生快乐的形

① David Hume, *Essays Moral*, *Political*, *and Literary*, Edited and with a Foreword, Notes and Glossary by Eugene F. Miller with an apparatus of variant readings from the 1889 edition by T. H. Green and T. H. Grose (Indiananpolis: Liberty Fund, 1985, 1987), p. 294.

② Ibid., pp. 291 – 292.

相罢了，一如丑是传来痛苦的诸部分的结构；产生痛苦和快乐的能力在这种方式下成为美和丑的本质"①。或者说，"借助我们本性的原始构造、习惯或爱好，美是由各部分组成的、适于使灵魂产生快乐和满意的一种秩序和结构。这就是美的典型特征，也构成了美与丑——丑的自然倾向乃是产生不快的全部差异。因此，快乐与痛苦不仅是美的必然伴随物，而且构成了美丑的本质"②。进一步说，所谓美，既不关涉对象本身，也不关涉对象的性质，仅关涉观察者的苦乐感。因此，研究美的根源，既不应从审美对象身上入手，也不应从对象的性质——如比例的适当、结构的方便或效用入手，只能从审美者产生美的感受的能力入手。那么，我们根据什么标准在内心寻找或判断美呢？休谟的答案是快乐或痛苦。"无疑，倘若产生快乐和痛苦的能力并不构成美丑的本质，这些感觉至少与这些性质不可分离，而且我们甚至难以加以分别思考。"③ 各样美都能给我们带来特殊的愉悦，而各样丑都会给我们带来特殊的不快感。在此基础上，休谟把美视为快乐的形相。产生快乐的能力是人心的特殊构造，而审美情感是它所产生的附属品，休谟认为它在审美活动中起了决定性的作用。"在美丑之类的情景中，人心并不满足于巡视它的对象，按照它们本来的样子去认识它们，作为巡视的后果，人心还会感受到一种与喜悦或不快、赞同或谴责有关的情感，而这种

---

① David Hume, *A Treatise of Human Nature* (Oxford: Clarendon Press, 1896), p. 299.

② Ibid. .

③ Ibid. , p. 300.

情感决定人心会在对象上贴上'美'或'丑'、'可喜'或'可厌'的标签。很显然，这种情感必须依存于人心的特殊构造或结构，这种人心的特殊构造才使这些特殊形式以这种方式发挥作用，在人心与它的对象之间产生同情或协调。一旦人心或内在器官的结构被改变，尽管形式依然不变，但这种情感将不复存在。"①

虽然我们只能根据主观的特殊心理构造探究美的根源，但美的产生却离不开审美对象。因此，美必然包含两方面的因素，一方面是客体的秩序和结构，另一方面是主体的原始结构、习惯和爱好等。就美的本质来说，休谟美学认为前者不如后者重要。以圆的美为例，《道德原则研究》指出，圆的美不来自圆本身的线条的任何一个组成部分，而来自圆的线条对因具有特殊结构而容易感受到审美情感的心灵所产生的审美效果。因此，要寻求圆的审美根源，不能到对象中寻找，只能到主体的心灵中寻找。同理，圆柱的美也是如此，《论怀疑派》进一步阐述了该观点，认为即使对象中的某些性质并不真正存在于对象中，心灵也可以从该对象中感受到美丑。这一切都说明，主体因素在审美活动中重于对象或客体的因素。即使如此，这也不表明休谟不重视审美客体，相反，他很重视客体所具有的美的属性，《论趣味的标准》告诉我们，"较之甜和苦，虽然美和丑可以更加肯定地说不是事物本身的性质，

---

① David Hume, *Essays Moral*, *Political*, *and Literary*, Edited and with a Foreword, Notes and Glossary by Eugene F. Miller with an apparatus of variant readings from the 1889 edition by T. H. Green and T. H. Grose (Indiananpolis: Liberty Fund, 1985, 1987), pp. 164 – 165.

而是完全属于内外感官感觉到的东西，不过，还是必须承认，对象本身含有某种性质，而按其本性该性质适于在我们的感官中引起这些感受"①。不过，即使对象很重要，但也不意味着我们可以单纯依靠对象去寻找美的根源，因为我们只能从主观出发去探寻美的根源。

那么我们能够立足情感本身找到美的根源吗？情感中哪一种能力可以使我们产生审美快乐？休谟给出的答案令人沮丧。在休谟看来，美"不能被定义"②，或者说，美的根源是不可知的。为什么？或许是因为休谟认为心灵的原始本质是不可知的。哈奇森认为我们不能认识外物的本质，但他认为我们能够认识心灵的本质。以哈奇森为基础，休谟认为心灵的本质或人性的终极原始性质同样不可认识，显然，休谟把哈奇森的思想沿着自然化进程往前推进了一步。那么在这种情况下，我们会如何研究心灵呢？他主张要借助实验观察心灵所产生的特殊结果，视之为认识人性的唯一通道，不过，即使如此，休谟也警告说，这种方法并不能使我们认识人性的终极原始性质。

有趣的是，虽然休谟认为美的根源和趣味与理性无关，仅和情感有关，尽管理性并非趣味的基本构成元素，但是优良的趣味却离不开理性的指导，理性不仅会影响趣

---

①　David Hume, *Essays Moral, Political, and Literary*, Edited and with a Foreword, Notes and Glossary by Eugene F. Miller with an apparatus of variant readings from the 1889 edition by T. H. Green and T. H. Grose（Indiananpolis: Liberty Fund, 1985, 1987）, p. 235.

②　David Hume, *A Treatise of Human Nature*, reprinted from the Original Edition in the Three Volumes and edited, with an analytical index, by L. A. Selby-Bigge, M. A（Oxford: Clarendon Press, 1896）, p. 299.

味的产生过程，而且会影响趣味的高低。甚至可以说，理性对于趣味来说不可或缺，在欣赏精巧艺术品的过程中尤其如此，"也有许多不用类型的美，尤其是那些精巧的艺术作品的美，必须使用大量理性推理才能感受到适当的情感，论证与反思常常可以纠正错误的审美"①。

综上所述，虽然美不能被定义，但美的发源之处——人的心灵构造却能为趣味提供普遍标准。人的心灵构造具有普遍性和一致性的特点，"自然本性在心的情感方面比在身体的大多数感觉方面更趋一致，使人与人在内心部分比在外在部分更趋于类似"②。正是如此，心灵能为多样性的趣味提供普遍性的褒贬原则。"尽管趣味仿佛变化多端且难以捉摸，终归还是有着一些普遍性的赞同或谴责原则；仔细观察就可发现这些原则在人心的一切活动中所起的作用。某些特有的形式或品质，基于内在构造的原始结构，适于产生令人愉悦的感受，而其他则会产生令人不快的感受，倘若它们未能在具体的实际情景中产生其效果，那是因为器官中存有某种显而易见的缺陷或缺点。"③ 如果心灵的构造发生了病变或发育不完全，将会直接损害主体

①　David Hume, *Enquiries Concerning the Human Understanding and Concerning the Principles of Morals*, edited by L. A. Selby-Bigge, M. A. 2nd edition (Clarendon Press, 1902), p. 173.

②　David Hume, *Essays Moral, Political, and Literary*, Edited and with a Foreword, Notes and Glossary by Eugene F. Miller with an apparatus of variant readings from the 1889 edition by T. H. Green and T. H. Grose (Indiananpolis: Liberty Fund, 1985, 1987), p. 163.

③　Ibid. , p. 233.

的审美趣味，理由在于，"每个生物都有健全和失调两种状态，只有前一种状态才能给我们提供趣味和感受的真实标准"①。简言之，虽然美的根源不可知，但并不意味着美不能被判断。

（二）　美的标准

在休谟看来，美说不清、道不明，不能通过理智、理性来探寻。理性认知可以帮助我们的心灵研究科学，但用以研究科学的理性却不能被用来研究美。这表明，哈奇森用以研究美学的理性归纳法从根本上说站不住脚。不过美丑虽无法用理性认知的方法予以探究，但却可通过快乐或不快的情感被判断。那么快乐或不快由什么决定呢？休谟美学认为是效用。

效用是决定人工作品是否美的标准。为什么由人创作的作品比如工艺品会显得美？因为它们的效用符合主体所预制的标准。是否能满足人为之预制的意图，就是审美对象是否为美的衡量标准。以绘画或雕塑为例，在所有的绘画或雕塑中都有着一种平衡原则，为了达到平衡的效果，画家或雕塑家往往会尽最大努力把人物置于重力的中心位置，使之以最精确的方式保持平衡。如果作品不符合平衡原则，就会让人感觉既不舒服也不美。因此，缺乏平衡感的绘画或雕塑作品是丑的，因为"它会给人传达与倾倒、

---

① David Hume, *Essays Moral*, *Political*, *and Literary*, Edited and with a Foreword, Notes and Glossary by Eugene F. Miller with an apparatus of variant readings from the 1889 edition by T. H. Green and T. H. Grose （Indiananpolis：Liberty Fund, 1985, 1987）, pp. 233－234.

伤害和痛苦有关的令人不快的观念"①，经由同情的作用，这些观念会变得活跃起来从而使人产生痛苦的感受。同理，建筑学也要求柱子的底部比顶部粗壮，因为这样可以让我们感觉安全，否则会让我们感到危险并产生不愉快。只要符合人类所预制的用途或标准，比例失调或外表丑陋也不会被视为丑，相反，很容易获得美的辩护。"即使无生命的形式，如果其各组成部分的规则性和优雅性不破坏其对任何有用目的的合适性，将受何等称赞！任何失调的比例或表面的丑陋，如果我们能够表明该特定构造为我们所意向的用途所必需，为它辩护又将是何等令人满意！"②一艘船的船头比船尾宽阔高大，由于符合了力学法则，所展现出的美比严格遵循结构学比例建造的船更美。动物的美取决于身体各部分的结构与自身命定的生活方式（自然赋予的效用）相适应，"显而易见，在所有动物身上，美的一个相当重要的源泉是它们由自身肢体和器官的特定结构——该结构完全适合大自然给它们命定的特有生活方式而获得的益处"③。

不仅人工作品的美源于效用，而且自然之美的判断标准也源于效用。"我们所赞赏的动物和其他对象的大部分的美是由方便和效用的观念得来的 …… 在一种动物身上产生力量的那个体形是美的，而在另一个动物身上，则表

----

① David Hume, *Enquiries Concerning the Human Understanding and Concerning the Principles of Morals*, edited by L. A. Selby-Bigge, M. A. 2nd edition (Clarendon Press, 1902), p. 245.

② Ibid., p. 212.

③ Ibid., p. 244.

示轻捷的体形是美的。一所宫殿的式样和便利对它的美来说，如其单纯的形状和外观一样同样必要。"① "没有什么比肥沃性更能使一块田地显得令人愉悦，附加的装饰或位置方面的任何优点均无法和这种美相匹敌。"② 效用也是人体美的来源，而与效用相对立的观念，则是厌恶或丑的来源，"宽阔的双肩、细瘦的腰腹、坚实的关节、修长的双腿，所有这些在人类中是美的，因为它们是力量和活力的标志"③。

此外，效用还是决定道德之美的标准。道德美难以被确定，道德美不会像大自然的美那样，一出现就会博得我们的赞许，道德美如同精巧艺术品的美一样，要求智性的帮助才能使人认识。在进行道德判断时，休谟认为人类心灵中普遍存在一种敏锐的感受性，正是如此，所以每位哲学家所编制的道德目录大体上不会出错，基于同样的原因，我们发现人类所有语言都既有褒义词，也有贬义词。休谟认为，与其他各种类型的美一样，道德美的标准也是效用。以社会美德为例，休谟认为，效用是它的赖以存在的主要根源，"社会美德的公共效用是它们由以派生其价值的主要因素"④。

---

① David Hume, *A Treatise of Human Nature*, reprinted from the Original Edition in the Three Volumes and edited, with an analytical index, by L. A. Selby-Bigge, M. A (Clarendon Press, 1896), p. 299.

② Ibid., p. 365.

③ Ibid., p. 615.

④ David Hume, *Enquiries Concerning the Human Understanding and Concerning the Principles of Morals*, edited by L. A. Selby-Bigge, M. A. 2nd edition (Clarendon Press, 1902), p. 214.

　　由于重视效用，休谟的美学非常重视以利益为核心的美，相比于哈奇森美学中的形式主义成分，休谟更看重以利益为内核的内容之美，用休谟的话说，美不是生于形象而是生于利益。但是提供效用的对象，无论是人造物还是自然物，基本上都被某人拥有，属于私有财产，或为私人情感所统筹。那么因效用而感受的美，怎么才能与"我"产生相关性并使"我"也认可这种美呢？休谟认为，基于"观念的联想"而产生同情，我们可以在自我身上感受到他人所感受到的那种效用之美，在此意义上，效用之所以会使人产生美的感受，是因为离不开同情。休谟在《人性论》第二卷第一部分第十一节"论对名誉的爱好"中最早论证了同情。他把同情视为"情感的传导"①，认为同情中"明显有着从观念到印象的转化"②，第二卷第三部分第六节"论想象力对激情的影响"也讨论过同情，认为同情无非是"观念借想象之力转化为印象罢了"③。此处所说的同情，其基础既有情感（或感觉）又有观念的联想。当同情以观念的联想为基础时，会通过联想和想象而在主体心中唤起某种情感，这意味着同情会通过想象而建立在观念基础上。

　　休谟认为美离不开想象，以想象为基础而来的同情对美有巨大作用，就此而言，他所说的美，除了基于感觉而

---

① David Hume, *A Treatise of Human Nature*, reprinted from the Original Edition in the Three Volumes and edited, with an analytical index, by L. A. Selby-Bigge, M. A (Clarendon Press, 1896), pp. 318 – 319.

② Ibid., p. 320.

③ Ibid., p. 427.

产生美之外，还有一种以同情为基础而产生的"想象的美"。这样在同情的帮助下，美便可克服利益的私有化特征，消除主体与主体间的隔阂，把不同的人的审美感受联结起来。因此，同情可使我们因感受到他人的审美愉悦而自己也产生类似审美愉悦，"例如一所房屋的舒适，一片田野的肥沃，一匹马的健壮，一艘船的容量、安全性和航行速度，形成了这些不同对象的主要的美。在此，被称为美的那个对象只是借其产生某种效果的倾向而使我们感到愉快。那种效果就是某一个其他人的快乐或益处。与我们毫无任何友谊的陌生人的愉悦，只能借着同情才能使我们感到愉快"①。面对不属于我们的房屋，我们之所以能感觉到舒适之美，不是因为这个房屋和我们的利益有关，而是因为同情会在人与人之间引起感情传导或感染，人人都受同情约束。因此，我们能借助想象而体会到房屋的居住者所享受到的利益并对房屋自然而然使他产生的快乐感有所感觉。当休谟在此处讨论效用之美时，更受休谟认可的依然是效用，同情仅仅充当了情感与情感沟通的纽带，从情感上消弭了人与人之间的界限。即使如此，也不意味着同情对于休谟美学而言不重要，相反，休谟认为同情原则对于美的发生至关重要，"我们在任何有用的事务方面所发现的那种美，就是由于这个原则发生的"②。

　　同情的基础是想象力，因此，如果想象力不够敏锐，

---

①　David Hume, *A Treatise of Human Nature*, reprinted from the Original E-dition in the Three Volumes and edited, with an analytical index, by L. A. Selby-Bigge, M. A (Clarendon Press, 1896), p. 576.

②　Ibid., p. 576.

就会损害审美趣味。"多数人之所以缺乏对美的正确感受，最显著的原因之一就是想象力不够敏锐，而这种敏锐正是传达较细致的情绪所必不可少的。"① 敏锐的想象力使人对美丑更敏感，以诗歌欣赏或绘画欣赏为例，如果欣赏者具有敏锐的想象力，那么就会产生一种敏锐精细的感觉力，这种感觉力会使欣赏者进入诗歌或绘画的全部情景之中，对神来之笔感到愉快，对粗疏或谬误感到不快或厌恶。与此相应，休谟认为，诗人有义务创造条件促使同情的顺利发生，"通过生动的意向和表现手法而使每一种情感贴近于我们，并使它看上去仿佛真实和实在，正是诗的任务"②。通过对想象力进行训练，比如，在某一特定的艺术领域内长期接受训练，并长期观察和鉴赏某一种特定类型的美，或者对不同类型的美进行比较等，都可以提高审美趣味和审美鉴赏水平。以此为基础，休谟进一步说，美的标准不同于趣味的标准。趣味的标准是具有高超审美鉴赏力的人所表现出来的标准，也就是说，是一种"主观的客观性"。简而言之，美的标准是效用，趣味的标准是具有高度鉴赏力的审美主体的主观标准，因此，趣味高于美。

（三）休谟美学对审美判断原则自然化进程的影响

在苏格兰启蒙时代的情感哲学中，休谟第一次把受效

---

① David Hume, *Essays Moral*, *Political*, *and Literary*, Edited and with a Foreword, Notes and Glossary by Eugene F. Miller with an apparatus of variant readings from the 1889 edition by T. H. Green and T. H. Grose (Liberty Fund, 1985, 1987), p. 234.

② David Hume, *Enquiries Concerning the Human Understanding and Concerning the Principles of Morals* (Clarendon Press, 1902), pp. 222 – 223.

用支配的同情法则或情感机制确立为审美判断的标准，于情感自然化进程而言，这种做法具有关键性影响力。前文说过，早期情感主义者沙夫茨伯里和哈奇森的最大贡献是在审美判断原则和道德判断原则中赋予了"美的感官"和"道德感官"以基础性哲学地位。不过对于休谟和斯密而言，这种做法远远不够，不管是审美判断原则还是道德判断原则，均应沿着"天然"或"自然"路径进一步向前推进，更确切地说，休谟和斯密试图深入位于"美的感官"和"道德感官"背后的深层情感机制或以情感机制为表现形式的自然法则之中讨论审美判断和道德判断问题，试图赋予该机制而非某种令人费解的感官以基础性的美学地位和道德地位。

　　让我们再次以比较的方式来阐明休谟对审美判断原则自然化进程的推进。哈奇森和休谟都主张要以对自然情感的训练为基础来提高审美能力和道德水准，不过由于二者处于审美原则自然化的不同链条中，哈奇森所说的"训练"以及休谟所说的"训练"却指向了两个完全不同的方向。在哈奇森那里，人心的天然结构是趣味或审美的起点；在休谟那里，对这种天然结构进行训练从而使之进一步得到发展并臻于完善却构成了审美或道德的终点。由于视"天然"或"自然"的感官为神的作品，哈奇森著作中的"天然"或"自然"的感官具有超越人类理性的权能，因此，可以成为审美判断标准和道德判断标准。哈奇森所说的审美鉴赏力和道德判断力只是一种自然能力，以回归"感官"的初始状态为目标。为了提高道德能力，哈奇森主张对理性进行训练，其目的是恢复"道德感官"本有的自然面目。休谟也在美学中讨论训练问题，不过，在他看来，训练的目的不是回到天然人性的原始结构本身，而是要以此为起点培养高超的审美鉴赏力。哈奇森美学认为，只要"美的感官"消除了异化，就能拥有较高的审美判断力。而休谟美学认为，这是不够的，因为真正有资格对杰出艺术品进行判断并且把自己的感受确立为审美标准的人少之又少，只有极少数杰出的审美鉴赏家才能位列其中。"即使在风气最优雅的时代能对高级艺术做出正确判断的人也是极少见的，只有卓越的感受力加上在实践中不断提高在比较中不断完善的细腻情感，最后还清除了一切偏见，只有这样的人才称得上是一个拥有此种可贵品质的批评家。这类批评家，不管在哪里找到，如果彼此意见符合，那就是趣味和美的真实标准。"①

把同情机制引入审美判断原则，休谟虽然极大地推进了审美判断原则自然化进程，但这种美学讨论的审美判断原则却并非自然化进程的终极形式。如果把这种受效用制约的同情机制视为自然法则的单一维度，那么审美情感在休谟美学中可被视为彻底实现了自然化转型。不过，如果说自然法则自身具有极为丰富的多维度，那么受效用制约的同情机制就是对这种丰富性的遮蔽。事实上，受效用制约的同情机制就受到了《道德情操论》的批判，与此同时，《道德情操论》主张用基于同情原则而来的合宜性对审美判断原则做出全新的解释。

---

① David Hume, *Essays Moral*, *Political*, *and Literary*, Edited and with a Foreword, Notes and Glossary by Eugene F. Miller with an apparatus of variant readings from the 1889 edition by T. H. Green and T. H. Grose（Liberty Fund, 1985, 1987）, p. 241.

四 以情感与情感的美学对称为表征的同情

当苏格兰启蒙时代的情感主义美学思想发展到斯密这里时，他一方面延续休谟的美学思路，依据蕴含在自然情感内部的同情机制讨论审美判断原则；另一方面却比休谟更激进，在批判并抛弃休谟把效用化的同情法则视为审美判断原则的同时把同情机制本身确立为审美判断原则的基础。斯密从同情入手探析美的根源①，就斯密对同情概念的理解来说，审美判断原则自然化过程也可被理解为同情机制的审美化过程。从"个体内部"以及"个体与个体的关系"两个视角出发，斯密美学中的同情概念实际上包含两种美学原则，一种是作为美之来源的情感机制，另一种则是作为合宜性之判断标准的对称原则或平衡原则，它涉及自我与对象的情感对称、和谐与平衡。就情感机制本质上属于情感领域内的自然法则而言，前者可称为同情的自然性，后者可称为同情的合宜性；前者构成了美的来源，后者构成了美的标准。以同情机制为代表的自然法则之所以能在斯密美学中实现审美化，是因为它作为审美判断标准能引导人们实现自然本身的目的。

（一）自然情感自然生成机制

同情是斯密美学乃至全部哲学体系的关键词。那么何为同情？斯密所说的同情，不是通常所指的怜悯或怜惜，

---

① 斯密美学中的同情概念和休谟美学中的同情概念有本质不同。在斯密美学中，就同情与效用的关系而言，审美判断中的同情实质为对效用的同情。

也非情感共鸣，而是指位于共同的处境之中的当事人和旁观者的情感之间的对称与平衡状态。当事人的处境是旁观者的同情得以产生的前提，就此而言，同情有一个重要条件，即，处境依赖。进一步说，同情之所以产生，它所依赖的是当事人的处境，而不是当事人在该处境中实际表现出来的情感，实际上，这种情感是道德判断的对象。因此，只聚焦于当事人的情感，将无法讨论同情。以愤怒为例，在不知其原因——愤怒产生的处境时，它激发不了同情，"大自然似乎教导和劝诫我们不要轻易蹈入愤怒之情，在知晓其起因前，宁可使我们倾向于反对这种激情"①。即使对于对方的高兴或悲伤的同情，在知道原因或真切进入对方的境遇前，我们的同情仍是显得不够真切的。对于斯密的同情来说，情感产生的前提不是当事人本身表现出来的情感，而是当事人所在的处境。在极端情况下，对这种处境的认知甚至能使旁观者产生当事人基于种种原因暂时未能产生的感情。例如对于患病的孩子，母亲基于对其处境的想象而感到悲伤和无助，但由于缺乏思想和远见，身处其中的孩子自己或许没有什么悲伤之感，只是感到不舒服而已。这时，虽然母亲基于想象而产生的情感和孩子实际所表现出来的情感不一致，但斯密认为该母亲还是产生了同情。

斯密强调同情对情感得以发生的处境具有依赖性，这表明斯密美学讨论的审美情感是受自然法则支配的情感。

---

① Adam Smith, *The Theory of Moral Sentiments*, edited by D. D. Raphael and A. L. Macfie (Liberty Fund, 1984), p. 11.

通常来说，人们倾向于认为，在同样的自然处境中，不同个体所产生的情感各有差异，情感与情感似乎没有可通约性，不过这不符合斯密哲学对情感的认知。当不同个体位于相同的情感处境中时，由于受相同的情感生成机制的制约，不同个体产生的情感从理论上说会大同小异[①]，然而不同个体在相同的处境中产生的真实情感却并不总会如此，二者的差异为斯密哲学的同情提供了进行比较的基础。把当事人和旁观者置于相同的自然处境中，发掘二者在相同的处境中、受相同情感机制的制约所产生的情感的异同，构成了斯密美学和道德学说所讨论的合宜点的基础。无论斯密的理论后来演变得多么精致，同情得以产生的基本前提始终是当事人的处境，更确切地说，是位于同一处境之下且能制约当事人和旁观者的具有同一性特征的情感机制。

以处境依赖为前提，由于受相同的情感机制的作用，斯密的同情学说虽然表现出了极强的主观性，但却没有因此而表现出任意性或相对性。一方面，每个人都能用自己的官能评判他人的相似官能。"一个人的各种官能是用来判断他人相同官能的尺度。我用我的视觉来判断你的视觉，我用我的听觉来判断你的听觉，我用我的理智来判断你的理智，我用我的愤恨来判断你的愤恨，我用我的爱来

---

① 对于情感哲学来说，把道德或审美建立在共同的处境或情感基础上并非难事，但为道德或审美找到某种共同的、具有可通约性的情感性衡量标准却难上加难。休谟曾试图从效用出发解决该问题，但前文的分析显示，这种做法既使休谟讨论的标准偏离了情感本身，又偏离了情感得以产生的情感机制本身，这也就使得休谟哲学在情感的自然化进程中未能处于高峰阶段。

判断你的爱。我没有、也不可能有任何其他方法来判断它们。"① 另一方面，每个人用以判断他人情感的官能都必须受到共同的情感机制的制约，由它所展现的共同性从根本上消除了由情感的主观性所引起的任意性和相对性。在美学领域中，以情感为表现形式的审美判断原则实际上就是以情感机制为内核的自然法则的美学表达。受同情与合宜性制约的无偏的旁观者的意见，表面看来属于自己并由此具有主观性，但事实上并不真正代表自己的私人原则，而只是情感机制或以之为内核的自然法则的代言人罢了。在这个意义上，斯密作品中的"人"都是大自然在人间的代理人，"他（大自然）按照自己的形象来造人，并指定他作为自己在人间的代理者，以监督其同胞的行为"②。

以情感机制为内核的自然法则有多种特点，其中最重要的特点是趋乐避苦。就此而言，旁观者易于同情快乐，而不易于同情悲伤、愤怒和憎恨。大自然使我们本性如此，同情快乐意味着顺从我们的本性，而同情悲伤则意味着背离我们的本性。因此，悲伤不易引起同情，而快乐却总易于引起同情。大自然"不要求我们进一步去分担别人的痛苦"③，所以旁观者对别人的痛苦总是感觉迟钝，而如果当事人在巨大的痛苦面前镇定自若，那么就总能赢得旁观者的赞许，因为"他的坚毅同时正好与我们的麻木完美契合。他不要求我们有更敏锐的感受力，不过我们发现，

---

① Adam Smith, *The Theory of Moral Sentiments*, edited by D. D. Raphael and A. L. Macfie (Liberty Fund, 1984), p. 19.

② Ibid. , p. 128.

③ Ibid. , p. 47.

而且是很惭愧地发现，我们也没有这种感受力。在他的情感和我们的情感之间有着最完美契合性，因此，他的行为展现了最完美的合宜性"①。既然同情悲伤意味着对我们的本性的背离，而同情快乐则意味着顺从我们的本性，那么对于当事人而言，为了获得更多同情，就要学会克制自己的悲伤情感。由于快乐容易引起同情，是不是就意味着可以无节制地展现自己的快乐？答案依然是否定的。快乐虽易得同情，但由于人格均有独立性②，旁观者很容易嫉妒当事人的快乐。这样一来，即使在同情的作用下感受到了当事人的快乐但却不会因此而与当事人同喜。因此，出于谨慎——避免他人嫉妒的考虑，当事人须节制快乐，尤其是在成功之时。

　　对处境的依赖表明受因果律支配的事实性情感——他人之镜，被斯密美学视为审美判断标准的前提与基础。在有关我们自己的情感和行为的合宜性的讨论中，斯密使用了很多美学术语。在谈到一个一出生就与社会隔绝的人时，由于该人与同伴无任何交流，所以对自己性情、情感与行为的合宜性的认识会和对自己心灵的美丑的认识一样少之又少。由于缺乏他人这面镜子，他无法判断自己的行为是否合宜，也无法判断自己的心灵的美丑。只有以他人为镜，该人才能判断自己的激情和行为是否合宜，也才能

①　Adam Smith, *The Theory of Moral Sentiments*, edited by D. D. Raphael and A. L. Macfie (Liberty Fund, 1984), p. 48.

②　斯密还指出，同情发生在具有独立人格的个体之间，因此，旁观者往往难以同情当事人因好运而产生的巨大喜悦，而容易同情由无关紧要的小事带来的喜悦；难以同情当事人的淡淡的悲伤，而容易同情当事人的巨大悲伤。

"看到自己心灵的美与丑"①。道德判断和审美判断均须以他人为镜，这面镜子可给我们提供一种无偏的视角，使我们可对自己的情感和行为做出合适的判断。自然使人在因果律的支配下有权利评价他人，该评价必须因此而受到重视。这一切既是大自然的赐予，也是大自然在人间的代理人所应尽的职责以及应该遵循的本分，"自然教他们认识如此赋予他的权力和裁判权，当他们遭到他的责难时会或多或少地感到丢脸和屈辱，而当他们得到他的赞许时则会或多或少地感到欢欣"②。

（二）情感与情感的对称与平衡

斯密美学中的审美判断原则是情感机制表现在同一美学语境中借当事人与旁观者的情感表现的对称平衡状态。这种对称平衡的基础是情感的合宜点。那么什么是合宜点，须从两方面作答。

第一，合宜点得以形成的标志是位于同一语境中的当事人与旁观者的情感之间形成了对称与平衡状态，就这两种情感在无须发生改变的前提下就能达成这种对称与平衡的状态而言，这种对称与平衡状态可被称为原生态的对称与平衡。

首先，旁观者根据自己在相同处境中是否能产生与当事人具有对称性或平衡性的情感来判断自己作为旁观者的情感是否合宜。当当事人的原始情感与旁观者的同情完全

---

① Adam Smith, *The Theory of Moral Sentiments*, edited by D. D. Raphael and A. L. Macfie（Liberty Fund, 1984）, p. 110.

② Ibid., pp. 128 – 130.

一致时，就意味着相同处境下不同视角中的两种情感具有了对称性或平衡性，旁观者会据此认为自己所产生的情感正确又合宜。"在当事人的原始感情与旁观者产生的同情完全一致时，对于后者来说，这样的情感必然是正确而又合宜的，并且与它们的对象是适合的。"① 其次，当事人会根据旁观者是否会在相同的处境中和自己产生一致的情感来判断自己的情感是否合宜。这涉及两种情形：一是情感的对象与我们自己和我们要评判其感情的对象没有任何关系；二是情感的对象对我们当中的某个人有特殊的影响。在这两种情形中，具有合宜性的情感都会表现出对称性和平衡性特征。

第二，就当事人的情感为了和旁观者的情感达成一致而必须使自身做出改变而言，追求合宜点的过程会产生另一种类型的对称与平衡，即，非原生态的对称与平衡。

情感的对象和当事人有特殊亲密关系，当当事人的情感过强或过弱，以至于旁观者虽然有同情，但却达不到当事人所有的那种程度时，这就要求当事人参考旁观者的情感强度削弱自己的情感强度。此时唯有适中的情感才能使旁观者产生同情。"很显然，跟我们有特殊关系的对象所激发的每一种激情，它的合宜性，即旁观者能够赞同的程度，必定存在于某种适中（mediocrity）的范围之内。"② 所谓适中，指的是情感的强度，确切地说，指的是当当事人与对象的特殊关系被剥离之后，当事人与旁观者在相同

---

① Adam Smith, *The Theory of Moral Sentiments*, edited by D. D. Raphael and A. L. Macfie (Liberty Fund, 1984), p. 16.

② Ibid. , p. 27.

的语境中受相同的情感机制制约所产生的那种情感的强度。为了达到这个适中的目的，当事人需要懂得克制之道，在寻求非原生态的情感对称与平衡之美的过程中使其情感完全服从于自己的尊严和荣誉。

首先，源于身体的激情需要寻求非原生态的对称与平衡。斯密认为，源于身体的激情不能表现得太强烈，"因为同伴们并不具有相同的心理意愿，不能指望他们对这些情感产生同感，即使是完全放纵这种激情被所有的人间和上帝的法则都认为是无罪的处境也是如此"①。此外，两性之间的激情也应寻求非原生态的对称与平衡的制约。虽然这种激情天生就很强烈，但由于同样的强烈度难以被他人感知，因此，当事人在展示这种激情时总应加以克制，把它限定在情理、礼貌、体贴和谦逊的范围内并使其具有合宜性。

其次，源于想象的激情也应受制于非原生态的对称与平衡的约束。比如，异性之间由于倾慕已久自然产生的强烈的依恋之情就是如此。因此，在第三者眼中，以一种严肃而热烈的方式表达爱情往往会显得好笑。悲剧作家若直接陈述爱情本身，就会引发笑谈，所以悲剧作家不会选择直接以爱情本身为主题而是会选择伴随着爱情的危险和挫折进行创作，确切地说，能引起旁观者同情的不是爱情本身，而是伴随着爱情的其他情感，如仁爱、宽容、友谊、尊重等。相比于爱情，旁观者很容易对伴随着爱情的其他

①　Adam Smith, *The Theory of Moral Sentiments*, edited by D. D. Raphael and A. L. Macfie (Liberty Fund, 1984), p. 27.

情感表示同情，尽管这些激情有时会过于强烈，但也会获得旁观者的同情。此外，我们对朋友、事业或职业的感情也是如此，尽管这些东西对我们有很大吸引力，但却难以对我们的朋友也产生这种吸引力。因此，当我们谈论它们时须保持节制，若非如此，我们就难以同其他人交往，最终只会产生同行为伍或哲学家只能和哲学家为伴的结果。

最后，愤怒和憎恨这类非社会性的激情也需要受非原生态的对称与平衡原则的约束。虽然这两种情感不利于社会，但斯密认为它们却对社会有用，是"人性中不可缺少的组成部分"①。即使如此，由于此类激情本身令人不快，所以难以获得同情。"愤怒和仇恨这两种激情，都是我们生来就讨厌的，它们那种令人不快和猛烈狂暴的表达绝不会激起，也不准备激起同情，甚至经常妨碍我们的同情……那些很粗暴和很不友好的情绪使人疏远，这种情绪很难和很少被传递，这似乎是天意。"② 即使旁观者能对愤怒和憎恨产生同情，其强度也必定低于当事人的原初情感。为了使情感具有合宜性，当事人需要利用非原生态的对称与平衡约束自己的愤怒和憎恨。当被害者遭遇不幸时，只要不是因为缺乏斗志或因为害怕，那么被害者越是忍耐，越是温和，越是仁道，就越容易得到旁观者的同情，而旁观者因为同情就会对伤害他的那个人表现出更强的愤怒。面对伤害，既不能不愤怒，也不能过于愤怒，那

---

① Adam Smith, *The Theory of Moral Sentiments*, edited by D. D. Raphael and A. L. Macfie (Liberty Fund, 1984), p. 34.

② Ibid. , p. 37.

么愤怒的标准是什么呢？这个标准是情感机制作用下的某种程度的情感。斯密认为该程度可用受虐待或受伤害的度衡量，也就是说，当愤怒和憎恨的度和受到虐待或伤害的度相一致时，该情感就是合宜的。当事人的愤怒和憎恨如果超过该标准，旁观者就会认为这种愤怒和憎恨对引起愤怒的对象和与之相伴的所有同伴显得粗暴无礼。然而对同伴的尊敬和礼貌要求我们约束这种激情，因此，这种情感不具有合宜性。面对伤害，过度愤怒不具有合宜性，而过于懦弱同样不具有合宜性。如果愤怒或憎恨不具有合宜性，甚至在更极端的情况下演变为逆来顺受或不图报复，斯密认为这种人不仅得不到旁观者的同情，相反还会受到鄙视。

在合宜性中以情感与情感的对称平衡为表现形式的美学原则是受同情机制或自然情感自然生成机制①制约的美学原则。斯密所说的这种对称平衡，不仅产生于自然，而且还受其约束。它生于自然，因为它受自然情感自然发生机制制约；它受自然约束，因为这种对称平衡原则本质上是自然情感自然发生机制的自我表达，该对称平衡效果并非人力为之而是自然天成。在此意义上，基于同情而来的合宜性本质上是自然情感自然发生机制在人类情感领域内的自我表现形式。斯密所提出的这种完全以情感机制为基础而产生的情感对称平衡之美，极大地区别于斯密之前的西方美学家们所阐述的那种对称平衡之美。从古希腊开

---

① 同情机制本质上讨论的是受因果律支配的情感生成问题，而合宜性则关注的是情感生成过程中的原因、强度和后果，在此意义上，同情机制可被视为自然情感自然生成机制。

始，对称就被视为美，例如亚里士多德曾把对称视为美的
形式的必要条件，并辅以数学加以证明；毕达哥拉斯也认
为，一切美的线条和美的形体都须对称，否则就称不上
美；普罗提诺认为美在于比例的对称。不过古希腊哲学家
们所说的对称为美的根源和表现形式均与自然情感本身无
关，仅与形式或数学等有关。在此意义上，自然情感想要
美起来，就必须使之受异于自然的其他元素（例如数学或
理性法则等）的制约。到了中世纪，奥古斯丁和阿圭那则
用不同的方式把对称美的根源归给上帝，同古希腊哲学家
一样，他们也认为情感不会仅凭自身而显现对称美。思想
史的研究显示，只有在斯密的情感哲学中，情感才第一次
真正因其自身而表现对称平衡之美，与此同时，未受干扰
的情感机制或自然法则也才第一次在人类情感领域中实现
了以情感对称与平衡为表现形式的自我表达。

（三）作为审美判断原则的同情

　　基于同情而生的情感对称平衡状态被斯密美学视为美
的标准，那么易于使人产生这种美感的事物，例如巧妙的
设计，就能成为合宜的审美对象。就此而言，情感的对称
平衡美学效果比情感的后果，即，效用拥有更多美学价
值。这样仔细分析我们的审美感受，我们就会发现，使我
们获取便利和愉悦的设计往往比该愉悦或便利本身更有价
值，"任何工艺品所具有的这种适宜性，这种巧妙的设计，
往往比人们对它的预期的目的本身更受重视；而且为获得
便利或愉快而对手段进行的精确调整，常常比那便利或愉
快本身更受重视，尽管获得这种便利和愉快似乎就是其整

个价值之所在"①。例如目睹凌乱的房间，我们会去整理，表面看来是为了便利，然而我们真正追求的不是便利而是使我们拥有这种便利的那种设计，或者说是整体上的合适性（the whole property）或整体的美（the whole of its property and beauty）。用斯密的话说，"看来人们想要的与其说是这种便利，不如说是带来这种便利的对家具的布置"②。再例如，一个对钟表很挑剔的人会卖掉每天慢两分钟的表。实际上，该人不见得比别人更加守时，也不见得比别人更急于想知道每天的确切时间。这说明，该人卖掉这块表，不是因为这块表不能给他提供精确的时间，而是因为热爱"那个有助于人们掌握时间的机械装置的精密性和完美性"③。

进一步说，对社会生活而言，情感的对称与平衡所产生的美学效应比效用更重要。由美而生的魅力会给社会公共生活最严肃和最重要的事务带来一种以美为对象的隐秘动机，使人在求美之时以非本意的方式服务社会公共利益。当一个人身体健康、情绪良好时，想象力往往喜欢从自己的身体扩展到周围的一切事物之上，例如一旦看见富人的宫殿之美，就会被它深深地吸引。不过斯密指出，虽然这种美可以给人带来极大的便利，但真正吸引人的却不是这种便利，而是使这种便利得以产生的整体设计以及由此而产生的美。因为"如果我们思量一下这一切所

---

① Adam Smith, *The Theory of Moral Sentiments*, edited by D. D. Raphael and A. L. Macfie（Liberty Fund, 1984）, pp. 179 – 180.

② Ibid., p. 180.

③ Ibid., p. 180.

能提供的实际满足，仅仅考察这种满足自身且把它同适宜于产生它的那种安排所蕴含的美分离开来，它就总是会显得极其令人不屑且极其微不足道"①。便利之美和整体设计之美往往会联合起来推动人的行动，正是如此，财富和权力才能给人带来快乐。财富和权力是"庞大而笨拙的机器"②（enormous and operose machine），它们之所以被创造出来，目的是"给肉体带来极少量微不足道的便利"③。然而便利并非它们被创造出来的唯一原因，它们之所以吸引我们，还有更重要的原因，即美。"当我们用这种复杂的眼光来看待财富和显贵带来的快乐时，这些快乐就会在我们的想象中留下深刻的印象，它们就像一些宏伟、美丽和高贵的东西，值得我们为了得到它们而不辞辛劳，劳苦毕生。"④

欲求美就是欲求旁观者的赞同，也是欲求情感的合宜性。斯密认为，欲求合宜性不仅可以成为我们追求美的动机，而且可以成为我们追求公共精神并致力于实现社会公共利益的动机。公共精神和正义一样，建立在相同的基础之上。⑤公共精神必然会带来公共效益，它会产生出一种美，然而斯密指出，与公共效益相伴随的美，就其性质来说，它来自反思，"这种美，不过主要是经反思和思量而来的美，它丝毫不具备为大多数人的自然情感所喜爱的那

① Adam Smith, *The Theory of Moral Sentiments*, edited by D. D. Raphael and A. L. Macfie（Liberty Fund, 1984），p. 183.
② Ibid. , p. 182.
③ Ibid. , pp. 182 – 183.
④ Ibid. , p. 183.
⑤ Ibid. , p. 190.

种性质"①。我们喜爱公共精神，其原因并非效用，我们仅
仅出于对情感之合宜性的欲求而喜爱公共精神。当公益心
被建立在以美学合宜性为表征的情感机制之上，这意味着
这种美学可以基于情感自身解释社会公共精神的内在动
机。② 关于仁爱、自爱与公共精神或美德之间的关系问题，
是 17～18 世纪英国伦理学的重要主题之一。在斯密之前，
思想家们围绕该公共精神或美德是否有情感基础争论不
休，霍布斯、哈奇森、休谟和曼德维尔等都曾对公共精神
做出过自己的解释，然而没有哪一种解释把公共精神的情
感动机归给情感机制本身。曼德维尔等人认为无法在人性
内找到公共精神的情感基础，因此，公共精神只是最坏的
人为了扩大自己的私利而有意制造的骗局，正所谓私恶即
公利。哈奇森把公共精神或美德的根源归给仁爱并用道德
感官对其给予道德辩护，虽然为公共精神或美德在人性中
找到了情感基础，但却在道德辩护的过程中出现了严重的
理论不一致。另外，仁爱与道德感官虽然暗含情感机制，
但毕竟不可与情感机制画等号，而哈奇森也从未试图把该
机制奠定为其全部哲学体系的基础。休谟虽然明确论述过
情感机制，但由于该机制深受效用制约，所以也未能成为
其全部哲学体系的基础。当斯密背离哈奇森的仁爱观和道
德感官学说，背离休谟的效用说，并部分吸收了曼德维尔
的部分思想后，他的哲学体系从情感机制出发讨论的美德

---

① Adam Smith, *The Theory of Moral Sentiments*, edited by D. D. Raphael and A. L. Macfie (Liberty Fund, 1984), p. 192.

② 这里说的"情感"包括自爱，但不仅指自爱，更确切地说，它指的是一切自然情感。

或社会公共精神，以合宜性之美为向导，证明人人皆可在求美之中以非本意的方式实现社会公共利益。就写作方法来说，《国富论》《道德情操论》在批判并综合此前出现的各种伦理思想的同时实现了创新性发展。

上文的分析显示，在人类自身的事务中，源于同情机制的对称平衡原则在人类事务中比效用更富吸引力，那么该美学原则自身的目的是什么呢？斯密的合宜性美学原则并不以"为艺术而艺术"为目的，它服从于自然自身的目的。即使如此，斯密哲学认为没有人可以有意识地实现自然的目的，人们只是在求美的过程中以非本意的方式实现这种目的。为什么呢？斯密认为这是自然为了实现自身目的而设定的骗局，换句话说，大自然使人拥有爱美之心并借此以欺骗的方式实现自身目的。财富和权力这庞大而笨拙的机器"由极为精细和灵敏的发条组成，必须十分谨慎小心才能保持其正常运转……且不管我们如何小心翼翼，它们随时都可能突然爆成碎片，在崩溃中把不幸的占有者压垮"①。或者说它们是巨大的建筑物，"需毕生的努力才能建造起来，有随时坍塌并把住在其中的人压倒之虞，并且当它们站立未倒时，虽可以使住在里面的人免除一些小小的不便，但却无法保护他免受四季中更为恶劣的寒风暴雨的袭击。它们挡住了夏天的阵雨，却挡不住冬天的暴风雪，而且总是使住在里面的人常常像以前一样，有时甚至比以前更多地遭遇焦虑、恐惧和悲伤，暴露在疾病、危险

---

① Adam Smith, *The Theory of Moral Sentiments*, edited by D. D. Raphael and A. L. Macfie (Liberty Fund, 1984), pp. 182 – 183.

和死亡面前"①，斯密认为它们并不为人的幸福所真正需要，也不能给人带来真正满足。因此，当我们考虑财富和权力引起的快乐时，如果不考虑位于它们背后的那种绝妙安排，那么由对象所产生的审美快乐就将显得极为不足挂齿。《法学讲义》中的"行政篇"认为，当我们在财富和权力展现的整体美的吸引下对其孜孜以求时，就表明我们落入了自然设下的圈套，接受了大自然强加给我们的欺骗。财富和权力可以给人带来便利和效用，在同情与合宜性的作用下，我们从财富和权力体会到的美感会得到强化。因此，我们会更笃定地追求它们。这样一来便利加上某种表现为美的高贵的东西便激发了人的劳动。自然赋予人以爱美之心，利用人的爱美之心引导人以一种非本意的方式实现自己的目的。那么大自然用欺骗的方式如此待人，到底是好事还是坏事？斯密认为这是好事，因为它满足了大自然本身的仁慈目的，大自然借此唤醒人类，使之在大地上勤恳劳作②，导致土地被迫成倍地增加产出，可以供养越来越多的居住者，最终使骄傲冷酷的地主也不得不对剩下的东西进行分配，使那些为他服务的人都可以从他的奢侈和任性中得到一份生活必需品。虽然富人的这种行为并不出自自身的仁爱之心，但却以非本意的方式满足了天意。"他们被一只'看不见的手'引导，去对生活必需品做出与全部土地在平均分配给全体居民的情况下同样的分配，从而在不知不觉中增进了社会利益，并为种族的

---

① Adam Smith, *The Theory of Moral Sentiments*, edited by D. D. Raphael and A. L. Macfie (Liberty Fund, 1984), p. 183.

② Ibid., p. 183.

繁衍提供了条件。当天意把土地分给少数权贵地主时，她既没有忘记也没有抛弃那些在这种分配中似乎被置之度外的人。这后一部分人也享用着全部土地产品中属于他们的那一份"①。此外，美还可以推动人类建立有助于促进公共福利的制度，鼓舞人们找出有助于增进社会幸福的方法。总之，虽然合宜性能成为社会公共精神的向导，但在超越人类事务的自然目的上，它最终还是让位于后者，成为其工具并被其统帅。就此而言，以同情机制为代表的自然法则通过使自身实现审美化而使自身目的得以有效实现。

① Adam Smith, *The Theory of Moral Sentiments*, edited by D. D. Raphael and A. L. Macfie (Liberty Fund, 1984), pp. 184 – 185.

第二章　道德判断原则自然化

　　苏格兰启蒙学派道德判断原则自然化进程分别以沙夫茨伯里道德哲学和斯密道德哲学为起点和终点。斯密称沙夫茨伯里道德哲学提出的道德判断原则为倡导合宜性的模式，事实上，该道德判断原则的核心原则源于理性而非情感，该原则在沙夫茨伯里哲学中表现为以理性为本的"道德感官"，我们因此把它称为自然情感理性化原则。

　　哈奇森在"道德感官"名义下以仁爱为基础阐述道德判断原则，它事实上是以单一情感（仁爱）后果为基础的功利原则。效用在休谟的道德判断原则中占非常重要的地位，不过，与哈奇森道德哲学不同的是，休谟所说的效用不是由单一自然情感的后果而产生的效用，而是更宽泛意义上的效用，就其须辅以同情机制而发挥道德判断的作用而言，休谟所说的同情机制可被视为自然法则的情感化表现形式。

　　效用原则从本质上而言也是自然法则的表现形式，就此而言，他为道德判断原则奠定了以效用为表征的自然法则之基础。这是休谟哲学受斯密肯定的重要内容之一，斯密认为该将其纳入其合宜性体系，认为"那种认为美德存在于效用之中的体系也同认为美德存在于合宜性之中的体系相一致"①。然而，斯密和休谟的分歧也正是在对效用的看法上，休谟认为同情须受效用约束，然而斯密却认为合宜性而非效用才是道德判断的基础。斯密觉得这是休谟体系与他的体系的唯一分歧，"这个体系同我一直在努力建立的学说体系之间的唯一区别是：它把效用，而不是旁观者的同情或相应的感情，作为这种合宜程度的自然的和根本的尺度"②。"美德并不存在于任何一种感情之中，而是存在于所有感情的合宜程度之中。"③ 因此，任何情感，只要人们或旁观者不想或不愿意它继续存在下去了，也就是说只要它超出了合宜性的程度，那么该情感就无法存在了。不仅如此，由情感而生的效用本身也须受合宜性的约束，如果情感符合合宜性，那么它就有效用，反之，则无效用。研究显示，被斯密道德哲学视为道德判断原则的"情感"实际上是情感机制的美学表达，只有这种道德哲学把未受干扰的情感机制确立为道德判断原则的基础，就此而言，这种道德哲学以同情机制审美化的方式完成了苏格兰启蒙哲学之道德判断原则的自然化进程。

近代英国情感主义思想家们在推进道德判断原则自然化的过程中总是围绕情感化和自然化的双重方向演进，斯密之前的各种道德判断原则均未能把二者统一起来。

---

① Adam Smith. *The Theory of Moral Sentiments*, edited by D. D. Raphael and A. L. Macfie, Indianapolis（Liberty Fund, 1984）, pp. 305 – 306.

② Ibid. , p. 306.

③ Ibid. , p. 306.

以哈奇森与休谟道德哲学为例，二者都把道德判断原则交给了"我的"情感感受，但最终却基于该情感产生的效用或功利后果阐述道德判断原则。不过当斯密道德哲学用合宜性美学原则衡量"我的"情感时，这种情感因此剥离了主观性并具有了客观性，由于该客观性源于美学化的同情机制，所以也具有强制性。《道德情操论》阐述的道德判断原则是情感化和自然化原则融合的产物，该原则的提出使美学化的情感机制成功取代了一切旧有的道德判断标准。当这种新的伦理原则被视为社会政治经济秩序的内在原则时，这意味着该理论实现了自身的实践目标，当《国富论》用该原则阐述政治经济活动时，也就意味着情感主义道德哲学在苏格兰完成了思想启蒙的历史任务。

一　以理性为本的"道德感官"

在道德判断原则自然化进程中，沙夫茨伯里道德哲学中的"道德感官"代表该进程的初始阶段。沙夫茨伯里道德哲学认为美和善相通且可被"内眼"辨识，"内眼"在美学中以"美的感官"为名进行审美判断，而在道德中则以"道德感官"为名进行道德判断。"道德感官"虽然以理性为本，但却代表着一种新的道德判断标准，其"新"既体现在由它所认可的道德是受情感支配的道德，又体现在它试图探索一种新的道德判断原则。尽管如此，"道德感官"却并不以情感为基础阐述道德判断原则，它据理性而行道德判断之权。不过由于缺乏先天观念，"道德感官"

所依赖的理性并非西方传统理性主义道德判断原则所倚重的那种理性，由于试图从其自然特征中归纳理性原则，"道德感官"为西方伦理思想史上源远流长的理性主义道德判断原则打开了一个缺口。就此而言，为了阐明"道德感官"的理性本质，首先应了解其自然特征。

（一）"道德感官"的自然特征

沙夫茨伯里视"道德感官"为自然的产物，"对我们来说，对与错的感官同自然感情本身一样自然，是我们的体格构造中的第一原则，任何思辨性的观点、论证或信仰均不能断然或直接排除或损坏它……除相反的习惯与风俗（第二本性）外，没有什么能取代它"①。作为源于自然的天然之物，"道德感官"虽经常被败坏，但却不会被完全摧毁。能败坏"道德感官"的东西主要有两种，即，与自然天性相反的风俗和教育以及荒谬的宗教和迷信。与自然天性相反的风俗和教育利用人们对荣誉的热爱败坏"道德感官"，"'道德感官'的败坏仅仅源自与自然天性相反的风俗与教育，我们在有些国家可以看见，根据风俗或政治体制，某些天然可恶的丑陋行为不断受到众人喝彩并获得荣誉"②。例如，只要认为某种行为是对的且值得尊敬或相信它有益于民族、公众和行为者自己的名声，一个人甚至可以违背自然天性吞食敌人的身体。无神论不会败坏"道德感官"，宗教和迷信却有可能会败坏它。无神论不会直

---

① Anthony Ashley Cooper, Third Earl of Shaftesbury, *Characteristicks of Men*, *Manners*, *Opinions*, *Times* (Volume 2), Introduction by Douglas Den Uyl (Liberty Fund, 2001), p. 25.

② Ibid., pp. 26 – 27.

接影响对与错的错误观念，受到无神论支持的风俗虽会使人部分丧失天然的"道德感官"，但它从不会把不公正、不高贵和不值得尊敬的东西判断为公正、高贵和值得尊敬或赞扬。例如，无神论从来不会把吃人肉或兽奸视为善行或卓越行为，不过与无神论不同的是，由于"宗教会把其本性可憎可恶的东西当作至高的神的意志或愿望而加以提倡"①，那么"可以肯定的是，腐败的宗教或迷信会使许多最恐怖、最不自然的非人行为变成卓越的、善的和值得称赞的行为"②。此外，如果宗教中的至高之神是恶的或有缺陷的神，那么"当宗教教导人们爱和崇拜明显具有邪恶性格的神时，就等于在教导人们爱并崇拜恶的过程中使可憎可恶之物被视为善的和适宜的东西"③。例如，由于风流成性，受人崇拜和尊敬的朱庇特神具有淫逸这种缺陷，而当人们信仰朱庇特时，就会从该神身上学到放荡行为，"道德感官"会因此受到败坏，被宗教败坏了的"道德感官"会阻碍人们确立对与错的正确观念，就此而言，"宗教（根据其种类所能允许的）有能力行大善，也可以行大恶，而无神论在任何一个方向上都没有确定的东西"④。

"道德感官"的自然特征体现在它以自然情感为道德判断对象。自然体系内的恶都具有相对性，自然体系内不存在恶，所以也没有恶人。善恶交错是人的真实存在状

---

① Anthony Ashley Cooper, Third Earl of Shaftesbury, *Characteristicks of Men*, *Manners*, *Opinions*, *Times* (Volume 2), Introduction by Douglas Den Uyl (Liberty Fund, 2001), p. 27.

② Ibid., p. 27.

③ Ibid., p. 27.

④ Ibid., p. 30.

态，"恶与德相互混杂，并在各种不同性格中交替出现。显然，无论性情或激情的感官对象或道德对象多么邪恶，无论一个被造物多么激情澎湃、怒不可遏、淫逸或残忍，无论心灵多么恶毒或遵从何种恶的规则或原则，只要对最小的道德对象、最不明显的道德善（如友善、感恩、恩惠或同情）持有不定或有好感的心理倾向，美德就仍然存在，而这个被造物就不会是完完全全的恶与不自然"①。如同难说一个人是绝对的无神论者一样，也难说一个人绝对堕落或邪恶，最公正的说法是，人人皆可能有德，即使最坏的恶棍也可成为有德之人。② 因为只要存在任何一种善的感情，就必然存在某种善或美德，例如由于热爱荣誉而拒绝揭发并背叛同伙的恶人也拥有美德，尽管此人实际上误用了美德。③ 人的善恶仅只关乎情感，"对有理智的人而言，未经感情推动而行事，其本性就将既不为善也不为恶。只有当其所在的系统的善或恶成为推动其行为的激情或感情的直接原因时，该人才会被称为善"④。换句话说，"只通过感情，一个人才会被称为善或恶，自然或非自然"⑤。情感造就善人或恶人，因此，唯有情感能被视为"道德感官"的评判对象。人的情感既有善的成分也有恶的成分，善恶

---

①　Anthony Ashley Cooper, Third Earl of Shaftesbury, *Characteristicks of Men*, *Manners*, *Opinions*, *Times*（Volume 2）, Introduction by Douglas Den Uyl（Liberty Fund, 2001）, p. 23.

②　Ibid., p. 23.

③　Ibid., p. 23.

④　Ibid., p. 12.

⑤　Ibid., p. 12.

由情感决定，人的善恶掌握在人自己手中，要成为善人，就要拥有善的情感。

自然可为"道德感官"提供部分道德判断标准。经"道德感官"判定为美德的行为须包含两种因素，即，情感对象的正确性与情感强度的适当性，"美德的本质由理性之人的某种适当的性情或以正确或错误的道德对象为指向的、比例合适的感情所构成"[1]。因此，想要成为美德，一种情感须具备两个条件：正确的情感对象以及比例恰当的情感性质。就情感对象而言，只要情感与公共善或物种的整体善相一致，那么该人的性情就为善，反之就为恶，"若所有感情或激情在总体上与公共善或物种之善相一致，那么这种自然性情就可全然为善"[2]。就情感的比例而言，即使全然为善的情感，若超出了恰当的比例，也会为恶。例如，对后代的爱[3]虽然自身天然为善，但若不加节制，就会变成恶。就此而言，在形成美德的两个情感条件中，情感的度比情感的对象更重要。由此可见，如同在审美判断标准中重视尺度或比例一样，沙夫茨伯里在道德领域中也持相同看法。道德判断原则以何标准确立适度？"道德感官"以自然为圭臬确立适度，这种来自自然的适度标准被表述为"特殊的被造物或物种的体格结构或大自然的治

---

① Anthony Ashley Cooper, Third Earl of Shaftesbury, *Characteristicks of Men, Manners, Opinions, Times* (Volume 2), Introduction by Douglas Den Uyl (Liberty Fund, 2001), p. 23.

② Ibid., p. 15.

③ 由于对后代的爱与人类物种的善高度一致，沙夫茨伯里认为它是最自然的善良情感。

理之道（oeconomy①）"②。体格意义上的情感的适度，即，情感须与物种的体格构造相一致，"因为指向某正确目的的激情，仅因其具有这种强度才会更有益、更有效。只要我们确信其强度不会在内部产生紊乱，也不会在该情感与其他情感之间引发比例失调，那么，该激情，无论多么强烈，都不能被视为恶。可是若使所有激情都与其处于对等比例，只要被造物的体格无法承受，那么就说明，仅有某些激情可具有该强度，而其他激情均无法如此，也不可能形成相同的比例，那么那些具有该强度的激情，虽性质更佳，但也会被视为过度。理由在于，一旦与其他激情比例不对等并在广义上引起感情失衡，就必然会导致行为失衡，并产生错误的道德实践"③。

就大自然的治理之道而言，所谓感情适度，指的是大自然基于保存并治理物种的需要而给该物种赋予某种强度的天然情感。在理性观察者看来，或许它会显得过于强烈，但由于它符合该物种自身的生存需要且有利于该物种更好地保存生命，因此，该激情依然可被视为适度。以未

---

① 沙夫茨伯里在这里使用的是 oeconomy 这个词，韦氏词典对这个词的解释是"参考 economy"，维基百科认为该词是 economy 的古代拼写形式。这表明，oeconomy 在词义上和 economy 无异。牛津词典在介绍 economy 词源时指出，该词起源于 15 世纪末，意思是对物质资源的管理。为了有效管理，管理过程必然会遵循一定的管理之道，管理结果则会表现出某种秩序。就此而言，对于沙夫茨伯里学说中的 oeconomy 或 economy 来说，既指人对资源的管理或治理之道，又指大自然对物种的管理或治理之道。

② Anthony Ashley Cooper, Third Earl of Shaftesbury, *Characteristicks of Men*, *Manners*, *Opinions*, *Times* (Volume 2), Introduction by Douglas Den Uyl (Liberty Fund, 2001), p. 53.

③ Ibid. , p. 53.

被自然赋予自我防卫能力的被造物——以雌鹿、雌兔、蜜蜂或黄蜂等为例，为了有效保护其生命，大自然会赋予其极端的惊恐和极少的憎恨。大自然之所以使其拥有极少的憎恨，是因为憎恨会引发反抗并延迟逃跑，而之所以使其拥有极端的惊恐，是因为惊恐可使该生物保持警惕并在遇险时立即逃跑。就此而言，这些激情"无论对特殊被造物自身还是对其物种而言都符合治理原则"①，而勇敢这种激情在这种情况下则既不利于物种保存自身，也不符合大自然的治理之道，所以可被视为恶。

（二）"道德感官"的理性本质

斯蒂芬·达沃尔（Stephen Darwall）注意到，由于沙夫茨伯里与剑桥柏拉图学派有十分紧密的理论关联性，其道德哲学中的"道德感官"与哈奇森道德哲学中的"道德感官"有本质不同。后人在研究沙夫茨伯里的"道德感官"时时常会阐述他对哈奇森、休谟和斯密的道德情感哲学的影响。比如西季威克从该立场出发而认为沙夫茨伯里是对人类心灵现象展开经验研究的首位道德学家；不过，达沃尔认为，该观点忽视并误解了沙夫茨伯里思想中能与通往康德哲学的卡德沃斯（Cudworth）传统相契合的东西，而这种东西刚好不属于经验。在此意义上，沙夫茨伯里的"道德感官"与哈奇森的"道德感官"截然不同，它不是经验主义者们所讨论的用于被动接受观念和感情的那种官

---

① Anthony Ashley Cooper, Third Earl of Shaftesbury, *Characteristicks of Men, Manners, Opinions, Times* (Volume 2), Introduction by Douglas Den Uyl (Liberty Fund, 2001), p. 53.

能，它是活性心灵内在具有的极富创造力和创生性的天然能力。① 那么这种能力的本性或本质是什么呢？虽然沙夫茨伯里试图基于自然解释该能力的内在本性，但这种做法终究不过是一枕黄粱，他最终还是从理性出发阐释了该能力的本性或本质。

"道德感官"之所以具有理性本质，是因为它是人类理性的代言人。沙夫茨伯里把人理解为理性被造物，理性之人的情感可以以外物和观念为对象，后者更受沙夫茨伯里重视。观念的来源有二，即，源于感官的观念以及源于知识和理性的观念，沙夫茨伯里认为后者对人的影响大于前者。因此，与哈奇森从感官知觉的层面讨论"道德感官"不同的是，沙夫茨伯里总是从理性出发讨论"道德感官"。换句话说，沙夫茨伯里的"道德感官"概念无关感官知觉，"的确，灵魂没有感官，对其所知的事物也没有崇敬"②。"道德感官"除了以情感为对象外，还以公正、慷慨、感恩、爱等理性产物为对象。它认为情感一旦超越生物学而变成公正、慷慨、感恩和爱等道德概念的考察对象时，它就须接受理性的检验。

用以区分道德美丑的"道德感官"被认为与"美的感官"无异，作为一种特殊的审美判断，道德判断隶属审美判断，如同审美判断须服从理性原则，道德判断也是如此。

① Stephen Darwall, *The British Moralists and The Internal "Ought" 1640 – 1740* (Cambridge University Press, 1995), pp. 180 – 181.
② Anthony Ashley Cooper, Third Earl of Shaftesbury, *Characteristicks of Men, Manners, Opinions, Times* (Volume 2), Introduction by Douglas Den Uyl (Liberty Fund, 2001), p. 25.

"道德感官"是"以一种新的方式观看与崇敬的能力"，沙夫茨伯里认为它"必定会发现行为、心灵或性情中的美与丑，正如它必定会发现数字、声音或颜色中的美与丑一样"①。固然沙夫茨伯里美学思想在西方美学思想史上享有重要地位，但美学研究却非沙夫茨伯里全部哲学研究的终极目的，他的哲学有明确的社会—政治意图，其美学研究的目标不是为美学而美学，而是为了改良社会。沙夫茨伯里把美学研究与人的情感、性情或行为结合起来，爱美有助于培养美德并改良社会，"毫无疑问，对任何性质的秩序、和谐与匀称的崇拜和热爱，都能自然而然地改善性情，有助于产生社会感情，对美德大有裨益，而美德自身也仅仅不过是对社会中的秩序和美的热爱罢了"②。在"美的感官"的作用下，我们的心灵可以区分呈现于我们面前的外物的美与丑，"人心或道德呈现于我们眼前的形状、动作、颜色和比例，必然会据其不同组成部分的不同尺度、组合与布局而产生美或丑"③。同理，面对人的行为与感情，心灵也会进行美丑判断，"行为和动作也是如此，当它们呈现于我们的理解力时，人们必然会据其展现出的规则性或无规则性发现显而易见的差异"④。换句话说，"心灵，作为其他心灵的旁观者或听众，必定有它的眼睛与耳朵，其目的是区分比例、辨别声音并仔细检查呈现于

① Anthony Ashley Cooper, Third Earl of Shaftesbury, *Characteristicks of Men, Manners, Opinions, Times* (Volume 2), Introduction by Douglas Den Uyl (Liberty Fund, 2001), p. 25.
② Ibid., p. 43.
③ Ibid., p. 16.
④ Ibid., pp. 16 – 17.

它面前的每一种感情或思想。如同对待音符或可感知的事物的外形或表象一样，它能真实而准确地感觉到感情中的温柔与粗糙、愉悦与不快，发现公平与不公平、和谐与不和谐"①。在审美判断过程中，理性原则体现为审美对象须具备恰当的比例，同理，"道德感官"认为，道德的行为就是美的行为，也须有恰当的比例，道德美的比例不是数学比例，由于道德评价的对象是情感，这种比例体现为情感的度。适度造就善，因此，任何一种感情，不管是自然感情、宗教感情还是公共感情或自我感情，均应保持适度，才能成为道德的感情。

　　此外，"道德感官"的理性本质还表现在它高度重视观念在道德实践中的指导作用。"道德感官"视令人愉快或不快的感官知觉为道德判断的语言表达，但在指导道德实践时，它却抛弃了感官知觉而以被理性和知识填充的观念为指针。沙夫茨伯里认为观念对人的情感的影响大于外物，由理性和知识所提供的观念尤甚。就此而言，"美德依赖于对与错的知识"②。"道德感官"不会基于自身的内在情感机制或自然法则指导道德主体的道德实践，它以间接的方式，即，由感官判断转化而来的观念给道德主体提供正确或错误的道德观念，从而指导道德实践并引导道德主体走向美德之路。与西方传统道德理性主义不同的是，"道德感官"用以指导道德实践的观念不包含先天观念，

---

① Anthony Ashley Cooper, Third Earl of Shaftesbury, *Characteristicks of Men*, *Manners*, *Opinions*, *Times* (Volume 2), Introduction by Douglas Den Uyl (Liberty Fund, 2001), p. 17.

② Ibid., p. 20.

它建立在"道德感官"的知觉之上。在进行道德区分的过程中，"道德感官"不会隐藏或抑制自己的情感，用沙夫茨伯里的话说，在一切公正的情形中，心灵必定会以某种方式赞许自然和诚实，谴责不诚实与堕落，"心灵不会对一物抑制它的崇敬与激动，厌恶与嘲讽，而对另一物却又不抑制这些感情。因此，否认事物中常见的崇高与美的自然感觉，在恰当思考这件事的人看来，纯粹是一种言不由衷"①。而当"道德感官"产生了道德知觉后，该知觉就会被心灵转化为观念并使该观念成为人的情感的对象，只有在这种时候，道德主体才能以该观念为对象而产生善的感情，"只在这种情形中，我们称一个被造物为有美德或德性，即，这个被造物拥有公共利益的概念并能思考或知晓道德善或恶是什么、可崇敬或谴责的是什么、正确或错误的是什么"②。

二　以情感后果为基础的"道德感官"

作为近代英国情感主义哲学开拓者，沙夫茨伯里第一次提出了以"道德感官"为基础的道德判断原则。由于他的"道德感官"以理性为本，他的哲学虽然未能真正基于内蕴于感官自身的情感机制阐述道德判断原则，但依然给西方传统道德理性主义引入了一种新的伦理之声，作为 18

---

① Anthony Ashley Cooper, Third Earl of Shaftesbury, *Characteristicks of Men*, *Manners*, *Opinions*, *Times* (Volume 2), Introduction by Douglas Den Uyl (Liberty Fund, 2001), p. 17.

② Ibid., p. 18.

世纪道德情感主义的先行者，这既是他对道德情感理论做出的贡献所在，同时也是其局限所在。当情感主义伦理学发展到哈奇森这里时，蕴含在这种道德哲学中的自然化进程被进一步向前推进。哈奇森道德哲学明确宣称，道德以及"道德感官"以情感而非理性为基础，"道德感官"试图基于内蕴于自身的情感机制或自然法则进行道德判断，不过由于作为道德判断原则的"道德感官"和作为道德判断对象的仁爱均以仁爱之情为基础，一如同时代思想家所言，这意味着哈奇森的道德哲学陷入了循环论证。为此，哈奇森把仁爱之情的后果——最大多数人的最大幸福阐述为道德判断原则的基础。

（一）"道德感官"的基础：仁爱

哈奇森道德哲学认为，当"道德感官"做出道德判断时，其基础不是理性、知识（经验知识和天赋知识）、上帝的意志和利益，而只能是情感，即，源于本性的构造且以他人或公共利益为指向的无功利的仁爱。

"道德感官"的基础不是理性。虽然哈奇森也把人视为理性生物，不过，与沙夫茨伯里不同的是，用于进行道德判断的"道德感官"的基础是情感而非理性。"我们理解为道德善或恶的每一种行为，始终被认为源于指向理性主体的某种感情。我们称为德行或恶行的一切，要么是某种感情，要么是由它而来的某种行为。"[1] 理性的功能是发

---

[1] Francis Hutcheson, *An Inquiry into the Original of Beauty and Virtue in Two Treatises*, edited and with an introductionby Wolfgang Leidhold (Liberty Fund, 2004), p. 101.

现真命题，就此而言，道德判断中的合理性就意味着被判断的对象会与真命题或真理相符。① 然而，此种意义上的合理性无法为道德主体提供有效道德判断原则，因为善恶相悖的两种行为虽可同时与自己所代表的真理相符，但却无法据此判定善恶。以保护财产所有权为例，一种观点认为保护财产所有权有利于社会稳定，而另一种观点则认为保护财产所有权会引起社会动荡，虽然二者均与各自代表的真命题相符，但却无法进行善恶判断。

"道德感官"的基础不是知识。哈奇森把人类全部知识理解为观念与观念之间的关系，三种不同类型的关系构成了人类全部知识体系。第一种是无生命之物之间的关系。理性主体虽有能力发现这种类型的关系，但由于该关系无关人的幸福或苦难，因此，道德判断不会建立在这种关系之上，若非如此，道德就将与应用数学或化学操作无异。第二种是无生命之物和理性主体之间的关系。哈奇森认为，虽然这种类型的关系十分复杂，但却可以为理性主体所掌控，如这种类型的关系可以永久地造福于人，它也可以永久地祸害人。因此，谁掌握了这种知识，谁就能影响人的幸福。例如，砒霜可杀人，五谷可养人，刀枪既能杀害英雄也能杀害盗贼。若不考虑情感，所有这些关系对道德主体而言都不具有道德价值。换句话说，这种类型的关系的道德价值源于道德主体的情感。第三种类型的关系是理性主体之间的关系。理性主体之所以在道德上受到认

① Francis Hutcheson, *An Essay on the Nature and Conduct of the Passions and Affections, with Illustrations on the Moral Sense*, edited and with an introduction by Aaron Garrett (Liberty Fund, 2002), p. 137.

可，原因在于该主体拥有某种受人认可的情感。由此可见，对第二种、第三种类型的关系而言，其道德价值均源于情感。在讨论知识时，哈奇森还讨论过先天观念问题，在他看来，道德判断不以天赋观念为前提，以"道德感官"为代表的内在感官和听觉、视觉、味觉等外在感官一样"不用以知识的天赋观念或原理为前提"① 就能独立发生作用。当甜味进入我们的味蕾时，我们的外在感官——味觉会感觉到甜，而当美或道德的对象呈现在我们的内在感官面前时，我们立即就会感觉到快乐，这种快乐既具有直接性也具有即时性，无关任何天赋观念。

"道德感官"的基础不是习俗、教育或天赋观念。作为源于自然的天然产物，"道德感官"先于习俗或教育而存在。虽然每个人都深受观念或观念的联合的影响，虽然习俗和教育会对人的道德判断产生影响，但无论怎样，它们既无法为人类创造出一种天然存在的全新感官，也无法为业已存在的"道德感官"奠定基础。儿童在尚未受习俗或教育影响的条件下就能产生道德判断，这充分说明，"道德感官"先于习俗或教育而使人产生道德判断。例如即使从不给儿童教导关于正确或错误的知识，儿童在听故事时会被道德的行为感动，也会被不道德的行为激怒。

"道德感官"的基础不是宗教。洛克等人视上帝的意志为道德判断的唯一基础，上帝依靠奖惩原则进行道德判

---

① Francis Hutcheson, *An Inquiry into the Original of Beauty and Virtue in Two Treatises*, edited and with an introduction by Wolfgang Leidhold (Liberty Fund, 2004), p. 67.

断，因此，道德情感的培养也须依靠赏罚机制。哈奇森认为，道德判断的基础不是上帝的奖惩法则。若非如此，我们就会出于为了获得神的奖赏而行善。换句话说，神的奖惩会为我们的行为提供动机，然而这与我们对生活的观察明显不符。因为"很多人即使对神或未来奖赏几乎一无所知也会高度重视荣誉、忠诚、慷慨和公正，而且他们还会在丝毫不考虑未来的惩罚时对奸诈、残忍或不公正恨之入骨"①。

"道德感官"的基础不是利益。哈奇森援引历史故事告诉读者，即使暴君或叛国者给国民带来了利益，但终究无法赢得国人的爱和尊敬，这充分说明，道德判断的基础必定是某种不同于利益的东西。例如在一种情形中，有创造力的工匠由于在本国受迫害而来到另一国并被收留，他们在制造业方面给另一国带来了大量先进技术，使另一国的财富因此大幅增加，以至于使另一国的财富远超邻国。在另一种情形中，果敢的市长出于对祖国的爱怀着强烈的公共精神和非凡勇气带领国民同暴君斗争，最终建立了一个全新的共和国并使该国的财富几乎和另一国不相上下。有创造力的工匠和果敢的市长都给另一国带来了利益，那么我们会对他们抱有相同的情感吗？哈奇森认为不会，在他看来，我们对市长抱有的好感远甚有创造力的工匠，这充分证明，我们会基于某种有别于利益的东西进行道德判断。正所谓，"为我们赞成的行为，于人而言，会有用，但于赞成者而言，却

---

① Francis Hutcheson, *An Inquiry into the Original of Beauty and Virtue in Two Treatises*, edited and with an introduction by Wolfgang Leidhold (Liberty Fund, 2004), p. 96.

并非总是有用"①。因此，随着时间的流逝，我们对工匠的记忆会日渐模糊，而对竞争对手的记忆则会历久弥新。因为"道德感官"不以利益为基础，所以"道德感官"不会被利益收买。例如，尽管人们时常从利益出发而做出道德上受人憎恶的行为，虽然该行为可极大地提升公共善，但只要我们把自己的私人利益从中剥离开来，就会发现我们根本就不会在道德上称其为善。② 事实上，我们自己的私人利益在道德判断过程中往往毫不重要，"在我们对道德善或恶的理解中，我们自己私人的益处或损失，一如第三者的益处或损失一样，丝毫不能对行为的善恶产生影响"③。

"道德感官"的基础是仁爱，更确切地说，出于本性的构造、以他人或社会利益为目标的无功利的仁爱之情才是"道德感官"的基础。④ 哈奇森道德哲学中的仁爱包含着两种截然不同的原则，就其出于本性构造而言，仁爱暗含着情感机制或自然法则⑤；就其以他人或社会利益为目标而言，仁爱暗含着功利原则。在道德原则和自然法则这两种不同原则之间讨论道德判断标准时，如同沙夫茨伯里一样，哈奇森一再强调蕴含在自然情感中的情感机

---

① Francis Hutcheson, *An Inquiry into the Original of Beauty and Virtue in Two Treatises*, edited and with an introduction by Wolfgang Leidhold (Liberty Fund, 2004), p. 98.

② Ibid., p. 96.

③ Ibid..

④ Ibid., p. 116.

⑤ 当哈奇森的"道德感官"以仁爱为基础时，基于"道德感官"而来的道德判断原则内在地蕴含着情感机制或自然法则，虽然哈奇森实际上并未以此为基础讨论道德判断原则，但这依然表明沙夫茨伯里开创的情感主义伦理学沿着自然化路径往前迈了一步。

制或自然法则具有基础性作用，但是，如同沙夫茨伯里一样，情感机制或自然法则最终并未被视为道德判断原则的基础，最重要的原因或许是哈奇森未能像休谟和斯密那样为该情感机制或自然法则找到有别于仁爱的道德表达。因此，哈奇森的"道德感官"选择了基于仁爱的后果，即，以最大多数人的最大幸福为表征的功利原则阐述道德判断原则。就此而言，对于仁爱为基础的"道德感官"来说，以他人或社会利益为目标的情感可以给行为者或道德主体带来愉悦感①，根源是因为仁爱中包含着利他性或相对私人利益而言的无功利性以及由此而衍生出的对社会公共利益的诉求。

（二）仁爱中的利他性

仁爱是一种具有利他性特征的天然情感。哈奇森举例说，如果一个人在弥留之际被要求为别人做事，此时此刻，不管是为别人做好事还是坏事，该人既不会得到他人的感恩，也不会感觉到他人的诅咒。尽管如此，观察显示，该人依然会像过去那样带着同样的激情和力量满足别人的要求。尽管私人利益已被完全排除在外，但该人还是对他人展现了仁爱，这充分说明，以利他性为特征的仁爱是人性中原始的天然情感。

哈奇森基于仁爱的利他性阐述道德善的来源。道德善的行为之所以会为行为者带来赞许和爱，是因为该行为具

---

① Francis Hutcheson, *An Inquiry into the Original of Beauty and Virtue in Two Treatises*, edited and with an introduction by Wolfgang Leidhold (Liberty Fund, 2004), pp. 85 – 86.

有仁爱所具有的那种利他性，"道德善一词表示行为中为人所领悟的某种品质观念，该品质会使从中不会获得益处的那些行为者获取赞许和爱"①。与此相应的是，道德恶被理解为相反的品质，该品质能使行为者遭受憎恨或厌恶。仁爱虽然凭利他性为道德主体赢得了赞许之乐，但这种快乐的本质却与功利无关，哈奇森认为赞许之乐的本质类似于审美快乐，二者都可超越利益而使当事人感受到快乐。②在"道德感官"的作用下，面对道德善的行为，即使不反思该行为中的利益，我们也能立即从中感觉到快乐，就像我们一见到美的对象就能立即感觉到美的快乐一样。仁爱这种道德情感所展现的利他性之所以能获得道德赞许，不是因为与利他性相伴随的利益，而是因为蕴含在这种情感内部的利他性品质，而该品质之所以使人感到快乐，是因为它具有道德美。这样，仁爱之所以被视为道德善，原因就在于它内在地蕴含了一种促进并提升他人利益或社会公共利益的自然趋向，用哈奇森的话说，"的确是的，为我们所赞许的他人的行为，通常被认为会有益于全人类或某些人的自然善"③。仁爱之所以能成为道德善，就是因为它含有以利他性为指向的自然趋向。同理，道德恶被理解为

---

① Francis Hutcheson, *An Inquiry into the Original of Beauty and Virtue in Two Treatises*, edited and with an introduction by Wolfgang Leidhold (Liberty Fund, 2004), p. 85.

② 详见第五章第一节围绕"苏格兰启蒙时代道德情感哲学的美学特质"这一主题展开的相关讨论。

③ Francis Hutcheson, *An Inquiry into the Original of Beauty and Virtue in Two Treatises*, edited and with an introduction by Wolfgang Leidhold (Liberty Fund, 2004), p. 91.

缺乏这种自然趋向或具有相反自然趋向的情感或受情感推动的行为。

在进行道德判断时，我们所依据的情感原则是仁爱而非自爱，更确切地说，是蕴含在仁爱中的利他性品质。就此而言，我们不会根据一个行为是否具有有益于我们自身的自然趋向而判断该行为为善并给予行为者以赞许和爱，而只会根据一个行为是否具有有益于他人利益或公共善的自然趋向而判断该行为为善并给予行为者以赞许和爱。例如一个旅行者在旅行的过程中发现了一些古希腊宝藏，基于自爱，这个旅行者会把这些宝藏全部藏起来；基于仁爱，则会把宝藏分发出去，用以促进公共善。很显然，对于这两种行为，我们不会给予前一种行为以赞许和爱，因为道德上的英雄不是守财奴！相反，我们却会给予后一种行为以赞许和爱，并且唯有这种行为才会引起我们的钦佩、爱和模仿。

蕴含在仁爱中的利他性自然趋向不仅是"道德感官"进行道德判断的基础，而且是其他情感或感官，例如，美的感官①是获得快乐的基础，不仅如此，它甚至可以为社会的形成与发展奠定基础。基于仁爱的利他性自然趋向，哈奇森认为，道德或"道德感官"之乐是其他一切感官快乐的基础与支撑，然而与此同时，它自己却是自足的，无须任何其他感官快乐为之提供基础或支撑就可吸引人们去追求并享受它。"某些公共感情、美德和荣誉，无须受任何感官快乐举荐，甚至连免除外在痛苦的看法或希望也不

---

① 哈奇森认为，利他性是人体美和艺术美的基础。

需要。这些强有力的形式能够表现得可亲可近，并吸引我
们穿越饥饿、干渴、寒冷、劳作、付出、伤痕与死亡的崎
岖路途而孜孜以求。"① 美德，从本质上代表着仁爱的利他
性以及由此产生的有益于社会公共利益的自然趋向，我们
基于自身本性的自然驱动会自然而然地热爱并追求美德。
因此，"道德感官"能仅凭自身而给人带来最长、最高和
最持久的快乐。人们对美德的喜爱高于对其他一切感官快
乐的喜爱，因为由美德所产生的快乐高于所有其他快乐，
不仅如此，这种快乐甚至会高于其他各种快乐的联合。②
在道德高尚的人看来，在正直、忠诚、好心、慷慨和公共
精神所产生的快乐面前，外在感官之乐和想象力之乐"只
不过是微不足道的东西，几乎没有什么价值"③。不仅如
此，即使对于单纯的外在感官快乐来说，要充分享受这种
快乐，也离不开"道德感官"的支持。而我们知道，此处
的"道德感官"，实际上指的是仁爱所表现出的利他性自
然趋向。

　　仁爱之情构成了荣誉和羞愧的基础，仁爱的利他性自
然趋向使具有这种自然趋向的行为可以获得荣誉，同时也
使不具有这种趋向的行为遭受谴责。例如财富和权力，一
旦被假定为出于仁爱的目的，就会获得荣誉并使行为者产
生自豪感，但是在追求权力和财富的过程中，只要人们发

---

①　Francis Hutcheson, *An Essay on the Nature and Conduct of the Passions and Affections, with Illustrations on the Moral Sense*, edited and with an introduction by Aaron Garrett (Liberty Fund, 2002), p. 91.

②　Ibid., p. 89.

③　Ibid., p. 89.

现该行为不是出于仁爱或利他性目的而是出于某种私人利益，荣誉就会在混乱的状态中伴随着羞愧之情立即消失得无影无踪。我们总是习惯于通过想象把一个人外在的显赫地位、高档的服饰与大气的排场和某种道德能力联系在一起，从而予以尊敬。在审美的过程中，"美的感官"之所以能享有审美带来的愉悦之情而丝毫不会感到羞愧或耻辱，根本原因在于，由审美所产生的愉悦感具有超功利性，而这恰恰符合仁爱的利他性趋向。因此，审美之乐之所以令人感到愉悦，从根本上说是因为这种快乐拥有以社会公共利益为指归的道德内涵，能使人产生审美愉悦感的美的对象具有能使所有大众共同得到类似享乐的本性。因此，即使求美的动机是自爱，由于美的对象，例如和声在满足自爱的同时也可以用相同的方式使公众感到愉悦。因此，没有人会因求美中的自爱动机而感到羞愧。同理，以仁爱为基础的荣誉可以引导人们追求美德，所以当人们享受由荣誉所产生的快乐时，也不会感到羞愧。

　　哈奇森的道德哲学具有浓厚美学色彩，审美与道德借情感的平台水乳交融，难分彼此。"美的感官"在进行审美判断时会产生令人愉悦或不快的感觉，同理，"道德感官"在进行道德判断时也会如此。具有利他性特征的仁爱既被视为"道德感官"的基础，也被视为"美的感官"对人的情感或行为进行审美判断的基础，例如，仁爱所展示出的利他性趋向是人体美的基础。心灵的一切行为趋向，都会在面容上留下印记，目的是向旁观者展示自己。因此，美是美德——仁爱之利他性特征的自然表征，如大嘴唇、小眼睛和小鼻子之所以被视为美，不是因为它们在脸庞上具有恰当的比例，而是因为它们代表某种道德品质，即，以他人或公共利益为指归的利他性。同理，人们也会基于相同的理由欣赏人的整体气质和动作之美。不仅如此，仁爱所展示的利他性还构成了包括雄辩术、诗歌等艺术形式在内的艺术美的基础。雄辩家总是试图激发听众的激情，而只有建立在道德品质之上，听众的激情才能真正被激发。只有通过在演说过程中展示行为中的仁爱以及这种仁爱给公众带来的优良结果，演说才能得到听众的共鸣，而对于那些听众而言，如果在这种情感的激发下展示了博爱、慷慨以及对公共善的热情，就会获得旁观者的爱和尊敬，而一旦这种人遭受痛苦或伤害，就会获得旁观者的怜悯以及各种体贴之情。如果要通过演说使一个人受人憎恶，那么演说者就要把该人描述为残忍的自私之人；如果要通过演说使一个人受人喜爱，那么演说者则要把该人描述为致力于提升并改进他人或社会公共利益的人。诗歌之美同样建立在仁爱的利他性自然趋向之上。诗人必须使诗歌服务于社会公共利益或国家利益并表达与此相关的情感，其笔下的自然事件才会借拟人手法而具有生命力，并对读者产生巨大的感染力和吸引力。同理，历史、雕塑等艺术也须以仁爱之情的利他性为基础才能获得艺术美。

（三）仁爱中的情感机制或自然法则

"道德感官"的自然性源于人性自身的结构或构造，除了以利他性为道德判断的基础外，哈奇森的"道德感官"还试图基于蕴含在本性的结构或构造中的情感机制或自然法则阐述道德判断原则。本性的构造或结构对人来说不仅具有天然性而且具有持久性，当"道德感官"进行道德判断时，意味着它可以超越人类行为的当下性。因此，无论一个人取得了多大成功，获得了多少财富和权力，但终究还是会受"道德感官"的审判并因之而获得最长久的快乐或痛苦。通过引用《贺拉斯：讽刺诗、书信集以及诗艺》中的诗句，即，"青草的芬芳和美丽会不会逊于利比亚的拼花工艺？城市街道上挣扎着逃出铅制管道的水会不会比溢出小河堤的潺潺流水更加纯净？你们为什么要在各不相同的廊柱之间培植树木并赞美眺望着远方田野的大厦呢？你们或许用干草叉驱逐了自然，然而她会不断地匆匆归来"①，哈奇森向我们暗示，无论人类行为暂时会受到什么原则支配并取得多少成败荣辱，唯有源于本性的结构或构造的情感机制才是人类行为的终极原则。尽管有些人通过背信弃义、心狠手辣或忘恩负义而斩获成功与荣誉，但"道德感官"终究还是会使他们承认背信弃义、心狠手辣或忘恩负义才是其性格的组成部分，并由此而推动道德主体产生自我反思。

哈奇森道德情感哲学认为情感或感情可以推动心灵产生行动，而知觉或感觉则是处于被动状态的心灵面对外物的刺激所直接产生的即时性的快乐或痛苦。心灵可以是"因当下对象或事件而产生的直接而即时的快乐或痛苦的知觉"②，而感情或情感不同于知觉或感觉的地方在于它可

① Francis Hutcheson, *An Essay on the Nature and Conduct of the Passions and Affections*, *with Illustrations on the Moral Sense*, edited and with an introduction by Aaron Garrett (Liberty Fund, 2002), pp. 114-115.

② Francis Hutcheson, *An Essay on the Nature and Conduct of the Passions and Affections*, *with Illustrations on the Moral Sense*, edited and with an introduction by Aaron Garrett (Liberty Fund, 2002), p. 30.

以"直接促使心灵产生行动或运动的意志力"①。哈奇森基于本性的结构或构造把推动人类行为的情感动机分为两类，即，爱和恨。"道德中最重要的感情是爱与恨，所有其他感情似乎仅仅只是这两种原初感情的不同变体。"② 爱与恨被哈奇森称为纯粹的感情，其独有的特征是没有不适感或身体的运动与之相伴。心灵除了产生这两类纯粹感情或情感外，还会产生很多"感情变体"。例如，根据刺激我们的感情或情感得以产生的对象是否存在于当下，哈奇森这样定义其对象并非存在于当下的那种情感："快乐或痛苦的知觉并不由事件或对象的出现或运行而引起，而是因反思或理解当下或确定的未来存在而确信该对象或事件将会使我们产生直接的感觉而引起。"③ 感情或情感可根据不同的度而产生多种变体，例如激情就是最常见的变体之一。激情的度一般来说都较强，有时甚至伴随着身体的运动，当它足够强烈的时候，甚至可以独自演变成本能性的行为意向，例如愤怒就是这种激情。较之纯粹的感情或情感，哈奇森认为我们大多数时候都受激情以及其他类型的感情或情感变体支配，之所以如此，不是出于我们自己的意愿或意志，而是因为我们本性的结构或构造决定了我们

---

① Francis Hutcheson, *An Essay on the Nature and Conduct of the Passions and Affections*, *with Illustrations on the Moral Sense*, edited and with an introduction by Aaron Garrett (Liberty Fund, 2002), p. 30.

② Francis Hutcheson, *An Inquiry into the Original of Beauty and Virtue in Two Treatises*, edited and with an introduction by Wolfgang Leidhold (Liberty Fund, 2004), p. 102.

③ Francis Hutcheson. *An Essay on the Nature and Conduct of the Passions and Affections*, *with Illustrations on the Moral Sense*, edited and with an introduction by Aaron Garrett (Liberty Fund, 2002), p. 30.

必然会以这种方式行动。除了那些不苟言笑的人外，"我们确实发现，更强烈的欲望，无论是私人的还是公共的，都伴随着不适感，但该感觉似乎不是欲望自身的必然结果，因为它依赖于我们本性的当下构造"①。不仅如此，"些许的反思就显示，这些感觉中的任何一种都不依赖于我们的选择，而是出自我们本性的结构本身，然而我们可以控制或缓和它们"②。

为什么我们始终受控于本性的原始结构或构造？原因在于，指导我们行为的，常常不是知识或知性，而是某种令人愉快的感觉，"因为我们的知性是有缺陷的，所以我们需要嗜欲的感觉"③。以身体健康为例，知识或知性不能帮助我们知道何时应补充营养、何时应喝水等，但伴随着身体的不适却可以轻松地使我们知道我们需要补充营养或喝水的合适时间。这种不适之感先于我们的理性、知识或欲望而存在，是推动欲望、知识或理性得以产生的前提。为了保持身体健康，各种痛苦的感觉——伤口肿痛或剧烈劳动也可以为我们提供助力。然而与这些令人痛苦的感觉相比，知识却显得相形见绌，它不仅难以具有如此广阔的覆盖面，而且也难以对有益或有害健康的对象做出准确判断。在此意义上，哈奇森宣称，包括自爱和仁爱在内的一切人类情感都受制并产生于本性的结构或构造。不证自明

---

① Francis Hutcheson. *An Essay on the Nature and Conduct of the Passions and Affections*, *with Illustrations on the Moral Sense*, edited and with an introduction by Aaron Garrett (Liberty Fund, 2002), p. 41.

② Ibid., p. 42.

③ Ibid., p. 45.

的观点会把自爱视为受本性的结构推动所产生的情感，但哈奇森当时所面对的难题是，流行的观点如曼德维尔等，认为仁爱不是受本性的结构推动所产生的情感。因此，仁爱不具有天然性，是一种不自然的情感。更确切地说，在曼德维尔看来，仁爱仅仅产生于社会生活中最坏的那些人的鼓动或欺骗，而这些人蛊惑大众服务社会公共利益，实则是为了中饱私囊或满足私人利益，此所谓"私恶即公利"。

反驳该观点既是哈奇森写作《论美与德性观念的根源》的最初动机，也是其道德哲学致力于完成的重要理论目标。哈奇森认为，我们本性的结构源于神的创作，而这个神本身为善，其善性体现在他必须把我们本性的结构创造得能够服务于社会公共利益。就此而言，如果说曼德维尔对人的本性的描述是正确的，那么社会公共利益就必定不会成为情感的天然目的，彼此分离的不同个体仅会孜孜以求自己的私人利益，不会有哪种情感会自然而然地引领众人服务公共利益。"把我们所有的感情描述为自私性的东西，似乎每个人在其整体构架上仅仅是一个异于其伙伴的独立体系，因此，在他的构造中没有什么东西会引领他趋向公共利益，除非他认为它从属于他自己的私人利益，除了能满足我们的外在感官和想象力或获取它的手段之外，这种利益不会带来任何他物。"① 该观点和哈奇森所说的神的善性严重冲突。不仅如此，它甚至构成了对我们本

---

① Francis Hutcheson. *An Essay on the Nature and Conduct of the Passions and Affections*, *with Illustrations on the Moral Sense*, edited and with an introduction by Aaron Garrett (Liberty Fund, 2002), p. 54.

性创造者的智慧的诋毁，"似乎他曾给予了我们这种指向他的律法中所禁止的一切最强烈的行为意向；似乎他已通过我们本性的结构而支配我们进行最卑鄙和最卑劣的追求；似乎所有善良的人作为体现我们本性之优异而呈现的一切只是一种由艺术和强权所造成的力量或限制"①。因此，哈奇森说，我们注定不会受到曼德维尔所描述的那种本性的结构的支配，而是会受到仁爱的神给我们创造的那种具有仁爱品性的本性的结构的支配。

本性的结构或构造源于普遍性的情感机制或自然法则。仁爱，作为该情感机制或自然法则在人心中的代言人，一旦被植入我们的本性，就会使我们的情感表现出一种类似地心引力的秩序。这种服从于情感机制或自然法则的情感秩序"对人类社会的秩序和幸福极端重要"②。地心引力随距离缩短而增强，人与人之间的情感也是如此，会随着彼此距离的缩短而加深（无论是血缘距离还是时空距离）。如同地心引力一样，仁爱的强度会随对象离主体的时空距离远近而变化。一个心怀仁爱之情的人，不会对所有人都展示相同强度的仁爱，"我们不会认为，仁爱是一视同仁的，或者说对所有人都具有相同的程度"③。当对象

① Francis Hutcheson. *An Essay on the Nature and Conduct of the Passions and Affections*, *with Illustrations on the Moral Sense*, edited and with an introduction by Aaron Garrett（Liberty Fund，2002），p. 54.

② Francis Hutcheson, *An Inquiry into the Original of Beauty and Virtue in Two Treatises*, edited and with an introduction by Wolfgang Leidhold（Liberty Fund，2004），pp. 150 – 151.

③ Francis Hutcheson, *An Inquiry into the Original of Beauty and Virtue in Two Treatises*, edited and with an introduction by Wolfgang Leidhold（Liberty Fund，2004），p. 148.

和我们的关系更亲密时，我们会产生更多仁爱，反之则更少。这种类型的仁爱在人类语言中已经有了专门的名称，比如自然情感、感恩等。以父母与孩子之间的自然情感为例，该情感可以在自然法则中找到情感秩序的基础，"这种感情进一步被确认出自大自然，因为它总是自上而下而非自下而上地运行"[①]。以感恩为例，该情感的基础也源于自然法则并受自然秩序支配，就此而言，我们之所以会产生感恩，是因为我们会对有益于增进我们自身利益的仁爱之情留下更深印象甚至铭记于心。换句话说，我们之所以对某些人怀感恩之心，是因为大自然让我们崇拜或喜爱那些对我们自己造成积极影响的道德品质并使我们对于那些对我们自己有善意的行为留下更深印象。这样一来，一旦有了感恩，人类各种商务往来和友谊就有了情感基础。[②] 对于施恩者而言，大自然的这种构造使我们在施恩时会受到更多鼓励并相信感恩的回报会增加自己的幸福。若非如此，施恩者就将无法知道自己的美德会以何种方式收到回报，进一步说，施恩者将无法鼓励自己做出更多富有美德的行为。

同情以仁爱中的情感机制或自然法则为基础。当我们看见他人深陷苦难时，我们会感到不快，哈奇森把这种天生的仁爱称为同情。[③] 同情之所以产生，其原因在于它建立在人类心灵的结构和本性之上，"人类的心灵结构就是，

---

① Francis Hutcheson, *An Inquiry into the Original of Beauty and Virtue in Two Treatises*, edited and with an introduction by Wolfgang Leidhold (Liberty Fund, 2004), p. 149.

② Ibid. , p. 150.

③ 哈奇森在这里所说的"同情"，含有怜悯之意，与休谟与斯密道德哲学中的"同情"有本质差异。

当事物的某种形象来到它的面前时，单单凭着本性的支配就会产生某种感情，无须任何技艺和思考，也无须意志事先命令"①。同情可使人与人的情感相互感染。例如，当一个人遭遇痛苦时，这种痛苦就会通过面容或声音表达出来，旁观者根据观察就能明白当事人正处于痛苦之中。面对被同情的对象时，我们不会出于缓解同情之苦而消除当事人的痛苦，而是基于"一种天然友善的本能"②对被同情者施以援手。人们之所以喜爱观看悲剧，是因为悲剧所展现的性格与道德之美易于激发同情这种本能，同理，这也是人们喜爱观看角斗表演的原因。虽然哈奇森致力于从情感机制或自然法则出发解释同情，但由于未能把这种自然法则和仁爱以及"道德感官"等概念区分开来，所以同情机制或自然法则并未真正在道德判断中占据核心位置，我们知道，历史把这项工作留给了休谟和斯密。

此外，哈奇森哲学还试图基于蕴含在仁爱中的情感机制或自然法则来解释社会的起源与秩序等问题。一如沙夫茨伯里，哈奇森道德哲学也有明确的社会政治倾向，当他基于人的原始本性解释社会的起源和运行秩序时，他重点关注的是"什么样的道德特征可以被视为人的本性，而人类社会又会在多大程度上建立在该本性之上"③这个问题。

---

① Francis Hutcheson, *An Inquiry into the Original of Beauty and Virtue in Two Treatises*, edited and with an introduction by Wolfgang Leidhold (LibertyFund, 2004), p. 205.

② Ibid., p. 161.

③ Francis Hutcheson, *Logic*, *Metaphysics*, *and the Natural Sociability of Mankind*, Edited by James Moore and Michael Silverthorne (Liberty Fund, 2006), p. 195.

为了使人拥有社会生活，神以目前的方式创造了人的本
性①，就此而言，人生而具有合群性倾向。哈奇森认为仁
爱可直接导致合群性，是人与人广泛交往的情感基础，
"我们受到规定与人建立常见的友谊并相熟，这不是因为
我们无奈地认识到我们必须如此，也不是因为对利益的预
期，而是因为它以不怎么悦人的方式令人难以置信地证明
了爱、善良心地以及我们与之交谈的那些人身上的其他可
爱的道德品质"②。促成人类彼此交往并组建社会的仁爱可
以使人与人之间的感情变得亲密并为一切友谊与合作奠定
情感基础。这里所说的仁爱，更确切地说，不是指仁爱中
的利他性，而是指仁爱中的原始自然本能，它源于人性的
结构或构造。仁爱天然具有亲社会的特征，当我们有了某
种令人愉快的、高兴的、幸福的或欢乐的东西，我们会从
心底流露出我们的喜悦并渴望向他人倾诉与分享，由于有
了仁爱，人性就有了合群性的情感基础。作为我们的本性
的组成部分，仁爱根植于我们的本性并构成了本性本身，
"它们驱使我们依靠它们自己而不是依靠理性推理而寻求
社会生活，它们通过它们自己而使社会生活的义务成为令
人愉悦和令人高兴的"③。哈奇森注意到，以仁爱为基础的

---

① Francis Hutcheson, *Logic, Metaphysics, and the Natural Sociability of Mankind*, Edited by James Moore and Michael Silverthorne (Liberty Fund, 2006), p. 209.

② Francis Hutcheson, *An Inquiry into the Original of Beauty and Virtue in Two Treatises*, edited and with an introductionby Wolfgang Leidhold (Liberty Fund, 2004), p. 172.

③ Francis Hutcheson, *Logic, Metaphysics, and the Natural Sociability of Mankind*, edited and with an introduction by Wolfgang Leidhold (Liberty Fund, 2006), p. 204.

美德，最易使人相互接近，仁爱是友谊和合作的根源，每个人都出于它自身而寻求它。简言之，人类之所以结成社会，不是因为对利益、快乐、体面或尊严的诉求，而是因为受仁爱之情的推动。

以仁爱为基础的美德的完善代表了我们自己本性的完善。我们在"道德感官"的指引下追求美德，美德得以实现的过程也是我们逐步完善自身的过程，"其他感觉都依赖于异于我们自己的某种东西……而美德的快乐正是这个自己本身的完善，独立于外在对象而直接这样为人知觉"①。以仁爱为基础的美德之所以在自我实现的过程中能指引我们的本性走向自我完善，不是因为该情感具有利他性趋向，而是因为它源于我们的本性结构之中。作为内在蕴含着情感机制或自然法则的情感，仁爱在为"道德感官"奠基的同时也使该感官拥有了自然性并可以不依赖任何外物而直接对我们的本性产生影响。在此意义上，各种外在感官所产生的快乐或痛苦都具有短暂易逝的性质，而由"道德感官"所产生的快乐或痛苦则具有超越时空的持久性，哈奇森认为我们甚至可以说这种影响"几乎是永久性的"②。由外在感官产生的痛苦可以在时间之流中得到医治，然而由"道德感官"产生的痛苦却不会在时间的避难所中得到医治，因为这是一种来自我们本性的痛苦，只要这种痛苦持续存在，"所有其他快乐会因这些痛苦而变得

① Francis Hutcheson, *An Essay on the Nature and Conduct of the Passions and Affections*, *with Illustrations on the Moral Sense*, edited and with an introduction by Aaron Garrett (Liberty Fund, 2002), p. 107.
② Ibid., p. 108.

索然无味，生命自身也会成为一种令人不悦的负担"①。

作为情感机制或自然法则之表现形式的仁爱虽然受到了哈奇森的重视，但是以仁爱为基础的"道德感官"却并未以此为基础阐述道德判断原则。更确切地说，由于牧师的身份和多年的神学训练，他的"道德感官"从仁爱的利他性入手最终在神学中找到了理论支撑。通过把蕴含在本性的结构或构造中的深层理论基础归给神，这种做法的确帮哈奇森有力地反驳了霍布斯或曼德维尔的原子式人性论，但与此同时也使哈奇森道德哲学在苏格兰启蒙学派道德哲学的自然化进程中戛然而止。因此，当哈奇森基于"道德感官"阐述道德判断原则时，由仁爱所产生的结果或后果最终代替代表本性之结构或构造的情感机制或自然法则而为该道德判断原则提供了理论基础。

（四）道德判断原则：以情感（仁爱）的后果为基础的"道德感官"

前文的分析显示，仁爱包含双重原则，即，利他性趋向以及以本性的结构或构造为表现形式的情感机制或自然法则。当"道德感官"进行道德判断时，能成为其基础的不是后者而是前者。

由于对仁爱所展现的利他性心存偏爱，哈奇森更看重仁爱所展现的利公共性。仁爱天然有益于社会公共利益，因此，它得以作为爱的一般原则被哈奇森视为其他一切美

---

① Francis Hutcheson, *An Essay on the Nature and Conduct of the Passions and Affections, with Illustrations on the Moral Sense*, edited and with an introduction by Aaron Garrett (Liberty Fund, 2002), p. 108.

德的基础。① 1730 年，哈奇森在担任格拉斯哥大学道德哲学教授时曾在就职演说辞中宣称，"生活中的任何善良、可爱和有吸引力的东西，以及使人对他的国家、同事、朋友甚至自己有用和可爱的东西几乎完全产生于他的道德特征，而几乎完全不能归因于身体的力量、正常的健康、物质的资源和财富"②。很显然，此处所说的"道德特征"无关仁爱中的自然原则，而仅仅关乎其中的利他性原则。就"道德感官"有益于社会公共利益而言，仁爱之所以被视为美德，从根本上说，是因为它能以利他性倾向充分满足社会公共利益的内在要求。既然如此，哈奇森认为，当我们衡量某种行为的道德程度的大小时，就等于要量化仁爱的多少。在哈奇森看来，通过数学公式，我们可以精确地量化仁爱的大小和多少。当我们用数学公式计算仁爱的量时，需要考虑的因素有五个：以 M 为代表的公共善的量（Moment of Good）、以 I 为代表的私人善的量或利益（Interest）、以 B 为代表的仁爱（Benevolence）、以 S 为代表的自爱（Self-love）以及以 A 为代表的道德主体的能力（Ability）。以此为基础，我们可以用数学公式计算仁爱的量。

在道德代数法看来，被造物指向神的情感具有可计算性。神的幸福建立在被造物的幸福的基础上，被造物的幸

① Francis Hutcheson, *An Inquiry into the Original of Beauty and Virtue in Two Treatises*, edited and with an introduction by Wolfgang Leidhold (Liberty Fund, 2004), p. 136.

② Francis Hutcheson, *Logic, Metaphysics, and the Natural Sociability of Mankind*, edited and with an introduction byWolfgang Leidhold (Liberty Fund, 2006), p. 194.

福是神的幸福的诱因，如果没有被造物的幸福，就不会有神的幸福。一切情感所包含的道德程度或爱的量均可被计算，被造物指向神的情感也可被计算。计算一般情感的爱的量所遵循的原则是 L = C × G。其中 L 代表爱的量，即 Quantity of Love；C 代表爱的缘由，即 Cause of Love；G 代表性情的善性，即 Goodness of Temper。"由于我们无法理解超出其缘由之比重的那种程度的爱中的善性，最富美德的性情是这种性情，即，爱与其缘由相等，因此，该性情可用统一性（Unity）予以表达"①，即，L = C。那么这时候我们根据 L = C × G 进行推理就可以看见，性情的善性，即 G，就等于1，因为 G = L/C。这就是计算神的善性的公式。根据这个公式，如果两个人对神的爱（或爱的缘由）的理解一样，那么这两个人对神的爱就会与性情的善性成正比，即当 C 相等时，在 G = L/C 的公式中，L 就会随 G 而改变。计算我们对神的爱可以"改良或改进我们的性情"并"推动我们去提升同类的幸福"②。为什么改善我们同类的幸福就能提升神的幸福？因为被造物的幸福是神的幸福的诱因，就此而言，神的幸福和被造物的幸福是一回事，或，神的幸福是被造物的幸福的放大。因此，爱神就是爱被造物，而爱被造物就是改善并提升被造物的幸福，我们对神的爱和对被造物的爱不仅彼此不冲突，而且

---

① Francis Hutcheson, *An Essay on the Nature and Conduct of the Passions and Affections*, *with Illustrations on the Moral Sense*, edited and with an introduction by Aaron Garrett（Liberty Fund，2002），p. 189.

② Ibid.，p. 190.

对神的爱甚至能"直接推动我们去做各种各样的仁爱行为"①。因此，神的仁爱高于人的仁爱，该结论也可用道德计算法计算出来。

此外，被造物指向同类被造物的情感也具有可计算性，可以用两个公式衡量以同类被造物为对象的仁爱的道德程度。第一个公式是排除了自爱的公式，即 $B = \dfrac{M}{A}$。该公式有两层含义。该公式的第一层含义是主体的仁爱的大小与善的量成正比，而与主体自身的能力成反比。如果能力很强的主体与能力很弱的主体完成相同的善的量，那么能力弱的主体所具有的仁爱（B）要远大于能力强的主体。同理，当主体费了很大力气才完成某道德行为时，这也意味着该主体的道德程度较高。该公式的第二层含义是该公式可以为道德行为指明方向。该公式表明，由于主体的能力具有有限性，所以道德的主体永远不可能使所有主体获得最大幸福。因此，M 永远不可能与 A 相等。就 M 永远只会小于 A 而言，该公式计算出来的主体的仁爱永远小于 1。然而，对神而言，由于其能力绝对强大，所以 A 可以和 M 相等，也就是说，神的仁爱，即 B 可以等于 1。在这个意义上，哈奇森说，神的仁爱是人所追求的目标，即，使最大多数人获得最大幸福。因此，"我们的道德感官会作为最圆满的高尚行为推荐给我们供我们选择的行为是这样的行为，即，对于我们的影响所能及的所有理性主体而言，

---

① Francis Hutcheson, *An Essay on the Nature and Conduct of the Passions and Affections, with Illustrations on the Moral Sense*, edited and with an introduction by Aaron Garrett (Liberty Fund, 2002), p. 190.

该行为能以最普遍和最不受限的方式提升其最大及最广泛的幸福"[1]。

衡量主体对同类被造物的仁爱情感的道德程度的第二个公式是 $B = \dfrac{M \pm I}{A}$，与第一个公式不同的是，该公式纳入了自爱，这表明哈奇森在讨论仁爱之道德程度的过程中并不排斥自爱，更确切地说，如果有益于整体善，自爱也可被视为高尚的行为。就此而言，如果主体缺乏自爱，不仅无益于主体自身的幸福，也无益于主体的道德。

以上分析显示，当哈奇森立足仁爱这种情感的后果用数学公式进行计算行为的道德程度时，就道德情感主义理论建设来说，这意味着哈奇森道德哲学给世人的道德判断原则业已偏离了"道德感官"的自然基础。同时，这也表明哈奇森的"道德感官"虽然包含了以仁爱为名蕴含的情感机制或自然法则，但它在哈奇森道德哲学中尚未具有对人类行为进行道德判断的权能。

（五）"道德感官"的内在理论不一致

虽然哈奇森以仁爱的利他性为基础提出了著名的道德代数法，但却未能完全拒斥蕴含在仁爱中的自然倾向。因此，为哈奇森所讨论的"道德感官"存在较严重的内在理论不一致。伦理思想史上很多思想家，如詹姆斯·马丁诺（James Martineau，1805～1900）曾讨论哈奇森道德哲学中的这种不一致。我们认为，哈奇森的"道德感官"在三个

---

[1] Francis Hutcheson, *An Inquiry into the Original of Beauty and Virtue in Two Treatises*, edited and with an introduction by Wolfgang Leidhold (Liberty Fund, 2004), p. 126.

层面展现了这种理论不一致，即，仁爱的超功利美学效果和功利性道德后果之间的不一致、道德判断标准中动机与结果之间的不一致，以及道德情感的自然生成原则与理性培养方法之间的不一致。

1. 仁爱的超功利美学效果和功利性道德后果之间的不一致

与沙夫茨伯里一样，哈奇森的道德哲学与美学有十分紧密的关系。审美快乐产生于"美的感官"，具有即时性和直接性特点。也就是说，无须了解知觉得以产生的原因，无须明白审美快乐得以产生的内在原理，无须知晓这种快乐会给人带来什么益处或害处，只要"美的感官"遇到了美的对象，立即会使主体直接产生愉悦的审美知觉。[①]就此而言，"美的感官"产生的审美快乐与利益无关，具有超功利性。美德被视为美中之最，因此，由道德行为所产生的审美快乐也应具有超功利性。然而，道德代数法却显示，哈奇森道德哲学所认可的道德行为却并不具有超功利性，相反，由于深受"最大多数人最大幸福"这种功利性原则的约束，它表现出了浓厚的功利性特征。

以道德目标为考察对象，仁爱的超功利美学效果和功利性道德后果之间的不一致进一步延伸到了公共生活领域，体现为公共善与私人善之间的不一致。哈奇森一再强调的相对私人善，公共善具有优先性，唯有以公共善为动机的行为才能使道德主体显得高尚，"富有美德的主体永

---

① Francis Hutcheson, *An Inquiry into the Original of Beauty and Virtue in Two Treatises*, edited and with an introduction by Wolfgang Leidhold (Liberty Fund, 2004), pp. 25 – 26.

远不会被视为仅基于其自身利益而行动"①。就此而言，随着仁爱被视为优于自爱，公共善也被视为优于私人善。然而，事实上，这并不符合大自然的旨意。哈奇森指出，大自然提供给道德主体的道德理想状态是公共善和私人善保持平衡的状态。"大自然使它们彼此抗衡，正如身体的对抗肌一样，单独的任何一种对抗肌都会引起扭曲或无规律的运动，而联合起来，它们就形成了一个机器，它最精确地臣服于理性系统的必然性、便利性和幸福。我们拥有理性和反思的权能，通过它们，我们可以明白，什么样的行为会天然地趋向使我们的所有欲望获得最有价值的满足，并会阻止任何不可忍受或毫无必要的痛苦，或者提供面对它们的某种支柱。我们拥有足够的智慧去形成权利、法律和宪法观念而使庞大的社会保持和平与繁荣，并在所有各种私人利益之中推动普遍善。"② 由此看来，自然的旨意和哈奇森一厢情愿地赋予公共善以优先性的道德哲学立场表现出了不一致。

2. 道德判断标准中动机与结果之间的不一致

哈奇森视仁爱为一切道德行为的动机，这种仁爱不同于传统基督教中仁爱的地方在于，它不以上帝或天国为目标，而以世俗社会的公共利益为指归。更确切地说，作为行为的动机，仁爱深受公共善所制约。如果主体的行为给

---

① Francis Hutcheson, *An Inquiry into the Original of Beauty and Virtue in Two Treatises*, edited and with an introduction by Wolfgang Leidhold (Liberty Fund, 2004), p. 112.

② Francis Hutcheson, *An Essay on the Nature and Conduct of the Passions and Affections*, *with Illustrations on the Moral Sense*, edited and with an introduction by Aaron Garrett (Liberty Fund, 2002), pp. 119 – 120.

他人带来的恶大于善，即使该人说自己拥有仁爱的动机，那么它的道德价值在哈奇森道德哲学中也会大打折扣，因为恶的后果表明该主体对公共善的判断失误了。

虽然哈奇森始终试图通过基于行为的情感动机讨论道德判断，但道德代数法的存在却表明行为的道德后果比动机更重要。道德代数法中的第一个公式 $B = \dfrac{M}{A}$ 表明，当主体的能力相等时，善的量越大，就表明仁爱越大。哈奇森最终据此得出结论，"为最大多数人获得最大幸福的那种行为是最好的行为"①。当哈奇森基于 $B = \dfrac{M}{A}$ 和"最大多数人最大幸福"原则讨论道德判断原则时，这表明仁爱的结果远比仁爱的动机重要，离开了仁爱的结果，仁爱的动机甚至可能会受到质疑。很显然，这与哈奇森所强调的动机论之间构成了明显的理论不一致。

虽然"道德感官"高度重视情感后果并以之为基础阐述道德判断原则，但这并不表明哈奇森是功利主义者。为什么他的道德哲学会表现出这种令人困惑的不一致？前文指出过，当哈奇森同时把仁爱视为道德的基础和"道德感官"（也即道德判断原则）的基础，且未能沿着蕴含在"道德感官"或仁爱内部的情感机制或自然法则讨论道德判断原则时，他注定会深陷循环论证，把道德判断原则建立在仁爱的结果之上。这种做法被他视为摆脱循环论证的

① Francis Hutcheson, *An Inquiry into the Original of Beauty and Virtue in Two Treatises*, edited and with an introduction by Wolfgang Leidhold (Liberty Fund, 2004), p. 125.

方法，其主旨在于更好地阐释情感主义道德判断原则。就此而言，即使哈奇森第一次把"最大多数人最大幸福"原则引入了英语世界，也并不表明他是功利主义者。

3. 道德情感的自然生成原则与理性培养方法之间的不一致

我们的情感得以产生的缘由，是源于观念还是感官，或者说，是源于理性还是情感机制或自然法则？哈奇森认为，只有源于感官的苦乐感才能推动我们产生情感和行为。哈奇森借用格劳秀斯的"推动性理由"（exciting reason）和"辩护性理由"（justifying reason）说，"推动性理由"推动人类产生一切情感，那么"推动性理由"自身缘何而来？哈奇森说，"所有推动性理由都以本能或感情为前提"①，此外，他还进一步说，"至于推动性理由，在每一个平静理性的行为中都有某种目的……没有任何目的能先于自爱、自恨、对私人痛苦的欲求（如果可能的话）、对他人的仁爱或恶意而受到欲求：所有感情都包含在这些情感之内，没有任何目的能先于它们而存在，因此，没有哪一种推动性理由能先于感情而存在"②。这些论述表明，本能或感情是一切"推动性理由"的前提与目的。就此而言，一切情感生于本能且以本能为目标。然而，在讨论道德情感的培养方法时，哈奇森却偏离了这种观点，他主张，为了培养道德情感，我们要对理性进行训练，以便消除观念的虚妄

---

① Francis Hutcheson, *An Essay on the Nature and Conduct of the Passions and Affections, with Illustrations on the Moral Sense*, edited and with an introduction by Aaron Garrett (Liberty Fund, 2002), p. 138.

② Ibid., p. 139.

联合并培养对公共善的正确看法。或许有人会问，对于并不受观念的虚妄联合制约的情感，我们该如何增进其道德性？哈奇森的道德哲学从未讨论过该问题。或许在哈奇森道德哲学看来，这是一个无须讨论的问题。因为一旦消除了观念的联合，一旦使情感回归自然状态，就意味着圆满完成了培养道德情感的任务。但是在完备的情感主义理论看来，使情感回归自然，最多只能被视为道德情感培养的第一步。就此而言，在道德情感培养问题上，哈奇森道德哲学不仅存有内在理论的不一致，而且给后来者留下了大量有待完成的工作。

（六）"道德感官"在道德判断原则自然化进程中的价值

虽然"道德感官"概念已被休谟和斯密乃至今天的道德情感主义者们断然抛弃，但这并不意味着"道德感官"的自然内核——哈奇森反复强调的人性的原初结构和构造也被一并抛弃了。恰恰相反，直到今天，它依然是当代西方道德情感主义者们讨论道德情感的诸多问题时的理论原点。我们推测，借着"道德感官"这个并不怎么恰当的名称，哈奇森实际上想要表达的观点是，道德判断原则应该服从情感机制或自然法则的制约。不过，由于种种限制，他的道德哲学并未系统阐述该观点。尽管如此，他的道德哲学还是为后来者指明了方向。理查德·狄奇格里博（Richard Teichgraeber）认为哈奇森的理论"通过把道德判断视为内在过程而重新定义了美德，使美德不再成为受理性决定的目标，也使美德不再能根据某种预定的应然理想塑造人"①。就此而言，哈奇森的"道德感官"在道德判断原则自然化进程中扮演着至关重要的角色。若无哈奇森的努力，休谟和斯密的道德情感哲学或许会给我们呈现另一番面貌。《人性论》以"在精神科学中采用实验推理方法的一个尝试"为副标题，这说明休谟在立论之初就立志于用实验推理方法而非哈奇森式的态度研究精神科学。随着哈奇森哲学中的"道德感官"概念等理论遭到抛弃，休谟哲学充分讨论了哈奇森道德哲学已经提及但却未充分讨论的人性的结构与构造问题，以及以此为基础而产生的道德判断原则。较之休谟，哈奇森的"道德感官"理论对斯密的影响更大，虽然斯密也和休谟一样不认可该概念，但他却比休谟更忠实地坚守了哈奇森道德情感哲学的基本立场。总之，哈奇森的"道德感官"理论虽然包含理论上的不一致，但它在苏格兰启蒙学派道德情感哲学自然化进程中却扮演着不可被忽视的重要角色。

三　同情机制效用化

哈奇森虽试图把蕴含于仁爱之内的、以本性的构造或结构为表现形式的自然法则奠定为"道德感官"的基础，但是真正成为该感官之基础的却是蕴含在仁爱之内的以他人利益或社会公共利益为目标的利他性行为倾向。不仅如此，最终使哈奇森对以仁爱为基础的"道德感官"完成圆

---

① Richard. F. Teichgraeber Ⅲ, *Free Trade and Moral Philosophy*: *Rethinking the sources of Adam Smith's "Wealth of Nations"* (Duke University Press, 1986), p. 47.

满论述的理论基础，也不是这种以本性的结构或构造为表现形式的自然力量，而是宗教。就此而言，哈奇森虽然充分重视蕴含在本性的结构或构造中的情感机制，但最终却把道德判断的原则建立在仁爱之情的利他性倾向之上。由于多种限制，他最终未能真正把道德判断原则建立在蕴含于"道德感官"内部的自然法则或情感机制之上，而是建立在了仁爱之情的情感后果之上。

当情感主义道德判断原则沿着自然化进程不断推进并发展到休谟这里时，一切均得到了改变。休谟把哲学定位为"人性科学"，试图立足经验主义用牛顿在自然科学研究采用过的科学方法研究人性，尤其是试图用科学的研究方法——观察和实验研究人的精神或情感。这至少表明，曾在哈奇森美学和道德哲学中扮演重要角色的神学在休谟哲学中从一开始就受到了弱化。较之哈奇森道德情感哲学，休谟道德情感哲学所论证的情感纯属是自然领域内的情感，以超自然对象为目标的哲学或宗教情感在休谟哲学中被抛弃。例如以哲学的宁静这类情感为对象，拥有这类情感的人会认为自己超然于人生的一切偶然之上从而稳坐智慧的圣殿，且以居高临下的态势俯视那些忙于追逐财富、名望以及各种享受的下界凡夫俗子并因此而得到满足。但休谟认为，这些情感并不适合人类本性，"毫无疑问，这些自负的主张，当扩展到极致时，由于太过恢宏壮丽，所以并不适合人类本性"①。尽管此类感情自带光环，

---

① David Hume, *Enquiries Concerning the Human Understanding and Concerning the Principles of Morals*, edited by L. A. Selby-Bigge, M. A. 2nd edition (Clarendon Press, 1902), p. 256.

极为光彩夺目，可令旁观者产生崇拜之情，然而这并非令我们的灵魂感到震惊的唯一情感。休谟主张，在古代的哲学英雄、战争英雄或爱国英雄身上，也拥有一种庄严而有力量的情感，那是一种可让我们微小的灵魂感到震惊但同时却既不过度也不具有超自然特性的情感。①

在道德判断原则问题上，休谟哲学使用蕴含于哈奇森的"道德感官"中的本性的结构或构造来取代仁爱的利他性阐述道德判断原则的基础，在同情概念下推进了道德判断原则自然化的逻辑进程。道德判断和美丑判断一样"完全基于人类特定的组织和结构"②而产生，在休谟看来，其中最重要的特定组织和结构就是同情。同情不是激情，而是人与人之间的同胞感（fellow-feeling with others）。它把与自然美德和人为美德有关的公共效用同个体的苦乐感联系起来并引发他人的苦乐感，从而使人与人、人与社会形成可以有效沟通的和谐秩序基础。休谟和其朋友斯密一样都认为社会秩序建立在该基础上。然而这并不表明二者学说中的同情是一回事。对于休谟而言，同情虽可被视为确立各种美德和现实社会秩序的情感基础，但它并不能纯粹依靠自身的力量自主实现该目标，必须高度依赖社会公共效用才能实现这个目标。也就是说，在各种美德得以确立的过程中，同情是人与人、人与社会就社会公共效用这个共同话题进行有效沟通的工具。美德之所以成为美德，

---

① David Hume, *Enquiries Concerning the Human Understanding and Concerning the Principles of Morals*, edited by L. A. Selby-Bigge, M. A. 2nd edition（Clarendon Press, 1902）, p. 256.
② Ibid. , p. 292.

其深层基础和最终目的都关乎社会公共效用而非同情本身。休谟所说的同情，与人与人之间的情感感染机制有关。在休谟的道德情感哲学中，道德赞许并不以同情为基础，而是以被这种情感感染机制所感染的情感——经由同情而来的苦乐感的结果（社会公共效用）为基础。在道德判断原则问题上如此重视社会公共效用，必然会使休谟以道德哲学为基础创立的经济学也染上相同理论色彩。事实的确如此，当经济学家熊彼特谈起休谟时也曾指出，休谟虽然从未提出过功利主义的口号，但却应该把他归在功利主义者之中。① 就此而言，休谟的道德判断原则可被概述为同情机制效用化。

我们不禁要问，为什么休谟在对同情机制深入阐释的同时却没有把该机制本身变成道德判断原则，或者说，为什么休谟所阐述的道德判断原则会如此偏爱效用？这其中的原因十分复杂，不过从根本上来说，这与他对于以道德赞同为前提的道德判断的基础的独特理解有关。从道德情感主义理论构建的视域来说，当休谟讨论道德判断问题时，道德判断原则和道德赞许被奠定在完全不同的基础之上，对前者来说，其基础是同情，对后者来说，其基础却是社会效用。然而，情感主义道德判断仅会以赞许的形式予以呈现。因此，当二者联合起来成为道德判断原则时，以效用为基础的同情原则就得以成为休谟的道德判断原则。把社会效用用作道德判断原则的终极基础，对于情感

---

① 〔美〕熊彼特：《经济分析史》，朱泱、孙鸿敬、李宏、陈锡龄译，商务印书馆，1991，第203页。

主义伦理学理论的内在发展而言，这一方面表明休谟在道德判断原则问题上对道德情感主义做出了独特贡献；另一方面也表明，就情感的自然化进程来说，休谟的情感主义是一种不具彻底性的情感主义，较之斯密，休谟所讨论的道德判断和道德赞许在自然化逻辑进程中展现了较强的保守性。

（一）道德判断的基础：同情

在道德区分、道德判断基础或来源问题上，休谟和哈奇森都认为，道德区分的基础是情感，而非理性、利益、知识或教育。理性所判断的是事实或关系，但道德既非事实，也非关系，道德处理与人的心灵的特定结构和组织有关的情感，所以不属于理性判断的对象。例如，忘恩负义，这个事实仅仅存在于表现了忘恩负义的人的心中，作为一种罪恶，它并不能永远在一切条件下都被视为罪恶，只有当它指向了对主体表达了善意的人时，它才会被视为一种罪恶。因此，作为罪恶，忘恩负义不能被视为事实，因为它不具有作为事实的普遍有效性。它只是一种和人的心灵的特定结构和组织有关的情感，所以它不是理性进行判断的对象。同理，忘恩负义也不是一种类似于几何学或道德学的关系。如果说一个人对施恩者忘恩，体现的是对立关系，那么如果一个人对伤害自己的人淡然处之，也体现了一种对立关系，但人们却会对同样的对立关系进行不一样的道德评价，在某种意义上，这种评价甚至会截然不同。这充分说明，道德不是由理性所评判的那种关系，而是和人的特定心灵结构有关的情感关系。换言之，只有情感能使我们对行为的有益或有害趋向进行选择。

在休谟看来，即使那些认为道德判断原则不建立在自然的原始原则基础上的人也会认为苦乐感是伴随美德和恶行的感觉，也就是说，当我们进行道德判断时，我们必须依靠苦乐感。休谟把苦乐感视为发生在灵魂而非所谓"道德感官"中的原始情感，其原始性体现在，无须借助先前的思想或观念的作用，它就能直接发生在我们的心灵或身体之中。与此同时，休谟承认，在判断行为趋向时，理性必定起到相当大的作用，因为理性可以帮助我们指明行动的趋向。然而，就以道德责难或赞许为前提与内容的道德判断而言，理性却不足以产生什么作用。理由在于，如果被理性所指明的那个行动的趋向和我们自身没有关联，我们就会对实现理性指明的那个目的所必须采取的手段毫无兴趣。情感能将我们自己和实现目的的行为手段关联起来，并使我们在实现目的的过程中选择一种有用而非有害的趋向，因为"人类行为的终极目的无论如何都不能用理性予以解释，相反，该目的完全取决于人类的情感和感情，丝毫不依赖智性能力"①。美德作为目的必定存在以其为指向的情感，这种情感不仅会引导人们做出道德区分，而且会引导人们真正成为有道德的人，即，帮助人们培养美德。

既然道德区分的基础或来源是情感，那么人性中的何种情感能有资格承担道德区分或判断的重任呢？道德区分或判断来自心灵面对行为时自身的原始构造所产生的令人

---

① David Hume, *Enquiries Concerning the Human Understanding and Concerning the Principles of Morals*, edited by L. A. Selby-Bigge, M. A. 2nd edition (Clarendon Press, 1902), p. 293.

感到快乐或不快的情感。当我们看到"光荣"和"耻辱"、"可爱"和"可憎"、"高尚"和"卑鄙"这些词语如此普遍地出现在人类的不同语言体系中时，我们就知道，如果它们只是政治家的发明创造或理论家的训诫，那么它们绝不可能被不同语言体系中不同的人充分理解。因此，它们必定可以在有别于理性或训诫的人性原始构造中找到最初的来源。为了回答这个问题，首先需要考虑的问题是：用以进行道德赞许或道德区分的情感是什么呢？在休谟看来，用以履行道德区分功能的情感需要向我们展示对效用（utility）的偏爱，那么"这种情感不是别的情感，而只能是对人类幸福的感知和对人类苦难的愤恨，因为这些正是美德和恶行各自趋向于促进的不同目的"① ……"道德这一概念蕴含着某种为全人类所共通的情感，这种情感将同一个对象推荐给普遍的赞许，使人人或大多数人都对它持有相同的意见或决定。"② 这种共通的情感的共同对象就是社会效用或公共效用。人类共通的情感都以此为对象，这构成了人性结构中的普遍原则，也是为人人所赞同的人道原则，因此它可被视为一种人道的情感，可为人人共同感知，极具综合性，构成了任何一个有关谴责或赞许的一般体系或既定理论的基础。③ 以此为对象的情感，以何种情感机制为基础进行道德判断呢？休谟的答案是：同情。休

① David Hume, *Enquiries Concerning the Human Understanding and Concerning the Principles of Morals*, edited by L. A. Selby-Bigge, M. A. 2nd edition (Clarendon Press, 1902), p. 286.
② Ibid., p. 272.
③ Ibid., p. 272.

谟认为，"我们无疑都认为同情是道德区分的主要来源"①，"所有热爱美德的人一定乐于看到道德区分出自如此高贵的源泉，使我们得以公正地理解人性的慷慨与能力"。有了同情这个基础，道德主体自身产生的情感感受，即，"最终的（道德）裁决取决于普遍赋予整个人类的某种内在感觉或感受"②，就扮演着道德区分或道德判断的角色。

一如同情在美学中占有基础性的地位，在道德学说中，同情也占有基础性地位。作为一个彻底的经验主义者，休谟对实体持有不可知论的态度。同理，对于他人的真实本质，我们实际上也无法认知，我们甚至无法爱恨他人本身，我们所爱恨的只是异于"他人本身"的某种东西，然而这并不意味着我们和他人之间会在情感上彼此形成隔膜的状态。消除隔膜的关键在于亘古以来就存在于人与人之间的同情机制。因此，在同情的帮助下，本来彼此独立、彼此分割的自我得以和他人紧密关联起来。《人性论》第二卷第一章第十一节、第二章整章、第三章第一节和第三节以及《道德原则研究》中都谈到了同情。《人性论》把同情定义为"我们在交流过程中一定会接受（他人的）意图和情感——不管它与我们自己的意图和情感如何

① David Hume, *The Philosophical Works of David Hume*, *including all the essays*, *and exhibiting the more important alterations and corrections in the successive editions published by the author*, *In Four Volumes*. Vol. 2. (Adam Black and William Tait, 1826), p. 412.

② David Hume, *Enquiries Concerning the Human Understanding and Concerning the Principles of Morals*, edited by L. A. Selby-Bigge, M. A. 2nd edition (Clarendon Press, 1902), p. 173.

不同或者说乃至相悖——的那种倾向"①。同情是印象、观念和联想心理的组合，能把个体有效连接起来，在此意义上，同情是人际关系的"黏合剂"。任何情感只要被注入了同情，就会产生一定的面部表情来表达这种情感，这时候，同情既使人与人之间的情感得以相互沟通与交流，也使一个人到另一个人的情感转换或情感感染成为可能，还能使旁观者对他人情感感同身受。具体来说，当同情在人与人之间扮演情感沟通者的角色时，其发生作用的过程有两个阶段。第一阶段是旁观者通过识别当事人的面部表情或肢体语言的阶段；第二阶段是旁观者在联想机制的帮助下想起自己身上发生过的类似情感的阶段。用休谟的话说，旁观者从当事人的表情或肢体语言识别到的情感会被转化为和原初情感一样强烈的激情，"这种观念立即会被转化为印象，获得与激情本身一样的强度和生动度，从而产生出与原初情感一模一样的情感"②。需要注意的是，同情虽然含有"情"字，但它本身并不是激情或情感，在休谟对激情的分类中，根本无法为同情找到一个合适的位置。更确切地说，同情非情，它源于人性中的某种品质，扮演着人与人之间情感沟通的角色。

　　休谟所说的同情至少具有两个特点：感染性与差等性。同情即情感与情感之间的相互感染，这种感染既可

① David Hume, *The Philosophical Works of David Hume, including all the essays, and exhibiting the more important alterations and corrections in the successive editions published by the author. In Four Volumes.* Vol. 2. (Adam Black and William Tait, 1826), p. 52.

② Ibid. , p. 53.

发生在个体与个体之间，也可发生在个体内部的不同感官之间。

首先，在同情的作用下，个体与个体之间的情感很容易相互感染。苦难导致的结果，如悲痛、哀伤、眼泪、叫喊、呻吟等，都会以一种非常活跃的方式触动我们，使我们充满怜悯和不安。[①] 当遭遇幸福或苦难的主体展现某种情感时，我们就会在同情的作用下在心中产生类似情感活动。同理，对于当事人所表现出的愉快来说，旁观者也是"通过感染或自然的同情而进入这同一种愉快的心境，领略这种情感"[②]。由于人人都热爱使人快乐的东西，所以在同情的作用下，人们就会对传达出愉快情感的人自然而然地产生好感。

其次，同一个体身上的不同感官之间也很容易产生同情。例如在朗诵的过程中，某些音节或字母如果给发音的器官带来了痛苦，那么在同情机制的作用下，耳朵也会显得不快。同情所具有的这种感染性，使得人的心灵变成了一面可以相互反射情感的镜子，用休谟的话说，"人们的心灵是互相反映的镜子，这不但是因为心灵互相反映它们的情绪，而且因为情感、心情和意见的那些光线，可以互相反射，并可以不知不觉地消失"[③]。

---

① David Hume, *Enquiries Concerning the Human Understanding and Concerning the Principles of Morals*, edited by L. A. Selby-Bigge, M. A. 2nd edition（Clarendon Press, 1902）, p. 220.

② Ibid. , p. 251.

③ David Hume, *A Treatise of Human Nature*, reprinted from the Original Edition in the Three Volumes and edited, with an analytical index, by L. A. Selby-Bigge, M. A,（Clarendon Press, 1896）, p. 365.

除此之外，同情还具有另外一个特点，即差等性。

首先，同情具有以自我为标准的差等性。以自我为中心，离自我越近，同情就越容易发生；越远离自我，同情就越弱。"我们和对象之间的关系越紧密，想象力就更容易做出转化，并使相关观念拥有与我们自己在形成该观念时所具有的那种活力。"① 所谓对象与自我的紧密关系，指的是因相似性、邻近性和因果性而导致的紧密性。因此，如果对象与自我越相似②、越相邻③或在因果链上离得越近④，那么同情就越容易发生，反之，同情则越不容易发生。正是因为这样，当我们以同情为基础进行道德判断时，我们必须注意到并忽略这种差等性之后才能以公正的态度对人们的性格进行判断，"我们应当承认，较之我们对自己的关怀，同情要微弱得多，而较之对靠近和毗邻我们的人的同情，对远离我们的人的同情要微弱得多，不过正是出于这个原因，我们在对人们性格的平静的判断和讨论中就必须忽略所有这些差异，从而使我们的情感更具公共性和社会性"⑤。

其次，同情具有以时空为标准的差等性。同一对象，

---

① David Hume, *The Philosophical Works of David Hume*, *including all the essays*, *and exhibiting the more important alterations and corrections in the successive editions published by the author*. *In Four Volumes*. Vol. 2. (Adam Black and William Tait, 1826), p. 54.

② Ibid. , p. 54.

③ Ibid. , p. 97.

④ Ibid. , p. 55.

⑤ David Hume, *Enquiries Concerning the Human Understanding and Concerning the Principles of Morals*, edited by L. A. Selby-Bigge, M. A. 2nd edition (Clarendon Press, 1902), p. 229.

由于时空位置的差异，越远离我们，就会显得越小，而越靠近我们，就会显得越大。同理，同情也同样受到时空距离的影响。美德，一旦和我们在时空上保持了遥远的距离，尽管依然可以被理性辨识，但是由于在时空上具有遥远的距离，它本身既不能用光也不能用热影响我们的感官，我们的心难以被打动，于是我们的同情难以变得活跃起来。对于时空上离我们近的人，我们所产生的同情要多于或强于在时空上远离我们的人。例如，我们对在自己的时代为自己的国家效劳的政治家或爱国者的爱和尊重，要比对遥远时代或国家中产生过重要影响的政治家或爱国者的爱和尊重更强烈。尽管我们在理智上承认二者具有同等伟大的价值，但我们却不会对二者展现具有同等强度的同情。

同情的这两个特点源于何处？或者是什么促使道德领域内的同情具有上述两种特点呢？表面看来，同情的发生必须包含三要素：第一，别人的情感；第二，情感表达的媒介，如脸色、语言等；第三，别人的情感对自己的感染。然而，事实上，真正要回答这个问题却不能仅仅流于同情得以发生的这些表面原因，而应该从同情自身的深层生成机制入手。在休谟看来，这种深层生成机制只能到我们的心灵中去寻找。那么同情在我们的心灵中究竟受什么支配呢？据休谟在《人性论》中的阐释，支配同情赖以发生的内在机制和休谟所讨论的关于知性的理论体系具有类似性，支配同情发生作用的原理和支配知性得以产生的原理完全一样。与知性一样，同情也受到三种联想原则（因果关系、类似关系和接近关系）的支配。因果关系可以使我们相信我们所同情的那种情感的实在性，但单凭因果关系，他人并不能完满地感受到同情。因果关系必须同时在类似关系和接近关系的协助下才能使人完满地感受到同情。那么，类似关系为什么可以影响我们的同情？对于人来说，类似性源于自然本身，自然使人的心灵和身体在一定程度上保持类似。基于这种类似性，我们一观察到别人的情绪，就会立即欣然接受。在此意义上，我们认为，自然不但赋予了我们以类似性，而且促使了同情的发生。在类似性的作用下，接近关系会对人产生影响并使人易于产生同情。比如，因血缘引起的接近关系能促进同情的产生，但血缘关系可因遥远的空间距离而受到弱化。再比如，出身名门却生活贫乏的人，总是喜欢到远离亲友和故乡的地方生活，在这些地方，这些人生活在陌生人中间时，断绝了与自己有血缘关系的人所产生的情感联系，尤其是来自这些人的轻视，相反，与陌生人生活在一起，却可以减弱这种同情和不快。在这种情形中，亲戚关系依然存在，但由于遥远的距离可以弱化由亲戚所产生的亲近关系，所以这些落魄的名门之后才会选择在异乡生活。

为什么支配同情的原则和支配知性的原则都是一样的呢？这与休谟对情感生成机制的理解有关。休谟从印象与观念的角度来理解情感的生成，任何一种情感，如果要顺利发生，必须要具备印象和观念双重关系。观念的关系是自我或他人与对象之间的关系，而印象的关系则是自我或他人与对象之间的情感关系。任何一种情感，若要顺利发生，首先须具有印象和观念双重关系。比如，我和同伴同时到一个陌生国家旅游，如果这个国家和我们之间的任何人都没有关系，那么当我们在这个国家看见美丽的风景、宽敞的道路时，我和同伴都会流露出愉快的情绪，而不会产生骄傲或谦卑、爱或恨之类的情感。只有当对象与主体建立起了印象关系和观念关系，该对象才能使主体产生情感。印象和观念的双重关系促进了情感的产生，而情感一旦产生，印象和观念就会持续发生作用，只有在情感消失时，印象和观念才会停止发生作用。同情，归根结底就是情感从一个对象转移到另一个对象，就情感的生成离不开印象与观念的双重关系而言，情感的转移或感染也必须以印象与观念的双重关系为前提。

在印象和观念的双重关系作用下，要讨论情感的转移或感染（同情），就要讨论想象的自然趋向或规则。也就是说，情感在转移或感染过程中，必须尊重想象的自然趋向或规则。想象的自然趋向是由上到下、由远及近、由小到大，支配想象力这三种自然趋向的原因都源于同一种理由。比如，人们因为爱一个人的父亲，就会自然而然地爱这个人的儿子，或，因为爱主人而爱其仆人。这些例子都体现了情感转移过程中所体现的由上到下的自然规则。对于爱或恨以及骄傲或谦卑而言，由爱或恨转移到骄傲或谦卑要比骄傲或谦卑转移到爱或恨更容易，这是因为我们的想象在运动过程中容易遵从由远及近而非由近及远的趋向。当爱或恨转移到骄傲或谦卑时，就意味着情感会从他人转移到自我，即，由远及近，反之，则是由近及远。因此，由爱或恨转移到骄傲或谦卑比由骄傲或谦卑转移到爱或恨更容易。同理，支配想象易于由远及近、由上而下，同样也支配自我的想象易于由小而大。比如，一提到一个国家，我们首先就会想到它的首都，同理，一提到仆人，我们首先就会想到其主人，一提到臣民，我们首先就会想到其国王。在印象和观念的双重关系下，凡是与我们相识的人，如通过血缘、地域、职业等因素而相识的人，由于自我和相关对象之间能进行顺利推移，所以更容易被我们想象，同情也就更容易发生。

以上分析显示，休谟借助同情为道德判断确立了情感基础，不仅如此，他还对作为道德判断之情感基础的同情的生成原理进行了描述。这种描述向读者表明，同情，在休谟的学说中是旁观者因感知到当事人的情感而受到这种情感的感染。旁观者因当事人的快乐而快乐，因当事人的痛苦而痛苦。旁观者从当事人这里感知到的快乐和痛苦直接构成了赞许和不赞许的对象。在此意义上，同情所展现的快乐或痛苦，实际上直接来自当事人所感知的原始快乐或痛苦。但应注意的是，休谟虽明确说过，道德判断来自同情，或，道德判断的情感基础是同情，但他同时还说过，同情本身并不是道德赞同的基础。以当事人的幸福或快乐为例，的确，通过同情，我们可以感受到当事人的幸福或快乐，但这种幸福或快乐并不属于同情，而属于当事人的原始情感经由同情这个媒介所派生出来的情感。这样，同情就变成了旁观者所感受到的相对于当事人的原始快乐而言的二阶快乐的媒介，因此同情本身并不能成为道德赞许的基础。在《道德原则研究》一书中，休谟明确说过，美德的价值并不来自它据以影响旁观者的人道感受，美德的确会在旁观者心中激发一些人道的感受，但这些感受并不能构成道德赞许的根源，也不能构成美德的根源。

那么道德赞许或美德的根源是什么呢？这是我们将要讨论的一个问题。

（二）道德赞许或责难的基础：有用性或社会效用

道德赞许或责难①的基础是什么？要阐明这个问题，首先要知道赞许的对象是什么。在休谟看来，赞许的对象只能是行为的动机，"如果人性中没有产生美德或道德善且同其道德感想区分的某种动机，那么就没有哪种行为可成为美德或在道德上为善的行为"②，我们仅仅根据动机来赞美或谴责一种行为③，"我们所有的善良行为看来都只是由于善良的动机才会得到它们的价值，并且只是被看作那些动机的标志"④。在休谟看来，外在的行为，是内心动机的标记和显示。表面看来，受我们赞美的是外在的行为，但事实上，位于这些行为背后的动机才是真正受我们赞美的对象。也就是说，当我们对行为进行评价时，我们仅聚焦于推动该行为得以产生的动机或"内在性情"展开讨论，或者说，我们会把该行为视为某种内在动机或内在性情的外在表现形式。在此意义上，以内在动机或内在性情

---

① 赞许或责难在休谟和哈奇森的道德情感哲学中被视为道德判断的前提和情感表现的形式，不过哈奇森认为，赞许、责难与道德判断均建立在相同的基础——道德感官之上。然而，休谟却不这样认为，上文的分析显示，休谟分别赋予了道德判断以及赞许或责难以不同的基础。由于赞许或责难共同属于道德判断的情感表达形式，所以我们在此将只针对赞许来展开讨论。

② David Hume, *A Treatise of Human Nature*, reprinted from the Original Edition in the Three Volumes and edited, with an analytical index, by L. A. Selby-Bigge, M. A (Clarendon Press, 1896), p. 479.

③ Ibid., p. 477.

④ Ibid., p. 478.

的外在表现形式为评价对象，我们会根据该对象是否给我们带来了愉悦感而确定其道德性，"凡是给予旁观者以快乐的赞许情感的心理活动或品质"① 都可被称为美德。只要拥有善良的动机，我们就不会因一个人未能做出某种能产生功德的行为而责备这个人。进一步说，善良的动机必定产生于美德或功德之前，也产生于他人对美德的尊重（外人对道德的知觉）之前，即，善良的动机产生于他人尚未开始尊重或赞美美德时。

在确立了赞许或责难的对象后，我们还需要把道德行为的动机与道德行为本身区分开来，进一步说，要把道德评价的基础与道德动机区分开来。道德行为的动机，不可能是道德行为本身，必定是某种不同于道德行为本身的东西。一切美德因产生美德的动机而成为美德，但我们并不把这种动机视为道德赞许或评价的基础。若非如此，就会构成循环论证："如果我们假定，对那种行为的德行的单纯尊重可以是引起那种行为、并且使得那种行为成为善良的最初动机，那这就是一种循环推理。"② 基于对循环论证的回避，休谟认为，最初"赋予行为以功德"的动机绝不能成为道德赞许或不赞许的原因。因此，在探讨道德赞许之原因的时候，我们必须要找到某种从本质上说不同于使

① David Hume, *Enquiries Concerning the Human Understanding and Concerning the Principles of Morals*, edited by L. A. Selby-Bigge, M. A. 2nd edition (Clarendon Press, 1902), p. 277.

② David Hume, *A Treatise of Human Nature*, reprinted from the Original Edition in the Three Volumes and edited, with an analytical index, by L. A. Selby-Bigge, M. A (Clarendon Press, 1896), p. 478.

行为者的行为成为美德的那种东西。① 行为者的美德或道德动机必须受到某种非动机因素的推动才会发生，而我们的道德赞许或责难就指向了这种非动机因素。

休谟的哲学认为这种非动机因素只属于某种蕴含在情感中的某种自然元素，即效用。效用构成了道德赞许的基础，个体的功德（merit）完全由该人所拥有的品质所展现的、对自身或他人的有用性或愉悦性所构成。② 因此，道德赞许的首要基础来自任何品质或行动所具有的有用性。③ 当旁观者经由同情通过当事人的快乐或痛苦而感知到快乐或痛苦时，这意味着当事人的原始快乐或痛苦与旁观者经由同情所感受到的快乐或痛苦是一样的。二者之所以具有相通性，是因为二者具有一个共同的特性——效用。也就是说，当人们以同情为媒介表达道德赞许时，效用才是道德赞许的基础所在。根据休谟的分析，以效用为基础的道德赞许的来源一共有四种：对自己有用、对别人有用、令自己快乐，以及令别人快乐。例如，当机智直接令人快乐时，它就构成了赞许和好感的可靠根源；当人们对机智表达赞许时，效用没有进入这种赞许之中。然而，休谟说，使机智得到赞许的理由和使效用得到赞许的理由并不冲突，二者都来自社会性的同情，即同胞感（fellow-feeling）。这样一

---

① David Hume, *A Treatise of Human Nature*, reprinted from the Original E-dition in the Three Volumes and edited, with an analytical index, by L. A. Selby-Bigge, M. A (Clarendon Press, 1896), p. 478.

② David Hume, *Enquiries Concerning the Human Understanding and Concerning the Principles of Morals*, edited by L. A. Selby-Bigge, M. A. 2nd edition (Clarendon Press, 1902), p. 278.

③ Ibid., p. 285.

来，对于道德赞许的基础，一如休谟在《人性论》和《道德原则研究》中反复强调，效用或有用性才是道德称赞的基础。"效用这个因素在所有主题中都是称赞和赞许的源泉"①，人们在评价行为的价值或过失时，总是会把效用视为重要考量因素，同时，正义、忠诚、正直和贞洁之所以在社会生活中受人尊重，其唯一原因在于这些品质会产生某种效用，同理，诸如人道、慷慨、博爱、怜悯之类的社会美德之所以为人所称颂，其唯一理由也在于效用。总而言之，"效用是道德中涉及到人类和我们同胞被造物的那个主体部分的基础所在"②。换句话说，经由同情而感知到的人道的情感就是我们据以区分是否具有道德的情感基础。那么同情是如何帮助我们区分道德的呢？或者说，当我们用同情所感知到的二阶快乐或痛苦来衡量一个行为的道德性时，我们所依据的基础是什么呢？在休谟看来，我们唯一的依据是效用。

效用，据对象而言，一般可以分为对个人的效用以及对社会的效用。那么作为休谟的同情之基础的效用是个人效用还是社会效用呢？要回答这个问题，须注意到休谟所说的有用性包含的两个特点。

第一，效用必然与自我相关联，但并非总与自我相关联。休谟不赞同根据自爱或对私人利益的尊重来解释道德的起源或道德区分。的确，我们所赞许的道德，必定不会

---

① David Hume, *Enquiries Concerning the Human Understanding and Concerning the Principles of Morals*, edited by L. A. Selby-Bigge, M. A. 2nd edition (Clarendon Press, 1902), p. 231.

② Ibid., p. 231.

伤害我们自己的利益，但这并不表明，我们会只从自己的利益出发而表达道德赞许。我们常常会称赞发生在遥远古代或遥远地域的美德，而这本身和我们的私人利益是没有关联的。除此之外，我们还常常会称赞对手的美德，而这本身却有可能会直接损害我们的利益。我们的道德赞许经常延伸得很远以至于超出了自我利益的范围，这表明，我们的道德赞许绝不仅仅出自自己的利益。因此，我们必须放弃用自爱原则来说明一切道德情感的理论。休谟对"根据自爱理论来解释道德起源"的反驳充分表明，他并不赞成那种以自我为目标的效用为基础来解释道德的起源。

第二，效用须具备与社会有关的指向与目的，即，拥有有助于社会的幸福的元素，才能成为我们赞许的对象。"勇敢之于公众和对其拥有者的效用，是其价值的明显基础。"① 仁爱这种情感的效用和促进人类利益的倾向，是仁爱受到敬重的相当大一部分原因。更确切地说，较之对个人的效用，社会效用具有优先性。按照善的结果，休谟把美德划分为人为美德和自然美德，无论是人为美德还是自然美德，之所以能成为美德，都离不开对效用的考量。与自然美德有关的善来自单个行为，是自然激情的目标。与人为美德有关的善源于正义，是正义的目标。当自然美德所产生的善同人为美德所产生的善相矛盾时，应该让前者服从于后者还是让后者服从于前者？休谟的答案是，自然美德应该服从于人为美德，因为社会公共利益是自然美德

---

① David Hume, *Enquiries Concerning the Human Understanding and Concerning the Principles of Morals*, edited by L. A. Selby-Bigge, M. A. 2nd edition (Clarendon Press, 1902), p. 254.

的天然趋向，"除了有益于社会之外，没有什么其他东西可被视为美德"①。

（三）休谟的道德判断理论对情感的自然化进程的影响

在苏格兰启蒙学派道德情感哲学的自然化进程中，休谟的最大贡献是提出了作为道德判断之基础的同情原则。通过描述同情这种情感的生成原则或规则，休谟在情感主义伦理思想史上第一次做出了两个未曾被做出的区分：第一，区分了作为道德判断基础的情感（同情）和作为道德情感之基础的情感；第二，区分了作为道德判断基础的情感与作为道德赞许的情感。对于苏格兰启蒙时代情感主义理论发展而言，这两种区分均具有开创性意义。沙夫茨伯里虽然开启了情感主义伦理学的大门，但在道德判断原则问题上却依然留有理性主义的浓厚痕迹。哈奇森虽然论证了道德的情感基础，但在道德判断原则问题上，终究未能区分作为道德判断基础的情感和作为道德情感之情感基础的情感。然而，休谟成功做出了这种区分，有了这种区分之后，道德情感主义理论走向了一个新的发展方向，从对单一类型的自然情感的倚重转为对位于自然情感背后的某种普遍化的情感机制的倚重。

然而，当我们立足同情来阐述休谟对道德情感哲学自然化进程的贡献时，也可发现，休谟所阐述的道德判断原则的理论缺陷也来自同情。之前说过，哈奇森的"道德感

---

① David Hume, *A Treatise of Human Nature*, reprinted from the Original Edition in the Three Volumes and edited, with an analytical index, by L. A. Selby-Bigge, M. A (Clarendon Press, 1896), p. 588.

官"虽描述了道德情感的自然生成机制，但它却没有把该机制和道德判断关联起来。当这种"道德感官"进行道德判断时，其基础不是蕴含于该感官之内的自然法则或情感机制，而是由仁爱之情所展现的利他性道德品质，更确切地说，是仁爱之情所产生的利他性情感后果。同理，休谟的同情虽然描述了道德判断的情感基础，但同情机制却没有在这种同情理论中占据应有的理论地位。后文的分析将表明，在道德判断原则自然化进程中，唯有斯密把道德判断原则建立在了以同情为表现形式的情感生成机制自身之上。

为什么休谟虽然描述了道德判断的情感机制但却未能把该机制——同情视为道德判断的基础？其中有两个原因。

首先，休谟对同情的讨论始终是在主客二分的思维方式下进行的。一切情感均有对象，唯有对象同时具有观念和印象的双重关系时才能激发主体的情感。在这种思维方式下讨论同情，就意味着同情始终只是原生性情感的沟通机制，永远只能隶属原生情感。休谟反复强调，同情可以成为个人与个人之见、个人与社会之见沟通的桥梁和基础。那么什么是一切情感的最佳对象？休谟认为是效用。由此可见，相对于效用，同情在休谟的学说中所处的地位是第二位的、次要的、从属性的。简言之，同情只是"你"的效用和"我"的效用彼此进行沟通的桥梁罢了。因此，同情虽被休谟视为道德判断的基础，但却并不被视为道德赞许的基础。以对社会等级的分析为例，休谟认为，人们的等级差别在很大程度上是由财富（效用）所规范的。但斯密却认为，这种规定源于以同情为表现形式的情感机制。效用，作为情感的对象，在休谟的哲学中被视为支配人类情感的终极力量。就此而言，情感在休谟道德情感哲学尚未享有后来在斯密道德情感哲学中所拥有的那种自由性。

其次，休谟的同情与他的怀疑主义世界观紧密相关。同情是情感的动力，构成了其他一切情感的灵魂，并使骄傲、野心等情感能推动我们的情感。"不论我们可以被包括骄傲、野心、贪婪、好奇心、复仇心或性欲等在内的任何其他情感所推动，所有这些情感的灵魂或鼓动原则都是同情；如果我们完全与别人的思想和情绪分离开来，那么这些情感就不会再有任何力量。"① 换句话说，我们之所以具有野心或好奇心，是因为源于对他人的同情。为什么休谟会把同情视为人类其他各种情感的灵魂？这与他对"自我"的看法有关。自我在其哲学中仅被视为一堆观念的集合，因此，我们必须要通过同情去考察出现在我们身边或面前的对象，唯有如此，我们才能获得情感的动力。"我们的自我，若剥离了对每一个其他对象的知觉，事实上就空无一物：因为这个缘故，所以我们就一定要把视野转向外界对象且会自然而然地高度关注那些接近或类似于我们的对象。"② 把同情视为情感的灵魂和动力，把自我视为一切观念的集合，这一切均与休谟的彻底怀疑论立场有紧密关联。

当同情发展到斯密这里的时候，它发生了重大改变。斯密的同情和休谟的同情有着本质上的不同。简言之，如果把

---

① David Hume, *A Treatise of Human Nature*, reprinted from the Original Edition in the Three Volumes and edited, with an analytical index, by L. A. Selby-Bigge, M. A (Clarendon Press, 1896), p. 363.

② David Hume, *A Treatise of Human Nature*, reprinted from the Original Edition in the Three Volumes and edited, with an analytical index, by L. A. Selby-Bigge, M. A (Clarendon Press, 1896), pp. 340 – 341.

同情理解为一种情感穿透力，那么，休谟的同情凭借想象力"穿透"的是他人的情感，而斯密的同情凭借想象力"穿透"的是他人的处境。同情，作为一种情感生成机制，在斯密道德情感哲学中直接成了道德判断的基础，也成了道德赞许的基础。较之休谟的同情，斯密的同情终是一种生成式的、对称式的同情，支配并推动同情得以产生的力量是自然的力量，因此，斯密的同情便成了自然情感自然生成机制的客观表达。此外，还有一个原因促使了斯密的同情能成为道德判断和道德赞许的基础，那就是斯密的非怀疑主义的世界观。较之休谟，斯密对自然本身持有更多信仰。斯密对自然本身的信仰一方面使他的道德情感哲学虽然也像休谟一样非常重视同情（以及由此而来的合宜性）；另一方面，斯密所讲的同情以及由此而来的合宜性却始终受着某种更高的、源于自然的力量的支配。因此，在斯密这里，同情变成了其他情感包括自然本身实现其旨意的助力或工具。

较之斯密，休谟对自然的信任要少得多且弱得多。当神被祛魅，当人的情感中的崇高成分被驱除殆尽，剩下的仅仅是纯自然意义上的情感成分时，那么，人与人之间的关系必然需被重新定位。那么，在处理人与人之间的关系时，需遵从的是人为的情感原则还是天然或自然而然的情感原则呢？这是休谟和斯密共同面对的问题。休谟选择了前者（尤其是在讨论正义等人为美德时），而斯密则选择了后者。休谟之所以这么做，深层根源还是因为他对人类情感尤其是对隐藏在人类情感中的自然之力持有不信任的态度。具体来说，这种不信任表现为休谟对人类情感中的自爱或自私性的不信任。正因如此，所以需要得到无限满

足的自爱就会与自然资源或物质条件的有限性形成冲突，
为了和平保持自己的占有物，也是为了克服这些不利于人
类更好地生存和发展的因素，人类不能通过自爱或自我利
益这种"未受教化的本性"①形成对公共利益的一致看法，
只能在知性的协助下通过"约定"来人为地建立对共同利
益的普遍感受②，以此为基础对正义和不正义形成一定的
标准和规范，进而形成道德区分。人为德性包括正义、忠
诚、忠实、贞洁、端庄等，它们之所以成为美德，原因在
于它们均符合公共效用的要求，均可实现为了使人们更便
利地交往以及更好地生存这个情感目标。休谟所说的正
义，不是一种实际存在的制度或规范体系，而是一种情感
状态。正义之所以出现在休谟的哲学中，在某种意义上是
为了缓解休谟对出于自然本身的情感力量尤其是对自爱的
不信任而产生的焦虑。因此，它的首要目标是要协调以所
有权为对象的自爱与自爱的关系，即个体与个体之间的所
有权关系，通过诉诸忠诚、端庄、贞洁、忠实等所有这些
人为设计的美德来建立和谐的所有权关系。在这个思路
下，我们就不难理解"人为美德为什么会源于它们所服务
的社会有用性"以及"为什么作为美德的责任大小会与它
们的社会有用性大小成正比"等问题。

（四）同情的合群性与社会新秩序

如果说哈奇森借助"道德感官"概念为仁爱这种情感

---

① David Hume, *A Treatise of Human Nature*, reprinted from the Original E-
   dition in the Three Volumes and edited, with an analytical index, by
   L. A. Selby-Bigge, M. A (Clarendon Press, 1896), p. 488.

② Ibid., p. 490.

确立了道德合法性并把它视为社会得以诞生的理论原点，那么当休谟用同情取代"道德感官"时，也就意味着他试图基于同情为情感寻求道德合法性并潜在地基于同情为合群性寻求情感基础。前文的叙述表明，当休谟把同情视为道德区分或判断的来源时，实际上意味着他试图基于以同情为情感寻求道德合法性。但是在讨论社会得以诞生的情感基础时，休谟却把同情置之一旁，认为以共同的利益感为基础的正义才是社会秩序得以持存的拱心石。简而言之，如前文所述，休谟在讨论社会秩序的形成与维系问题时，由于太过看重以社会公共利益为代表的效用，他既不信任自然情感，也不信任同情机制。因此，二者在休谟构建的社会秩序中均不占重要地位。通过后文的论证，我们将知道，正是在社会秩序问题上，斯密对自然情感和同情机制给予了完全信任，也正是因为这个原因，当情感在《道德情操论》中从未受干扰的自然情感自然发生机制，即，同情机制或自然法则获得了道德合法性后，才能在《国富论》中基于相同的原因而构建一种全新的政治经济秩序。即使如此，休谟的同情概念还是充分解释了人性的合群性①，虽然休谟自己并未充分挖掘这种全新的解释所

---

① 从情感出发对合群性及其与合群性有关的社会公共利益做出解释，是沙夫茨伯里和哈奇森道德哲学共同致力于完成的哲学目标。前文的叙述表明，二者分别基于自然情感和仁爱完成了各自的论述。随着同情机制取代道德感官，随着单一类型的自然情感不再被视为合群性的情感基础，一种新的社会理论和政治经济新秩序呼之欲出。不过令人遗憾的是，休谟并未沿着这条线索论证其社会理论，而令人欣慰的是，斯密十分出色地完成了休谟本可完成但却未完成的工作。

具有的社会意义。

　　如同斯密哲学中的同情概念一样，休谟哲学中的同情概念实际上也是一个极富社会性特征的概念，其社会性表现为它使自爱的个体可以超越自我而关注他人。较之哈奇森的仁爱，受自爱支配的个体在休谟道德情感哲学中以一种全新的路径找到了合群性之路，发现这种新路径则意味着休谟的道德情感哲学找到了一种处理人际关系的新路径。哈奇森曾说过，人类所有的情感只有爱和恨这两种基本类型，其他所有情感都是这两种情感的变体。① 在此意义上，要分析情感的性质，只需聚焦爱与恨即可。那么爱与恨有什么性质呢？不管是爱还是恨，都不能以自我为对象，也就是说，它们都指向外在于我们的人或物。同理，骄傲和谦卑也是如此，如果骄傲和谦卑以自我为对象，那么它们就不具有可变性，但实际上并非如此。因此，骄傲和谦卑都必然会以有别于自我但与自我有关的对象为对象。"受同情约束，我们自己不是任何激情的对象，使我们把注意力投身于自己身上的任何东西都不是任何激情的对象……我们自己，独立于每个其他对象的知觉，实际上就什么也不是：有鉴于此，我们必定会把我们的眼光投向外在对象。"② 在同情机制的作用下，骄傲和谦卑源于我们

　　① Francis Hutcheson, *An Inquiry into the Original of Beauty and Virtue in Two Treatises*, edited and with an introduction by Wolfgang Leidhold (Liberty Fund, 2004), p. 102.

　　② David Hume, *The Philosophical Works of David Hume, including all the essays, and exhibiting the more important alterations and corrections in the successive editions published by the author, In Four Volumes.* Vol. 2 (Adam Black and William Tait, 1826), p. 81.

对他人情感的同情或接受，也就是说，他人的情感才是同情机制得以发挥作用的情感对象，"不管我们会被激发出什么其他激情，骄傲、野心、贪婪、好奇、报复或色欲的灵魂或生命原则是同情，如果完全脱离他人的思想和情感，它们就不会有任何力量"①。

在同情的作用下，当我们的爱、恨、骄傲或谦卑都成为以他人为对象的情感时，这意味着我们的情感找到了一种新的路径去解释社会生活中的合群性，也意味着休谟从一个全新的方向解决了自爱与爱他人的矛盾，更确切地说，为 17～18 世纪英国思想家们深感困惑的伦理难题找到了全新的答案。这是一个伟大的发现，人性中没有哪一种品质会像同情自身及其引起的后果那样如此令人瞩目。由于存在同情机制，所有人的情感找到了相互交际或交往的新渠道，彼此互为镜子并相互反射。不仅如此，我们还可以通过交流而接受他人的意图和情感，即使这种意图和情感与我自身不一致甚至相悖。简言之，"正是在同情原则的作用下，我们得以超脱自身并从他人的诸性格中得到相同的快乐或不快，好像它们会增加或损害我们自己的益处一样"②。同样的快乐或不快，在道德哲学中被休谟视为道德区分的根源。对于以自我为中心的政治经济行为而言，休谟的同情概念如同斯密的同情概念一样也具有其进行道德

---

① David Hume, *The Philosophical Works of David Hume*, *including all the essays*, *and exhibiting the more important alterations and corrections in the successive editions published by the author*, In Four Volumes. Vol. 2 (Adam Black and William Tait, 1826), p. 108.

② Ibid., p. 366.

立法的理论可能性，同理，由于同情机制把自我和他人以
一种有别于当事人之本意的方式联系起来。因此，休谟的
同情也和斯密的同情一样具有实现社会公共利益的理论可
能性。不过，令人遗憾的是，由于深受效用本身的限制与
束缚，休谟的同情终究未能如斯密的同情那样为英国古典
政治经济学提供哲学基础，休谟也因此无缘作为英国古典
政治经济学的创始人而留名青史。

四　同情机制审美化

前面说过，斯密的同情和休谟的同情虽表面相似，但
却有着根本性差异。相似之处在于，二者都试图用同情描
述某种自然情感自然生成机制，而根本差异则在于，休谟
试图着眼于用情感与情感的感染机制描述同情。因此，休
谟笔下的同情构成了情感与情感相互交流的重要纽带，而
斯密笔下的同情虽也涉及情感与情感的关系问题，但其焦
点不是情感与情感的感染机制问题而是合宜性问题。斯密
的道德情感哲学认为，要使情感具有合宜性，就是要使旁
观者和当事人基于同一道德语境产生的情感展现出对称与
平衡的美学效果。

对于斯密的同情来说，它得以形成的关键是无偏的旁
观者通过想象基于相同的处境所生成的情感，而合宜性得
以形成的关键在于对位于同一道德语境中的旁观者和当事
人的情感进行对比分析，并由此产生具有一致性或对称与
平衡的美学效果。就此而言，同情机制内部包含着双重原
则，即自然情感自然生成机制，以及以旁观者的情感与当

事人的情感之间所形成的对称平衡美学效果。前者代表了自然情感领域内的自然法则，后者则是斯密的道德哲学中决定情感和行为合宜与否的标准。同情中的自然情感自然生成机制代表着斯密对哈奇森"道德感官"之自然性特征的继承。虽然斯密与休谟一样并不认可"道德感官"并对它进行了批判和否定，但他严格继承、谨守了蕴含在它内部的自然情感自然生成机制并对它发扬光大，而所有这些工作正是哈奇森曾以"心灵的原始结构与构造"之名所尝试过的工作。以同情为基础而产生的合宜性，则代表了斯密对休谟的同情概念的改造。休谟虽以同情为名描述了情感感染机制，但这种机制终究未能被他视为道德赞许的基础，通过除去效用在道德赞同和道德判断中的地位，为休谟讨论过的效用与同情的关系被斯密进行了反转。因此，效用不再成为道德判断的情感基础，而通过把自然情感自然生成机制从"道德感官"概念推延到同情概念中，当斯密的同情在旁观者的情感和当事人的情感之间"制造"出一种以对称和平衡为表现形式的美学效果时，同情便得以自主为道德判断和道德赞许奠定基础。

斯密伦理学中的同情排除了一切非自然因素的干扰。因此，当同情作为情感机制为道德判断原则奠基时，同情可被视为为道德判断找到了一种源于自然情感但却剥离了道德主体之主观因素的客观表达。作为道德判断原则的基础，当斯密的同情机制排除了一切非自然因素的干扰时，它也成为一个享有绝对自由的概念。其"自由"体现为，作为蕴含在自然情感中的自然法则或情感机制，它既不像沙夫茨伯里的"道德感官"那样以理性为本并受理性限制，也不像哈奇森的"道德感官"那样必须把道德判断的基础建立在仁爱之情的后果之上，更不像休谟的同情那样掺和着浓厚的效用元素。如果说它在斯密的道德情感哲学中依然受到什么限制的话，那么它只受到由自身所生发出来的、以位于同一道德语境中的旁观者和当事人的情感对称平衡为表征的美学效果的限制。就这种限制是一种源于自身的限制来说，它只接受来自自身的限制，在此意义上，可以说它只接受由自律而来的限制。因此，这种限制并未阻碍它实现所追求的自由，相反，这种限制以自律的方式帮助它实现了自己的自由。就此而言，在情感的自然化进程中，较之沙夫茨伯里、哈奇森与休谟所讨论的道德判断原则，唯有斯密在道德判断原则问题上借助同情以一种最彻底的方式实现了道德判断原则的自然化目标，使道德判断原则变成了一种仅接受自然的自律之约束的原则。

　　表面看来，在道德判断或道德赞许过程中，担当重任的是无偏的旁观者所产生的同情，决定当事人的情感或行为之合宜性的也是这种同情，然而，这仅仅是表象罢了。无偏的旁观者所产生的同情之所以能根据位于同一道德语境中的自身情感与当事人的情感之间所形成的对称平衡美学效果进行道德判断，是因为其深层理论基础其实并不来自无偏的旁观者所生成的、具有主观性特征的情感，而来自旁观者和当事人都会在相同的处境中对相同对象生成大致相同的情感这种假说。由于位于同一道德语境中的旁观者和当事人都根据相同的自然情感自然生成机制而生成情感，二者的情感便具有可比性。虽然旁观者基于想象而生成情感而当事人却基于真实的道德语境而生成情感，但这并不妨碍二者的情感具有可比性。不管是通过现实的语境还是想象的语境而生成情感，旁观者和当事人在生成情感的过程中都须受相同的自然情感自然生成机制的制约。那么当二者的情感具有合宜性时，也就意味着二者的情感均符合此情感机制。就此而言，在斯密的学说中，对于旁观者和当事人的情感来说，这种情感是产生于现实的语境还是想象的语境以及这种情感是否具有无偏性，诸如此类的问题都不再在这种道德情感哲学中被视为关键性问题。的确，斯密在《道德情操论》中甚至经常用现实的旁观者取代无偏的旁观者。对于斯密的道德情感哲学来说，最关键的问题是，不管是产生于现实语境中的情感，还是产生于想象语境中的情感，只要二者均面对相同的处境和相同的情感对象，那么就意味着旁观者和当事人都受到了相同的自然情感自然生成机制的制约。以此为基础，基于比较二者的情感所产生的合宜性就足以排除相对性从而享有普遍性的道德权威。问题是，对于位于同一道德语境并受制于相同的自然情感自然生成机制——同情机制制约的旁观者和当事人来说，在生成情感的过程中，二者却往往会产生不一样的情感。正因如此，这两种情感是否具有以对称性或平衡性的美学效果为表现形式的一致性就成了一个有待研究的问题，而合宜性则据此成了人们表达赞许的基础。

（一）道德赞同的基础：同情

道德赞同是情感主义道德判断的前提，情感主义道德判断以道德赞同进行自我表达。就此而言，讨论道德赞同，就是讨论道德判断。斯密认为，道德赞同有三种

来源：自爱、理性与同情，其中能成为道德赞同之基础的是同情。

　　自爱不是道德赞同的根基，斯密认为宣扬自爱能成为道德赞同的基础的体系是"存在大量的混乱和错误"①的体系，其"错误和混乱"有两种表现形式。第一种表现形式，是当人们从自爱出发赞同促进社会秩序的美德时，他们实际上忽视了赋予这种美德的原则本身。斯密认为，能促进自爱进行赞同的，是这种原则所产生的美。更确切地说，是同情机制所产生的合宜性之美，即，位于同一道德语境中的旁观者和当事人的情感所展现的对称平衡之美。第二种表现形式，是当人们从自爱出发对美德予以赞同时，并没有从所赞同的对象中获取利益，这种赞同背后隐藏的实际上是间接的同情。当一个人对另一个人的愤怒或高兴表达同情时，通常会被认为是出自自爱，但事实上，这是一种误解，因为"同情在任何意义上都不能被视为是一种自私本性"②。当旁观者设想自己处于当事人的处境中时就会产生同情，这种情感完全是因为当事人而起，丝毫不是因为旁观者自身而起。因此，斯密强调说同情根本不是自私。那么当我们基于自爱而对美德表达赞同时，我们实际上是基于同情而非利益在表达着我们的赞同。

　　理性不是道德赞同的基础。斯密认为，把理性视为道

---

① Adam Smith, *The Theory of Moral Sentiments*, edited by D. D. Raphael and A. L. Macfie (Liberty Fund, 1984), p. 315.

② Adam Smith, *The Theory of Moral Sentiments*, edited by D. D. Raphael and A. L. Macfie (Liberty Fund, 1984), p. 317.

德赞同的基础的做法不仅好笑且令人费解。美德是感觉的对象，仅因自身而被人从内心赞同。当人们表达道德赞同时，理性唯一的功能在于能向我们表明，感觉的对象是获得某种令人愉快或令人不快的东西的手段。但对于令人愉快的东西本身而言，只有以情感的形式从道德主体获取赞许或谴责才能因自身之故而受到赞同或反对。因此，美德或罪恶，不是理性予以评判的对象，只能是情感予以评判的对象。不仅如此，一个对象令人感到快乐或痛苦，其根源不是来自理性的区分，而是来自道德主体经由感觉而做出的区分。因此，理性不可能成为道德赞同或道德正误判断的根源。如果说道德赞同的基础是理性，那么它是一种来自自然、产生于自然情感之内且纯粹只代表自然力量本身的理性。这种意义上的理性绝非自古希腊以来就盛行于西方哲学且在西方哲学中占支配地位的那种理性。确切地说，这种意义上的理性实际上是蕴含于自然情感中的情感机制在道德赞同过程中呈现的理性化或拟人化表现形式。就此而言，表现为情感机制的同情原则自身可被视为一种新的理性原则，一种纯粹基于未受非自然因素干扰的自然法则而建立起来的理性原则。进一步说，由于以同情为表现形式，蕴含于自然情感内部的情感机制已被斯密等同于理性原则或良心，《道德情操论》经常把理性、良心、无偏的旁观者等并列或等同起来加以描述。例如，"能对抗最强烈自爱冲动的不是人性那温和的力量，也不是大自然在人类心中所点燃的微弱的仁爱火花，而是一种更为强大的力量，一种更为有力的动机，只有它在这种场合能发挥作用。它是理性、原则、良心、心中的那个居民、内心的那个人、我们行为的伟大的法官和仲裁人"①。值得注意的是，虽然这种理性不同于古希腊以来的西方哲学传统中的理性，但它却和那种理性一样享有普遍性和权威性。

道德赞同的基础只能来自情感。那么，什么情感能成为道德赞同的基础；更确切地说，能成为道德赞同之基础的情感是某种特殊本性所产生的情感还是由情感机制所产生的情感性原则。

把道德赞同的基础视为人性某一特殊本性所产生的情感，是哈奇森道德哲学的理论要旨。"道德感官"被视为能产生道德赞同的特殊本性。前文的分析显示，哈奇森基于"道德感官"阐述的道德判断原则，其理论基础是仁爱之情的后果。由"道德感官"所产生的道德知觉力是一种同视觉、触觉和味觉等外在感官类似的知觉能力，与外在感官不同的是，由"道德感官"产生的知觉力是一种能够以道德赞同的形式表达道德判断的知觉力。哈奇森基于"道德感官"这种特殊的感官能力或本性构造阐述道德赞同的原因与基础。倘若哈奇森始终坚持聚焦于蕴含在"道德感官"中的情感机制讨论道德赞同，或许哈奇森所讨论的道德赞同原则会早于休谟或斯密的同情机制而具有更彻底的自然化倾向，然而哈奇森终究没能迈出这一步。当哈奇森把仁爱之情的后果确立为"道德感官"进行道德判断的基础时，就意味着哈奇森把用以进行道德判断的"道德感官"等同于该感官需要予以判断的情感对象，同时，也

---

① Adam Smith, *The Theory of Moral Sentiments*, edited by D. D. Raphael and A. L. Macfie (Liberty Fund, 1984), p. 137.

意味着"道德感官"在把其评判对象——仁爱之情的后果确立为自身进行道德判断的基础时并没有严格基于内蕴于自身的法则或机制而找到道德判断的基础。此情此景，可谓鸠占鹊巢！

在斯密看来，哈奇森的这种做法十分荒谬。斯密指出，"尽管这位极有天赋的哲学家费尽心机把赞同原则建基于某种特殊的、类似于外在感官知觉的知觉能力之上，然而，他也承认从这种学说可以推出某种在很多人看来足以驳倒其学说的结论。他把隶属感官对象的特质归给了这种感官本身①，而这种做法是极其荒谬的。有谁曾想过把视觉称为黑色或白色？有谁曾想过把听觉称为高亢或低沉？又有谁曾想过把味觉称为甜蜜或苦涩？同理，按他的学说，同样荒诞不经的是，把我们的道德官能称为高尚或邪恶，以及道德意义上的善或恶。这些特质是那些官能的

---

① 所谓"隶属感官对象的特质"，指的是仁爱作为"道德感官"的判断对象所展现的特质。用哈奇森的话说，该特质构成了道德善的核心要素，即，"我们从行为中领悟到的某种特质，它会使未能从该行为获取益处的那些人对行为者给予赞同与赞可"。[Francis Hutcheson, *An Inquiry into the Original of Beauty and Virtue in Two Treatises*, edited and with an introduction by Wolfgang Leidhold（Liberty Fund, 2004），p. 85.] 在基于"道德感官"阐述道德判断原则时，哈奇森着眼于该特质，立足仁爱所产生的善的大小来评价仁爱的道德程度，认为道德判断要根据"最大多数人最大幸福"原则来进行。在斯密看来，这种道德判断原则已远远偏离了蕴含在"道德感官"之中的自然情感机制或自然法则。因此，这是一种极其荒谬的做法。斯密对哈奇森的批判表明他自己将聚焦于内蕴于"道德感官"的情感机制或自然法则来构建情感主义道德判断原则。当斯密在道德判断原则上沿着"自然化"进程做出这种努力时，这意味着斯密在讨论情感主义道德判断原则时把哈奇森的"道德感官"沿着自然化进程向前推进了一大步。

（评判）对象，而非官能本身"①。

实际上，在批判哈奇森基于"道德感官"而提出的以仁爱之情的后果为基础的道德判断原则时，斯密沿着蕴含在"道德感官"之内但却未被哈奇森充分阐述的内容——基于本性结构或构造而产生的自然情感自然生成机制——发展了"道德感官"。较之哈奇森的道德哲学，斯密的道德哲学在情感的名义下更专注于从蕴含在自然情感内部的情感机制或自然法则本身发掘出以道德赞同为表现形式的道德判断原则。一方面，它把一切宗教成分从道德判断原则中排除开来，与宗教有些许关联的哈奇森式"道德感官"概念被斯密彻底抛弃；另一方面，它杜绝了根据效用或情感后果阐述基于同情机制而产生的道德判断原则之基础的做法。因此，《道德情操论》既批判哈奇森提出的道德判断原则，也批判了休谟的效用说。在充分阐述蕴含在哈奇森的"道德感官"中的自然元素或自然情感机制的同时，这种道德哲学以最彻底的方式完成了苏格兰启蒙时代道德情感哲学的自然化进程。

研究显示，在斯密的道德赞同理论中，道德赞同虽依然具有情感形式，但是较之哈奇森所讨论的那种由"道德感官"直接产生的愉悦和不快之情，斯密道德哲学中的道德赞同所依靠的情感并不产生于某种"感官"，就其理论特色来说，它虽然具有主观化的情感表现形式，但却具有客观化的理论效力。确切地说，这种情感是以自然情感自

---

① Adam Smith, *The Theory of Moral Sentiments*, edited by D. D. Raphael and A. L. Macfie（Liberty Fund, 1984）, pp. 322 - 323.

然生成机制为内核的同情机制借着人类情感的形式在人性中的自我表现。用斯密的话说，道德赞同所依据的情感原则，是大自然之手创造出来的情感。它虽然表现于人类的情感之中并因此而具有主观性情感形态，但事实上，它唯一的故国却不是人而是自然，蕴含在自然情感内部的自然情感自然生成机制才是这种情感的唯一主人。就此而言，用以进行道德判断并表达道德赞同的情感，从根本上来说并不代表"人"的主观意愿，而代表以同情机制为表现形式的自然法则的大自然的意愿。美国德保罗大学沃哈恩教授（Patricia H. Werhane）的《亚当·斯密及其留给现代资本主义的遗产》也持有类似看法："同情是《道德情操论》的关键概念，它既不是一种激情，也不是一种情，而且也不是仁慈的来源。同情是赞同的源泉……道德规则是从某个特定社会断定应该被赞同的东西中发展出来的。"① 正是在这点上，斯密所提出的道德判断原则与哈奇森基于"道德感官"而提出的道德判断原则划清了界限。

对于哈奇森基于"道德感官"而阐述的道德判断原则来说，如果说用以进行道德判断的情感终究是一种属人的情感，那么斯密所阐述的用来表达道德赞同或责难的道德判断之情根本就不具有这种"属人"的性质，更确切地说，它是一种源于自然本身且属于自然的情感。这种情感虽然存在于人的身上且借着人类情感表达自身，但它本质上并不代表人自己。它被大自然创造出来并安放在人身

---

① 〔美〕沃哈恩：《亚当·斯密及其留给现代资本主义的遗产》，夏镇平译，上海译文出版社，2006，第57页。

上，它虽借着人类情感找到了自我表达的恰当方式，但它并不因此就可被视为属于人，毋宁说，它终究不属于人，仅仅属于自然。用斯密的话说："大自然在这里发挥着作用，就像在其他地方发挥作用一样，用最严格的管理之道，从一个相同的原因产生了大量结果。"①

斯密的道德情感哲学总是立足同情讨论道德赞同或道德判断，如果说同情基于合宜性而确立了道德赞同的标准，那么同情的本质是什么呢？上文的分析显示，同情之所以能为道德赞同提供理论基础，一方面是因为它能以自然情感自然发生机制的形式借助人类情感寻求自我表达，另一方面是因为它能以位于同一道德语境中的当事人和旁观者的情感之间的对称平衡美学特征为合宜性奠定理论基础。简言之，同情中同时蕴含着两种非常重要的元素：自然法则与美学原则。那么，何谓自然法则？何谓美学原则？对于斯密的道德情感哲学来说，孰轻孰重？我们将在下文讨论这些问题。

（二）同情中的自然法则

虽然具有人类的情感形式，但同情的源头活水终归不是人本身，而是情感机制或自然法则，更确切地说，同情是自然情感自然发生机制——同情机制借人类情感之名而做出的情感性自我表达。为了进一步阐明同情与自然情感自然发生机制之间的深层理论关联，且让我们再次简述斯密所说的同情的内在机理。同情不是共鸣，比如，我们和

① Adam Smith, *The Theory of Moral Sentiments*, edited by D. D. Raphael and A. L. Macfie (Liberty Fund, 1984), p. 321.

他人共同欣赏美丽的风景且产生了共鸣，我们也可以说这种共鸣之情是一种具有一致性特征的情感。但斯密认为，这种共鸣并不是同情，当我们和他人都基于相同视角欣赏相同对象时，由于欣赏视角具有同一性，即使我们和他人产生了具有一致性特征的情感，这两种情感之间也不包含任何可被称为同情的成分。那么同情是怎么产生的呢？同情产生于对当事人的处境的想象，这是第一步也是最基础的一步。为了使这一步变成现实，旁观者需要知道当事人的情感得以产生的那种境遇或原因。在这个意义上，同情不是因为受到对方情感的感染而产生，而是因为自己通过想象力假定自己落入了对方的处境，从而生发出来的一种情感。同情对情感赖以发生的语境的依赖远甚于对当事人所表现出来的情感的依赖，在同一语境中，即使当事人没有表现出某种情感，旁观者也可产生同情。例如，面对患病的孩子，母亲可以基于对孩子的处境的想象而产生悲伤或无助之情，但对孩子而言，由于缺乏思想和远见，或许并不会表现得悲伤或无助，顶多只是产生一种不舒服的感觉。虽然母亲基于想象而表现出来的情感和孩子本人实际表现出来的情感不一致，但斯密认为，这位母亲还是表现出了同情。由此可见，为同情所高度依赖的，不是当事人在道德语境或处境中表现出的情感，而是道德语境或处境本身。

对于受同情机制制约的旁观者和当事人的情感来说，二者都产生于相同的道德语境并遵循相同的情感机制。如此一来，二者应该展现出天然的一致性。用斯密的话说，二者在原因、动机、结果或强度上应该表现出一致性，然而事实却并非如此。因此，旁观者与当事人的情感是否具有一致性就成了重要理论问题，而通过着眼于这两种情感之间的关系或对两种情感进行对比分析，斯密为道德赞同找到了与休谟哲学截然不同的新基础。

为了进一步理解斯密的同情，可以把它与休谟的同情进行对比。二者都认为，在对他人的情感进行判断之前，首先必须对他人情感的道德价值形成认知。不过，就如何认知而言，二者却走上了两条截然不同的道路，而这正构成了二者所说的同情的内在区别。斯密主张通过情感生成的路径（原因、动机、结果、强度等）认知他人情感，而休谟则主张通过情感感染的路径认知他人情感。同情在休谟的道德情感哲学中不仅能促成情感与情感的传播与感染，而且能使其他个体通过该传播或感染机制认知或解读当事人的情感。因此，若要认知或了解他人的情感，第一件事是要通过观察他人情感所产生的后果——例如他人的脸色和言谈等——而使自己受到他人情感的感染。"当任何感情借着同情注入人心中时，那种感情最初只是借其结果以及传达其观念的脸色和谈话中的那些外在标志而被人认知。这种观念会被立刻转化为一个印象且要求此种程度的强力和活泼型，以至变为那个情感自身，并和任何原始感情一样产生同等情绪。"① 当我们因受他人情感的感染而对其形成一定认知后，我们并不能基于同情对他人的情感进行道德判断，因为休谟所说的同情机制是一种单向的、静态的情感机制，它并不能基于自身给我们提供道德判断

① David Hume. *A Treatise of Human Nature*, reprinted from the Original E-dition in the Three Volumes and edited, with an analytical index, by L. A. Selby-Bigge, M. A, (Oxford: Clarendon Press, 1896), p. 317.

原则。因此，当我们基于同情以快乐或不快的情感表现形式对他人表达道德赞同或谴责时，休谟认为必须求助于效用才能进行道德判断。就此而言，对于休谟的道德判断原则来说，单凭同情，我们并不能认识到他人情感的道德价值，必须辅之以效用，我们才能达到目的。

在斯密的哲学中，推动同情得以产生的缘由，不是当事人也不是旁观者，而是以自然情感自然生成机制为表现形式的自然法则。当旁观者通过想象把自身置于当事人的语境中并把自己的情感与当事人的情感进行比较时，我们就能得到以同情为基础的道德赞同原则。简言之，通过角色换位，使旁观者处于当事人的语境或使当事人处于旁观者的语境，然后对二者的情感进行比较。如果这两种情感具有一致性，那么就说明双方都在相同情感机制的作用下在同一道德语境中产生了相同的情感反应，或者说，双方的情感不仅符合情感得以产生的原因，而且具有合宜的强度和结果。就旁观者对当事人的情感或行为的道德价值的认知来说，基于同情——自然情感自然发生机制而产生的合宜性进行认知是斯密给我们指明的唯一路径。较之休谟给我们提供的认知路径，斯密提供的这种认知路径显得更具自然性。

斯密的"公正的旁观者"因对具体时间、地点和语境具有高度依赖性而时常被谴责具有浓厚的相对主义色彩。然而前文的分析显示，这种谴责是不公允的。对于旁观者来说，其道德判断建立在同情的基础上，而同情必须服从或遵循以自然情感自然生成机制为表现形式的自然法则。由于旁观者身上隐藏着一种可普遍化的、以自然情感自然生成机制为内核的自然法则，所以作为道德判断的主体，旁观者在进行道德判断的过程中，看似根据自己的主观情感，即，"我"用"我"的感官感受来判断"你"的感官感受，"我"通过"我"的眼睛所见到的一切来判断"你"的眼睛所见的一切而施以判断。但这并非真相本身，旁观者真正遵循的判断原则是早已暗藏于身的、可普遍化的、以自然情感自然生成机制为内核的自然法则，用斯密的话说就是，"我们据以自然地赞同或不赞同自己行为的原则，似乎同据以判断他人行为的原则完全相同"①。

那么受制于自然情感自然生成机制的道德判断过程是如何生成的呢？当旁观者在对他人行为进行判断的过程中，必须把自己分裂成评判者和当事人两个角色。"我仿佛把自己分成两个人：一个我是审察者和评判者，扮演和另一个我不同的角色；另一个我是被审察和被评判的行为者。"② 尽管把自己一分为二了，但由于二者都遵守共同的情感法则，而"我"之所以愿意以这种方式分裂自己，其表面原因是为自己的情感或行为寻求合宜性，但真正的原因是普遍化的情感法则必须以这种方式寻求自我表达。

（三）同情中的美学原则

在沙夫茨伯里和哈奇森等前辈的影响下，斯密的道德情感哲学中也富含美学元素，美德与美紧密相连。美德常

---

①　David Hume. *A Treatise of Human Nature*, reprinted from the Original Edition in the Three Volumes and edited, with an analytical index, by L. A. Selby-Bigge, M. A, (Oxford: Clarendon Press, 1896), p. 109.

②　Ibid., p. 113.

被描述为一种美，有美德的人在审美意义上是令人敬佩的人，"美德是卓越，是一种非同寻常的了不起与大美，远超粗野与平庸"①。斯密所讨论的美德是一种始终渴望得到他人认可的美德。以《道德情操论》第六卷所说的"值得赞扬"为例，当斯密讨论"赞扬"和"值得赞扬"时，他认为"赞扬"总离不开他人，而"值得赞扬"的行为或情感却往往可脱离他人为行为者独自认可。使情感或行为"值得赞扬"固然重要，但我们并不能由此就可无视他人的赞扬从而变成一个潜心内修的人，仅仅专注于用自己认为值得赞扬的东西去指导自己的行为，也不能仅仅满足于得到受我们自己认可的"值得赞扬"之物。斯密认为人群中只有少之又少的人才能做到这点②，也就是说，大多数人都寻求并依赖他人的赞扬。因此，被斯密认为"值得赞扬"的情感具有明确的社会性，而非那种修道院式的隔绝人世的情感。同理，美和美德一样渴望得到他人的认可，杰出的艺术作品和艺术家尽管自己可以通过把自己内化为无偏的旁观者而知道它"值得赞扬"，但它却总渴望得到公众的好评。"有一些非常高尚和美好的艺术，只有运用某种精确的鉴赏力才能确定其杰出程度，然而在某种程度上，鉴赏的结果似乎总是不确定。另外有些艺术，其成就既经得起充分论证，又经得起令人满意的检验。在角逐卓

---

① David Hume. *A Treatise of Human Nature*, reprinted from the Original Edition in the Three Volumes and edited, with an analytical index, by L. A. Selby-Bigge, M. A, (Oxford: Clarendon Press, 1896), p. 26.

② Adam Smith, *The Theory of Moral Sentiments*, edited by D. D. Raphael and A. L. Macfie (Liberty Fund, 1984), p. 127.

越的艺术家中，前者对公众评价的渴望远甚于后者。"①

此外，更重要的是，美学原则在为斯密所倡导的道德判断原则中占重要地位。当旁观者评判当事人的情感时，其基础不是先验理性原则，也不是预先确立的某种道德原则，而是以自然情感自然发生机制为内核的同情。自然情感自然发生机制是同情得以发生的内在动力。因此，要了解蕴含在同情中的美学原则，还是要从自然情感自然发生机制入手展开讨论。当旁观者通过想象把自己投射到当事人的道德语境并把该情感与当事人的情感进行比较时，就会产生同情。在此基础上，如果二者的情感具有类似性，那么这就说明二者的情感具有合宜性，否则就为不合宜的情感。合宜性内在地蕴含着以对称和平衡为表现形式的美学特征。就此而言，对行为之合宜与否的判断，从根本上来说，就是关于性格和行为之美丑的判断。甚至可以说，不管一种情感或行为是否内在地具有道德性，只要当事人的情感与旁观者的情感之间产生了一种对称与平衡效果，那么在斯密的道德哲学中就可以被视为被赞同的情感或行为。就此而言，对斯密所讨论的道德情感而言，其本质是受审美原则支配的情感。正如曾在哈佛大学哲学系任教、现在波士顿大学哲学系任教的查尔斯·格里斯伍德（Charls Griswold）教授所说，斯密学说中的道德快乐其实是一种审美快乐，"这种快乐就是通常所说的审美快乐，因为它由对自我和他人之间的和谐、对称与平静

---

① Adam Smith, *The Theory of Moral Sentiments*, edited by D. D. Raphael and A. L. Macfie (Liberty Fund, 1984), p. 123.

的理解所构成"①。

斯密依靠基于同情而生的美学效果阐述道德赞同或责难的内在原理。为了清晰地展示其美学效果，我们可再次将斯密的同情与休谟的同情进行对比。就旁观者和当事人之间的情感关系而言，休谟的同情是单向度的，仅代表情感与情感的相互感染，其单向度的链条可这样描绘：引起幸福或苦难的语境→主体的情感→同情或感染→我们或旁观者的情感。与道德中的同情一样，休谟所讨论的美学中的同情依然具有类似单向性，"在对于美的每个判断中，审美者的感受受到了旁观者的关注，且给后者传达类似的痛苦或快乐之感"②。然而斯密的同情却与此不同。斯密把休谟的单向度的同情变成了具有立体效果的情感图景。当事人和旁观者的情感都产生于相同的、导致幸福或苦难的天然道德语境，虽然二者存在想象和现实之别，但二者都共同受制于自然情感自然生成机制。因此，就情感是否与原因相一致等来说，这两种情感就有了可比性（见图2-1）。

图2-1 两种情感的比较

---

① Charls Griswold, *Adam Smith and the Virtues of Enlightenment* (Cambridge University Press, 1999), p. 111.

② David Hume, *Enquiries Concerning the Human Understanding and Concerning the Principles of Morals*, edited by L. A. Selby-Bigge, M. A. 2nd edition (Clarendon Press, 1902), p. 224.

　　被赞同的情感就是合宜的情感，而不被赞同的情感则是不合宜的情感，"没有合宜性就没有美德，哪里有合宜性，哪里就有赞同"①。那么，如何判断一种情感是否该被赞同？就情感的强度、后果和原因是否相符来说，当事人的情感与旁观者的情感之间是否具有相似性或对称平衡的美学效果，是决定一种情感是否具有合宜点的关键所在，也是决定其是否获得赞同的关键所在。为了进一步阐释斯密所说的合宜点，让我们再次把它与休谟的同情进行比较。休谟说过，当我们经由同情或感染而唤起了内心的怜悯和不安时，我们必定想要对苦难得以产生的原因有所知晓，而当我们知道了这个原因后，我们不会麻木不仁或漠然置之。例如，当我们看到一个人由于有权有势而常常欺压邻居，试图夺走邻居所继承的财产，长期搅扰邻居从而使之不能进行正常社交活动时，我们心中立即会产生义愤。对于休谟的道德哲学来说，旁观者的义愤不会被视为判断该邻居的情感是否合宜的参考标准。根据这种道德哲学，我们会认为该邻居值得怜悯，对于那个有钱有势的人的行为来说，我们会视之为不正义的行为，因为它损害了社会幸福和公共利益，所以应该受到谴责。然而在斯密的道德哲学中，有钱有势的人在这种语境中产生的情感之所以被视为不合宜的情感，其原因与休谟所述，即，损害了社会公共利益截然不同，而是因为该人的情感和旁观者的情感不能形成以对称或平衡为表现形式的美学效果。换句

---

① Adam Smith, *The Theory of Moral Sentiments*, edited by D. D. Raphael and A. L. Macfie (Liberty Fund, 1984), p. 294.

话说，当我们旁观者经由想象把自己置于相同的道德语境中时，不会产生和该人一样的情感。

进一步说，合宜点的本质是情感与情感的美学对称或平衡效果，而该美学效果得以确立的基础是自然情感自然生成机制。斯密所描绘的当事人和旁观者之间的情感经由比较而来的美学效果完全是一幅由自然之手绘制的美学画卷，是自然力，即，自然情感自然生成机制在人类情感领域内自然而然生发的美学效果。在此意义上，以自然情感自然发生机制为内核的同情在成为道德赞同基础的同时，也基于自身为自己找到了恰当的自我表达方式，即，基于情感与情感的对称平衡而来的合宜点。斯密所讨论的道德情感和道德判断原则都建立在以自然情感自然发生机制为内核的自然法则之上。他以一种最彻底的态度充分实现并完成了道德判断原则的自然化进程，即，以一种最彻底的方式或态度把道德判断原则变成了自然原则。换句话说，斯密以审美的方式为该法则找到了情感化表现形式和道德判断机制。

（四）自然法则与美学原则之间的优先性问题

把同情法则置于美学视域中，然后用审美的眼光解读同情法则，这种理论路径使斯密的伦理学变成了一种美学伦理学。美学和道德，经以自然情感自然生成机制为内核的同情机制牵线搭桥在斯密的哲学体系中实现了完美融合，最终产生了一种可以称为审美道德的道德学说。当美学原则被视为道德判断原则的核心组成部分时，以同情为基础的道德判断原则就同时具有了以自然法则和美学原则为表现形式的双重原则。那么，谁更重要或更具优先性呢？

西方学者曾对这个问题进行过讨论，韦伯州立大学（Weber State University）的罗伯特·福吉（Robert Fudge）认为美学原则在斯密学术体系中是最重要的原则。他甚至说斯密的整个学说都是一种"美学道德"①，他据此把斯密的美学理解为美学自然主义。无偏的旁观者不会创造道德而只是反映了一种先前早已存在的标准，福吉认为该标准的美学基础是自然主义。除罗伯特·福吉外，还有其他西方学者也持类似观点。例如，科罗拉多州立大学（Colorado State University）哲学系的丹·里昂（Dan Lyons）认为，"对斯密而言，道德赞许就是美学赞许的附属物"。他甚至说，《道德情操论》可以被命名为《规范情感论》。②曼彻斯特大学生物学教授、哲学家约翰·哈里森（John Harrison）认为审美和道德在斯密的道德哲学中不存在谁更具优先性的问题，"准确说来，对斯密而言，对美德和智慧的爱，很难说他是因为相信它更美才说它更道德，或者说，很难说他是因为相信它更道德才说它更美"③，哈里森的结论是，斯密在致力于创作一种审美道德。以上这些看法要么把斯密道德哲学中的美学原则看得高于自然法则，要么认为二者处于高度融合、难分伯仲的状态，然而这不是本书的观点。

---

① Robert Fudge, "Sympathy, Beauty, and Sentiment: Aesthetic Morality", *The Journal of Scottish Philosophy*, pp. 133 – 146.

② Day Lyons, "Adam Smith's Aesthetic of Conduct", *International Journal of Moral and Social Studies*, 1993, pp. 42 – 48.

③ John R. Harrison, "Imagination and Aesthetics in Adam Smith's Epistemology and Moral Philosophy", *Contributions to Political Economy*, 1995, pp. 91 – 112.

前文的分析显示，以同情为基础、以情感对称为表现形式的美学效果构成了道德赞同或道德判断的基础，那么可以据此认为美学原则在斯密的道德哲学体系中占据根本性的地位吗？答案是否定的。虽然以对称平衡为表征的审美原则在斯密道德哲学中具有重要地位，但它并非斯密道德哲学的深层理论基础，也非其终极理论目标。那么，什么是斯密道德哲学乃至全部哲学体系的终极理论基础呢？答案是：自然法则。斯密道德哲学中的自然法则是摆脱了一切异于自然法则的元素之干扰的自然法则，例如，理性、单一类型的自然情感或效用。在此意义上，也是以最彻底的方式在情感领域内实现了自然化目标的自然法则，或者说，是一种自由的自然法则。在此意义上，尽管沙夫茨伯里、哈奇森和休谟的道德哲学都曾以自然情感之名论证过自由的自然法则在道德判断中的基础性地位，但由于各种限制，这几种道德哲学均未以最自然或最自由的方式成功赋予蕴含在自然情感内部的自然法则以道德判断权和审美判断权，通过把同情机制进行审美化改造，斯密成功地以最自然、最自由的方式为蕴含在自然情感内部的自然法则赋予了道德判断权和审美判断权。因此，《道德情操论》虽然同时描述了以自然情感自然生成机制为内核、以同情为名的自然法则，以及以位于同一道德语境中的旁观者和当事人的情感与情感之间的对称平衡为表征的审美原则，然而就二者的理论地位来说，审美原则总是处于自然法则的支配之下，更确切地说，审美原则总是只能被视为自然法则的附属物。因此，当我们说合宜性是一种美的时候，那么这种美的根源或基础不是理性，也不是功利或效用，而是以自然情感自然生成机制为内核、以同情为名的自然法则。

较之审美原则，自然法则始终享有优先性，这意味着自然法则可以利用处于隶属地位的审美原则实现自身的意图。当这种思想从道德哲学中推演至政治经济学时，一如它曾成功地借助美学原则使自然法则成为道德哲学的支配性法则，在相同的美学原则的加持下，相同的自然法则在政治经济学中也随之变成了支配性原则。《道德情操论》第四卷第一章最后一段认为，社会公共福利是所有社会统治组织构架之价值大小的衡量标准，"所有统治组织架构的价值大小，完全与它们在多大程度上有助于增进它们所统治的那些人民的福祉成比例。这就是它们的唯一用途和目的"[1]。能为社会带来最大公共福利的社会组织架构就是最有价值的社会组织架构，那么什么样的社会组织架构能带来最大社会公共福利呢？《道德情操论》为这种组织架构提供了道德根据，即，人类一切情感或受情感推动的行为，若能符合合宜性原则，就不仅具有道德性而且也能给社会带来最大公共福利。

我们知道，莎夫茨伯里试图对"社会公共利益在人性中是否存有天然情感基础"这一问题给出不同于洛克与霍布斯的答案。这既构成了莎夫茨伯里创立道德情感哲学的初始理论动机，也构成了苏格兰启蒙时代道德情感哲学的重要理论课题。为了让以社会公共利益为目标的美德找到

---

[1]　Adam Smith, *The Theory of Moral Sentiments*, edited by D. D. Raphael and A. L. Macfie (Liberty Fund, 1984), p. 185.

天然情感基础，沙夫茨伯里和哈奇森都认为，人性中存在以社会公共利益为目标的天然情感，在前者看来，这种天然情感被称为自然情感或整体性情感，而在后者看来，这种天然情感是普遍而平静的无功利的仁爱。当苏格兰启蒙时代的道德情感哲学发展到斯密这里时，他认为，社会公共福利不会立足于人性中的某种天然情感而产生，而所谓仁爱，只是对自爱的克制罢了，自身并不包含以社会公共福利这一情感目的。不仅如此，如果要使不关心国家利益的人建立公共美德和国民福利意识，如果直接告诉这些人国民的福利如何重要，那么这种方法毫无用处。因为它无法唤起这些人对社会公共福利的热爱之情，也无法使他们投身于社会公共福利事务之中。该怎么做才能唤起这些人对社会公共福利的兴趣与热情呢？斯密认为，要对这些人描述宏大公共政治体系的美。例如，给一个不具有公共精神的人描述可以增加公共利益的政治制度之美，如该制度各部分之间的联系、依存和从属关系等。只要做到了这点，即使对于不怎么关心社会公共精神的人，也会立即产生一种热心公益的精神，至少会产生一种消除障碍让一种充满美感的国家机器正常运转的愿望。用斯密的话说，这种办法"至少有助于激发人们的公共激情，并鼓励他们去寻找增进社会幸福的办法"[1]。美在这里无疑充当了使社会公共福利得以实现的工具。

当斯密用自然情感自然生成机制的美学效果来定义合

---

[1] Adam Smith, *The Theory of Moral Sentiments*, edited by D. D. Raphael and A. L. Macfie (Liberty Fund, 1984), p. 187.

宜性的本质时，当自然法则在此过程中被赋予优先性时，就意味着斯密倡导的以同情为内核、以审美原则为表征的道德判断原则无法对美德给予规范性描述。由于美学原则并不具有道德规范性，所以在人与人的交往中，只要不违背以自然情感自然生成机制为内核的自然法则的行为，所有行为都有可能是合宜的行为。在此意义上，《道德情操论》第七卷指出，构成美德的不是某一种单一的情感，而是心灵中的各种情感保持在合宜的范围之内："美德并不存在于任何一种感情之中，而是存在于所有感情的合宜程度之中。"① 由于同情原则没有对美德给予明确的肯定性规定，所以美德的内涵处于被虚置②的状态。更确切地说，斯密道德哲学在讨论道德赞许或道德判断时，所依靠的合宜性原则是一种不包含任何情感元素的纯美学形式上的道德规定。为了获得合宜性，旁观者和当事人无须寻求道德的内在情感规定，只需具有敏锐的情感感知能力即可。约瑟夫·克洛普西（Joseph Cropsey）在《国体与经体：对亚当·斯密原理的进一步思考》中把亚当·斯密描述的道德判断过程比喻为能敏锐感知外界声音的音叉。③ 正如音叉需要靠其灵敏性而获取准确的音频一样，为了获取具有合宜性特征的美德，斯密要求一种精细化的能力（delicacy）。道德和审美一样，都蕴含着一种对趣味的品鉴（perception

---

① Adam Smith, *The Theory of Moral Sentiments*, edited by D. D. Raphael and A. L. Macfie（Liberty Fund, 1984）, p. 306.

② 罗卫东：《情感 秩序 美德》，中国人民大学出版社，2006，第185页。

③ Joseph Cropsey, *Polity and Economy: Further Thoughts Principles of Adam Smith*（St. Augustine's Press）, 2001, p. 15.

of taste），其目的都指向一种美学效果。然而进一步的研究显示，由这种受美学效果的约束而产生的合宜点，实际上并没有什么情感内容，因为它本质上是一种美学上的对称平衡效果。在这个意义上，我们甚至可以进一步说，斯密所讨论的道德判断或道德赞同原则，实际上是剥离了人类情感内容的自然法则或自然逻辑。在更宽泛的意义上，我们甚至可以说，斯密所讨论的道德，如同其美学思想一样，都共同隶属自然法则或自然逻辑。西方伦理思想史的发展轨迹显示，斯密的这种思想，很快受到了以康德为代表的欧洲启蒙思想家的批判。道德原则和自然法则到底是什么关系？当斯密把道德置于自然法则之内时，他的批判者们却旗帜鲜明地宣称，道德必须与自然法则划清界限。如果斯密所提出的道德哲学思想在伦理学领域受到了来自康德等思想家的批评，那么对于由这种道德哲学作为世界观所衍生开来的政治经济学来说，其命运或发展路径显然要顺利得多。《道德情操论》阐述的道德观和自然观直接为《国富论》奠定了理论基础，在此意义上，《国富论》可被视为对《道德情操论》所描述的道德理论的具体应用。更确切地说，是把《道德情操论》所阐述的道德原理应用于社会公共福利领域内的必然结果。在"社会公共福利如何实现"这个问题上，我们完全可以认为斯密的确找到了一条不同于沙夫茨伯里、哈奇森与休谟的理论路径，不仅如此，我们甚至可以据此而进一步说所谓"斯密问题"的确是一个因误读而产生的伪问题。

值得注意的是，虽然以自然法则为内核的形式化的美学原则剥离了道德判断原则中的规范性内容，但它却为道德判断原则提供了底线。那么这种伦理底线是什么呢？答案是：非正义的行为。斯密认为该原则本身是"准确的、精确的、不可或缺的……正义的准则是唯一精确和准确的道德准则，所有其他美德都是含糊的、模糊的和不明确的"①。斯密把正义比作语法规则，而把后者比作语言的应用过程。简言之，较之对美德进行具体规定，斯密更重视底线伦理。

---

① Adam Smith, *The Theory of Moral Sentiments*, edited by D. D. Raphael and A. L. Macfie (Liberty Fund, 1984), p. 327.

第三章　道德情感自然化

　　苏格兰启蒙时代的道德情感主义者们创立道德情感主义理论之时的"初心"，始于对道德情感之内在自然性或天然性特征持有十分朴素的信念，但是要对"自然情感何以能自然而然地成为道德情感"给予理论阐述，实非易事。不同的情感主义者对这个问题的回答和他们对道德判断标准的讨论保持了高度一致性，正如情感主义者们在道德判断标准上经历了一个长时期的探索才把自然情感自然生成机制确立为道德判断原则的基础。在面对"自然情感何以能自然而然成为道德情感"这个问题时，也是在经历了相当长时期的艰辛探索后，具有自律本性的自然情感最终才得以名正言顺地成为道德情感。因此，在讨论完道德判断标准的自然化进程之后，当我们讨论道德情感自然化进程时，我们需要注意到，该进程虽然和道德判断标准自然化进程紧密相连，但其本质却和前者不完全相同，或者说，它有着自己的独特内涵。

　　在道德判断原则自然化进程的引领下，当苏格兰启蒙时代的道德情感主义者们沿着情感的自然化进程讨论"自然情感何以能自然而然成为道德情感"这个问题时，该进程也经历了一个不断排除异己的过程。所谓异己，指的是有异于自然情感本身的某种元素，例如，宗教、理性、单一类型的自然情感①或效用等。在非宗教的语境中基于自然情感讨论道德情感，该传统首先由沙夫茨伯里开创，其后继者们在讨论道德情感问题时也均有意与宗教保持了距离。因此，当他们讨论"自然情感何以能构成道德情感"这个问题时，由于对宗教持有一种明确的排斥态度，宗教并未作为一种强有力的异己对自然情感的道德价值造成干扰。较之宗教，理性、单一类型的自然情感和效用对自然情感的道德价值造成的干扰要大得多。因此，当苏格兰启蒙时代的道德情感主义者们基于自然情感讨论道德情感的构成时，他们面临的理论任务是如何一步步把理性、单一类型的自然情感以及效用从自然情感的道德价值中排除出去，最终让自然情感仅凭自身的自律法则而获取道德价值。据此而言，自然情感沿着自然化路径不断获得道德价值的历史过程可这样描述：理性指导下的自然情感 → 受仁爱规定的自然情感 → 受效用制约的自然情感 → 受合宜性约束的自然情感。自然情感所接受的四种不同制约力量分别代表着道德判断原则在自然化进程上的不同发展阶段，也暗示着自然情感在获得独立道德价值的过程中经历了一个从他律走向自律的过程。当自然情感接受来自理性、单一自然情感以及效用的约束而变成道德情感时，就意味着自然情感因受到某种异己的约束而成为道德情感。

①　这里指的是哈奇森道德哲学中的仁爱。在各种类型的自然情感中，哈奇森对仁爱存有偏爱，不仅视之为道德的基础，也视之为道德感官的基础。因此，仁爱作为单一类型的自然情感在哈奇森道德哲学中享有高于其他一切自然情感的独特道德价值。

因此，我们认为，自然情感因他律而成为道德情感。源于合宜性的约束意味着接受蕴含在自然情感内部的情感机制的约束，该约束力量与自然情感具有相同的本质，所以当自然情感因受合宜性的约束而成为道德情感时，我们认为它实现了自律。就此而言，道德情感自然化进程也就是自然情感在成为道德情感的过程中从他律走向自律的过程。

一　理性的预制

在英国伦理思想史上，伦理学开始以自然情感为基础并从自然情感出发解释道德以及与此相关的社会诸问题，该传统始于沙夫茨伯里。对此，西季威克的《伦理学史纲》这样评价沙夫茨伯里的历史地位："把自然情感视为人与人之间联结的纽带，尽管沙夫茨伯里不是第一人，在早期思想家中，坎伯兰（Cumberland）详细讨论过这个问题，克拉克也用这种观点对他所解释的普遍仁爱的抽象理性进行过补充。然而，在沙夫茨伯里之前，没有任何一位道德学家把这种观点确立为体系的基础，没有人明确地把伦理学关注的中心从理性——这种理性要么被视为抽象的道德原则，要么被视为神圣立法的法则——转移到能激发社会义务的情感冲动上来，没有人试图通过仔细地分析经验来明确地区分我们本性中的无功利元素和关注自我的元素，或以归纳的方式论证二者的完美和谐。"① 西季威克指出，自沙夫茨伯里之后，英国道德哲学的理论兴趣发生了

---

① Henry Sedgwick, *Outlines of the History of Ethics for English Readers* (The Macmillan Company, 1906), p. 184.

转移："沙夫茨伯里《论特征》一书的面世，标志着英国伦理思想史的转折。对于自此之后的道德学家们而言，对抽象理性原则的思考退居到了幕后，取代其位置的是对人类心灵进行经验研究，对心灵中实际运行的各种冲动与情感进行观察。"① 沙夫茨伯里之所以开创具有这种理论特征的道德情感主义传统，重要动机源于他对洛克和霍布斯伦理学的不满。前文说过，由于洛克与沙夫茨伯里家族以及沙夫茨伯里本人有着非同寻常的关系，所以沙夫茨伯里虽然对洛克伦理学感到不满，但却几乎未在《论特征》中大张旗鼓地批判洛克。他明确批判乃至嘲弄的哲学家是霍布斯和霍布斯式自私的伦理学。

　　霍布斯的伦理学认为美德不会源于自然情感，人与人之间的自然状态的关系就如同野兽与野兽的关系一样，自然情感不可能为我们提供道德的源泉，"自然的智慧之德并不是一个人与生俱来的。因为与生俱来的东西不过是感觉，而且在这方面，人与人之间与野兽之间都几乎没有什么区别，所以不能被视为德"②。霍布斯的伦理学把自爱视为人性中唯一处于支配地位的激情，在这种视角下，社会从本质上来说与人类的情感相对立，它只是为了人们彼此更好地满足自己的自爱之情而订立的契约罢了。

　　与此类似，道德被认为没有人性现实基础，仅仅是一种主观发明而已，其目标是更好地满足自爱这种激情的目

---

① Henry Sedgwick, *Outlines of the History of Ethics for English Readers* (The Macmillan Company, 1906), p. 190.
② 〔英〕霍布斯：《利维坦》，刘胜军、胡婷婷译，中国社会科学出版社，2007，第103页。

标。生活本身被理解为受自私的激情所支配的产物，建立在关爱和怜悯基础上的道德准则被视为外在于人性的东西。在某种意义上，人们彼此即使产生一点点少之又少的关爱和怜悯，其终极目的也只是更好地满足自爱罢了。自爱不仅是占主导地位的激情，而且是所有其他激情赖以产生的母体，利己主义是唯一适合人性的伦理学原则。用沙夫茨伯里的话说，"这类人从来不会在友谊中对他人敞开心扉。他们没有寻找真理的激情，也没有对人类的爱。他们对宗教或道德没有异见，但一旦有机会，他们知道如何利用二者"①。自私的伦理学必然产生两个后果：其一，消除人与人之间友善关系的自然情感基础，消除人与人之间保持亲密联系的人性基础；其二，生活只受到以利益为表征的机械法则的支配，机械法则约束下的人失去了高贵的自由。沙夫茨伯里非常反感霍布斯的这种伦理观。他把霍布斯的这种伦理学视为"对上帝、世界以及人类的亵渎"②。在他看来，霍布斯的伦理学用阴暗的笔调描述世界，根据其伦理学，不仅受机械法则支配的上帝没有仁爱，而且人类本身也被描述为邪恶，一切美好的品质都建立在因掩饰自爱而来的伪善或因拒绝自爱而来的反人性的基础上。沙夫茨伯里认为，霍布斯的伦理学只适合奴隶，绝不适合自由人。因为自由人首先是道德的，而自私的伦理学从开始的

---

① Anthony Ashley Cooper, Third Earl of Shaftesbury, *Characteristicks of Men*, *Manners*, *Opinions*, *Times* (Volume 1), Introduction by Douglas Den Uyl (Liberty Fund, 2001), p. 59.

② "Article on Shaftesbury's characteristics", *Fraser's Magazine*, 1873, p. 88.

时候就注定了自爱与道德之间对立。在反驳洛克和霍布斯的伦理学的同时，沙夫茨伯里使自己的伦理学变成了英国伦理思想史的转折点。从此之后，基于英国经验主义哲学而建立起来的伦理学开始基于人的内心体验和蕴含在人性内部的自然情感讨论道德问题和与此紧密相关的社会问题。

在情感的自然化进程中，作为第一个情感主义伦理学家，沙夫茨伯里在这一历史进程中第一次为我们指明了自然情感的道德价值，也第一次为社会美德和社会秩序找到了位于人性之内的自然情感基础。然而作为情感的自然化进程中的第一位道德情感主义者，沙夫茨伯里在做这一切的过程中，依然深深地受到了理性的影响。因此，在以自然情感为基础讨论"何谓道德情感"或"道德情感何以构成"等问题时，沙夫茨伯里的道德情感思想显示了浓厚的理性色彩。

（一）道德的基础：情感

道德的价值从何而来？流行于沙夫茨伯里时代的道德哲学认为，道德的价值不来自自身，而来自与美德有关的恩惠或益处。然而沙夫茨伯里并不同意这种观点，他这样评价这种观点："人们把美德变成了一种可交易的商品，喋喋不休地谈论它所带来的回报，这种风气很盛行，以至于几乎没有人能说清楚美德内部到底有什么东西是值得回报的。不管是因为受到贿赂还是因为受到恐吓，由此产生的诚实，都不代表真正的诚实或价值。是的，我们可以占尽一切便宜，也可以把我们的盈余馈赠给我们喜欢的人。然而主动奖励既不受尊敬也不配得到奖励的人，这里面不包含过人之处，也没什么智慧可言。如果美德的确不因自身而受人称道，那么追求美德仅仅是因为美德可以使人得到好处，我看不出这里面有什么可称道的东西。"① 不仅如此，沙夫茨伯里还认为，一个人如果不是出于自身的性情而是出于对与道德相伴的好处的喜爱而热爱道德，那么这就是对道德的败坏，即，"如果热爱行善这种行为本身不是一种良好且正当的性情，我看不出来它何以能成为善或美德。如果这种性情是正当的，那么把它用于谋取回报，使人对伴随着它的种种恩惠和好处进行想象的同时又不显示它的内在价值，这种做法就是对它的败坏"②。

　　道德因自身而有价值。道德自身的价值从何而来？沙夫茨伯里的答案是，道德自身的价值从情感而来。对于人来说，凡是与情感无关的行为，均无法用善恶予以衡量。唯有与情感有关的行为，才能用善恶予以衡量，即，"在一个理智的人身上，毫不涉及情感而做的事情，在那个生物的本性中既不构成善也不构成恶，只有当与该人相关体系之善或体系之恶成了推动该人的某种激情或感情的直接对象时，该人才能被视为善或恶"③。在此意义上，道德哲学的任务就要向人们指明，哪些情感是善的，哪些情感是恶的。

　　那么何种情感能成为道德的基础与来源呢？要使一种情感得以成为道德的基础与来源，需要考虑两方面的内容。一方面，道德的本质与情感的对象有关；另一方面，道

① Anthony Ashley Cooper, Third Earl of Shaftesbury, *Characteristicks of Men, Manners, Opinions, Times* (Volume 2), Introduction by Douglas Den Uyl (Liberty Fund, 2001), p. 61.

② Ibid., pp. 61 – 62.

③ Ibid., p. 12.

德的本质与情感自身的比例或尺度有关。就感情的对象来说，情感必须以物种或种族的公共善为对象才能有成为道德的可能性。沙夫茨伯里认为，必定会影响或推动人的行为的感情或激情只有三种：自然感情、自我感情和不自然的感情。第一种是自然感情（natural affection），它的目标是公共善，也就是公众之善。第二种是自我感情，它的目标只是私人善。第三种既非自然感情，也非自我感情，其目标既非公共善，也非私人善，而是对公共善和私人善的背离，这种感情可以被称为不自然的感情。这三种情感构成了道德哲学的讨论与评价对象，用沙夫茨伯里的话说，"根据这些感情，被造物就必定可以分为有德或无德，善或恶"①。在这三种情感中，能成为美德之来源的情感是自然情感和自我情感，用沙夫茨伯里的话说，"最后一种感情，明显全然为恶。前两种感情，根据其程度，既可为善，也可为恶"②。最后一种情感之所以全然为恶，是因为与它有关的对象既和公共善无关也和私人善无关，而前两种情感之所以既可以为善又可以为恶，原因在于，尽管它们的情感目标和公共善并不相悖，但是如果超过了一定的比例，这两种情感都有可能走向公共善的反面，从而成为不具道德性的情感。因此，要使自然情感成为道德情感，必须考虑情感的度。

（二）适度与理性：情感的道德保障

虽然自然情感和自我情感因具有恰当的情感对象而具有

---

① Anthony Ashley Cooper, Third Earl of Shaftesbury, *Characteristicks of Men, Manners, Opinions, Times* (Volume 2), Introduction by Douglas Den Uyl (Liberty Fund, 2001), p. 50.

② Ibid. , p. 50.

成为道德情感的潜能，但要把潜能变成现实，二者还须接受适度和理性的双重约束。在对该观点进行论述时，沙夫茨伯里的哲学一方面展现了全新的哲学开拓精神，另一方面又体现了深受理性束缚的无奈。这一切都说明，作为新理论的拓荒者，沙夫茨伯里走过的路，既充满希望又障碍重重。

1. 适度

任何一种感情，不管是自然感情、宗教感情，还是公共感情或自我感情，都要保持适度。这样才是道德的感情，否则，都会失去其道德价值，"太强的自然感情或太弱的自我感情，尽管常常被赞许为德行，然而，严格说来，却是一种恶行和不完善"[①]。沙夫茨伯里认为，各种激情只有保持在适度的范围内，人才能过一种平衡的生活，正如不同乐器的弦的绷紧程度是不一样的，不同生物物种的激情也具有不同的强度，但就该生物内部而言，不同的激情之间应该保持平衡。保持激情平衡的目的是物种的保存。因此，判断一种感情是否适度，应该依据"特殊被造物或物种的体格结构或治理之道（oeconomy）[②]"[③]。所谓体格结构，即指各种激情要与该物种的体格结构保持一

---

① Anthony Ashley Cooper, Third Earl of Shaftesbury, *Characteristicks of Men, Manners, Opinions, Times* (Volume 2), Introduction by Douglas Den Uyl (Liberty Fund, 2001), p. 56.

② 在谈到动物的激情的平衡法则时，沙夫茨伯里反复用到"oeconomy"一词。就该词在文本中的意思而言，指的是大自然针对不同物种而设定的不同管理或治理方法。在此意义上，我们根据不同的语境把"oeconomy"翻译为"治理之道"。

③ Anthony Ashley Cooper, Third Earl of Shaftesbury, *Characteristicks of Men, Manners, Opinions, Times* (Volume 2), Introduction by Douglas Den Uyl (Liberty Fund, 2001), p. 53.

致。为什么感情或激情要与体格结构一致呢？"因为引起
某种正确目的的激情，只有在具有这种强度时，才会更有
益、更有效。只要激情的强度不会引起内在的紊乱，也不
会导致它与其他感情之间的比例失调，那么这种激情，无
论多么强烈，都不能说是恶。可是，若使所有激情都与它
处于对等比例，只要被造物的体格无法承受，那么就说
明，只有某些激情可以达到这种高度，而其他激情均无法
如此，也不可能形成同样的比例，那么，那些强烈的激
情，尽管属于更好的类型，也会被认定为过度。因为与其
他激情比例不等并在广义上引起感情失衡，所以必然会导
致行为失衡，并产生错误的道德实践。"①

所谓治理之道，指大自然基于治理物种并保护其生命
的需要而给物种赋予某种感情或激情。或许这种激情在理
性观察者看来是强烈的，但它却符合该物种自身的生存需
要，有利于该物种更好地保存生命并繁衍不止。例如，对
于未被自然赋予自我防卫能力的被造物而言，它们必须拥
有极敏锐的惊恐之情和极少的憎恨之情才能有效保护其生
命。因为憎恨会引起它们的反抗并延迟逃跑，而惊恐这种
激情却可以使它们的感官保持警惕，在遇到危险后随时准
备逃跑。因此，惊恐这种激情完全符合物种的体格和大自
然的治理之道。② 相反，勇气不符合这种治理原则，因而
是一种恶。即使在同一个物种之中，这种惊恐的程度也会

---

① Anthony Ashley Cooper, Third Earl of Shaftesbury, *Characteristicks of Men*, *Manners*, *Opinions*, *Times* (Volume 2), Introduction by Douglas Den Uyl (Liberty Fund, 2001), p. 53.

② Ibid., p. 53.

根据性别、年龄、成长状况不同而不同。成群出入的食草动物与成对出入的食草动物对惊恐的感知度不一样。这类不具攻击性的动物，并非完全没有勇气，而是根据不同的体格结构与力量而具有不同的勇气。当危险来临，牧群四散而逃时，公牛会挺身而出，抗击攻击它们的狮子或其他野兽，显示与其体格结构相称的勇气。对于雌鹿、雌兔等毫无攻击性的被造物而言，当它们面临敌人时会弃子而逃。沙夫茨伯里认为这其中没有什么恶或不自然，因为只有依靠这种激情，该物种才会得到保存。对于有抵抗力、天然有攻击能力的被造物，哪怕是最弱小的昆虫，如蜜蜂或黄蜂，在生命遇到危险的时候，也会自然而然地用狂怒对抗敌人或入侵者。对它们而言，狂怒这种激情会保障这种物种的安全，使这种物种在必要时以生命相搏而使人不至于毫发无损地伤害它们。

以公共利益为目标的自然感情，若要获得道德价值，就须保持在适度的范围内，"自然感情，在特殊情形中，若过度，就会处于不自然的程度"①。例如，怜悯如果过度，就会破坏其目的，使安慰和救济无法实现；对后代的爱如果过度，就会败坏父母和后代。② 激情若失度，就"必然引起偏执和不公正，因为只有一种义务或自然部分热切地受到了关注，而应该与之相伴随并或许会取代它或

---

① Anthony Ashley Cooper, Third Earl of Shaftesbury, *Characteristicks of Men*, *Manners*, *Opinions*, *Times* (Volume 2), Introduction by Douglas Den Uyl (Liberty Fund, 2001), p. 51.

② Ibid. , p. 51.

优于它的其他部分与义务却受到了忽视"①。因此，使情感保持在适度的范围内，不仅有益于感情的平衡，而且有益于实现各种感情所指的不同目标。

同理，对于以自我利益为目标的自我感情，例如，对生命的爱、对伤害的憎恨、对美食的喜爱、爱欲、对舒适的喜爱、对懒散和休闲的喜爱等，也须保持在适度的范围内。自爱这种感情，若要具有道德价值，则既不能太强也不能太弱，"这种感情，若有节制，并保持在一定的限度之内，就既不会伤害社会生活，也不会妨碍德性"②。一旦发展到极端，无论是过强还是过弱，不管是对社会还是对个体，都会成为有害的情感。③ 自我感情如果过弱，就会成为不自然的感情并因此失去道德价值。当自我感情过弱而公共感情却过强时，似乎会显得极富道德性，"仅仅因为这个原因，被造物就在道德的维度内诚实地行动。因此，由于失误而忽视了自己的生命，仅凭最低程度的自然感情，一个人就能做出最强烈的社会之爱或最狂热的友情所能做的一切。因此，极为胆怯的被造物，凭借过度的自然感情，也会做出最大的勇气所能做的一切"④。然而，沙夫茨伯里认为，这并非好事，因为它直接导致被造物自身生命受到漠视与损害。同理，过强的自我感情，也是不自然的感情，是同善对立的感情。比如，对生命的热爱之

---

① Anthony Ashley Cooper, Third Earl of Shaftesbury, *Characteristicks of Men*, *Manners*, *Opinions*, *Times* (Volume 2), Introduction by Douglas Den Uyl (Liberty Fund, 2001), p. 51.

② Ibid., pp. 80 – 81.

③ Ibid., pp. 80 – 81.

④ Ibid., p. 53.

情，无疑是一种典型的自爱，可是这种情感也须保持在适度的范围之内才会成为善的情感，一旦这种感情"太过强烈或超出了节制的范围，就会与被造物的利益、幸福和善形成对立"①。

当生命对人而言变成了一种不幸时，例如，在风烛残年之时遭遇重病的折磨与摧残，沙夫茨伯里认为，如果在这种状态下延续生命，那么这不仅不是善，而且是最大的残忍。苟延残喘之人以不恰当的高价购买生命的同时自己也遭遇了巨大的折磨，虽然这种现象很常见，但它却有损被造物自己的利益和幸福，直接使被造物与自己为敌。通过各种手段在各种情形中维护被造物的利益，这种行为是得到上天许可的行为，然而如果这种激情超出了一定的限度，就会有违被造物的利益，因为它无助于被造物达到自己的目的。比如，对死亡的担忧会使人无法用恰当的行为和缜密的思考来保卫自己的生命，因为担忧这种激情本身是一种让人痛苦的情感，它使人产生压抑感，让我们的生活变得痛苦不堪，丧失内在的生活质量，还会使我们产生吝啬感和低贱的自大感，使我们有违自然天性从而做出自己也弄不明白的事情。这时候，生命就会变成可悲的赃物，因为所有的慷慨和有价值的东西都因生命的保存而受到了抛弃。就此而言，自爱这种激情，如果不加以节制，不仅不会有效促进我们的利益，相反还会与我们的利益相悖，让我们陷入不幸和不快。在社会生活中，当自爱之情

---

① Anthony Ashley Cooper, Third Earl of Shaftesbury, *Characteristicks of Men*, *Manners*, *Opinions*, *Times* (Volume 2), Introduction by Douglas Den Uyl (Liberty Fund, 2001), p. 83.

在我们心中变得越来越强烈时，我们的行为就会变得越诡秘虚假，失去天性的慷慨、大度、真诚、思想的安宁、信任和信心，从而使我们在丧失自然情感的同时远离社会，造成更糟糕的后果。"我们越这样一天天远离社会和同伴，对使人呼朋唤友的激情就越怀有最大的恶意，然而与人为伴的激情又是我们与他人结成社会与友情所必不可少的情感。在这种情形下，我们必定会压制我们的自然的善良感情，因为它们会把我们引向社会之善，从而不利于我们一心呵护的私人善与私人利益。"① 由此看来，"自私的激情是导致我们丧失天然感情的确切原因"②。这一切都向我们表明，在社会层面，一如对自我利益的维护一样，过于强烈的自爱之情在驱逐或扭曲其他一切天然感情的同时最终必然会损害我们一心维护的自我利益。

2. 理性

沙夫茨伯里为道德打开了情感之门，把道德的基础奠定为情感。可在他的道德情感哲学中，一种情感想要成为道德的情感，终究还是要受制于以理性为主要特征的"道德感官"的约束才能达到目的。尽管源于自然的管理之道可以为自然情感提供适度的标准，但自然情感的道德价值最终还是取决于理性，其理由在于灵魂具有双重属性。沙夫茨伯里把理性与情感（欲望）视为两个自我：一个是我们从拥有理性的第一缕黎明之光或我们出生时就开始拥有

---

① Anthony Ashley Cooper, Third Earl of Shaftesbury, *Characteristicks of Men, Manners, Opinions, Times* (Volume 2), Introduction by Douglas Den Uyl (Liberty Fund, 2001), p. 93.

② Ibid., p. 93.

的精灵、恶魔、天使或守护神；另一个则是我们每个人自我内心深处的对话对象。① 两个自我赋予我们的人格以二重性。在此意义上，沙夫茨伯里认为苏格拉底所说的"认识你自己"其实就是要提醒我们认识到这种人格二重性。一旦我们认识到这点，我们随之面临的问题是：在以理性和激情所构成的二重性人格中，哪一个更重要？如传统理性主义者一样，沙夫茨伯里认为理性更重要。欲望是理性的兄长，由于长得强壮，可随时占尽一切便宜，当欲望与理性较量时，意志像足球一样被二者踢来踢去，最终欲望放弃了意志这个足球，乖乖回到理性身边，从此以后，欲望变得更加通情达理并"开始尽可能与年幼的兄弟进行公平的游戏"②。无论游戏是否公平，激情或欲望最终还是回到了理性的控制之下，接受了理性提供的游戏规则。

在灵魂的双重属性中，理性终究还是占主导地位，那么对于情感哲学来说，如何使激情或欲望服从理性？沙夫茨伯里提供的方法是独白法。所谓独白法，就是要使理性和激情"具备适当的外形与人格"③ 并在内心进行亲密对话，最终使理性驯服激情。沙夫茨伯里秉承这种思路讨论道德情感问题，他认为理性在道德中享有基础性地位，理性被视为美德得以生成的基础。因此，美德对理性以及由理性所产生的知识具有高度依赖性，"美德或德性

---

① Anthony Ashley Cooper, Third Earl of Shaftesbury, *Characteristicks of Men*, *Manners*, *Opinions*, *Times* (Volume 1), Introduction by Douglas Den Uyl (Liberty Fund, 2001), p. 106.

② Ibid., pp. 116 – 167.

③ Ibid., p. 117.

依赖于对与错的知识，依赖于理性的应用，以便确保感情的正确应用"①。理性是美德的保障，"理性被造物在不同程度上分有美德"②，所以只要有理性且处于理性状态，人就可享有美德。不仅如此，沙夫茨伯里甚至认为，"仅凭优良的理性，就能形成正当的感情、统一及稳定的意志与决意"③。

在确立自然情感的道德地位的过程中，沙夫茨伯里认为理性的作用要大于感官产生的苦乐感对人的影响，有时甚至可以取代感官的苦乐感而单独发挥作用。就苏格兰启蒙时代道德情感哲学的自然化进程来看，沙夫茨伯里提出的这种主张和他身后的道德情感主义者们的主张形成了鲜明对比。我们既能基于感官对象而产生情感，也能基于理性对象而产生情感，如果我们的感情仅产生于感官对象的推动，那么我们就会仅因此类感情而被判定为善恶，"对于仅仅受感官对象推动的那些被造物而言，他们因感官感情而为善或为恶"④，不过，沙夫茨伯里认为此种类型的善恶是属于动物的善恶，不是属于人的善恶，因为"对于能形成道德善的理性对象的被造物而言，情形却不是这样"⑤。对于人来说，要想成为善人，就要使自己的情感摆脱仅受感官对象支配的状态，就此而言，对道德善而言，

---

① Anthony Ashley Cooper, Third Earl of Shaftesbury, *Characteristicks of Men, Manners, Opinions, Times* (Volume 2), Introduction by Douglas Den Uyl (Liberty Fund, 2001), p. 20.

② Ibid., p. 22.

③ Ibid., p. 22.

④ Ibid., pp. 21 – 22.

⑤ Ibid., pp. 21 – 22.

基于感官对象而产生的情感几乎不具备什么道德价值。由感官而生的感情依其情感对象而使道德主体为善，然而，基于理性对象而生的感情却可以不依赖于感官对象而使理性主体为善。即使基于感官而生的感情出了差错或不复存在，只要基于理性对象而生的感情具有善的品质且占支配地位，那么该道德主体仍然可被视为善。简言之，无须感官的帮助，理性自身可以为我们的感情提供对象并使我们的感情为善。进一步说，理性基于自身的法则已为基于感官而产生的自然情感的道德性预制了规范原则。因此，我们可以单单依靠理性而使自然情感成为道德情感。

由于美德对观念或理性的依赖远甚于对感官对象或感官之苦乐感的依赖，所以"道德感官"在促进人们生成道德情感或自然情感的过程中，并不会直接诉诸自身的苦乐感来达到目的，而是诉诸由苦乐感所激发的观念来促使人们生成道德情感。① 当外物和观念作为感情的对象对感情产生影响时，对于感官提供的观念（作为感官对象的外物所产生的观念）与理性和知识所提供的观念（作为观念之对象的观念所产生的观念）来说，哪种观念会对感情产生

---

① 关于由"道德感官"产生的苦乐感在道德判断中的作用，沙夫茨伯里的追随者哈奇森持有与他不同的观点。哈奇森认为，"道德感官"可不依赖于观念而对人发挥作用。换句话说，"道德感官"可像味觉、触觉等其他感官一样以一种自然而然的方式对人发挥作用。哈奇森的道德情感哲学试图证明，由"道德感官"产生的苦乐感不仅能给人指明善恶之路，而且能在人的生命中对人的幸福产生最高、最持久的影响。就此而言，消除观念在"道德感官"中的作用并使"道德感官"以自然而然的方式发挥作用，这意味着哈奇森道德情感哲学在继承沙夫茨伯里道德情感哲学的同时沿着情感的自然化进程发展了这种哲学的核心思想。

更大影响？沙夫茨伯里的答案是后者。

　　简言之，在感情的一切对象中，观念对人的感情拥有最大影响力。一个人的感情是否为善，其关键不在于外物（使感官得以产生知觉的对象）是否真实，而在于对对与错的判断是否正确。因此，即使外物并非真实存在，只要拥有正确的对错判断，就会激发善的感情，否则错误的判断就会激发恶的感情。当一个邪恶的人表现得令人尊敬时，我们不能基于该人的这种表现而真正尊敬并爱上该人，因为我们拥有正确的对错判断。如果我们没有这种判断，我们就会被该人的表现迷惑从而对该人表现出爱与尊敬。那么随之而来的是，我们自己也会变得邪恶。例如，如果邪恶的海盗以吹牛的方式在他人心中激发了对不道德人格的尊崇，固然海盗该受憎恶和谴责，而如果听众赞成他们所听到的恶行，那么就意味着这些听众也非善人，因为他或她在对与错的问题上做出了错误的判断。这说明，即使外物是真实的，只要旁观者未能基于这种真实性做出正确的对错判断，那么该旁观者也不可能成为善人。与此同时，即使外物不真实，但只要旁观者拥有正确的对错判断，依然可以成为善人。比如，一个人若因为相信另一个人具备自己所不具备的美德而爱上该人，尽管这种美德在该人身上是被伪装出来的美德，或者说，尽管该人并不真正具有这种美德，那么我们也不能因此而认为爱上该人的人是邪恶或堕落之人。也就是说，此人所爱的对象是美德，尽管事实上对方没有这种美德，也就是说，并不存在能真实展现美德的外物，那么由于此人的感情基于正确的对错判断而生发，所以此人仍然为善，因为"在事实上犯错，不是恶的感情的诱因或标志，也不是恶行的诱因"①。简言之，主体的感情是否邪恶，不取决于该感情所指的对象在事实上是否真实，而取决于主体基于对象所做的对错判断是否正确，而唯有理性才能推动我们做出正确的对错判断。

美德对观念的依赖远大于对感官对象的依赖，因此，在培养道德情感的事务上，人们对基于"道德感官"而生的苦乐感的依赖弱于对知识和理性的依赖。如果心灵对象自身的构造在任何时候都不会发生变异，或者说，总能保持合适与公正并配享施与它的观念与感情，那么"感官的缺陷或不完美之处，不会导致恶或错误"②。也就是说，"一个人若理性和感情都健全完备，然而身体的构造或结构受损了，以致感官所感知的自然对象，如同毁坏的玻璃一样，得到了错误的传递与表达，在这种情形中，由于过失不占主要或重要的部分，此人自身就不能被认定为恶或不公正"③。因此，只要一个人的理性能保持健全或完备，单纯的感官受损不会影响人的道德状态，也不会使人产生恶的情感。④ 而如果理性不能保持健全，那么由它产生的

---

① Anthony Ashley Cooper, Third Earl of Shaftesbury, *Characteristicks of Men, Manners, Opinions, Times* (Volume 2), Introduction by Douglas Den Uyl (Liberty Fund, 2001), p. 20.

② Ibid., p. 19.

③ Ibid., p. 19.

④ 较之沙夫茨伯里，哈奇森认为，受损的（道德）感官既会对人的道德状态造成影响，也会对人的道德情感造成影响。不过，（道德）感官虽会受损，但却永不会消失，唯有源于自然而非理性的力量才能使受损的（道德）感官得到恢复。这表明，哈奇森沿着情感自然化进程继承并发展了沙夫茨伯里的情感哲学思想。

错误判断就会直接使人形成恶的情感。例如，有些国家把
猴子、猫、鳄鱼等动物视为神予以崇拜并认为保护或救助
一只猫比保护或救助父母更重要。① 沙夫茨伯里认为这种
信仰借助理性的帮助给人提供了错误的情感对象，因此，
"基于这种信仰的每个行为都是极不公正、邪恶和罪恶的
行为"②。基于观念而产生的信仰偏差给人带来的损害比
感官受损给人带来的损害要严重得多，因为它会"使人
对对象的价值产生错误观念或不当理解，削弱正当感情
并激发任何不正当、异常或非社会性的感情，必定导致
错误"③。

二 仁爱的指导

作为沙夫茨伯里的追随者，哈奇森的道德情感哲学也
以"道德感官"为关键词而展开，不过，当哈奇森沿着情
感的自然化路径讨论"道德情感何以构成"这个问题时，
他提供的答案却显得与沙夫茨伯里相去甚远。哈奇森对
"自然情感"一词的内涵进行了改造。自然情感在沙夫茨
伯里的道德情感哲学中是道德情感的重要组成部分，其情
感目标是公共善或公共利益。然而在哈奇森道德情感哲学
中，以公共善或公共利益为目标的情感不再被称为自然情
感，而被称为"普遍而平静的无功利的仁爱"（universal

---

① Anthony Ashley Cooper, Third Earl of Shaftesbury, *Characteristicks of
Men*, *Manners*, *Opinions*, *Times* (Volume 2), Introduction by Douglas
Den Uyl (Liberty Fund, 2001), p. 19.

② Ibid..

③ Ibid..

calm disinterested benevolence）。与此同时，哈奇森道德哲学中的"自然情感"的内涵也发生了改变，哈奇森用它指称人性中的各种情感，就其本性来说，自然情感与宗教情感呈对立态势，就此而言，仁爱只能被视为人性中无限多样的自然情感中的一种特殊类型的自然情感。自此之后，休谟和斯密也在这个意义上使用"自然情感"一词。对于"自然情感何以能自然而然地成为道德情感"这个问题来说，较之沙夫茨伯里，哈奇森对该问题的讨论表明他沿着情感的自然化进程把该问题推向了一个新的理论高度。首先，哈奇森把"道德感官"的基础从理性变成了仁爱之情。其次，哈奇森把情感的道德性的根源从沙夫茨伯里的整体利益或公共利益变成了令人愉快与否的感觉，简言之，从观念变成了由感官产生的苦乐感。因此，为了培养道德情感，需要对理性进行训练而不是像沙夫茨伯里那样使情感处于理性的支配下。虽然哈奇森在道德情感自然化的进程中依然保留了浓厚的理性色彩，但较之沙夫茨伯里，理性在哈奇森道德哲学中所占的地位已从支配性、基础性的角色转变成了附属性和工具性的角色。在此我们将聚焦于"道德情感的类型"以及"道德情感的培养"这两个问题阐述哈奇森道德哲学对"自然情感何以能自然而然地成为道德情感"的讨论以及在讨论该问题时沿着情感的自然化进程对道德情感理论的发展。

（一）道德情感的类型

1. 仁爱

仁爱在哈奇森道德情感哲学中是一种受到特别优待且

享有特殊道德优先性的情感，不仅被视为道德的基础，也被视为道德判断的基础。众所周知，仁爱是基督教高度重视的情感，不过，哈奇森道德哲学中的仁爱，其本性却是自然情感而非宗教情感。哈奇森出生于长老派牧师家庭，父辈在他极小时就送他去学校接受教育，其目的是使他成为神职人员。当他从格拉斯哥毕业后，他曾回到家乡爱尔兰担任过一段时间的牧师并推动了当地教会的复兴。然而，当哈奇森在道德哲学中讨论仁爱时，这种仁爱却不是通常的宗教典籍所强调的那种属灵的仁爱，而是属世的仁爱。众所周知，《圣经》中的仁爱首先指的是上帝的爱，神爱世人，神就是爱本身。因此，作为上帝的子民，人应该像上帝或基督那样去爱人。然而，哈奇森道德学说中的仁爱却不是这种类型的仁爱，因为这种哲学并不含有传统基督教的仁爱得以生发的实体（上帝）。哈奇森在实体问题上反对天赋观念论，主张把一切实体都置于感官知觉的审视下讨论其存在。

如何认识实体？哈奇森的答案是：我们只能通过感官知觉认识实体。"实体的各种观念由呈现于我们的感官并联合作用于我们的各种简单观念所构成。我们仅仅通过列举这些可感觉到的观念来定义实体。在从未直接知觉过实体的人的心灵中，这种定义可以唤起一种足够清晰的实体观念，只要他已经通过他的感官分别接受过所有简单观念，这些简单观念一旦复合在一起，就能构成被定义的实体的复合观念。但如果有一种简单观念是他从未通过感官感知或接受过的简单观念，或者说，如果他缺乏用以感知该观念的感官，那么就没有哪一种定义可以唤醒以前从未被感官感知过的任何简单观念。"① 很显然，这种实体是依赖于我们的感官知觉而产生的实体，若缺乏与实体有关的感官知觉，那么该实体就面临被否定的风险。然而，传统宗教中的实体却与此不同，无须依靠我们的感官知觉，实体自在地存在。《旧约·出埃及记》说："你要小心，不要再见我的面，因为你见我面的那日你就必死。"神从根本上与我们的感官知觉处于隔离状态，可以不依赖于我们的感官知觉而独立存在。就此而言，哈奇森的这种实体观直接把传统宗教中的亚伯拉罕神排除在了他所理解的实体之外。不仅如此，由于我们的情感的生发必须以感官知觉为基础，那么对于无法提供感官知觉的实体，我们将无法产生情感，用哈奇森的话说："显然，在最优秀的性情中，没有哪一种感情或观念能一直持续不断地存在，只要感情的观念没有出现，内心就不会出现指向任何对象的感情……同理，在最优秀的性情中，不存在指向未知对象的爱，因此，缺乏指向未知对象的爱便不能证明性情中存在恶，一如无知不能证明无感情。"② 尽管哈奇森道德哲学用新的实体观否定了传统宗教中的亚伯拉罕神，然而这并不意味着哈奇森道德哲学中没有神。那么这个神是什么呢？它是如何得到论证的呢？在回答这些问题时，哈奇森将全部答案都指向了仁爱。

---

① Anthony Ashley Cooper, Third Earl of Shaftesbury, *Characteristicks of Men, Manners, Opinions, Times* (Volume 2), Introduction by Douglas Den Uyl (Liberty Fund, 2001), p. 20.

② Francis Hutcheson, *An Essay on the Nature and Conduct of the Passions and Affections, with Illustrations on the Moral Sense*, edited and with an introduction by Aaron Garrett (Liberty Fund, 2002), p. 191.

神的存在有赖于仁爱的认定。仁爱是一种美，一种与情感和性情有关的美，在所有的美中，由情感和性情产生的美为美中之最。美是神得以存在的证明，宇宙间存在多种多样的美，人性中存在各种各样的情感与行为之美，对于所有这些美产生的美的效果来说，其共同目的都是证明神的存在。那么为什么美或美的效果是神得以存在的证明？原因在于，美或美的效果来自我们的"美的感官"。"美的感官"是我们对对象所具有的美的接受能力，它能使我们分辨美丑，就像味觉能使我们分辨酸甜等味道一样。我们通过"美的感官"提供给我们的令人愉悦或不快的审美知觉而判断美丑。那么"美的感官"为何会产生令人愉悦的审美快乐？哈奇森的研究显示，"寓多样于一致"是其得以产生审美愉悦的根源，也是美之为美的根源。作为美之为美的根源，"寓多样于一致"不仅是神得以存在的最好证明，也是神的善性的最佳证明，即，"为了向我们证明他（神）的善性，无论我们是否一致拥有'美的感官'，一致性自身证明了他（神）的存在"[1]。这样一来，当我们在"美的感官"的支配下体会到审美愉悦时，我们就非常容易"产生一种与设计和智慧的心灵有关的看法"[2]，而当我们把这种智慧的心灵视为有生命的存在物时，我们就会由衷地对它产生敬畏之心，这时我

---

[1] Francis Hutcheson, *An Inquiry into the Original of Beauty and Virtue in Two Treatises*, edited and with an introduction by Wolfgang Leidhold (Liberty Fund, 2004), p. 99.

[2] Francis Hutcheson, *An Essay on the Nature and Conduct of the Passions and Affections, with Illustrations on the Moral Sense*, edited and with an introduction by Aaron Garrett (Liberty Fund, 2002), p. 116.

们就会产生一种"内在的信仰"①。那么这种"内在的信仰"并不是非正统基督教所说的那种对神或天国的信仰，而是对人的感官知觉所能知觉到的现世幸福或社会公共福利的信仰。

神的善性也有赖于仁爱的认定。仁爱之所以被广泛推崇为美德，其根源来自"道德感官"。作为被造物，我们的"道德感官"被神创造出来，其目的指向神的意图。神为什么要把我们的"道德感官"创造成目前的样子？哈奇森的答案是，如同"美的感官"被造成目前的样子是为了向我们证明神的善性一样，当我们通过"美的感官"感觉审美快乐并由此见证到寓多样于一致时，由于神带着善意把我们的本性创造成目前的样子，我们得以由此见证神的存在。同理，当神用"道德感官"支配我们的行动时，我们不仅会在提升他人善的过程中最大限度地提升我们的私人善，而且会在更高贵的道德快乐的指引下见证隐藏在道德行为背后的"一致性"，从而在道德行为中见证神的存在与善性。总而言之，神之所以把我们的"道德感官"造成目前的样子，其动机是基于神的善性，而其目的是彰显神的善性。② 在此意义上，可以相信"由神的技艺和计划所促成的我们本性的原始构造是为每一种美德、为所有诚

① Francis Hutcheson, *An Essay on the Nature and Conduct of the Passions and Affections*, *with Illustrations on the Moral Sense*, edited and with an introduction by Aaron Garrett (Liberty Fund, 2002), p. 117.

② Francis Hutcheson, *An Inquiry into the Original of Beauty and Virtue in Two Treatises*, edited and with an introduction by Wolfgang Leidhold (Liberty Fund, 2004), p. 99.

实而又广泛得到推崇的东西所设计的"①。因此，这种原始构造不仅可以把我们自己证明为道德上的善人，而且还可以把高于我们、创造了我们的造物主证明为善良的神。这样一来，当我们受到目前的"道德感官"支配时，我们就会因自己或他人的仁爱而产生道德快乐。我们会发现，他人利益以及社会公共利益都会因仁爱而得到改进。神法之所以被创造出来且被我们认定为善，其目的在于以最有效和最公正的方式改善并提升被造物的公共善。② 仁爱的本性和神法的本质相符合，对仁爱予以道德赞许的"道德感官"也和神法的本质相符。相反，如果我们的"道德感官"不是目前的样子，哈奇森认为这种"道德感官"将和神的善性相抵触，其存在本身就违背了神的善性，那么对于拥有这种"道德感官"的人来说，除了由此而会拥有无穷无尽的痛苦外，将一无所获。当我们经由我们的感官构造领悟了神的善性之后，我们就会对经由"美的感官"所证明的神的善性也报以一种内在的信仰。

如果把基督教的仁爱视域中的人神关系理解为一种自上而下的关系，那么哈奇森的仁爱视域中的人神关系则可被理解为一种自下而上的关系。在这种关系内部，神的本质如同仁爱的本质一样，都具有自然性、社会性、世俗性和情感性等特征。仁爱本质上是自然情感，它属于这个世

---

① Francis Hutcheson, *Logic, Metaphysics, and the Natural Sociability of Mankind*, edited and with an introduction by Wolfgang Leidhold (Liberty Fund, 2006), p. 200.

② Francis Hutcheson, *An Inquiry into the Original of Beauty and Virtue in Two Treatises*, edited and with an introduction by Wolfgang Leidhold (Liberty Fund, 2004), p. 182.

界、属于人的自然本性，不属于传统基督教所说的那个具有超越性特征的天国世界。仁爱的自然本质决定了它必定同时会具有社会性和世俗性。与此同时，对于一个具有自然性、社会性、世俗性和情感性特征的神来说，为了证明自己的善，这个神必定会把被造物的幸福摆在首位。就此而言，哈奇森的神学观就为世俗情感打开了大门。这种神学观视域中的人是真正独立的人，往昔闪耀在头顶的一切神圣之物顿时变得黯然失色，来自人自身的自然情感中的神圣之物成果替代了往昔的一切神圣之物，从而成为道德标尺和宗教的基础。

除了为宗教提供基础外，仁爱还被视为道德和道德判断的基础。作为情感主义哲学家，哈奇森用情感的眼光理解道德和社会，他把人类道德行为和社会活动的本质理解为情感活动，在一切情感活动中，唯有以仁爱为基础的情感活动以及行为才能被称为道德的情感或行为，离开了仁爱之情的推动，道德行为是不可能发生的。同理，离开了仁爱，人类社会根本就无法建立，人类社会得以被建立起来的最初理论原点是仁爱展现出来的合群性。除此之外，仁爱还是道德判断的基础。前文的分析显示，正因为"道德感官"以仁爱为基础，所以有思想家指出，当它行道德判断之权时，就面临循环论证的问题，为了解决这个问题，哈奇森的"道德感官"最终把基于仁爱而产生的情感后果——最大多数人的最大幸福视为道德判断的真正基础，不过这不是我们在此处讨论的重点。

2. 其他各种自然情感

当仁爱被赋予了道德优先性从而成为道德的唯一情感

来源后，其他各种不同于仁爱的自然情感如何才能成为道德情感呢？答案是：使所有其他各类自然情感都具有仁爱的品性。如何才能做到这点呢？答案是：使之服务于公共善或社会公共利益。简言之，通过服务于公共善或社会公共利益，不仅其他各类自然情感均能因此而成为道德情感，而且人性本身也有可能因此而"与诸神等同"①。

在各种自然情感中，自爱通常被视为社会公共利益或公共善的最大威胁。众所周知，沙夫茨伯里和哈奇森之所以创立以仁爱为核心的道德情感哲学，其理论动机就是反对把自爱视为唯一伦理原则的霍布斯或曼德维尔道德哲学。那么当仁爱被视为道德哲学的主角后，哈奇森是如何对待自爱的呢？在仁爱面前，自爱是否是一种有罪的情感呢？自爱需要通过走自我牺牲之路才能真正成全由仁爱所指明的道德理想国吗？为了对这些问题进行回答，本章将选取自爱为其他一切异于仁爱的自然情感代表，聚焦于自爱阐述其他一切自然情感与仁爱的关系并阐明其道德性。

只要有益于公共善或社会公共利益，各种自然情感才均能成为道德情感，自爱也是如此。根据仁爱的要求，我们自己可以成为自身的仁爱对象，此种意义上的自爱与仁爱并不具有对立关系。更确切地说，这种自爱"可以部分地成为他自身仁爱的对象……不仅如此，进一步说，正如上文所暗示的一样，他可以看到，该系统的保存要求每个

---

① Francis Hutcheson, *An Inquiry into the Original of Beauty and Virtue in Two Treatises*, edited and with an introduction by Wolfgang Leidhold (Liberty Fund, 2004), p. 130.

人无罪地关心他自己"[1]。与此相应，由自爱所导致的私人善，哈奇森称之为"隶属某组成部分的无罪的益处"[2] 或"无罪的私人善"[3]。这样看来，只要是有益于公共善或社会共同利益的自爱都可享有道德价值并被称为道德情感。哈奇森的道德哲学所讨论的道德判断原则向我们表明，公共善或社会公共利益在道德判断中的比重远甚于仁爱本身。因此，自爱不仅不会因其在情感目标上与仁爱相异而被视为恶，相反还会被视为公共善的重要助推力。以财产权为例，哈奇森认为财产权的基础是劳动或勤勉，但仁爱并不足以推动人类进行劳动，必须要加入自爱，人类才会勤勉地劳作并创造财富。"单独的普遍仁爱不足以成为勤勉的动机，不足以使人忍受劳动和艰苦，也不足以使人忍受出自自爱的那些不为我们所喜欢的多种困难。"[4] 勤勉对于人类社会而言至关重要，为了增强勤勉的动机，我们不得不依靠血缘、友谊、感恩以及荣誉和外在利益。在这种情形下，"对整体善而言，自爱与仁爱一样，都是必需的"[5]。

除了从学理上阐述上述观点外，哈奇森还用道德代数法对其进行了数学式阐释。当我们计算行为的道德量（M）时，若把自爱考虑进去，其道德计算法的公式可这样表述：$M = (B + S) \times A$。倘若自爱所指向的目标不利于公共善，

---

[1] Francis Hutcheson, *An Inquiry into the Original of Beauty and Virtue in Two Treatises*, edited and with an introduction by Wolfgang Leidhold (Liberty Fund, 2004), pp. 122 – 123.

[2] Ibid., p. 183.

[3] Ibid., p. 184.

[4] Ibid., p. 187.

[5] Ibid., p. 187.

那么仁爱（B）需要克服自爱（S）的阻力才能实现公共善（M）。而当道德能力（A）保持不变时，仁爱的道德程度就会得到增加，用公式可以这样表述：$M = (B - S) \times A \rightarrow M = BA - SA \rightarrow M = BA - I \rightarrow B = \dfrac{M + I}{A}$。倘若自爱所指向的私人善的目标和公共善一致，在计算仁爱的道德程度时，由于有自爱的帮助，当道德能力（A）保持不变时，仁爱的道德程度就会降低，用公式可以这样表述：$M = (B + S) \times A \rightarrow M = BA + SA \rightarrow BA = M - SA \rightarrow BA = M - I \rightarrow B = \dfrac{M - I}{A}$。综上所述，对于加入了自爱的仁爱来说，用于计算其道德程度的公式可以这样表述：$B = \dfrac{M \pm I}{A}$。这个公式表明，在阐释自爱的道德性时，哈奇森既没有否定自爱而专推仁爱从而鼓励毫不利己专门利人，也没有否定仁爱而专推自爱从而像霍布斯、曼德维尔等人那样把道德建立在异于自然情感基础的理性考量之上。

（二）道德情感的培养

前文的分析显示，哈奇森所提出的道德判断原则的本质是仁爱之情的后果化表现。很显然，对结果的重视已使这种道德哲学偏离了把内蕴于"道德感官"的、以自然情感自然生成机制为内核的自然法则视为道德判断基础的理论可能性。与此相应，在讨论道德情感的培养问题时，哈奇森也没有把它建立在以自然情感自然生成机制为内核的自然法则之上，而是把它建立在与此截然不同的元素（理性）之上。

我们之所以关注道德情感的培养问题，是为了我们自己的幸福。以仁爱为基础的"道德感官"能给我们的生命带来最高和最长久的快乐，为了享有这种快乐，也为了避免由它所带来的最高和最长久的痛苦，我们需要对道德情感进行培养，从而使我们的各类情感都归顺于"道德感官"的约束，即，使仁爱得以超越所有一切特殊感情从而成为恒定的自我赞同的唯一情感来源。① 那么如何才能达到目的？答案是：对理性进行训练。在阐述该问题前，需要注意的是，哈奇森所说的理性是排除了一切先天成分的理性。为哈奇森道德情感哲学所认可的理性是作为情感的仆人或工具的理性，其目标在于使我们的情感可以更好地实现以社会公共利益为指向的道德目标，"我们使用理性，如同私人善一样，是为了找到提升公共善的适当手段的必需之物"②。就理性与知觉判断的关系来说，哈奇森所说的理性仅从属于知觉判断，用以产生知觉判断的自然本性并不受理性支配，它仅受蕴含在感官知觉或情感内部的自然法则或情感机制的支配。因此，当我们使用理性时，最终目标不是实现由理性自身设定的目的，而是实现由感官或意志确定的目的。因为"理性仅仅是一种从属于我们的终极决断，或是知觉上的决断，或是意志上的决断的能力。终极目的由感官和意志的决意确定。理性只关乎手段，或者说，只对某种其他直接官能事先确定好了的两种目的进

---

① Francis Hutcheson, *An Essay on the Nature and Conduct of the Passions and Affections*, *with Illustrations on the Moral Sense*, edited and with an introduction by Aaron Garrett (Liberty Fund, 2002), p. 33.

② Francis Hutcheson, *An Inquiry into the Original of Beauty and Virtue in Two Treatises*, edited and with an introduction by Wolfgang Leidhold (Liberty Fund, 2004), p. 134.

行比较"①。

　　为什么我们可以通过对理性进行训练而培养道德情感？在情感的生成过程中，尽管不是所有情感都必须以观念为前提（比如嗜欲就无须以观念为前提），但观念可以对我们的所有情感产生很重要的影响并最终影响到我们的幸福。为什么观念会对我们的全部情感产生影响？因为造物主在创造我们的本性时，就把我们的本性造成了目前的样子。

　　观念如何影响我们的情感呢？观念会支配我们的情感并使我们的情感与之保持一致，"一旦我们形成了关于某对象或事件的观念，我们就会对它们产生欲望或憎恶，所以我们的感情必定非常依赖于呈现在我们心灵的某种东西的品质、偏好或效果所形成的观念"②。观念不仅可以单一的形式对我们产生影响，而且可以"观念的联合"的方式对我们产生影响。例如，一旦代表了慷慨、显赫、尊严等内涵的词语介入并影响我们情感的观念，包括嗜欲在内的情感都会因此而得到增强或削弱，乃至在某种程度上超出自然情感的自然程度。当所有权观念介入审美活动中时，或者说，当某种习俗把某种类型的美与出类拔萃联合在一起并被视为出类拔萃的标记时，人们就会因拥有这种美而觉得自己了不起。哈奇森说，类似的事情还经常发生在思

---

① Francis Hutcheson, *A System of Moral Philosophy*, *in three books*, Volume 1（Cambridge University Press, 2014）, p. 58.

② Francis Hutcheson, *An Essay on the Nature and Conduct of the Passions and Affections*, *with Illustrations on the Moral Sense*, edited and with an introduction by Aaron Garrett（Liberty Fund, 2002）, p. 66.

辨科学、音乐和诗歌中，并因此给最长寿的生命带来无尽的烦恼和悲伤。

观念除了能影响我们的情感，还能影响甚至扭曲我们的"道德感官"。使"道德感官"受到扭曲的观念有两个来源：一是不恰当的哲学思想，比如，学院派神学或哲学①；二是由于我们自己未对理性进行训练而深信不疑的愚蠢观念，比如，当一个人曾经因对他人展现友善感情而获得了他人的赞美，因此变得过于痴迷于此，以至于为了得到赞美或喝彩而时常表现此类感情，与此同时，却以漠然置之的态度对待生活中的所有其他快乐。哈奇森认为，虽然"道德感官"在观念的影响下受到了扭曲，但依然可以发挥极微弱的影响力，因为"道德感官"具有永不消失的本性，不会因扭曲而被完全铲除。不论基于何种原因，"道德感官"一旦被扭曲，我们的人生就会遭遇苦难。唯有尽可能使感官保持在自然状态中，我们才有可能得到幸福。在此意义上，消除观念以及观念的联合对感官的消极影响从而使感官保持自然状态就成了非常重要的哲学任务。

除了消除观念或观念的联合的影响从而使情感和感官保持自然状态外，还有另一个对理性进行训练的重要目标，即，在理性的帮助下使我们的行为与"推动性理由"相符。何谓"行为与'推动性理由'相符"？所谓"推动性理由"，指的是推动情感或行为得以产生的理由。那么

---

① Francis Hutcheson, *An Essay on the Nature and Conduct of the Passions and Affections*, *with Illustrations on the Moral Sense*, edited and with an introduction by Aaron Garrett (Liberty Fund, 2002), p. 201.

这种理由是什么呢？哈奇森的答案是：本能。以"推动性理由"为基础而产生的情感，其目的是满足出于本能的情感诉求，在此意义上，就人类行为的各种目的而言，"没有哪种目的能先于感情全体"，或者说，"不存在先于感情的推动性理由"①。因此，"行为与'推动性理由'相符"指的就是我们的行为时刻要以本能为前提并使之与本能相符。由于"道德感官"给我们推荐的行为是在本能意义上有益于公共善的行为，所以当我们做一种对公众有用的行为时，就意味着我们的行为符合了"推动性理由"。用哈奇森的话说，"我们通过理性而确信，唯有通过做出对公众有用的行为，我们才能促成自己的所有目的。那么我们认为，任何以相反方式而行动的人都犯了错，忽视或疏忽了他或许了然于心的这些道理，在我们看来，他在以一种不合理的方式而行动"②。若不以感情或本能为前提而行动，也不以"道德感官"这种感情所指明的目的为目的，我们的行为就不具备合理性，或者说是荒谬的行为。因此，"盛行于世的荒唐行为，与其说证明了人们在行为中缺乏道德意义上的'美的感官'，不如说更好地证明了人们缺乏理性"③。就此而言，对理性进行训练，对于使人拥有幸福而言，就显得重要且必须。

　　与"推动性理由"相符合的行为是什么呢？答案是：

---

① Francis Hutcheson, *An Essay on the Nature and Conduct of the Passions and Affections, with Illustrations on the Moral Sense*, edited and with an introduction by Aaron Garrett (Liberty Fund, 2002), p. 139.

② Ibid., p. 148.

③ Ibid., p. 141.

与仁爱之情紧密相连的、具有利他性倾向的行为，或者说，是与公共善相符的行为。通过对理性进行训练，我们可以知道什么是真正的公共善。真正的公共善有两个特点。第一，相对我们个体的存在而言，它具有先在性，这种先在性源于我们本性的创造者，我们的感官先于我们的存在而被造成了目前的样子，这个伟大的创造者之所以这样创造我们的感官，目的是使之符合该创造者所设定的整体性的公共善的利益。第二，这种公共善的内容具有世俗化和社会化两个特征，相对于斯多葛派所说的"不动心的幸福"，哈奇森的公共善以社会生活和世俗生活为目标。对理性进行训练，就是要使情感接受公共善的制约，阻止或排除与善相连的错误观念或观念的虚妄联合，从而确保能获得由善所生的快乐，减少由恶所生的痛苦，从而获得幸福。

综上所述，在讨论道德情感的培养问题时，哈奇森之所以如此重视对理性进行训练，其根本目标不是要像沙夫茨伯里那样使情感处于理性的支配下，而是要使有别于仁爱的其他各类自然情感均具有仁爱所具有的道德品性。就其理论目标来说，要使有别于仁爱的其他各类自然情感都像仁爱那样能有效服务于社会公共利益或公共善。较之沙夫茨伯里，哈奇森在道德情感构成问题上基本使情感摆脱了理性的控制。与此同时，他赋予了仁爱这种单一类型的自然情感以绝对的道德优先性。对于情感的自然化进程来说，这无疑是值得肯定的进步。不过单一类型的自然情感所具有的这种道德优先性是有效的吗？如果有效，那么其效度从何而来？对这些问题的思考使得休谟和斯密等苏格

兰启蒙时代晚期道德情感主义者沿着情感的自然化路径把
道德情感主义理论推向了一个新的发展高度。

三　效用的制约

沙夫茨伯里和哈奇森对"自然情感何以能自然而然地
成为道德情感"等问题的讨论无疑给休谟提供了研究该问
题的重要背景，但休谟对二者提出的"道德感官"概念甚
为不满。不仅如此，休谟似乎对沙夫茨伯里所说的自然情
感以及哈奇森所说的仁爱也不感兴趣。种种迹象表明，休
谟的道德情感哲学推动情感的自然化进程走向了新的方向
并达到了新的高度。

休谟是如何做到的呢？前文说过，休谟以实验科学的
眼光研究人性科学，在回答"自然情感何以能自然而然地
成为道德情感"时，休谟不仅把理性和宗教排除到了道德
情感哲学之外，而且彻底否定了哈奇森哲学赋予单一类型
自然情感以道德优先性的做法，认为各种类型的自然情感
享有成为道德情感的均等机会。那么享有均等道德机会的
各种自然情感何以成为道德情感？休谟的道德哲学没有沿
着沙夫茨伯里和哈奇森所提出的"道德感官"路径来回答
这个问题，他沿着新的路径——同情机制回答该问题。这
既体现了休谟沿着情感的自然化进程对沙夫茨伯里和哈奇
森道德哲学做出的理论推进，也体现了休谟在该问题上的
局限。因为休谟的同情在进行道德判断的过程中也不具有
理论自足性，须结合效用才能真正进行道德判断。他虽然
把同情引入了道德判断之内，但并没有把这种情感机制视

为道德或社会的基础。对于"自然情感何以能自然而然地成为道德情感"来说，同情不能推动自然情感转变为道德情感，其中真正发挥关键作用的是效用。

对于自然情感与道德情感的关系，休谟一方面承认自然情感是道德判断和道德情感的基础，而另一方面却又认为自然情感不能单凭自身而独立成为道德判断与道德情感的基础，它们必须要辅之以效用和同情的帮助才能成为道德判断和道德情感的基础。因此，同情可以区分善恶，但它不能单凭自身而区分善恶，须辅之以效用或以效用为基础才能真正进行道德判断。各类自然情感，无论是自然美德还是人为美德，均需要接受效用的检验才能成为美德的基础，因为"除了有益于社会之外，没有什么其他的东西可被视为美德"①。效用既包括个人效用，也包括社会效用，可以成为道德情感的目标。以效用为目标的道德情感，可分为两类：一类是自然美德，即，以自然情感为基础的美德；另一类是人为美德，即，以非自然情感为基础的美德。自然美德的目标是私人效用，而人为美德的目标是社会效用。不过，休谟在讨论人为美德时，没有为自然情感留下空间。相较于沙夫茨伯里、哈奇森以及斯密的情感主义，人为美德概念的存在表明休谟偏离了情感主义理论路径。休谟认为道德情感可以建立在自然情感基础上，但并非所有道德情感都只会建立在自然情感基础上，比如，正义这种美德就不会建立在自然情感基础上。因此，

---

① David Hume, *A Treatise of Human Nature*, reprinted from the Original E-dition in the Three Volumes and edited, with an analytical index, by L. A. Selby-Bigge, M. A (Clarendon Press, 1896), p. 588.

根据情感基础之不同，美德可分为两类：以自然情感为基础的美德和以非自然情感为基础的美德，二者均须受同情与效用的支配。依靠不同于情感本身但却源于情感并蕴含在情感内部的某种元素——同情机制来阐述"自然情感何以能自然而然地成为道德情感"这个问题，是休谟及其道德情感哲学沿着情感的自然化进程对苏格兰启蒙时代的道德情感哲学做出的重要历史贡献。

（一）自然美德

自然情感之所以能成为美德，是因为在休谟道德哲学中它拥有有益于社会的效用。在此意义上，美德之为美德的深层根源不是因为蕴含在情感中的内在价值，而是因为它有益于效用。如果我们联想沙夫茨伯里创立道德情感主义之初的理论抱负，可以发现，当情感主义发展到休谟这里时，随着它沿情感的自然化路径不断往前推进，其讨论问题的范式已经发生了很大改变。因此，休谟在回答"道德情感何以构成"这个问题时，不再以某种具体的自然情感为出发点，而是把讨论的支点建立在以受效用支配的同情之上，而美德的基础也随之从某种单一类型的自然情感转变成了蕴含在情感背后的、受效用支配的情感机制。

自然美德可分为两类，即，由自然情感构成的美德和由自然能力构成的美德，二者之所以能成为美德，归根结底都是因为它们有助于满足效用。不过，与人为美德所指向的公共效用不同的是，自然美德所指向的效用是私人效用。自然情感因被赞同而成为美德，而赞同的对象可分为四类：直接令情感的拥有者或他人感到愉快，对情感的拥有者或他人有用。《道德原则研究》明确指出，这四种令人赞同的原因最终都指向了"有用"，即对效用的满足。当我们表达赞同时，这种赞同其实是来自同情，因为我们在同情的作用下感知到了他人感受到的快乐。例如，审慎和勤劳，即使不会给我们旁观者带来利益，我们也赞同它们。而我们之所以这样做，是因为我们的知觉告诉我们它们能给拥有者带来利益并使其快乐。善良和仁爱是自然美德，它们之所以成为美德并受到人们的尊重，其原因在于，在同情的视野中，它直接令拥有这种感情的人自己感到快乐，不仅如此，它还可以经由同情把这种快乐转移给他人，从而激发有利于社会的情感。归根结底，我们对它们的赞许源于它们有益于私人利益的倾向。

骄傲和谦卑，之所以被视为美德或恶行，其原因在于，一方面它们对被观察者自己有用，另一方面它们令被观察者自己感到快乐。也就是说，它们能同时满足美德之为美德的两个价值标准。即使如此，一旦超出应有的边界，它们就会因为招致他人的谴责而变得对被观察者自己不利，从而丧失骄傲的第一个价值源泉，但它仍然会使被观察者自己感到快乐，并会基于同情给被观察者赢得他人的尊重与爱。骄傲和谦卑为什么会有边界并最终会因超出边界而变得对其拥有者不利？因为人们基于同情而认可它们，由于同情这种心理机制天然就存在比较的倾向，在该心理机制的作用下，旁观者就会把当事人的情感和旁观者自己本来具有的情感进行比较。当当事人显示出骄傲且旁观者通过同情感受到这种情感时，通过比较自己本来具有的情感，旁观者就会感到不舒服，这就是过度骄傲或极端自负总是会被视为恶行且普遍受人憎恶的原因所在。① 适度的骄傲意味着适度的自我尊敬，这种情感建立在对自己的力量的准确评价以及对他人适当隐藏的基础上。它既能令拥有这种情感的人感到愉悦，又能令拥有这种情感的人得到利益，因此，会受到赞许并成为美德。自然才能或心灵的自然能力之所以成为美德，也是因为它对拥有者有用。心灵的自然能力，如理智、良好判断力、雄辩、机智都是可以引起他人赞赏的心灵品质，缺乏这些自然能力，则不会受到赞赏。因此，较之缺乏自然才能，拥有自然才能会赢得更多的尊敬和爱。这些自然才能之所以受人赞许，归根结底是因为它们对拥有它们的人有用，一如休谟所言，"自然才能之所以受到尊重，主要原因在于它对拥有它的人是有用的"②。那么自然才能的用处是什么？它能使人更好地适应社会并能帮助拥有它们的人更好地发展自己的事业。相反，面对缺乏自然才能的人，旁观者很容易觉得该人是无能之人，并因此而收起赞赏。

（二）人为美德

如果说休谟对自然美德的讨论以一种不太明晰的方式暗示了道德情感主义理论范式的改变，那么他对人为美德的讨论则十分直白地表明了这种改变。与自然美德一样，人为美德的道德价值也不来自自身，而来自其工具价值。我们之所以在同情的作用下觉得人为美德（例如正义）令

---

① David Hume, *A Treatise of Human Nature*, reprinted from the Original Edition in the Three Volumes and edited, with an analytical index, by L. A. Selby-Bigge, M. A (Clarendon Press, 1896), p. 592.

② Ibid., p. 610.

人愉快并表达赞同，原因在于它们是实现某种目的（例如效用）的工具。人为美德缺乏直接以人为美德自身为目标的情感基础，也就是说，人为美德在人性中缺乏天然的情感基础。例如，休谟认为正义感不会源于自然，只会必然以人为的方式源于教育和人类习俗。即使如此，也并不意味着人为美德的基础与情感乃至是理性无关。因为休谟认为，正义不建立在观念或理性或某种永恒、不变和普遍强制的关系之上①，而建立在与情感有关的印象之上。我们之所以关心正义，原因在于我们的情感，我们基于对自己和公共利益的关注才建立起正义法则，使正义得以建立的印象是利益感，而利益感则构成了习俗得以建立的基础。利益感使正义与情感找到了联结的纽带，不仅为正义确立了基础，而且还为正义的运行提供了保障。不过，利益感本身并不是情感，因此，我们可以说休谟的正义缺乏直接的情感基础但却和情感有关。由于休谟对自然情感之内在道德价值存疑，所以正义只能间接地找到自己与情感的关联。

利益感作为正义的基础来说并不具有自足性，正义虽然建立在利益感之上，但单凭利益感却无法产生正义。人类心灵中存有种种自私欲望，需要用外物予以满足，然而，外物却往往具有易变性和有限性，由于存在这种矛盾，人类生活就会产生种种不便。为了纠正这种不便，正义登场。如果人的心灵足够慷慨，如果自然的给予足够丰

---

① David Hume, *A Treatise of Human Nature*, reprinted from the Original Edition in the Three Volumes and edited, with an analytical index, by L. A. Selby-Bigge, M. A（Clarendon Press, 1896）, p. 496.

厚，那么正义将失去用武之地。人心难以满足的自私欲望与有限的自然供给之间的冲突与张力为正义提供了价值之源，而正义出场的目的是解决这种矛盾。因此，正义不会建立于对公共利益的尊重以及广泛存在的仁爱之情的基础上。正义的目标是确立财产权从而使财产以稳定的方式被占有，人类心灵中没有哪一种天然情感可以自足的方式为我们提供足够的力量来为正义的目标提供保障。不可能指望利益感本身能有效约束以私人利益为目标的情感，正义不能建立在利益感之上，进一步说，正义不可能建立在任何一种天然情感基础上。正义的基础除了利益感之外，还须辅之以习俗，习俗以直接的方式成为正义的基础。习俗的来源不是承诺，因为承诺是习俗的产物，习俗并不包含承诺的性质。习俗源于共同的利益感，即，"人们每履行一种单一的行为，都会期望其他人也会同样地履行这种行为"①。简言之，当我约束了我的利益时，我希望你也会约束你的利益，一旦我们都这么做，习俗便得以建立起来。习俗得以建立的基础就是这种共同的利益感，休谟认为唯有在此意义上我们才能说"正义起源于人类的习俗"②。不仅如此，财产、权利和义务都源于这种共同的利益感。

人为美德并不具有天然情感基础，它使非情感性的效用在效用的帮助下为自身奠定基础。人为美德既表明休谟的道德情感哲学偏离了情感主义理论立场，也表明休谟未

---

① David Hume, *A Treatise of Human Nature*, reprinted from the Original Edition in the Three Volumes and edited, with an analytical index, by L. A. Selby-Bigge, M. A (Clarendon Press, 1896), p. 498.

② Ibid. , p. 494, p. 533, p. 543, p. 569.

能为社会美德——正义确立天然的自然情感基础。美国哲学家迈克尔·斯洛特认为休谟的人为美德是一种缺乏自然情感动机的美德①，而曼彻斯特大学的大卫·高迪尔（David Gauthier）教授发表在《休谟研究》上的《人为美德与明智的恶棍》也阐述过类似观点，认为休谟在涉及自我和他人的关系时，认为我们不可能依靠自然情感来进入道德的国度，或者说，在讨论以他人的效用或社会公共效用为目标的社会美德时，休谟未能为之找到自然情感基础。人为美德彻底排除了自然情感作为其理论基础的理论可能性。同理，同情机制也不能以自足的姿态独立为人类一切美德奠定理论基础，它只是促使不同主体的效用相互沟通并达成一致的工具罢了。不过，虽是工具，但却不可或缺，因为它能有效维护正义的运行。一旦正义被建立，习俗的作用就会逐渐减弱，人们基于同情会视正义为美德，用休谟的话说，"当正义由习俗建立起来之后，它就会天然伴随着强烈的道德情感，这种道德情感不会出自别的地方，而只会出自我们对社会利益的同情"②。正义的社会依然会有不正义的行为，但却不足以毁灭整个社会，因为每当见到不正义的行为，人们纷纷会在同情的作用下对这种行为表现出愤怒，从而使正义得到维护。就此而言，真正使正义得到维护的，不是习俗，也不是旁观者的愤怒，而是同情。

---

① Michael Slote, *Essays on the History of Ethics* (Oxford University Press, 2009), p. 90.

② David Hume, *A Treatise of Human Nature*, reprinted from the Original Edition in the Three Volumes and edited, with an analytical index, by L. A. Selby-Bigge, M. A (Clarendon Press, 1896), pp. 579 – 580.

（三）两种美德的关系

如果说人为美德的存在表现了休谟对美德之自然情感基础的排斥或对同情机制之道德效力的怀疑，那么当人为美德和自然美德遭遇矛盾时，休谟明确主张，后者应该让位于前者。这表明人为美德的权威和地位高于自然美德。进一步说，以习俗为代表的人为原则，较之蕴含在自然情感中的自然情感机制——同情，也似乎享有高于同情的道德权威和道德地位，而让自然美德臣服于人为美德，则意味着使蕴含于自然情感中的情感机制或自然法则臣服于某种人为原则。休谟在讨论正义这种人为美德时说过，在人类的激情中，以自我利益为对象的激情最不容易受到约束但却最需要被约束，若放弃约束，则会导致有害的结果，"唯有为我们自己和我们自己最亲密的朋友获取财物和财产的贪婪是贪求无厌的、永恒的、普遍的和直接毁灭社会的。几乎没有任何一个人不为这种贪婪所驱使，而且当这种贪欲的活动不受任何约束并遵循其最初的和最自然的运动时，每个人都是有理由害怕它的"[①]。要建立社会，首要任务是要约束这种激情，社会得以建立的难度大小，在某种程度上与约束这种激情所遇到的困难的大小成正比。人为美德的存在表明休谟采取了"人为"而非天然或自然的方式来约束这种激情。休谟的这种做法无疑是对沙夫茨伯里和哈奇森的批评与改造，直接否定了他们提出的"道德

---

① David Hume, *A Treatise of Human Nature*, reprinted from the Original Edition in the Three Volumes and edited, with an analytical index, by L. A. Selby-Bigge, M. A (Clarendon Press, 1896), pp. 491 - 492.

应建立在自然情感基础"上的理论初衷，也否定了为社会公共利益寻求天然情感基础的理论可能性。

无论是沙夫茨伯里的自然情感，还是哈奇森的仁爱，本质上都是以公共利益为目标的自然情感。当休谟提出人为美德时，他实际上从人性深处否定了沙夫茨伯里和哈奇森所提出的道德情感主义理论在社会公共利益问题上展示出来的理论可行性，背离了苏格兰启蒙时代道德情感主义的理论初衷。在否定人性中存在沙夫茨伯里和哈奇森所说的那种以社会公共利益为对象的自然或天然情感的同时，休谟主张自爱是社会公共利益构建过程中不可或缺的重要因素。如果没有自爱，如果心灵足够慷慨，或者说，如果人心真的天然具有以社会公共利益为对象的自然情感，那么正义将毫无用武之地。就此而言，自爱不仅是正义的威胁者，也是正义的呼唤者。人人均足够自爱，而大自然用以满足自爱的外物却又如此有限，所以正义才会得以产生。自爱以及大自然对自爱的有限满足（或外物的有限性）是人为美德问题得以被探讨的深层情感原因。为了自爱寻求制约之道，休谟选择了从自爱的外部——利益、利益感或习俗出发对它以人为的方式进行约束，甚至可以说，这种思想贯穿了休谟对所有美德问题的讨论。谁能约束以利益为目标的自爱呢？是的，借助利益、利益感或习俗的帮助，自爱的确可以受到约束并实现正义的目标，不过与此同时，美德却失去了美德之为美德的内在独立价值与天然情感基础，沦为社会公共利益或效用的工具。

当休谟从效用出发解释美德的价值之源时，为什么会背离沙夫茨伯里开创的道德情感主义基本理论立场？就道德理论而言，这是因为休谟未能把道德赞同和道德判断区分开来。哈奇森在道德情感哲学中基于行为者的仁爱之情给他人带来的益处讨论道德赞同和道德判断，道德赞同和道德判断在行为动机和行为结果上都具有同一性。休谟不以仁爱或仁爱产生的结果为基础讨论道德赞同和道德判断，同情机制辅助下的效用被视为道德赞同与道德判断的原因，不过与哈奇森道德哲学一样，休谟也没有把道德赞同与道德判断区分开来。尽管哈奇森和休谟都没有区分道德赞同和道德判断，但由于哈奇森为包括正义在内的社会美德奠定了仁爱的基础，而休谟却认为正义这种社会美德没有天然情感基础，所以当休谟基于效用解释美德的价值来源时，就必然会偏离情感主义的理论立场。就心理动机而言，休谟之所以偏离情感主义基本理论立场，归根结底还是因为他对自爱以及蕴含在自爱中的情感机制所具有的天然道德价值持不信任的态度。

总而言之，在情感的自然化进程中，休谟通过改变讨论问题的范式而把道德情感理论推向了一个新的高度。这是他对苏格兰启蒙时代道德情感主义理论之自然化进程所做的独特贡献。休谟之所以能推动道德情感哲学讨论问题的范式发生根本性改变并推动它沿着自然化路径向前迈进，根本原因在于他在讨论道德情感诸问题时抛弃了以单一类型的自然情感为立足点的做法。取而代之的是，他选取了以蕴含在自然情感中的、情感与情感相互感染的自然机制——同情为着力点来展开讨论。因此，同情机制得以取代单一类型的自然情感而成为道德情感的重要组成部分。然而，在推动道德情感哲学之理论范式发生根本性改变的过程中，休谟并未完全立足于同情这种情感机制阐述道德情感诸问题，而是使效用融入该同情机制并令其在道德情感诸问题中发挥了重要作用。在此意义上，当休谟沿着同情机制把道德情感哲学沿着情感的自然化路径推向一个更深、更高的理论空间时，由于受效用的羁绊，他对情感的自然化进程所做的贡献或努力还不能被视为该进程的终极理论成果。尽管如此，休谟提出的这种道德判断原则却暗含着抛弃除效用之外的其他一切旧道德约束的可能性。简而言之，这是一种使人彻底摆脱各种旧道德束缚从而在效用的指导下拥抱自由的可能性。休谟用自己的一生给自己创造的这种道德典型注入了生命的活力，除了服从利益或效用的约束外，人不再接受其他任何道德观念的束缚。一旦除去了效用的制约，自然情感将由此打开新世界的大门，以自由、自主、自立的姿态成为道德情感。这是一项充满诱惑与挑战的新事业，当斯密从休谟手中接过接力棒后，便在情感的自然化进程中抒写了全新的历史。

四　合宜性的约束

在"自然情感何以能自然而然地成为道德情感"这个问题上，斯密也面对休谟曾面对的问题，即，自然情感具有内在道德价值吗？休谟的答案是否定的，而斯密的答案却是肯定的。既然以自然情感为基础的美德具有内在于自身的价值，人们对正义或社会公共利益的追求具有天然情感基础吗？斯密的答案同样是肯定的。当斯密在该问题上给出肯定性答案时，这意味着他坚守了沙夫茨伯里和哈奇森的情感主义立场，但不同于他们立场的是，斯密认为，人们追求社会正义或公共利益并非出自对正义或社会公共利益的爱，或者说，并非出自某种单一类型自然情感，而是出自对自然秩序①的爱，这种爱并不表现为天然具有道德价值的单一自然情感，而是表现为一种美感。换句话说，自然秩序以美的形式吸引着人们产生有益于社会公共利益的情感并基于该情感做出有益于社会公共利益的行为。

虽然对自然情感内在道德价值持怀疑态度，但通过描述同情机制，休谟确立了苏格兰启蒙时代道德情感哲学的理论新范式。斯密在接受休谟的创新的同时也做出了自己的创新，即，在这种新范式内恢复自然情感的内在道德价值。斯密和休谟一样都认为，个体身上不存在以公共利益为指向的自然情感。但斯密不同于休谟的地方在于，如同他的老师哈奇森和前辈沙夫茨伯里一样，他依然相信可以在人性中找到可以推动我们实现社会公共利益的天然情感。但在具体阐述"何种自然情感能推动我们建立社会美德并实现社会公共利益"时，斯密既抛弃了沙夫茨伯里的自然情感或整体性情感，又抛弃了哈奇森的仁爱。那么斯密的道德情感所说的这种自然情感是什么呢？这就是对秩序之美的热爱，也就是说，斯密相信，单凭对美的热爱，我们的自然情感最终都可以推动社会公共利益的实现。要达到这个目的，我们必须在爱美的对象的同时又使我们自

---

① 自然秩序在道德领域体现为以合宜性为表现形式的秩序，而自然秩序在社会领域则体现为以自由的自然为基础而构建起来的社会秩序。

己的情感展现出美的特征。为了使我们的情感具有美学品质，我们需要对我们的情感进行约束。在此过程中，我们不能对自然情感从外部（例如使用效用）进行约束，而是要凭借蕴含在自然情感内部的情感机制从情感内部对其进行约束。公正的旁观者就是这种约束力量的典型，一切自然情感均能在它的约束下成为合宜的情感甚或道德的情感。因此，当我们讨论斯密对"什么情感是道德情感"这个问题的回答时，我们真正讨论的不是"何种类型的自然情感能成为道德情感"这个问题。因为在斯密这里，各种自然情感的道德地位并未被划分为不同类型或等级，相反，各类自然情感都拥有同等的道德机会成为道德情感。这是为什么呢？合宜性概念是我们打开迷宫的钥匙。用以从自然情感内部对自然情感进行约束的情感机制，不仅为道德赞同和道德判断奠定了基础，而且为社会公共利益的实现奠定了内在情感基础。因此，我们将聚焦于"合宜性的基础"与"道德情感的培养"这两个问题讨论合宜性。

（一）合宜性的基础

1. 合宜性的基础不是理性，排除了情感的自然秩序以及由情感的产生的后果

同情，在斯密的道德哲学中是一种情感机制，也是情感领域中排除了人为干扰的自然法则。以情感机制为内核的自然法则是斯密用来评价并批判历史上其他一切道德体系的基本出发点。在他看来，历史上的道德学说虽然都试图把自身的基础奠定在某种自然法则基础上，但事实上并没有哪种道德学说真正实现了初衷。也就是说，它们只是建立在某种片面的、不完全的自然法则基础上。就此而

言，这些道德学说总是在某些方面存在错误，用斯密的话说，"这些道德学说，在这点上，都建立在自然法则基础上，它们在某种程度上都是正确的。但是它们中的很多都来自一种片面的、不完全的自然观，它们许多也在某些方面是错误的"①。

合宜性是自然情感得以变成美德的关键所在，"没有合宜性就没有美德，哪里有合宜性，哪里就应当有一定程度的赞同"②。就此而言，单单接受以情感机制为内核的自然法则的约束，自然情感本身并不能也决不能具有道德价值，而一旦开始接受合宜性的约束，自然情感才能成为受人赞同的道德情感。那么合宜性从何而来？合宜性的标准是什么？它是人性中的天然成分吗？前文分析显示，不管是沙夫茨伯里还是哈奇森抑或是休谟，他们都主张道德判断的对象是动机，但在分析经道德判断而来的、能够对自然情感进行约束并使自然情感成为道德情感的原因的过程中，这三个人均偏离了情感主义立场，要么走向了理性（沙夫茨伯里），要么对单一自然情感表现了偏爱（哈奇森），要么走向了效用（休谟）。换句话说，在他们看来，道德须建立在自然情感基础上，但自然情感须服从不同于情感的东西——理性、单一类型的自然情感或效用的约束才能成为道德情感。在这种情况下，能否把合宜性的标准定位为情感自身，这不仅是斯密本人面临的挑战，而且也是道德情感主义理论自身面临的挑战。如果道德情感主义

---

① Adam Smith, *The Theory of Moral Sentiments*, edited by D. D. Raphael and A. L. Macfie (Liberty Fund, 1984), p. 265.

② Ibid., p. 294.

无法真正建立起以情感为内容的道德判断标准，就意味着该理论存在巨大缺陷。与道德理性主义相比，自古希腊以来，道德情感主义不仅不占优势，甚至还备受歧视。对于处于这种不利境遇的道德情感主义来说，如果自身内部的理论建设还存在某种显而易见的不一致或矛盾，那么其前景和命运必然堪忧。

把合宜性的标准讨论清楚了，就等于讨论清楚了美德的基础，也讨论清楚了"道德情感的基础是什么"以及"道德情感何以构成"这两个问题。能为美德奠基的自然情感，不是毫无约束的自然情感，而是满足合宜性之要求的情感。合宜性对于自然情感之道德身份的形成，可谓至关重要。那么合宜性从何而来？合宜性依据什么标准而确立呢？斯密认为，基于三种不同的理论基础——理性、与人无关的自然秩序和情感的后果或目标，历史上出现过三种合宜性的理论，不过它们都未得到斯密的认可。

合宜性的基础不是理性。柏拉图在他的学说中描述了一种受理性支配或指导的合宜性，亚里士多德也描述了一种受理性支配的合宜性。与柏拉图不同的是，亚里士多德所说的合宜性，来自正确的理性所培养出来的符合中道的习惯。柏拉图和亚里士多德都认为，只有理性才能为情感提供合宜性的标准，情感唯有受理性制约才能具有合宜性。斯密认为，这种观点并不为古代哲学家所独有，与他同时代的约翰·克拉克、沃拉斯顿和沙夫茨伯里都提出了与情感的合宜性有关的哲学理论，而这些理论都认为，情感若要具有合宜性，就必须服从理性的支配。斯密肯定了古今哲学家把合宜性与理性联系起来的做法，认为这些体系都对支配或指导行为的合宜性原则进行了公正的描述。不过，与此同时，他也对这种做法进行了批评，认为这些理论都或多或少地存在两个错误：第一，这些理论没有提出判断的合宜性标准，也没有对该标准给予阐释；第二，这些理论没有对建立在合宜性基础上的情感或行为受到赞同或责难的原因进行分析。斯密进一步说，这些理论之所以未能对这些问题作答，深层原因在于，情感的合宜性不能建立在理性的基础上。

合宜性的基础不是排除了人类情感的自然秩序。斯多葛学派①把排除了人的情感的自然秩序视为合宜性的自然基础。这种合宜性建立在对统治宇宙的法则或原则或秩序的无限信任的基础上，它认为只要能与宇宙的秩序或法则或原则保持一致，甚至抛弃生命也是合宜的，所以在某些场合，心甘情愿地死去也是合宜的。受这种合宜性思想支配的人在行事过程中并不关心行为的结果，该人把自己视为宇宙的组成部分，只关心自己的行为如何与宇宙秩序保持一致。斯多葛学派所倡导的受自然指导的合宜性，是宇宙这个伟大的主宰者视域内的合宜性而非人的视域内的合宜性。很显然，这种观点和斯密的合宜性思想有内在关联，但斯密认为合宜性不能建立在这种古代自然观之上。以芝诺为对象，斯密认为芝诺所说的合宜性或美德建立在

① 斯密以及斯密的老师哈奇森都深受斯多葛学派的影响，拉斐尔（Raphael）和迈克菲（Macfie）曾详细讨论过斯多葛主义对斯密造成影响的方方面面。与斯密的合宜性思想有较强烈相关性的斯多葛学派的思想，除了其自然观之外，还有其关于自制——情感抑制的思想，努斯鲍姆（Nussbaum）曾较为详细地分析自制在斯多葛学派伦理思想中的重要性。

受自然给我们的行为规定的那些法则的指导之上。不过，基于这种合宜性所生发出来的行为却从根本上对人类生活的一切事件采取了一种漠不关心的态度，因为这种合宜性思想虽建立在自然基础上，但却排除了人的自然情感。斯密从人的自然情感视角出发反驳这种合宜性，他说："大自然给我们勾勒出来的行为方案和行为秩序，似乎完全不同于斯多葛哲学的描述。"① 大自然使那些受我们自己支配并对我们自己、朋友或国家会产生影响的行为成了我们最关心的行为，并在无偏的旁观者的指导下使这种关心保持在节制的范围之内。不仅如此，斯密还认为，大自然并没有要求我们把对宇宙整体法则的沉思当作自己的事业和工作，而是让这种整体自然法则为我们所用，在我们遭遇不幸的时候给我们提供安慰。

斯多葛学派的错误在于把对整体性的自然法则的思考看成了我们的事业和工作。因此，斯多葛学派认为，较之世界的整体性神圣安排，个体生命显得毫不重要，为了使世界的神圣安排顺利运行，自杀甚至也是可被允许的行为。斯密对此表示无法赞同，他认为处于健康或完好自然状态中的人不会自杀，因为该状态不会使人做出自杀的行为。那么这就意味着，使人自杀的自然状态不是正常的自然状态。由于把人类一切情感都置于宇宙这个伟大的主宰的支配下并从后者的眼光看待合宜性，所以为斯多葛学派讨论的合宜性排斥了人际交往的所有情感，甚至抹杀了人

---

① Adam Smith, *The Theory of Moral Sentiments*, edited by D. D. Raphael and A. L. Macfie（Liberty Fund, 1984）, p. 292.

与动物的区别（因为人和动物都受相同法则支配）。在这种合宜性观点的支配下，人们无须把自己的情感或行为视为受他人情感关注的对象，只需要使这种情感符合宇宙的秩序。这样人们甚至可以认为，"杀死一只公鸡和杀死自己的父亲一样，都是不合宜且缺乏充分理由的行为"①。在斯密看来，这完全是地地道道的怪论，斯密评价说：它"非常荒唐……不能给他们的理论体系带来任何荣誉"②。

合宜性的基础不是情感的后果或目标。合宜性只能建立在人类情感的基础上。谈到情感，免不了分析其动机和后果。那么情感的后果或目标能否为合宜性奠基呢？在伦理思想史上，哲学家们经常把情感的后果或目标视为合宜性的基础，根据以自我或他人为对象，这种类型的合宜性可分两类，即，分别以自爱之情和仁爱之情的后果或目标为基础的合宜性。把自爱引起的情感后果或目标视为合宜性的基础，是以伊壁鸠鲁为代表的哲学思想的主要特征。灵魂的安宁和肉体的无痛苦是人所能享受的最完美的幸福，此乃一切美德的指归。在这种思想指导下，谨慎、节制、坚韧、正义等美德的全部价值都来自其效用，即，能很好地服务于灵魂的安宁和肉体的无痛苦这一情感目标。这种体系强调审慎，因为审慎有助于更好地实现自爱的目标，所以，也可将它称为把美德置于审慎的体系。

斯密不赞同这种观点，在他看来，美德之所以是美德，是因为美德自身的价值，而不是因为美德在实现某种

---

① Adam Smith, *The Theory of Moral Sentiments*, edited by D. D. Raphael and A. L. Macfie (Liberty Fund, 1984), p. 291.

② Ibid..

目标时所表现出的工具价值。美德的价值体现为它能直接使我们自身成为被人尊敬、受人爱戴的人，这种价值远大于这些爱戴和尊敬所能导致的肉体和灵魂上的舒适和安宁。根据美德或情感所产生的后果来确定美德或情感的合宜性，这表明"伊壁鸠鲁似乎只注意到了全部美德中的这一种合宜性"①，我们在考虑情感的合宜性的时候，还要考虑它自身的价值，即，美德是"真正的智慧"②。它不仅能给我们带来好的结果，而且能给我们提供最佳的手段——他人对我们的好的看法来使我们通达好的结果。以情感的目标为基础来确立合宜性的做法，本质上和以理性为基础来确立合宜性的做法一样，这两种观点都试图把合宜性建立在用最合适的方法获得最佳结果这个基础上。

把仁爱的结果或目标视为合宜性的基础，是以哈奇森为代表的哲学思想的主要特征。斯密认为，哈奇森的哲学体系唯一关心的就是仁爱这种情感"倾向于产生的有益或有害的结果"③。仁爱是赋予一切情感或行为以美德的唯一动机，美德的大小随仁爱的大小而变化④，最有益的结果产生于最大限度的仁爱。斯密认为哈奇森的合宜性有三个缺点。其一，该体系没有解释谨慎、警惕、自我克制等美德受人赞同的原因。其二，由于过分强调仁爱之情产生的结果，该体系没有对激发这些情感的原因是否具有合宜性

---

① Adam Smith, *The Theory of Moral Sentiments*, edited by D. D. Raphael and A. L. Macfie（Liberty Fund, 1984）, p. 298.

② Ibid. , p. 298.

③ Ibid. , p. 304.

④ Ibid. , p. 302.

加以说明。斯密认为,社会福利不应该成为行为是否具有美德的唯一动机,这种动机应该寻求和其他动机保持平衡。其三,由于过于重视仁爱,该体系没有给自爱赋予适当的地位。斯密认为,自爱或自私自利绝不是人类天性中的弱点或值得受到猜疑的缺陷,相反,一个人如果连自己的家人、朋友都不关心,也不关心自己的身体健康或财产安全,这将无疑是这个人的巨大缺点。

2. 合宜性的基础是同情

在否定了理性、排斥情感的自然秩序以及情感的后果或目标作为合宜性之基础的可能性之后,斯密提出,合宜性的基础只能是同情。

同情是一种既不同于自爱也不同于仁爱的特殊情感。同情根植于自爱内部,但它本身却不是自爱或自私。[①] 同情以旁观者和当事人的角色互换为前提,旁观者须放下自我、融入当事人的道德语境中对当事人的处境感同身受。例如,面对失去独子的当事人,旁观者之所以感到哀伤,是因为该人把自己置于当事人的位置并产生了和当事人相似的情感。由同情而生的情感,是一种借助想象而生的情感。斯密认为这种情感绝非自爱或自私。以男人对分娩的妇人的同情为例,男人不可能从男人身份出发同情分娩的妇人,男人之所以对分娩的妇人表示同情,是因为他经过想象把自己置身于妇人的处境中而产生了和妇人相似的情感,所以他才能感受到妇人所感受到的痛苦。当男人借助

---

① Adam Smith, *The Theory of Moral Sentiments*, edited by D. D. Raphael and A. L. Macfie (Liberty Fund, 1984), p. 317.

想象的帮助和分娩的妇人实现角色互换并产生同情时，不仅因为他因角色互换而不再以男人的眼光看待分娩，而且因为他在想象的帮助下不仅超越了自爱而且超越了性别。如果说同情是一种情感，那么它的目标不是满足与自爱有关的私人目的。如果说同情有目标，那么这目标并不关乎同情，而关乎合宜性。同情不仅不同于自爱，也不同于仁爱，相反，仁爱须以同情为基础。斯密认为，仁爱作为行为动机存在动力不足的问题，因为一个人无论怎么关心他人的利益，永远都比不上对自己的利益的关心。不仅如此，即使一个人可以接受他人的关心或仁爱，但他人对自己的关心远远比不上自己对自己的关心，只有自己才最适合关心自己的利益。人类的天然本性决定了每个人更适合关心自己的利益而不是别人的利益。[1] 由此可见，自爱必定超越仁爱而在人性中处于支配性地位，这不是由人的主观意愿决定的，而是由自然的旨意所决定的。用斯密的话说，"自然毫无疑问会首先推动人主要关心自己，由于他比其他任何人都更适合关心自己，所以他这样做也是合宜和应该的。每个人更加深切地关注与自己直接相关的事情，而不怎么关注与别人相关的事情"[2]。那么仁爱何以产生？仁爱产生于对自爱的克制或压抑，克制或压抑自爱的力量就是同情。就此而言，仁爱和同情有着本质的不同。

既然同情既非自爱也非仁爱，那么同情是一种什么情感呢？如果说自爱和仁爱均有自己的情感目标，那么由于

---

[1] Adam Smith, *The Theory of Moral Sentiments*, edited by D. D. Raphael and A. L. Macfie (Liberty Fund, 1984), pp. 82 – 83.

[2] Ibid. .

缺乏情感目标，同情既无爱的对象，也无恨的对象，所以同情本身既不产生爱，也不产生恨。同情仅仅是旁观者基于想象使自己置身于当事人的处境中后产生的情感，可被视为旁观者对当事人情感的模拟机制。该模拟机制得以发生作用的根源并非旁观者的主观意愿，而是共同支配当事人和旁观者的情感得以发生的情感机制。在西方情感主义伦理思想史上，休谟第一次把同情与情感机制关联起来，但前文的分析显示，休谟并未以此为基础构建其全部道德情感哲学体系，更未把同情视为道德赞同或道德判断的基础。与休谟不同的是，斯密在阐述同情时，不仅赋予了同情以全新的内涵，而且排除了效用对同情的影响，从而把全部道德哲学体系都建立在了同情机制之上。

斯密以同情为基础构建其合宜性，该合宜性又被称为"同情合宜性"。"同情合宜性"可被视为《道德情操论》的核心线索。就《道德情操论》的组织结构而言，该书前大半部分着重讨论了"何谓同情合宜性"这个问题，结尾部分对"同情合宜性"在伦理思想史上所占的历史地位进行了整体分析与综合描述。前文已从审美和道德两个角度分析了"同情合宜性"，此处将不再赘述前文讨论过的内容，仅着眼于描述其整体特征。"同情合宜性"有三个典型特征：情感特征、自然特征和美学特征。所谓情感特征，指的是它以旁观者和当事人的情感为基础；所谓自然特征，指的是它始终遵循自然情感自然发生机制并受之约束；所谓美学特征，指的是它自身所包含的、以位于同一道德语境的旁观者和当事人的情感与情感的对称平衡为表现形式的美学原则。

（二）道德情感的培养

1759 年出版的《道德情操论》有一个副标题，即，"对人们自然而然地以先人后己的次序评价行为和性格的原则的分析"[①]。长期以来，中文译本都以第六版作为原文本，目前尚未出现基于第一版而来的中译本，以至于该副标题也一直未能进入国人视野。该副标题表明，《道德情操论》重点讨论的问题是道德赞同或判断问题，其目标是要发现隐藏于道德情感背后的道德原理。前文的分析显示，该"原理"是以自然情感自然生成机制为内核的同情机制。在该原理的作用下，道德情感的量变得无限多样。为什么？理由在于，各种自然情感在这种哲学中均被赋予成为道德情感的平衡机会。一如道德判断原则以同情合宜性为内核，在"如何培养道德情感"这个问题上，斯密也持相同观点。《道德情操论》所倡导的道德情感培养之道排除了所有人力干扰，只受制于"同情合宜性"的支配。

培养道德情感的过程是自爱与同情这两种自然情感相互协调的过程，既是自然自发的过程，也是人为努力的过程。所谓自发的过程，指的是主体在同情的作用下不断调适自己、克服情感的偏狭性从而最大限度接近中立状态，也是一个不断自控并向良心靠近的过程。所谓人为的过

[①] Adam Smith, *The Theory of Moral Sentiments*; *Or, An Essay Towards An Analysisi of the Principles by Which Men Naturally Judge Concerning the Conduct and Character*, *First of Their Neighbours and afterwards Themselves. To Which Is Added, A Dissertation on the Origins of Language. New Edition. With A Biographical and Ciritical Memoir of the Author* (Henry G. Bohn, 1853).

程，并不意味着以人力干扰，而是不断学习、观察、揣摩的过程，位于同一道德语境中的旁观者和当事人在进行道德判断并培养道德情感的过程中，均受制于各自文化、阶层、风俗、习惯的影响。因此，合宜点的形成也是一个不断学习并调适的过程。尤其值得注意的是，这两种过程彼此不相冲突，更确切地说，后者是为了更好地达到前者所要达到的目的。

美德并不由各种既定的原则、规则或制度构成，而是需要不断生成的动态状态，是一个永无止境的学习、调适与生成的过程。那么我们该做什么呢？简言之，可以做三件事：培养自爱能力、培养同情能力以及兼顾外在环境与个人能力不断努力。之所以要培养自爱能力，是因为自爱既是人与人相互交往的前提，也是培养道德情感的前提。大自然使我们只能以自己为标准来理解他人①，要培养道德情感，首先要培养自爱能力。之所以要培养同情能力，是因为仅仅拥有自爱能力并不能成为道德之人，使自爱不断接受来自合宜性的约束才是培养道德情感的前提，就此而言，拥有高度自制力的人就是拥有最完美美德的人。② 之所以要在兼顾外在环境的条件下不断努力，是因为斯密认为外在生活环境会影响道德情感的培养，例如，恬静安逸的生活环境会培养出可亲可爱的美德，而严峻的生活环境则会培养出可敬的美德，例如，坚韧、自强、自立等。而单单具有这两种美德，还算不上拥

---

① Adam Smith, *The Theory of Moral Sentiments*, edited by D. D. Raphael and A. L. Macfie (Liberty Fund, 1984), p. 19.

② Ibid., p. 152.

有完美的美德，因为前一种美德往往容易缺乏坚强的意志，而后一种美德却又往往容易缺乏同情。就此而言，要拥有完美的美德，则不能单单寄希望于外在生活环境，而是要寄希望于人的努力。

我们坚持不懈地培养道德情感，终极目标是要使自己拥有完美的美德，让自己的情感排除一切偏见并与"无偏的旁观者"保持高度一致。由"无偏的旁观者"所暗示的道德情感状态就是我们的理想与目标。需要注意的是，尽管"无偏的旁观者"是第二人称①，但它却往往不会直接参与道德判断，相反，现实中的道德判断往往由芸芸众生做出。不过，到底是谁参与现实道德判断，这个问题并不重要，因为不管是谁参与现实道德判断，都必须遵循同样的情感机制并接受合宜性的约束。由"无偏的旁观者"代表的合宜性同时是道德判断和道德情感培养的理想状态，一旦当事人和旁观者双方都达到了"无偏的旁观者"的情感状态，二者就达到了合宜性的极限或最佳状态。对于现实生活中的芸芸众生来说，想在道德判断过程中真正达到"无偏"状态，绝非易事，需要不断克服与文化、阶层或观念有关的各种偏见。但是，即使如此，也绝不意味着由于现实中的旁观者在道德判断和道

---

① 斯密的"无偏的旁观者"到底是第二人称还是第三人称？这是一个有争议的学术话题。《第二人称立场：道德、尊敬和可说明性》的作者 Stephen Darwal 和《傲慢与偏见的挑战：亚当斯密和简奥斯丁论道德教育》的作者 Christel Fricke，以及《从心理学到道德规范性》的作者 Maria A. Carrasco 均认为斯密的"无偏的旁观者"是第二人称。但 Vivienne Brown 在《亚当斯密的会话》一书中则认为斯密的"无偏的旁观者"是第三人称。

德情感培养事务上做出的努力就会因情感的主观性而具有相对论色彩，相反，由于受永恒的情感机制的约束，这种努力和所有理性主义道德判断原则一样具有最广泛的普遍性和客观性。

第四章　宗教情感自然化

　　英国自然神论思想，一般被认为始于 1624 年，当年赫伯特（Edward Herbert）发表了《真理论》（*De Veritate*），自此之后直至 18 世纪中叶，都被视为自然神论兴盛的年代。自然神论在赫伯特那里最初作为"自然宗教"被提出，他认为上帝的存在可用基于自然本能而来的五种信条予以证明。当洛克哲学试图把自然宗教与基督教教义或启示宗教紧密结合起来时，赫伯特意义上的"自然宗教"就变成了洛克式的理性主义，随后这种理性主义为克拉克（Clarke，1675～1729）、伍拉斯顿（Wollaston，1659～1724）、创作《基督教不神秘》时的托兰德（Toland，1670～1722）所继承。到了 18 世纪，洛克式的自然宗教观受到了包括沙夫茨伯里、柯林斯（Colllins，1676～1729）、廷德尔（Tindal，1656～1733）等人的反对。他们主张独立于宗教的道德原则才是宗教的真正基础。苏格兰启蒙时代的道德情感哲学在宗教观上脱胎于 17 世纪英国自然神论，然而却形成了与后者截然不同的世界观，二者的差别在于前者对自然情感以及蕴于自然情感背后的情感机制采取了截然不同于 17 世纪英国自然神论的态度。自然神的本性以及以沙夫茨伯里、哈奇森、休谟和斯密为代表的四位情感主义伦理学家所关注的宗教情感，如他们所讨论的审美情感和道德情感一样，也蕴含着可被称为自然化的逻辑进程。

一 理性与情感：苏格兰启蒙时代自然神论的两种形态

英国自然神论不仅对英国思想家们产生过重要影响，而且对 18 世纪的美国、德国和法国思想家也产生过较大影响，那么究竟该如何定义自然神论或自然神论者呢？约翰·奥尔（John Leonard Orr, 1949 ~ ）在《英国自然神论：起源和结果》中这样定义："自然神论者这个术语所指称的，自始至终只是这样一些人：他们承认一个造物主，但却不承认这个造物主在创世之后干涉过自然法则的运作；他们倡导一种自然的理性宗教，反对任何建立在特殊的或者说超自然启示上的宗教。"[1] 萨缪尔·约翰逊在《英语词典》把自然神论者定义为只承认一位上帝且不接受任何启示宗教的人。据此，休谟和斯密均可被视为自然神论者。彼特·盖伊（Peter Gay）对自然神论的定义与此不同，在他看来，自然神论者热爱"大自然未经改变的规则……反对天启和基督教上帝……自然神论者或许是宗教人士，但在他们的自然宗教中，自然是首要的，而宗教是次要的"。盖伊的定义表明，理性并非区分自然神的标志性特征。尽管如此，学界流行的做法似乎依然是根据理性确定自然神思想的内涵。考察苏格兰启蒙时代的自然神论

---

① 〔美〕约翰·奥尔：《英国自然神论：起源和结果》，周玄毅译，武汉大学出版社，2008，第 9 页。

思想，本书认为理性并非衡量自然神的关键词，情感主义哲学家们讨论的自然情感可以成为取代理性而衡量自然神的重要指针。对于重视自然情感的自然神论者来说，"未经改变的大自然规则"被视为最重要的原则。简言之，为了达到自然神论设定的理论目标，既可走理性之路，也可走情感之路。① 就此而言，苏格兰启蒙时代的自然神论思想在发展过程中表现出了两种理论形态：理性自然神论与情感型自然神论。

（一）理性自然神论

沙夫茨伯里是苏格兰启蒙时代道德情感哲学中理性自然神论的代表。他的自然神论思想与英国传统自然神论保持了高度一致，一方面反对天启与神迹，另一方面高度重视理性。

1. 反对天启与神迹

自然神论者对启示神的反对始于对双重真理问题的关注。众所周知，被视为现代实验科学鼻祖的培根在信仰问题上依然坚持双重真理。当后人沿着培根的科学之路前行时，双重真理中的启示神逐步被驱逐，自然神取而代之，并与科学真理合二为一。自然神逐步演变成剥离了天启和神迹且远离人类生活、不介入人类生活、像制表工人一样的神。著名英国宗教研究学者克拉克认为，英国自然神论者反对天启和蕴含着神圣天意的神迹，其理由在于：上帝

---

① 随着情感的自然化进程走向终点，当情感开始服从于内蕴于自身的情感机制或自然法则时，一种新的理性原则便开始被视为行为的规范原则，不过这种理性并不包含任何先天元素。

被自然神论者设想为造物主和第一因，在创造得以完成后，便开始让一切依照自身的法则而运行，从此不再插手。英国自然神论中的"神"是什么模样呢？西方学界较有代表性的描述是杰拉德·克拉格（Gerald R. Cragg）的描述，他说："该神是抽象的、遥远的……这样一个神完全站在人类历史舞台的外面。他与这个无意义的星球上发生的一切都没有关联。他建造了机器，然后让它自行运转，现在，这个机器完全独立于它的创造者，按照预先设定的原理运转。"①

　　苏格兰启蒙时代的道德情感主义者们在宗教问题上都反对启示神，这一传统首先由沙夫茨伯里开创。通过反对宗教狂热，倡导把自然情感视为宗教的尺度，沙夫茨伯里开启了宗教情感自然化以及宗教道德化的大门。他提出用"美的感官""道德感官"等概念解释审美判断原则和道德判断原则，并由此阐述政治自由以及宗教宽容等观念。在此过程中，他始终坚持的基本立场是：包括审美判断和道德判断在内的所有判断原则都要以观察和经验而非天启为基础。沙夫茨伯里用这种观点讨论文学创作，他指出，文学创作的主题不是启示神而是世界，前者受启示的支配而后者则受理性的支配，最佳的文学创作需要为二者划定严格的边界。继沙夫茨伯里之后，以仁爱和"道德感官"为基础，哈奇森在为神确立自然情感基础时，彻底驱逐了启示神在宗教中的地位，把理性自然神转变为

---

① Gerald R. Cragg, *The Church and the Age of Reason*: 1648 – 1789 (Hodder & Stoughton, 1962), p. 237.

了情感性自然神。

2. 重视理性

曼彻斯特大学宗教与神学教授大卫·帕林（David A. Pailin）在为《大不列颠百科全书》撰写"自然神"词条时，非常重视自然神论的理性色彩，认为自然神指的是被称为自然宗教的东西，每个人天生具有接受某种宗教知识的能力，获取这种知识的方法是使用理性，而不是依靠天启，也不是依靠教会的教导。武汉大学赵林教授认为：自然神论可以看作理性最初从信仰的控制下要求独立权利的一种表现形式……自然神论的基本特点是试图把自然理性确立为宗教信仰的基础，把上帝变成一个合乎理性的上帝，将一切神学教义尽可能地纳入合理性的范围内来加以解释，从而限制甚至彻底取消启示的作用。[①] 在道德领域，自然神论者也认为自己可以根据理性实现对自身道德的提升。[②] 理性法则是自然神论者研究自然神的基本法则，也是自然神管辖下的世界得以运行的基本法则。"自然神论者用一个遵循理性法则的上帝取代了一个随心所欲的上帝，用一个秩序井然的机械论世界取代了一个充满奇迹的神秘世界，正是在这种意义上，自然神论为近代自然科学的发展奠定了理论基础。"[③]

沙夫茨伯里的自然神论思想中包含着浓厚的理性色

---

① 赵林：《英国自然神论的兴衰》（代序），载沙夫茨伯里《人、风俗、意见与时代之特征》，武汉大学出版社，2010，第23页。

② 赵林：《英国自然神论的兴衰》（代序），载沙夫茨伯里《人、风俗、意见与时代之特征》，武汉大学出版社，2010，第26页。

③ 赵林：《英国自然神论的兴衰》（代序），载沙夫茨伯里《人、风俗、意见与时代之特征》，武汉大学出版社，2010，第26页。

彩。不管是他所讨论的以真为基础、以"美的感官"为表现形式的审美判断原则，还是他所讨论的以理性为基础、以"道德感官"为表现形式的道德判断原则，都表明理性法则对于自然法则来说具有不可超越的理论优先性。更确切地说，由于对自然神的理性本质持有深刻信仰，沙夫茨伯里虽然在18世纪的英国开启了情感哲学之门，但他并未把情感确立为审美、道德、宗教和社会的基础，实际上他依然秉承西方理性主义传统从理性出发解释审美、道德、宗教以及与此有关的社会诸问题。尽管如此，新时代的大门已经打开，当沙夫茨伯里的后继者们——哈奇森、休谟和斯密沿着情感之路讨论审美、道德、宗教和社会诸问题时，自然神的本性便逐步实现了从理性到情感的转变。不过，需要注意的是，这并不意味着哈奇森、休谟和斯密不再重视理性或者说变成了非理性主义者，相反，他们沿着情感之路讨论诸多哲学问题时也依然高度重视理性，更确切地说，为他们所重视的理性是一种不同于西方传统哲学的理性。这种理性得以确立的基础是经验主义，它剥离了一切先天成分，具有浓厚的经验性、世俗性和情感性。

（二）情感型自然神论

当我们聚焦于盖伊所说的"未经改变的自然规则"来讨论苏格兰启蒙时代自然神论思想时，这一时期的自然神论思想便开始向我们展现另一种理论形态：以情感为中心线索而发展起来的自然神论思想。我们把这种自然神论思想称为"情感型自然神论"。然而"情感型自然神论"概念本身却极富争议。长期以来，理性似乎已成为自然神论思想的固定标签，自然神论也因此时常被称为合理性的宗教（rational religion）或理性的宗教（religion of reason），在这样的语境中，给自然神加上"情感"的标签似乎显得不合时宜。例如，杰拉德·克拉格在讨论英国自然神论的时候，就像大多数人一样，认为英国自然神论相信一个不会对被造物进行干涉的冷冰冰的自然神。"英国自然神是抽象的、遥远的……这样一个神完全位于人类历史舞台的外面，他与这个微不足道的星球上发生的一切都没有关联。他创造了机器，并使之运转，该机器依照先定的轨迹而运转，完全独立于自身的创造者。"① 即使如此，西方也有学者对这种观点进行了反驳，例如，罗伊·波特（Roy Porter）以及约瑟夫·瓦力高尔（Joseph Waligore）都认为，英国自然神需要被视为一种英国宗教文化，而不是非宗教性的、大陆启蒙运动的组成部分。在针对约翰·雷德伍德（John Redwood）的《理性、嘲讽与宗教，英格兰的启蒙时代，1660－1750》一书的书评中，罗伊·波特认为："'自然神论者'是一个保护伞式的称呼，可以使未受正统宗教认同但却在当代社会非常流行的那些人——政治共和主义者、道德相对论者、必然论者、自由思想者、宣誓者、渎神论者、自由主义者、嘲笑者、马基雅弗利主义者、霍布斯主义者和斯宾诺莎主义者——免于受到正统宗教的羞辱。"② 很显然，基于这种对自然神的看法，理性并

---

① Gerald R. Cragg, *The Church and the Age of Reason*, 1648－1789 (Hodder & Stoughton, 1962), p. 237.

② Roy Porter, "Reason, Ridicule and Religion, The Age of Enlightenment in England, 1660－1750", *British Journal for the History of Science*, 1977, pp. 269－270.

非自然神的唯一特征。约瑟夫·瓦力高尔认为："英国自然神论不具有同质性，也不是一种有组织的运动，存在不同种类的自然神论。"① 此外，瓦力高尔还认为英国自然神不仅没有位于人类事务的外部，相反，它频繁地参与到人类事务中来。哈德森（Wayne Hudson）认为，有关自然神的各种表达无法用单一的、综合性的自然神概念予以理解。② 的确，英国的自然神论思想非常复杂，理性绝非其固有的标签。事实上，苏格兰启蒙时代道德情感哲学思想史也向我们表明，我们需要改变把理性视为自然神之标配的思想，因为情感在 18 世纪英国自然神论思想中的确占有不可被忽视的重要分量。这一切都向我们表明，由于人们对情感哲学长期抱有误解、忽视、抵制的态度，随着这种态度逐步得到改变，我们过去对自然神的认知也有待被纠正。基于上述考量，本书主张，除了极具理性色彩的自然神论者外，18 世纪的英国还诞生了一批具有情感色彩的自然神论者，他们致力于沿着情感之路改造自然神，试图沿着情感之路把自然神从人性外部引入人性内部并给自然神确立一种排除了先天预制的、以情感为基础的理性精神。③

---

① Joseph Waligore, "The Piety of the English Deis: Their Personal Relationship with an Active Godt", *Intellectual History Review*, 2012, pp. 181 – 197.

② Wayne Hudson, *Enlightenment and Modernity*: *The English Deists and Reform* (Pickering & Chatto, 2009), p. 3.

③ 苏格兰启蒙时代的道德情感主义者在对情感表示重视的同时也很重视理性，不过，为他们所重视的理性不是拥有先天观念的理性，而是以经验、情感或本能为前提的理性。哈奇森在《对道德感官的阐明》一文中对该派思想家们所信奉的"理性"与"合理性"等概念进行过详细论述。

　　具体来说，"情感型自然神"的"神"和理性自然神论中的"神"之间至少有两个共同点。第一，这种自然神论相信自然之外有一个神，与理性自然神论一样，它也相信这个神在创立了自然之后就不再插手自然的自发运行规则。但不同于理性自然神的地方在于，情感型自然神论认为，这个自然神用以实现自己目标的手段不是理性，而是使被造物的自然情感服从以情感机制为表现形式的自然法则的支配。这样看来，当自然情感排除一切非自然因素——先验理性、单一类型的自然情感、情感后果以及效用的干扰而仅仅服从以情感机制为表现形式的自然法则的支配时，就意味着该自然情感将遵从一种近乎神圣的运行法则。无论是哈奇森还是斯密，他们的道德情感哲学既暗含了对自然目标的服从，也暗含了人类情感对蕴含在情感内部、以情感机制为表现形式的自然法则的服从。第二，在论证方法上，这种自然神论和理性的自然神论者一样，均主张用设计论来证明神的存在。众所周知，"设计论证明"（the design argument）或"目的论证明"（teleological argument）时常被用来证明上帝的存在，二者都以经验证据为出发点，试图从充满秩序与和谐的大自然中推出一个充满智慧的创造者。对于情感主义自然神论者而言，该证明方法依然有效。就此而言，情感型自然神论者通过推理证明上帝存在的方法和理性自然神论者所采用的方法是一样的，但情感型自然神论者不同于理性自然神论者的地方在于，他们把推理赖以建立的经验证据从理性证据变成了美学证据和情感证据。

　　在如何对待天启和神迹等问题上，情感型自然神论者并非如理性自然神论者一样均对天启和神迹持反对态度。有一类被称为"基督教自然神论者"的情感型自然神论者就不反对天启和神迹。此类情感型自然神论者主张自然领域内存在天启和奇迹，他们相信，通过自然之路可以回归到纯正的基督教信仰。美国威斯康星史蒂文分校的约瑟夫·瓦力高尔在《18 世纪基督教自然神》以及《英国自然神论者的虔诚》等文章中分析过这种类型的自然神论者。他认为这种类型的自然神论者中的大多数人几乎都站在基督教的角度阐述自然神，并且从未公开宣布自己反对基督教，不仅如此，他们还进一步为自己的基督教信仰进行论证。因此，这批自然神论者可以被称为"基督教自然神"。瓦力高尔也注意到，有思想家反对"基督教自然神"概念本身，比如，彼特·拜恩（Peter Byrne）就认为这个短语是"明显的自我矛盾"，有些人之所以称自己为"基督教自然神"，只不过是为了"阻止被控告为异教的狡猾手段罢了"[①]。不过，瓦力高尔通过研究这一阶段的思想而认为，的确有一些人虔诚地说自己既是基督徒，又是自然神论者。基督教自然神虽不是有组织的宗教运动，但却是重要的神学运动。瓦力高尔认为，辨别基督教自然神的关键之处在于，"这种类型的自然神不是一种启蒙理性，这些自然神论者没有把科学和理性强调至启蒙理性的高度，认为科学和理性不可以否定真正的宗教感情"[②]。简言之，这类

---

① Peter Byrne, *Natural Religion and the Nature of Religion: The Legacy of Deism* (Routledge, 2013), p. 111.

② Joseph Waligore, "Christian Deism in Eighteenth Century England", *International Journal of Philosophy and Theology*, 2014, pp. 205 – 222.

自然神论者向来不被理性化自然神认可。瓦力高尔认为约瑟夫·巴特勒（Joseph Butler）大主教就可被划归到此类思想家之列。巴特勒对不相信天启和神迹的情感型自然神论产生过重要影响。不过，巴特勒的神学思想是为了论证正统基督教信仰，他相信宗教信仰和理性无关，不可能用理性予以论证，只能通过个人内在的道德良知和情感体验予以认识。他的《宗教之类比》给人指明，就有关上帝的证据而言，《圣经》的启示真理的确不具有明晰性，但是自然法则给人提供的证据也不比《圣经》的启示更明晰。或者说，对经验事实进行理性归纳也无法使人达到普遍必然的结论，基督教的启示与自然宗教的理性并不矛盾，二者都共同面对真理，只是探索的角度不同。

尽管存在以"基督教自然神论者"为代表的情感型自然神论者，但情感型自然神论者的主流思想家们还是明确反对天启和神迹。无论是沙夫茨伯里从情感的视角对宗教狂热进行的批判，还是哈奇森从仁爱的视角论证的道德化宗教，抑或是休谟和斯密的宗教观，均显示了对天启和神迹的背离。他们之所以这样做，其目的是以启蒙的旗号反对迷信与狂热，从自然情感的角度教导人们把信仰的对象确定为位于自然限度范围内、以"大自然未经改变的规则"为表现形式的自然神。与此相应，情感型自然神论者也和理性自然神论者一样明确表现出反教权主义（anti-clericalism）的特征。尽管这类自然神论者并不相信天启和神迹，但他们并非无神论者，为了与"基督教自然神论者"形成对比，我们把这类自然神论者称为"自然情感自然神论者"，代表人物是哈奇森、休谟和斯密。被称为"自然情感自然神论者"的第一位情感型自然神论者是哈奇森，他的道德哲学就是要论证并信仰"大自然未经改变的规则"。这种哲学立场直接被斯密继承。与此同时，他也促进了他身后的自然神论者——如休谟进一步反思并批判理性在自然神论中的作用，从而把神在理性的限度之内排除出去。休谟以一种极端的形式表达了情感型自然神论思想，就其极端性而言，有人主张把他划归在自然神思想阵营之外，但就他对情感型自然神基本思想的坚守而言，我们主张休谟依然属于自然神论思想家的阵营，但他无疑不属于那种非常重视理性的早期自然神论者。"自然情感自然神论者"所信仰的对象是"大自然未经改变的规则"，为了使信仰保持纯正，它需要对有异于该规则的一切异己——理性、单一类型的自然情感、情感的后果或效用展开批判。该批判过程是一个漫长的过程，也是经不同情感主义思想家们的努力而形成的一个环环相扣的过程。本书将此过程称为"情感的自然化进程"，唯有在经历并完成了该历史进程后，蕴含在自然情感内部的"大自然未经改变的规则"才最终作为纯正的信仰对象被信仰。就此而言，斯密的《道德情操论》和《国富论》就是为该信仰献上的最优美的赞美诗。

需要注意的是，尽管自然情感自然神论者们对天启和神迹持反对态度，但他们（例如哈奇森）却在文本中大量讨论天启和神迹。为什么？因为他们从自然情感的视角找到了论证天启和神迹的新方法。B. W. 杨（Young）[1] 和罗

---

① B. W. Young, *Religion and Enlightenment in Eighteenth-century Engli-
and: Theological Debate from Locke to Burke* (Clarendon Press, 1998),
p. 3, pp. 14 – 15.

伊·波特①认为，英国存在"教士启蒙"（clerical enlightenment）或由牧师所领导的启蒙，哈奇森就是这种思想的重要代表。作为教士，哈奇森的思想表面看来如此符合正统宗教，但作为启蒙思想家，他的思想在保守主义者眼中却又如此背离正统宗教，以至于晚年还因宗教立场而受到了指控。就反对天启和神迹而言，自然情感自然神论者和理性自然神论者没有区别，然而就"如何反对天启和神迹"而言，二者却显得极为不同。哈奇森的道德哲学对基督的神性以及传统基督教中的形而上学问题都避而不谈，相反，对于被造物如何在道德情感的引导下拥有神性这个问题却兴趣盎然。他的道德哲学最关心的问题不是传统基督教所说的天上之事，而是这种宗教如何以情感之路促进普遍的道德进步和社会整体福利的增加。由于理论目标是世俗的福祉与幸福而不是天国的启示与救赎，自然情感自然神论者和重视理性的英国自然神论者一样非常重视从西塞罗、斯多葛等古典哲学传统中吸取营养。沙夫茨伯里、哈奇森和斯密，都对这些古典哲学家一往情深。在这一点上，他们表现得和英国早期自然神论者一模一样，然而不同于早期英国自然神论者的地方是这些思想家取道于情感而非理性为自然神进行了极富独特性的理论论证。

（三）宗教情感自然化进程

当我们讨论宗教情感自然化进程时，我们的重点讨论对象是"情感型自然神论者"中的"自然情感自然神论

---

① Roy Porter, *Enlightenment: Britain and the Creation of the Modern World* (Penguin Press, 2001), pp. 5-6.

者"——哈奇森、休谟与斯密的宗教思想。沙夫茨伯里时
常被视为正统的理性自然神论者，然而通过用幽默感驱散
宗教狂热，通过倡导为道德、审美和宗教建立情感基础，
他所信仰的理性化的自然神为自然情感进入理性自然神论
并为宗教情感自然化进程的顺利起步奠定了良好基础。因
此，尽管沙夫茨伯里不是"情感型自然神论者"，我们还
是把他的自然神论视为宗教情感自然化进程的历史起点加
以讨论。以理性化的自然神为起点讨论宗教情感自然化进
程时，可以发现，随着宗教情感自然化进程不断向前推
进，自然情感在自然神思想中所占的分量逐步增加，自然
情感自然神思想进行理论渗透的力度也呈现了不断增强的
态势，最终终结了自然神的理性特征并把纯粹位于自然限
度内的神确立为信仰对象。自然神的根本主旨是通过否定
各种违背自然规律的奇迹或天启现象并以此反对蒙昧主义
和神秘主义，把上帝视为世界理性的代表，认为它在创造
世界之后便不再干扰世界的运行，让世界在自身所蕴含的
规律中运行。那么这种规律是什么？是传统西方哲学所看
重的那种包含着先天元素的理性规律还是剥离了一切非自
然因素干扰的那种"未受干扰的自然规律"？很显然，苏
格兰启蒙时代的"情感型自然神论者"中的"自然情感自
然神论者"致力于论证的规律是后一种规律，毋宁说，他
们对前一种规律持明确的反对态度。就此而言，对于为他
们所论证的自然限度内的神来说，其功能不是要充当世界
的旁观者，而是要在蕴含于自然情感内部、以自然情感自
然生成机制为内核的同情机制的帮助下借助人性内部的自
然情感之路实现自然自身的目的。

就宗教情感自然化进程的发展脉络而言，它经历了四个发展阶段。

第一阶段是沙夫茨伯里所代表的理性的自然神。沙夫茨伯里虽倡导自然情感在自然神论中占基础性地位，但没有从根本上否定理性自然神在神学中的地位，相反，为了使自然情感符合自然神的旨意，情感须始终服从理性的制约。不过，当沙夫茨伯里用幽默感反对宗教狂热时，这意味着理性自然神论的宗教世界中已经迎来了情感这位新主人。

第二阶段是哈奇森所代表的仁爱的自然神。"神"的本性在这一阶段实现了从理性到情感的转变，自然神第一次在英国思想史上变成了以情感为本性的神。尽管在理性与情感的关系上，这一阶段的自然神思想依然主张自然情感要服从理性的制约或接受理性的训练，但较之沙夫茨伯里，哈奇森对理性的理解与前者有本质不同，而理性在自然神论中发挥的功能也从"情感服从理性"转变成了"理性服从情感"。这一切都表明，哈奇森把情感注入了以理性为本质的自然神思想的最深处并推动英国自然神思想发生了情感转向。

第三阶段是休谟所代表的位于理性限度之外的神。休谟在《自然宗教对话录》中系统地反驳了自然神论中的设计论证明以及正统基督教的宇宙论证明，不仅终结了理性化自然神论，也批判了对宗教的一切理性证明，认为理性既不能证实也不能证伪神，成功地把神排除到了理性视域的外部。

第四阶段是由斯密所代表的同情机制神圣化阶段。对于斯密的宗教信仰，罗卫东教授在《情感秩序美德》一书中说过目前学界对这个问题尚未有权威观点。根据罗卫东教授的研究，斯密虽然不信仰传统基督教，但对自然秩序是存在信仰的，所以主张把斯密划入自然神论者。"从斯密一生的宗教倾向来看，他不信基督教的神，但是却相信自然秩序，因此，最合理的选择就是接受自然神论。"① 我们认为，罗卫东教授的判断是对斯密真实宗教观的客观描述。需要注意的是，作为自然神论者，斯密不同于以理性为典型特征的那些自然神论者，因为斯密宗教观中的关键词是自然情感和自然秩序。通过指明自然情感如何依照以同情机制为内核的自然法则顺利运行，斯密的道德哲学以自然情感自然生成机制为主线为位于自然限度范围之内的自然神献上了一曲优美的赞歌，从理论和社会现实的双重角度完全抛弃了为理性自然神论所津津乐道的理性赞美诗，以同情机制或自然法则为核心为自然神抒写了一曲自然情感之歌。

18 世纪英国情感主义思想家们所讨论的宗教情感的自然化进程，体现了自然情感逐步向理性自然神的宗教世界中缓慢渗透的历史进程。该进程在自我前进的过程中在自然情感世界逐步驱逐上帝和上帝的法则，从而最终把受先验理性支配的自然情感世界彻底转变为受以自然情感自然生成机制为代表的同情机制或自然法则支配的世界。就此而言，宗教情感的自然化进程，始于对理性（既包括对理性本身的不满，又包括对自然神之理性本质的不满）的不

① 罗卫东：《情感 秩序 美德》，人民大学出版社，2006，第84页。

满，终结于对自然本身的信仰。以理性化的自然神为参照点，我们可以这样描述苏格兰启蒙时代的宗教情感自然化进程：理性之神 → 仁爱之神 → 理性限度之外的神 → 同情机制神圣化。

二 理性之神

对待宗教，沙夫茨伯里的态度是有破有立，泾渭分明。其破表现在对传统宗教信仰的批判，其立表现在对自然宗教的拥护。就其与洛克的关联来说，其破体现在反对洛克用理性把启示宗教与自然宗教联系起来的做法，其立体现在用独立于宗教的道德原则论证宗教的合理性。在破与立的过程中，沙夫茨伯里的神学思想体现了和其道德思想一脉相承的关系，二者都重视人道以及人的自然情感，反对凌驾于人之上的传统宗教观，主张宗教要被置于以情感为基础的道德之上，在逻辑顺序上，道德须走在宗教的前面，即，道德先于宗教。为了反对洛克与克拉克的宗教观，沙夫茨伯里建立了一套以道德本能为基础的、具有自主性特征的道德学说。这套道德学说的目的是使个体和社会凭借自然情感的力量达到自我完善。沙夫茨伯里在他的哲学中讨论了神，和传统自然神的本性一样，该神具有理性的特质。另外，该神不同于传统自然神之理性特质的地方在于，该神所具有的理性是以自然情感为基础的理性，对于以"道德感官"为评价标准的自然情感来说，它代表着自我完善的极致。换句话说，蕴含在该神中的理性特征所代表的是自然情感的自我完善，而不是超自然主义。不过，尽管排除了先天预制，沙夫茨伯里所说的神依然还是以理性为本质的神。该神的理性特质赋予了"道德感官"以特殊的权力，不仅使自然情感成为高于其他一切自然情感的道德情感，而且使"道德感官"可以以理性的名义为其他各类自然情感指明道德之路。我们可以立足破与立的双重维度揭示沙夫茨伯里的自然神在宗教情感的自然化进程中所具有的独特价值。

（一） 对传统宗教的批判

1. 反对唯意志主义和天启宗教，倡导道德先于宗教

为了证明把宗教置于道德的基础之上，更确切地说，为了证明"道德先于宗教"这个观点，沙夫茨伯里的自然神论思想明确反对唯意志主义（Voluntarism）和启示真理。

反对唯意志主义意味着反对把神的奖惩法则作为道德主体的行为动机，其目的是把宗教和道德都建立在自然情感之上。道德判断标准由"道德感官"判定，而"道德感官"作为一种不同于理性的反思能力，先于上帝而存在。对于一个拥有很多美好品质和感情（如爱、勇气、感恩或怜悯）却缺乏理性的被造物而言，如果被给予了反思的能力，就会立即赞同感恩、友善和怜悯这些社会性的激情。在有关上帝的各种概念形成前，人们会形成与正确和错误有关的理解，并在某种程度上拥有美德。此时的人们尚未形成一种严肃的宗教观，但人们能因自身天然具有的自然情感而拥有美德。因此，需要考察的问题是，道德是出自上帝的权威还是上帝自身具有的卓越之处？唯意志主义认为道德来自上帝的权威，上帝的权威高于一切，并把他的绝对意志通过奖惩的方式全面灌输给他的被造物。意志既

是宇宙的基本力量，也是人类行为的基本力量。上帝被设想为一种意志，上帝的意志决定了人的道德。然而，沙夫茨伯里认为道德源于上帝，但是道德却不源于上帝的意志，而是源于上帝的理智。如果上帝的意志决定了人的道德，那么道德之人赞美上帝就毫无意义。因此，当人们称赞神正义且良善时，必定会假定正义和真理独立于上帝概念而存在，"任何人，只要相信上帝的存在并且实实在在地相信上帝不仅正义而且善良，就必定会假定独立存在正义与非正义、真理与谬误、对与错，只有根据这些东西，他才能说上帝是正义的、正直的且真实的……如果纯粹的意志、或上帝的律法被认为绝对构成了正确和错误，那么正确和错误就毫无意义"①。因此，对于因上帝之故而爱上帝的人，如果认为自己的行为是有意义的，那么就必须相信道德先于上帝而存在，在此意义上，沙夫茨伯里认为道德永恒且不可改变。② 不仅如此，他甚至还进一步说，上帝的意志由道德决定。因此，如果信仰唯意志主义，那么这种信仰将给道德带来极为有害的后果。如果一个人相信某行为是错误的，其原因仅仅是因为上帝的意志，那么该人就会出于不受上帝的惩罚的意图拒绝做该行为。然而，事实上，这是一种自私的意图，如果这种意图成了行为的动机，它最终会破坏其他动机，但真正的美德却要求不以自私动机为动机。美德就是追求全人类的善，构成美德的

① Anthony Ashley Cooper, Third Earl of Shaftesbury, *Characteristicks of Men, Manners, Opinions, Times* (Volume 2), Introduction by Douglas Den Uyl (Liberty Fund, 2001), p. 29.

② Ibid., pp. 20 – 21.

要素不是上帝的意志，而是人的自然情感。在人类的各种情感中，保持在适度范围内的自然情感就是具有美德秉性的情感。上帝是否善良，应该要受到人类自然情感的审视与衡量。道德不会出自对神的权威的信仰，而只会出自对被认为有价值的善良的神本身的信仰。这样一个神，除了拥有权威之外，还拥有最卓越的本性，即，"对所有被造物充满善意的关心并怀有一种以整体为指向的仁爱之情"①。培养这种情感并让这种情感在心灵中超越所有其他情感而占绝对主导地位，即可增进美德。如果人们基于这种情感而爱神，那么就会产生真正的虔敬——因神自身之故而爱神。这种对神的爱不同于唯意志主义所倡导的那种基于神的意志而爱神的思想，它爱的是神身上具有的善性，然而唯意志主义所爱的其实只是人自己的善（因为害怕神的惩罚而爱神）。

除反对唯意志主义外，沙夫茨伯里还反对把启示作为宗教的基础，试图把宗教的基础建立在对自然秩序的观察之上。奇迹与神学信仰无法保持一致，神学信仰的可靠证据不是启示而是自然的秩序，万物之所以以和谐的方式彼此存在并生生不息，根本原因在于万物均遵循自然法则。宗教信仰若不建立在对自然秩序信仰的基础上，那么这种类型的宗教信仰将给世界带来混乱。"当你致力于使自然变得精神失常时，当你通过非凡的神迹寻找天堂和地狱时，当你研究如何使一切变成奇迹时，你就在给世界

---

① Anthony Ashley Cooper, Third Earl of Shaftesbury, *Characteristicks of Men*, *Manners*, *Opinions*, *Times* (Volume 2), Introduction by Douglas Den Uyl (Liberty Fund, 2001), p. 32.

带来混乱，你破坏了它的统一性，也破坏了秩序——这种秩序被认为出自一种无限完美的原则——令人惊异的简单性。"① 即使通过奇迹可以证明神的存在，也不能证明这个神拥有绝对善的品质。奇迹不能证明神的绝对完美，也不能证明神的绝对善，更不能证明神的绝对大能，只有完美的自然秩序才能证明神的绝对完美、绝对善和绝对大能。在道德领域中，唯有蕴含在自然情感中的自然秩序②才能使人既成为道德之人又成为虔敬之人。

2. 批评宗教狂热，倡导幽默感与理性精神

宗教狂热作为一种激情，不仅存在于有宗教信仰的人中间，也存在于无神论中间。宗教信徒的狂热和无神论者的狂热区别在于，宗教徒的狂热建基于"神的真实存在"之上，而无神论者则以幻想或空想为基础产生狂热之情，虽然两种狂热之情的基础不同，但二者却具有极相似的表现方式。正所谓："宗教狂热力量之大，地域之广大，令人惊异，想要充分明确了解它，不仅需要良好的判断力，而且也是世界上最难的事情。因为即便是无神论也未能幸免于此。我们都知道，存在宗教狂热式的无神论者。神赐

---

① Anthony Ashley Cooper, Third Earl of Shaftesbury, *Characteristicks of Men*, *Manners*, *Opinions*, *Times* (Volume 2), Introduction by Douglas Den Uyl (Liberty Fund, 2001), p. 189.

② 苏格兰启蒙时代的道德情感主义者对"自然情感中的自然秩序"各有不同理解。对沙夫茨伯里来说，自然秩序意味着以理性为基础而建立起来的秩序；对于哈奇森来说，自然秩序意味着以仁爱为基础而建立起来的秩序；对于休谟来说，自然秩序并非完全源于自然，必须辅之以人力的帮助，自然秩序才能最终被建立起来；对于斯密来说，自然秩序是排除了一切非自然因素干扰的秩序，是自然情感根据同情机制在合宜性的指导下建立起来的秩序。

的灵感，单凭外在标记，也无法轻易与它区分开来。因为灵感是对神的存在产生的一种真实感觉，而宗教狂热则是一种虚妄的感觉，然而，二者唤起的激情却彼此相似。"① 作为人身上自然而然存在的感官，与其他各类感官一样，"道德感官"也非常容易受到败坏。败坏"道德感官"的力量，除了习俗和与天性相反的教育之外，就是宗教的力量。相较于无神论，有神论更容易通过崇拜和信仰的途径败坏"道德感官"。例如，作为宗教信仰对象的终极存在者，如果该存在者自身并非公正而善良的存在者，那么当人们把该对象作为信仰对象后，由该对象所滋生的宗教狂热就会使信徒的性情受到败坏，还会使信徒的思想变得混乱不堪，最终，这些信徒会因该信仰变成极不道德的虔敬者。

沙夫茨伯里主张，宗教与道德一样也应建立在情感之上，宗教信仰要以最普通的人类情感为基础和前提。简言之，人道重于超自然的神道，"爱与人道的精神高于殉道者的精神"②。《论特征》第一卷第一章认为宗教热忱无法成为道德的保障。"我们知道，有些人表面上看来具有极大的宗教热情，然而却连人类的普通感情也没有，并表现得极为腐败堕落。"③ 因此，"在同人交往时，我们不会满足于他们的宗教热忱所显示出的最充分的（道德）保障，

---

① Anthony Ashley Cooper, Third Earl of Shaftesbury, *Characteristicks of Men*, *Manners*, *Opinions*, *Times* (Volume 1), Introduction by Douglas Den Uyl (Liberty Fund, 2001), p. 34.

② Ibid. , p. 17.

③ Ibid. , pp. 3 – 4.

除非我们进一步对他们的性格有所了解"①。这样一来，传统意义上的宗教热忱就应受到新道德的审视与批判。沙夫茨伯里倡导的道德，不是建立在宗教基础上的道德，而是建立在情感基础上的道德，道德情感以社会公共利益为目标。沙夫茨伯里道德哲学中的神以道德为基础，就道德应以社会公共利益为目标来说，该神也代表人类社会的公共利益。沙夫茨伯里把神理解为一个慷慨大方的男性形象②，他不赞成神是女性，因为女性代表自然中无能的那个部分或弱者，所以不能成为神的化身。神应该既慷慨又富有男性气质，愿意对世界布施自己的神圣的善行。对于道德哲学来说，最高的善是以社会公共利益而非以超越性的神国为指归的善，即，"热爱公众，研究普遍善，并在力所能及的范围内促进全世界的利益，毫无疑问，这才是最高的善，并锻造我们称为神性的那种性情"③。对他人行善，也即增进他人利益，即使没有被他人发现或意识到，也是一件神圣的事情。这样的行为到了神那里也不会失去其固有的善性。沙夫茨伯里认为唯有男性才能有能力完成或实现这种善，因为只有男性才能以自身的慷慨做出令公众满意的行为并推动社会公共利益得以实现。与此相应，沙夫茨伯里不仅在道德领域内反对女性气质，而且也在艺术领域内反对女性的柔弱气质，在文体上反对不恰当的柔顺风

---

① Anthony Ashley Cooper, Third Earl of Shaftesbury, *Characteristicks of Men*, *Manners*, *Opinions*, *Times* (Volume 1), Introduction by Douglas Den Uyl (Liberty Fund, 2001), p. 4.

② Ibid., p. 24.

③ Ibid., p. 23.

格，因为此类气质或风格均无法使大众满意，也无益于社会公共利益的实现。①

宗教狂热往往伴以一本正经的僵化呆板之风，沙夫茨伯里主张用幽默感戏谑狂热，以轻松自然的自由之风予以对抗。为了捍卫信仰，宗教中的狂热之徒会用各种手段使人产生敬畏之心，"威严的声音与假装博学者施加的高度限制，命令人们表现出敬意和畏惧"②。他们往往以一本正经、僵化呆板的态度对待自己信仰的原则，一旦听到质疑，立即就会惴惴不安，不仅觉得自己颜面顿失，而且感觉传统即将遭遇灭顶之灾，一切秩序和体面也将不复存在。因此，为了捍卫信仰，他们往往会表现得更加一本正经。为宗教自由故之，沙夫茨伯里对这种一本正经的宗教态度待之以幽默和戏谑。幽默不仅使沙夫茨伯里找到了恰当的方式瓦解宗教的严肃性，而且使他找到了恰当的方式来宣泄对正统宗教人士和正统宗教本身的不满和批评。"如果人们受到限制，不允许以严肃认真的方式谈论某些话题，那么他们就会用反讽的方式进行谈论。如果他们完全不允许谈论这样的话题，或者说，如果他们发现谈论这样的话题非常危险，那么他们就会加倍隐蔽自己，使自己变得神秘，使自己的谈话难以被人理解，或者说，至少不能被那些想要加害他们的那些人轻易理解。这样善意的嘲讽就会更加流行，并走向极端。迫害催生嘲弄，缺乏自由可以导致缺乏

① Anthony Ashley Cooper, Third Earl of Shaftesbury, *Characteristicks of Men*, *Manners*, *Opinions*, *Times* (Volume 1), Introduction by Douglas Den Uyl (Liberty Fund, 2001), p. 149.

② Ibid., p. 47.

礼貌，也可以引起玩笑和幽默的堕落与败坏。"① 此外，幽默还可用于衡量文艺作品品质的高低。"很多一本正经的诡辩作品往往能经受住严肃认真的审查，然而却无法通过诙谐幽默的考验，正如古代圣人所言，幽默是庄重的唯一试金石，反之如此。经不起嘲弄的主题就是可疑的主题，经不起严肃审查的戏谑，毫无疑问是不当的巧智。"②

　　为了消除宗教狂热，在拥有良好幽默感的同时，我们还需要自由使用理性。理性使我们更好地认识神的本性③，也使我们更好地认识我们自己，会使我们获得对抗宗教狂热的知识。宗教信仰需要以理性为前提，"如果我们不能相信理性……那么我们同样不能相信其他人所说的、和神有关的事物，也不能相信神自己显示给我们的一切"④。理性使我们对自己有正确的认知且使我们基于这种认知而反对宗教狂热。"为了判断这种精神是否真正来自神，我们必须在这样做之前对我们自身的精神进行判断，无论这种判断是来自理性还是来自良好的感觉，也无论这种判断本身是不是合适。我们必须冷静、沉着、无偏，必须去除一切偏私的激情，必须去除每一种含糊的态度和闷闷不乐的心情。理解我们自己并明白自己的气质类型才是第一知识，也是预先进行的判断。在做到了这些之后，我们才能开始判断别人的精神，考察他们个人的德行，并对他们头

---

① Anthony Ashley Cooper, Third Earl of Shaftesbury, *Characteristicks of Men*, *Manners*, *Opinions*, *Times* (Volume 1), Introduction by Douglas Den Uyl (Liberty Fund, 2001), p. 46.

② Ibid., p. 48.

③ Ibid., p. 21.

④ Ibid., p. 25.

脑中见证的有效性进行判断。通过这种方式，我们自己就做好了对抗宗教狂热的准备。"①

（二）理性之神对美德的辅助作用

自然主义不仅在沙夫茨伯里的伦理思想中占有重要地位，而且在宗教思想中也是如此。一如约翰·奥尔所言，"沙夫茨伯里发展出一套内容广泛的自然主义伦理学体系。其他的自然神论者大多都把自然主义的伦理学当作其自然宗教的一个重要的（如果不是全部的）组成部分，但却没有发展出一套伦理学体系。沙夫茨伯里比其他任何自然神论者都更有资格说是发展出了这样一套体系"②。沙夫茨伯里的宗教观部分建立在对自然秩序的观察基础上。若我们在沙漠中见到一幢有着完美设计的建筑物，我们必定会认为有人设计了它，即使我们此时此刻不知道设计者是谁，也看不见设计者，但我们依然会相信一定有设计者对这幢建筑物进行过设计。同理，当我们面对丰富多彩的世界时，我们也必定会认为某个心灵在整体上对世界进行了设计，尽管我们此时此刻也看不见这个设计者。《道德学家》详细地论证了这种观点，认为完美的有神论来自对自然整体秩序的理解。③ 出于相互联系状态中的个体共同制造了

---

① Anthony Ashley Cooper, Third Earl of Shaftesbury, *Characteristicks of Men*, *Manners*, *Opinions*, *Times* (Volume 1), Introduction by Douglas Den Uyl (Liberty Fund, 2001), p. 35.

② 〔美〕约翰·奥尔：《英国自然神论：起源和结果》，周玄毅译，武汉大学出版社，2008，第157页。

③ Anthony Ashley Cooper, Third Earl of Shaftesbury, *Characteristicks of Men*, *Manners*, *Opinions*, *Times* (Volume 2), Introduction by Douglas Den Uyl (Liberty Fund, 2001), p. 160；pp. 191 – 219.

整体意义上的秩序、统一性与和谐，"我们所见的一切，
不管是天空还是大地，都展示了秩序与完美"①，"这个世
界上的一切都统一于……一个普遍体系之中"②，"在认识
了这种统一的一致结构和普遍体系之后，我们必定最终会
承认一个普遍的心灵（a universal mind）"③。不过，虽然
沙夫茨伯里借助对自然秩序的观察而发现了普遍心灵，但
它的本质却是理性，它在赋予我们的"道德感官"以理性
特质的同时也使我们可以凭借"道德感官"而认识它，在
此意义上，以理性为本质的神可以辅助人们形成美德。

　　为什么需要宗教给美德提供助力？因为"道德感官"
有理想状态④和常态之别，而处于常态的"道德感官"由
于受到自爱、色欲、愤怒等情感的干扰往往无法凭自身使
人获取美德。处于常态中的人时常受到自爱之情或以私人
善为目标的情感的干扰，从而不仅使"道德感官"受到破
坏，而且也使私人善受到破坏。自爱以及对私人善的关注
是人性中极常见的情感，然而关注自爱以及私人善会减少
对道德的关注，从而阻碍美德的形成，"对自我善和私人

---

① Anthony Ashley Cooper, Third Earl of Shaftesbury, *Characteristicks of Men*, *Manners*, *Opinions*, *Times* (Volume 2), Introduction by Douglas Den Uyl (Liberty Fund, 2001), p. 164.

② Ibid., p. 162.

③ Ibid., pp. 163 – 164.

④ 所谓理想状态，指的是"道德感官"未受自爱之情或以私人善为目标的情感干扰的状态。对于处于这种理想状态中的人来说，无须宗教的介入，就可获得美德，因为该人会自然而然地遵照"道德感官"的指示而行动 [Anthony Ashley Cooper, Third Earl of Shaftesbury, *Characteristicks of Men*, *Manners*, *Opinions*, *Times* (Volume 1), Introduction by Douglas Den Uyl (Liberty Fund, 2001), p. 34.]。

利益的严格关注，必定会不知不觉地减少指向公共善或社会利益的感情，并会引起精神的狭隘"①。此外，色欲、愤怒等感情也会损害美德，"尽管人的心中根植着对与错的真实感官以及指向物种或社会的真实的善的感情，然而愤怒、色欲或任何其他相反的激情会时不时地控制或压制这种善的感情"②。面对这两种情形，心灵自身显得无能为力，"心灵中没有什么能使这种病态激情成为厌恶的对象，并使之真正受到反对"③。就此而言，对于现实中的人来说，如果单单依靠人自身或"道德感官"的力量，将无法获取美德。在这种情况下，道德哲学必须引入宗教的力量才能有效帮助人们获取美德，因为宗教可以削弱人们对私人善的过分关注，也可以削弱人心中的色欲、愤怒等感情，从而为美德之路清除障碍。正如沙夫茨伯里所言："如果宗教介入并产生一种信仰，使人相信这类病态激情及其行为是神非难的对象，可以肯定的是，这种信仰必定是对抗恶行的及时解药并以特殊的方式有益于美德。"④就此而言，宗教以两种方式，即，给人提供具有典范价值情感以及分配未来奖赏来辅助人们形成美德。

通过树立典范，宗教可以辅助人们形成美德。在"道德感官"的帮助下，宗教可以树立典范，引导人们爱善、向善且为善。人们出于两种原因，即，"要么是这个至高

---

① Anthony Ashley Cooper, Third Earl of Shaftesbury, *Characteristicks of Men, Manners, Opinions, Times* (Volume 1), Introduction by Douglas Den Uyl (Liberty Fund, 2001), p. 34.

② Ibid., p. 35.

③ Ibid., p. 35.

④ Ibid., p. 35.

的存在有能力预先假定出自他的某种损害或利益，要么是他的卓越与美德使人视他为自然中的完美之物，因而效法和模仿他"① 而顺服神。如果基于第一种原因顺服神，就意味着该神会利用奖惩法则使被造物顺从其旨意，如果被造物基于害怕惩罚而做出了自己本不愿做出的善行，那么也不会被认为有美德。② 做出这种善行的人与被人牢牢束缚住的老虎或猴子在皮鞭抽打之下所展示出来的温顺一模一样，其行为既不出自自己的意志，也不出自自身的心理倾向，而只出自惧怕。沙夫茨伯里认为我们需要基于第二种原因顺服神，神给我们提供了最卓越、最具典范价值的道德情感，当我们因此顺从神的时候，该神会"被认为……拥有最优良的卓越本性……高度关注善与卓越，以仁慈与爱的态度关心整体之善"。这样的神会激发并增加我们的道德情感，帮助我们压制其他情感并使之发展成道德情感。③

通过分配未来的奖惩，宗教也有助于人们形成美德。基于惧怕而信仰神，这种行为不值得褒奖，但是对奖惩法则的信仰却有助于美德的形成，"相信上帝会在未来把奖惩分配给德性与恶行"④。这种念头能成为美德的动机，激发道德情感。那么为什么需要这种动机来激发美德？因为对自我利益的关注"天然就在我们当中占优势，没有任何办法使

---

① Anthony Ashley Cooper, Third Earl of Shaftesbury, *Characteristicks of Men*, *Manners*, *Opinions*, *Times* (Volume 1), Introduction by Douglas Den Uyl (Liberty Fund, 2001), p. 32.

② Ibid., p. 32.

③ Ibid., pp. 32–33.

④ Ibid., p. 39.

其缓和或受到约束，反倒与日俱增，越来越强烈"①，而越多关注自我利益就会越少关注社会公共利益，"对自我善和私人利益的严格关注，必定会不知不觉地减少指向公共善或社会利益的感情，并会引起精神的狭隘"②。由此必然产生的结果就是，"美德因私情的增强……而大受损害"③，或者说，"以私人善为指向的感情越强烈，那么以善自身或任何值得爱且值得尊敬的善为指向感情就越弱"④。沙夫茨伯里认为我们自己无法单凭道德的力量遏制自爱并扭转局面，不仅如此，我们甚至还会利用宗教来满足自爱并实现私人善。⑤ 在这种情况下，通过对未来的奖惩抱有期望和恐惧则可有效遏制这种私人感情，从而为美德扫除障碍并提供帮助。"可以肯定的是，对未来奖惩的期望与恐惧，无论说起来有多么唯利是图或曲意逢迎，然而在很多情形中，对美德大却有益处，可以充当它的保障与后援。"⑥

（三）理性之神与宗教情感自然化进程的启幕

沙夫茨伯里哲学中的神以理性为本，在宗教情感自然化进程中充当着启幕者角色。首先，该神的理性排除了一切先天观念，由于缺乏先天观念，以理性为本的神并不以

---

① Anthony Ashley Cooper, Third Earl of Shaftesbury, *Characteristicks of Men, Manners, Opinions, Times* (Volume 1), Introduction by Douglas Den Uyl (Liberty Fund, 2001), p. 34.

② Ibid..

③ Ibid..

④ Ibid..

⑤ Ibid..

⑥ Ibid..

超越现实世界的彼岸世界为目标，毋宁说，该神建立在理性化的"道德感官"之上，是现实世界之整体善的化身或代表。虽然具有理性的本质，但该神却从根本上改变了往昔流行的宗教情感与神的关系，在展现浓厚启蒙精神的同时也开启了宗教情感自然化进程的大幕。

其次，理性之神在保持理性对情感的支配力的同时却在幽默的氛围中为神国引入了清新的自然之风，当沙夫茨伯里用幽默、戏谑嘲弄宗教狂热之徒的一本正经、装模作样或僵化保守时，自然、轻松、愉悦的情感在批判宗教狂热的同时也预示着新宗教的诞生。不过，这种新宗教也面临诸多不得不回答的问题，例如，新宗教中的"神"的本性是理性还是情感？如果是理性，那么这种理性和 17 世纪自然神论者所说的理性有何区别？如果是情感，那么这种情感和正统宗教中的仁爱等情感有何区别？为了与传统宗教中的"神"区别开来，新宗教中的"神"会以何种方式参与到人类日常生活中？事实上，这些问题是沙夫茨伯里身后的情感哲学家们讨论自然神问题时必然会面对的问题，而思想史的研究显示，他们均对这些问题做出过自己的回答。

最后，就理性与情感机制的关系而言，受沙夫茨伯里哲学中的理性神认可的理性与情感机制无关。更确切地说，它位于情感机制外围。就自然情感须服从自身的内在逻辑或法则来说，沙夫茨伯里的理性之神对该情感机制的顺利运行无疑构成了一种干扰。对于沙夫茨伯里身后的道德情感主义者来说，其重要理论使命之一是要排除这种类型的理性对情感机制的干扰或阻碍，从而使自然情感能在无干扰的状态下以自律的方式服从于以情感机制为表现形式的自身法则。

三　仁爱之神

较之沙夫茨伯里的神，哈奇森的道德哲学中的神不再以理性为本，这集中体现为神在人身上的代理人——"道德感官"并不以理性作为自己的本质，而是以情感作为自己的本质。虽然哈奇森把自然神的本性从理性转变成了情感，但如同沙夫茨伯里一样，哈奇森依然用设计论论证神的存在。不过，不同于沙夫茨伯里以及其他自然神论者，哈奇森以自然情感而非理性为素材展开论证。当自然神的本性从理性变为情感时，哈奇森极大地向前推进了"宗教情感自然化"的历史进程。这不仅体现在他试图把宗教中的最高存在者变成自然法则的神圣代表（未能真正成功），而且体现在他试图用一种以社会公共利益为核心的情感——平静而普遍的无功利的仁爱全面取代以天国或启示神为目标的传统宗教情感。需要注意的是，哈奇森在这样做的时候，其态度并不彻底，因此，当他利用审美情感和道德情感来证明神的存在时，其道德情感理论中依然保留了较浓的理性成分，但与沙夫茨伯里相比，这种理性成分显得更少且更弱；但相对休谟和斯密来说，这种理性成分却显得太多、太强势且构成了情感以自然的方式自由运行的障碍或阻力。

（一）哈奇森神学思想的理论渊源

哈奇森在苏格兰启蒙运动中具有很高的地位，被誉为

"苏格兰启蒙学派第一位伟大思想家"① 以及 "18 世纪英国经验主义伦理学之父"②。哈奇森具有牧师和教授的双重身份，其神学思想与道德哲学思想是相辅相成的关系。他的哲学一般被认为是对沙夫茨伯里哲学进行阐释并使之系统化，但相对后者，哈奇森哲学却沿着自然化、世俗化的方向迈进了一大步。

讨论哈奇森的神学思想的理论渊源，我们首先要注意到约翰·辛普森（John Simpson）、沙夫茨伯里和卡米克尔等人对他的影响，他从他们那里继承了宗教的世俗化立场。约翰·辛普森是哈奇森在格拉斯哥大学学习时的老师。此人思想开明，但与教会不断存在冲突，最终他因自己所倡导的世俗文化和道德自由思想而被指控为异端。当哈奇森 1713 年进入格拉斯哥大学神学系学习时，辛普森正面临指控，他受到指控的理由是：对原罪招致的惩罚持怀疑态度、相信自由意志、确信异教徒可以得救等。在哈奇森的传记中，斯科特明确说："毫无疑问，哈奇森深受这些思想的影响……正是在辛普森的影响下，哈奇森逐步形成了自己的哲学思想和神学思想。"③ 在宗教问题上，沙夫茨伯里的思想在当时也被视为异端，遭受了不少保守人士的攻击。在这种氛围中，当哈奇森创作《美与德性观念的根源》时，

---

① Alexander Broadie, *The Tradition of Scottish Philosophy*: *A New Perspective on the Enlightenment* (Rowman & Littlefield Publishers, 1990), p. 92.

② William. T. Blackstone, "Objective Emotivism", *The Journal of Philosophy*, 1958, p. 1054.

③ William Robert Scott, *Francis Hutcheson*: *His Life*, *Teaching and Position in the History of Philosophy* (Thoemmes Press, 1992), p. 15.

他明确表示该书要为沙夫茨伯里做辩护。当哈奇森的著作出版之后，也像沙夫茨伯里一样遭受了多方攻击，例如，在哈奇森担任格拉斯哥大学道德哲学教授期间，卡拉米博士（Dr Calamy）曾发表评论，说他并不像他的著作所说的那样有益于苏格兰，而是会像辛普森一样成为异教徒。当然，在遭受攻击的同时，哈奇森也得到了很多人的辩护。例如，1734 年都柏林出版的一个名为《圣保罗反对沙夫茨伯里》的小册子就曾为哈奇森教授试图为沙夫茨伯里哲学进行辩护的行为做过辩护。另一个对哈奇森造成深刻影响的人是格肖·卡迈克尔（Gershom Carmichael）。基于对理性和宗教狂热的反对，卡迈克尔给苏格兰的宗教带来了经验主义的风格。与沙夫茨伯里一样，卡迈克尔也强烈反对宗教狂热。他于 1727 年开始担任格拉斯哥大学道德哲学教授并成为哈奇森的导师，跟随卡迈克尔学习之后，哈奇森吸收了其思想中相对积极的一面，进一步改变了他在宗教问题上呈现的保守性。

此外，早年的信仰也影响了哈奇森的神学观。哈奇森早年信仰新教自由派神学（虽然今天已被视为正统，但在当时却是异端学说），为此，其父倍感不悦。自由派神学可以溯源至克伦威尔统治时期，但直到 19 世纪 90 年代才获得显著发展，主要代表人物包括托兰德、柯林斯、廷德尔和沙夫茨伯里三世等。自由派神学在政治上都持有极端辉格立场，该派神学家们几乎都和洛克有千丝万缕的联系，而且也都曾到荷兰生活过一段时间，尽管如此，彼此之间的分歧却也十分明显。尽管如此，大卫·威尔斯还是从两个方面概括了该派神学的特征。首先，主张要以人类经验而非《圣经》的教导为对象来研究上帝，重视以经验为视角研究宗教，进而通过研究心理学、社会学等学科研究基督教。对于古典正统神学，该派神学存有偏见，认为人类不可能超越经验而认识启示神。换句话说，不相信在人类经验之外存在启示神。在威尔斯看来，该派的基本做法是试图从主观经验入手为宗教寻找证据，即，他们……在主观经验的有效性（efficacy）中寻求信心的确据，而不是从圣经教导的客观真实性（objective truthfulness）寻求这些确据。其次，威尔斯认为该派神学不仅在教义上而且从学术上否认认信或忏悔的重要性。

（二）仁爱之神的美学证明与道德善性

1. 仁爱之神的美学证明

审美判断原则中的理性原则结合"美的感官"在哈奇森美学思想中产生了大于美学的效应——神学效应。在设计论和目的论的神学证明方式的帮助下，哈奇森在英国自然神思想史上第一次给神赋予了以仁爱为本的情感特性，把神的本性从理性转为了情感。

神的存在依赖于受理性法则支配的美学原则。前文的分析显示，在美的理性原则与自然法则之间，哈奇森更看重前者，认为前者才在"美的感官"中处于支配地位。与此相应，对于由自然本身的刺激而产生的美与由前定观念的刺激所产生的美之间，哈奇森更偏爱后者，由前者产生的美只是简单知觉，由后者产生的知觉才是真正的"内在感官知觉"。如果通常所说的五官知觉总是伴随着颜色、外形、运动、味道、气味等可感觉到的特性，那么即使排除了这些可感觉到的特性，也仅以前定观念为前提的内在感官可以为人所感知。就此而言，此类知觉可被称为"内感官知觉"（the perceptions of the internal sense）①，由它产生的快乐仅仅建立在前定观念或前定观念的集合与比较之上。把理性原则看得重于寓于感官内部的自然法则，这种思想在哈奇森美学中还表现为观念的联想能干扰"美的感官"，要么使其对天然不能产生美感的对象产生美感，要么使其对天然能产生美感的对象不产生美感。由于"美的感官"对观念或理性的依赖甚于自然法则或对象，因此，经由归纳而来的美之为美的根源，即，寓多样于一致就成了蕴含在"美的感官"中的最基本和最重要的美学原则。

　　美学的视角是哈奇森看待世界的重要视角，该视角不仅把哈奇森笔下的哲学世界变成了美的世界，而且在使自然界变成了服从美学法则的世界的同时也使一切人类行为变成了服从于美学法则的行为。因此，美学原则可被视为世界和人类行为的最高原则。受美学原则支配的世界如何证明神的存在？理性自然神论者所运用的是理性推理的方法，而哈奇森运用的是以情感为基础的观察法。通过观察审美情感得以产生的自然世界，我们可以在充满美、秩序与和谐的大自然中推出一个伟大的创造者。美之为美的根源向我们表明，无限多样的大自然中广泛存在一致性，这种一致性的存在本身是神得以存在的最佳证明，"为了向我们证明他（神）的善性，无论我们是否一致拥有'美的

---

① Francis Hutcheson, *An Essay on the Nature and Conduct of the Passions and Affections*, *with Illustrations on the Moral Sense*, edited and with an introduction by Aaron Garrett（Liberty Fund, 2002）, p. 16.

感官'，一致性自身证明了他（神）的存在"①。也就是说，无论我们的"美的感官"是否发挥作用，或者说，无论我们是否能产生审美情感，大自然广泛存在的、由一致性产生的美学效果就已有力地证明了神的存在。不仅如此，如此和谐的自然秩序必定暗示着某种奇妙的目的性。在哈奇森看来，被造物本身的福祉的增加就是上帝的目的所在，如果上帝报以仁爱的态度创造被造物，那么他就必定会以仁爱之心增加他们的福祉。在此意义上，如果被造物的情感能与神的这种旨意保持一致并使自己的情感以公共善或社会公共利益为指归，那么这种情感就可上升到神的高度并因此而具有神圣性。

2. 仁爱之神的道德善性

哈奇森依然沿着当时普遍流行的设计论路径来证明神的存在，即，从自然现象的合目的性推论出一个上帝的存在。不过，哈奇森的特殊贡献或不同于流行的自然神论者的地方在于，他把这个流行理论所证明的以理智为本性的神变成了以情感为本性的神，而神的情感本性展现于神的善性之中。如何才能证明神自身的善性呢？哈奇森从美善同一的思路出发论证神的善性。因此，他认为对于被造物而言，感觉到了美，就等于感觉到了善。作为被造物，我们自己以及我们的各种感官之所以被造成目前的样子，这一切全是神的旨意所在。我们为什么会对大自然随处可见的美产生审美快乐？原因还是在于神。大自然存在仁爱之

---

① Francis Hutcheson, *An Inquiry into the Original of Beauty and Virtue in Two Treatises*, edited and with an introduction by Wolfgang Leidhold (Liberty Fund, 2004), p. 99.

神，这个神希望被造物过得幸福，被造物的幸福会令这个仁爱的神感到快乐，神用充满智慧的设计把人类的"美的感官"造成了目前的样子，目的是使"寓多样于一致"成为被造物产生美感的诱因。需要注意的是，在哈奇森哲学中，神的仁爱和善性是基于理性推理而来的假设。哈奇森认为大自然中的最高缘由必须被假定为仁爱，唯有如此，大自然中广泛存在的美才能成为神的仁爱智慧的表征。"大自然中对我们而言显而易见的美，其自身不会证明处于缘由中的智慧，除非这种缘由或大自然的创作者被假定为仁爱。那么对至高的缘由而言，人类的幸福的确就值得欲求或为善，而使我们愉悦的那种形式就证明了他的智慧。这种论证的力量会在大自然中表现出来并使任何理性主体的美的程度成比例地增加。这是因为基于对仁爱的神的假设，大自然中一切显而易见的美都会证明仁爱的设计并会给他带来审美之乐。"① 只有给自然中的最高缘由赋予仁爱的特性，我们才能解释为什么内在感官会被造成目前的样子。若非如此，人类就不能从"寓多样于一致"的对象中感觉到美，而这本身就偏离了神的善性。事实是，内在感官被造成了目前的样子，能很好地从"寓多样于一致"的对象中感觉到美，因此，自然中的最高缘由必须被假定具有仁爱的品质。用哈奇森的话说，"从他（神）的善性出发，巨大的道德必然性是，人类的内在感官会被构造成目

---

① Francis Hutcheson, *An Inquiry into the Original of Beauty and Virtue in Two Treatises*, edited and with an introduction by Wolfgang Leidhold (Liberty Fund, 2004), p. 57.

前的样子，以便使多样性中的一致性成为快乐的诱因"①。

神的善性表现为对人的幸福的关心，这种善性实际上是人的善性尤其是道德情感的善性的放大，其性质与人的道德情感无异。神的仁爱就是人的仁爱的放大，这种仁爱构成了神的正义的情感来源，"神的正义仅仅是对他普遍而无偏的仁爱的一种构想"②。我们的"道德感官"之所以呈现目前的样子，其根源在于神的善和仁爱。神基于仁爱的本性会对被造物的幸福感到喜悦，因此，在创造我们的"道德感官"时，该神必然会把它造成目前的样子，唯有如此，才不会与他自己仁爱的意图相抵触。用哈奇森的话说，"根植于理性主体身上并能因有益于他人善的行为而感到愉悦并产生崇敬的'道德感官'就是大自然造物主善性的最强烈的证明"③。

借助这种论证，哈奇森道德情感哲学中的神的本质就从传统的理性转变成了情感。对于苏格兰启蒙时代的宗教情感自然化进程来说，哈奇森做出的这种努力非常关键。第一，这种努力启发了休谟，当休谟指出哈奇森的这种神学论证路径不可能证明神的存在时，就意味着哈奇森以一种间接的方式加速推动了设计论的终结。第二，哈奇森道德情感哲学把有益于社会公共利益的仁爱视为神圣情感，这在一定程度上直接推动了斯密情感哲学的诞生。换句话

---

① Francis Hutcheson, *An Inquiry into the Original of Beauty and Virtue in Two Treatises*, edited and with an introduction by Wolfgang Leidhold (Liberty Fund, 2004), p. 80.

② Ibid., p. 196.

③ Ibid., p. 198.

说，从宗教的视角而言，哈奇森为情感自然化进程扫除了传统宗教的阻力，并为情感的自然化进程奠定了神学基础，不难预测，情感自然化进程此后必将以哈奇森思想为基础而获得新发展。

通过赋予自然神以仁爱的情感，哈奇森在英国自然神思想史上第一次改变了自然神的理性特质，而赋予了神以人的情感，既改变了自然神思想中理性原则一统天下的局面，也改变了哈奇森所生活的时代中的人们所持有的自然观。哈奇森生活的时代属于英国的奥古斯都时代，这一时期的英国人眼中的自然，不是后来的浪漫主义者眼中的荒野，而是古典理论视域中的自然。他们眼中的自然不具备精神性的象征，这种自然在代表着宇宙中的理性和综合性的道德秩序的同时又能展示出上帝的神圣天意。奥古斯都时代的自然观，非常符合自然神的理性特质。然而以审美情感为切入点，哈奇森第一次给这种自然观赋予了情感属性。哈奇森所做的工作，在英国思想史上极具开创性，并对身后的神学、美学、伦理学以及社会科学产生了非常深远的影响。哈奇森用严谨的论证改变了自然神的理性特质，然而在我们过去对英国自然神的研究过程中，由于我们只看到了自然神的理性特质，因此，哈奇森所做的极富学术价值的研究受到了长期忽视，这不能不说是一件憾事。若不能充分理解哈奇森哲学中的自然神所具有的情感特质，将直接妨碍读者对哈奇森身后的思想家，如休谟和斯密的道德哲学思想以及政治经济学思想的完整解读。

（三）仁爱之神的世俗化倾向：以宗教情感为例

被融入了情感色彩的哈奇森宗教思想全面推动了宗教

情感向着世俗化方向发生改变。这一方面体现为神不仅具有仁爱的本性而且具有和人一样的自然情感，另一方面体现为人对神的崇拜必须尊重并遵循隐藏在自然情感背后的情感法则。① 这种神学思想具有非常浓厚的启蒙意义，它直接推动了人在宗教领域内的全面觉醒与完全独立。在哈奇森神学观的观照下，以神为核心的旧宗教黯然退幕，以人为核心的新宗教隆重登场，旧时代将成为过去，新时代呼之欲出。

哈奇森道德哲学中的神具有世俗性特征。宗教的基础是道德，神的宗教情感以人的道德情感，即仁爱为基础。在此意义上，甚至可以把该神视为位于人类自然情感限度内的人，或者说，该神是人不断扩展自身善良本性的结果。因此，神的善良意志体现为该神像人一样拥有有益于人的幸福的善良情感，而不是像过去那样体现为神秘的奇迹或神意。

上帝的存在和上帝的善性以人类的幸福为指归，在此意义上，人类的利益——最大多数人的最大幸福变成了衡量上帝之存在以及上帝之善性的终极砝码。就此而言，神的世俗性归根结底源于人的世俗性，尤其是人的情感的世俗性。对于哈奇森道德哲学来说，为世俗情感赋予道德价值就显得至关重要。研究显示，在赋予世俗情感以道德有效性的过程中，"道德感官"发挥了重要作用。在苏格兰启蒙时代，赋予世俗性的各类自然情感以道德有效性

---

① 在哈奇森道德情感哲学中，这种情感法则作为道德判断原则则处于被情感的后果压制的状态，显得并不明显。

为基础把道德确立为宗教的基础，该传统首先由沙夫茨伯里开创。沙夫茨伯里在《论特征》中主张要把道德从宗教中独立出来，认为宗教的热忱无法成为道德的保障，认为无需宗教的支撑，仅凭人的性情与感情，人就可以成为有美德的人，美德自身可以成为美德，"有一些人，几乎不怎么关注宗教，被看作无神论者，人们却发现他们实践着道德原则，在许多情形中与人为善、充满感情，让人不得不承认他们的美德"①。沙夫茨伯里把判断对错的感官称为"道德感官"，并认为这种感官无须宗教的帮助便可独立进行道德判断，不仅如此，对传统宗教持有不恰当的宗教热忱，这种情感甚至会使"道德感官"遭到扭曲。就此而言，受"道德感官"指导的道德判断更应远离传统宗教。这种思想被哈奇森很好地继承了下来。他在《论美与德性观念的根源》中明确说，宗教不能成为"道德感官"的基础，错误的宗教会使"道德感官"异化。相对正统基督教把善恶置于神的权限之内而言，哈奇森的道德判断学说认为人们无须知晓上帝，仅在"道德感官"的指引下，就可判断善恶。就此而言，"道德感官"既承担着对世俗情感进行道德辩护的职能，也承担着对宗教给予世俗奠基的职责，哈奇森的道德哲学在这两方面都较出色地完成了任务。

当哈奇森追随沙夫茨伯里以道德情感为基础确立宗教的有效性时，以仁爱为代表的自然情感就带着世俗的标签

---

① Anthony Ashley Cooper, Third Earl of Shaftesbury, *Characteristicks of Men, Manners, Opinions, Times* (Volume 1), Introduction by Douglas Den Uyl (Liberty Fund, 2001), p. 4.

转变成了宗教情感。消除宗教情感中的超越性成分并使之等同于自然情感，这是哈奇森道德情感哲学的重要特点之一。人必须依照自然情感之路来完成对神的敬拜，《道德感官的阐明》说，虔诚的最好标准是社会情感和公共美德，除此之外，我们不应该进一步问卜他人的信仰。简言之，只要拥有以公共善或公共利益为目标的美德，该人在宗教上就可被视为虔敬之人。不仅如此，哈奇森还认为，对神的无知不会构成有罪的状态。"显然，在最优秀的性情中，没有哪一种感情或观念能一直持续不断地存在，只要感情的观念没有出现，内心就不会出现指向任何对象的感情……同理，在最优秀的性情中，不存在指向未知对象的爱，因此，缺乏指向未知对象的爱便不能证明性情中存在恶，一如无知不能证明无感情。"① 哈奇森在《论激情和感情的本性与表现，以及对道德感官的阐明》的结尾处说，对神怀有不怎么强烈的情感的人也可以是德行高尚的人。"在那种性情中，对宇宙施恩者的感恩、对至高的本原美、完善与善的崇拜与爱不构成最强烈和最显而易见的感情，不管我们认为它具有多么严重的不完美性、前后不一致和偏狭性，它似乎可能存在，而无取悦神的实际意图的偏狭行为可以是无罪的行为，而且可以是对主体造成影响的高尚行为。"② 随着指向传统的神的情感一点点消亡，世俗化的情感在神的国变得越来越强势，被造物的幸福被

---

① Francis Hutcheson, *An Essay on the Nature and Conduct of the Passions and Affections*, *with Illustrations on the Moral Sense*, edited and with an introduction by Aaron Garrett (Liberty Fund, 2002), p. 191.

② Ibid. , p. 204.

确立为神的善性的指针，世俗化的情感在神的国便开始变得越来越占优势并最终享有了与诸神等同的宗教地位。最终的结果是，宗教上的虔敬体现为增进他人的幸福，"对完美善良的神的最高可能程度的爱，不会比指向被造物的成比例的爱更能证明性情的美德"①。或者说，"没有至高的神作为参照，人也可以行善"②。

此外，当哈奇森给道德哲学引入代数计算法用以计算各种善行的量时，这意味着宗教情感便以可计算性的形式展现了世俗本性。这种计算性既可以用于神对人的爱，也可以用于人对神的爱。③

哈奇森的神学思想试图以自然情感全面取代宗教本身和宗教情感，在苏格兰启蒙时代，这种思想无疑在情感领域内促进了人的全面觉醒。在正统宗教看来，哈奇森的宗教观非常激进，格拉斯哥大学长老派曾控告他违反了威斯敏斯特信条④（Westminster Confession of Faith）。威斯敏斯特信条在 1646 年的威斯敏斯特大会上得以确立，是英国国教的信仰标准，也是苏格兰长老派的信仰标准，哈奇森曾经两次签名表示要严格谨守该信条。不仅如此，哈奇森的宗教思想还受到了哈奇森同时代的哲学家约翰·克拉克的

①　Francis Hutcheson, *An Essay on the Nature and Conduct of the Passions and Affections, with Illustrations on the Moral Sense*, edited and with an introduction by Aaron Garrett (Liberty Fund, 2002), p. 191.

②　Thomas J. Ward, "Adam Smith's View s on Religion and Social Justice", *International Journal On World Peace*, Vol. 21, 2004, pp. 43 – 62.

③　关于如何用代数法计算人对神的爱的量，请参考第 139 ~ 143 页相关论证。

④　A. C. Grayling, Naomi Goulder, Andrew Plyle Edied, *Continuum Encyclopedia of British Philosophy* (Thoemmes Continum, 2007), p. 1582.

一再批评。他曾明确说过，哈奇森的宗教是不虔敬的。他的《道德理论与实践基础》的结尾处曾这样描述过哈奇森的宗教观："我对善良而有学问的人天然地抱有一种特别的仁爱与尊敬，他们未受到傲慢、炫学或不良本性的玷污，我们作者的写作方式对我显现了这个样子，因此，基于他的解释，我十分痛心地发现他的学说与基督教大相违逆。如果它不是明显地与基督教相冲突（虽然那也是不对的），他的形象在当代人的眼中就会比现在要显得更加美好，或至少他的学说会更广泛且详尽地为人所读。"① 不过，哈奇森的思想在格拉斯哥大学的年轻人中却大受欢迎。当斯密在格拉斯哥大学学习时，当学生们得知大学长老派指控哈奇森时，纷纷以口头或书面形式为哈奇森进行辩护。斯密当时还是大一新生，无法知道他是否参加了为老师辩护的行动，但可以肯定的是，他受到了这种辩护行为的影响，后来他选择了去听哈奇森讲授自然神学的课程。斯密的传记作家约翰·雷认为，"斯密相信了哈奇森宣传的那种宗教上的乐观主义，并受这种思想的影响，一直到生命的最后一刻"②。的确，斯密的《道德情操论》和《国富论》表明，他接受了哈奇森的激进宗教思想，并把这种思想直接展现在著作中，在某种意义上，《道德情操论》

① John Clarke, *The Foundation of Morality in Theory and Practice Considered, in an Examination of the Learned Dr. Samuel Clarke's Opinion, Concering the Original of Moral Obligation, as also of the Notion of Virtue, advanced in a late Book, Entitled, An Inquiry into the Original of Our Ideas of Beauty and Virtue* (Thomas Gent, 1730), p. 112.

② 〔英〕约翰·雷：《亚当·斯密传》，胡企林、陈应年译，商务印书馆，2014。

和《国富论》就是沿着哈奇森开创的自然情感宗教化之路不断前进的必然结果。哈奇森的宗教思想背后暗含着一种自然意义上的自由观，当斯密接受哈奇森的宗教观时，也接受了哈奇森的自由观，即，让自然情感在毫无干扰的自然状态下自由运行，这种思想后来构成了《道德情操论》和《国富论》共有的核心线索。

四　理性限度之外的神

宗教情感自然化的最初目标是要用自然情感以及与之相连的道德为宗教奠基，沙夫茨伯里和哈奇森堪称典范。苏格兰启蒙时代宗教情感自然化的历史进程甚至包括自然神的命运，到休谟这里发生了重大变化。休谟讨论宗教的作品主要包括《人类理智研究》第十章和第十一章、《宗教自然史》以及《自然宗教对话录》等。通过在理性和情感两个领域中批判传统宗教，休谟消除了传统宗教的神圣光环，并在此基础上开启了宗教现代性之门。休谟重点批判了理性神学，批判了理性神学在论证上帝存在时所持有的宇宙论证明、本体论证明和莱布尼茨式的神证论思想，彻底否定了宗教的理性基础。前文的分析显示，哈奇森与其他一切自然神论者一样，相信大自然是上帝设计的结果，用设计论和目的论论证神，把被造物所拥有的目前的各种感官归给神，并认为以这些感官为基础而生发出来的情感，尤其是审美情感和道德情感，都能证明上帝的存在。理性在哈奇森这里也成了神实现自己目标的手段，因此，哈奇森在他的哲学中非常重视"对理性的训练"。通过使用设计论的论证模式，哈奇森用自然情感（尤其是审美情感和道德情感）论证了神的存在和神的善性。就此而言，当休谟批判设计论时，在一定意义上就彻底否定了哈奇森在设计论模式内展开的全部宗教论证，也否定了哈奇森把自然神的本性从理性转变为情感的做法。

以沙夫茨伯里和哈奇森为代表的早期道德情感主义者和以休谟和斯密为代表的晚期道德情感主义者在道德领域内以两种不同理论形态展现了情感的自然化进程。就"道德判断何以可能"来说，第一种理论形态围绕道德感官阐述道德判断原理，而第二种理论形态则围绕情感机制或与之紧密联系的效用或美学效果阐述道德判断原理。就"道德情感何以构成"来说，第一种理论形态围绕单一类型的自然情感展开论述并赋予它以超越其他一切自然情感的道德优越性与优先性，第二种理论形态则以平等的眼光看待一切自然情感并认为一切自然情感均享有成为道德情感的均等机会。同理，宗教情感在自然化进程中也展现了两种形态。由以沙夫茨伯里和哈奇森为代表的第一种形态试图立足理性和情感用设计论证明神的存在与神的善性；由以休谟和斯密为代表的第二种形态不再试图用传统神学思路证明神的存在与神的善性。对于休谟来说，神被推向了理性限度的外围，而对于斯密来说，神借着情感机制被隐藏起来，以"看不见的手"的形式变成了蕴含于自然深处的最高存在，相对传统神学而言，二者的神学思想显得深奥、晦涩且充满歧义。

（一）理性限度之内没有"神"

沙夫茨伯里着眼于自然情感论证了宗教的道德基础，

哈奇森则将这种论证进一步深入推进，在为宗教奠定道德基础的同时把神的本质从理性变成了情感，而到了休谟这里，这一切却显得如此荒谬。《自然宗教对话录》试图反对建立在神学或道德论证之上的自然神。自然神揭示了启示宗教的非理性，而休谟则指出，宗教都是非理性的，即使最抽象、最理性的自然神也是如此。在此意义上，休谟的宗教观彻底把神请到了理性世界的外围。宗教利用理性来证明神或上帝的存在时，通常会依据两种论证路径来达到目的，一种是休谟的时代所流行的设计论证明，另一种是历史更为悠久的神迹证明。在休谟看来，这两种路径均站不住脚，因此，理性限度之内没有"神"。

1."实体"与"神"须以简单观念为基础

休谟的宗教观在很大程度上与他的实体观紧密相关。休谟认为，实体或神既非简单观念也非复合观念，我们缺乏这方面的经验，因为我们的感觉无法感觉实体。这种思想在哈奇森那里有过表述，哈奇森曾说，所谓关于实体的复杂观念，只不过是各种简单观念的复合罢了，当我们缺乏简单观念时，我们也就无法理解神这种复杂观念。《人性论》第一章和《人类理解研究》第二章详细叙述了观念论。

休谟沿着哈奇森的这种思路讨论实体，认为感觉可以被分为印象和观念，印象和观念的差别在于，二者在刺激我们的心灵时，会以不一样的强度和生动度进入我们的意识或思想。休谟把那些反应最强烈的知觉称为印象，心灵中的所有知觉、情感和情绪被休谟划归到印象的范围中。较之印象，观念对我们心灵的刺激要弱得多。休谟说，观念这个词，指的是"我们的感觉、情感和情绪在思维和推理中的微弱的意象"①。人类一切知觉都同时包含印象和观念。关于二者的关系，休谟始终坚持的观点是，印象是观念的原因，即，观念以印象为源头，"我们的印象是我们的观念的原因，而我们的观念不是我们印象的原因"②。以此为基础，休谟对实体与上帝观念进行了分析。如果实体是简单观念，那么它必定会源于印象，而印象仅包括感觉印象和反省印象，因此，如果说实体是简单观念，那么就意味着实体要么源于感觉印象，要么源于反省印象。如果实体源于感觉印象，就意味着我们必须对其拥有某种知觉，然而实体既不是颜色，也不是声音，更不是滋味，实体无法为我们提供感官知觉，因此实体不会源于感觉印象。如果实体源于反省印象，那么就意味着实体是一种情绪或情感，然而实体却并非情感或感情，因此实体与反省印象无关。在此意义上，实体不是简单观念，而是复合观念。理性主义哲学通常把表象背后的某种永恒不变的事物认定为实体，然而在休谟看来，这只是一种虚构罢了。以黄金为例，休谟认为，黄金这一观念中包含黄色、可熔性、重量等观念，那么这些观念是如何结合起来并形成黄金这一观念的呢？休谟认为，理性无法知道其中的原因。在休谟看来，实体只是人类出于便利而进行的假设。休谟把联想分为恒常联想和不规则的松散联想，认为实体是一

---

① David Hume, *A Treatise of Human Nature*, reprinted from the Original E-dition in the Three Volumes and edited, with an analytical index, by L. A. Selby-Bigge, M. A (Clarendon Press, 1896), p. 1.

② Ibid. , p. 5.

种不规则的松散联想的产物。因此，认为实体源于复合观念，这种观点也是站不住脚的。

与此相应，对于神，休谟也持有类似观点。他说："就对神的证明而言，我们的观念超不出我们的经验，我们没有关于神的证明的属性与作为的经验。"[1] 从因果关系的视角或从经验事实的视角出发均无法证明超经验的神的存在。第一，精神实体无法被感知。被用作设计论的先验原则本身是需要被证明的，但我们的感官经验却无法感知到它，也无法证明它，因此，它是无法被经验所证明的。"我们的经验，它自身如此的不完全，范围和持续两方面又如此的有限，不能为我们对于万物的起源提供可能的揣测。"[2] 人类对宇宙起源的思考，只是一种基于文化、生活习惯等因素而产生的信念罢了，与经验无关。第二，休谟认为，因果关系只是习惯性联想，它建立在恒常的联合的基础上。当这种习惯性的联想被用于具有相似性质的相似事件之间的因果推论时，休谟认为这种因果推论是可以成立的。比如，对于同属经验事实的房子和设计师，我们完全可以从房子的存在推论出设计师的存在。但对于从自然事物的存在推论宇宙设计者的存在，由于这两类事物完全不具有相同性质，因此，这种推论是站不住脚的，顶多只能说是一种猜测和假设罢了。因此，我们不能用房屋设计师来类比宇宙设计师——上帝的存在。我们的经验显示，

---

① 〔英〕休谟：《自然宗教对话录》，陈修斋、曹棉之译，商务印书馆，1962，第16页。
② 〔英〕休谟：《自然宗教对话录》，陈修斋、曹棉之译，商务印书馆，1962，第48页。

我们从未观察到神与自然作品之间的恒常联合，因此，若从一个推论出另一个，该推论就不是建立在经验之上的推论，我们顶多只能说它建立在猜测或推测的基础之上，而这种猜测和推测本身却缺乏根据。第三，我们无法从有限的结果推论出无限的原因，用来进行推论的部分是有限的，而推论所指向的全体则是无限的，二者之间的距离相差太大。用休谟自己的话说，"在部分和全体相差很大的前提之下，我不但决不承认自然的一部分能供给我们关于自然全体起源的正确结论，并且不容许自然的一部分作为另一部分的法则"①。

2. 对哈奇森及其设计论的批判

休谟用这种观点批判了哈奇森对"上帝存在"的证明。哈奇森的内在感官和道德感官以观念为前提使人产生审美情感和道德情感，但是在休谟看来，各种观念都来自经验，我们无法拥有超出经验之外的观念，因此，从审美情感和道德情感推出仁爱之神这种做法是站不住脚的。前文说过，哈奇森和休谟对实体持有类似观点，二者都认为实体的观念必须建立在感官感知的基础上。哈奇森认为如果把建立在感官基础上的简单观念进行复合，就可以给我们形成实体的观念，但是如果一种观念从没被感官感知过，不管是简单观念，还是实体的观念，都将无法被人理解。"实体观念由呈现于我们感官时印入的各种简单观念复合而成。仅通过列举这些可感觉到的观念，我们就可以

---

① 〔英〕休谟：《自然宗教对话录》，陈修斋、曹棉之译，商务印书馆，1962，第 21 页。

定义实体：这种定义可以在从未直接知觉过该实体的人的心灵中唤起足够明晰的实体观念，只要他通过他的感官分别接受了构成被定义实体之复合观念的所有简单观念。但是，如果存在他从未接受过的任何简单观念，或者如果他缺乏感知这些观念所必需的感官，那么就没有任何定义能够唤起以前从未被感官感知过的任何简单观念。"① 哈奇森并没有像休谟那样持有一种彻底的经验主义立场，也从未描述过与神有关的简单观念是什么。相反，哈奇森所做的工作恰好和所有其他自然神论者做的一切一模一样，即，从有限的经验（在他的哲学中表现为自然情感经验）推论出无限的神（他有异于其他自然神不同的地方在于，他把这种自然神的本性从理性变成了以仁爱为表现形式的情感）。所以，哈奇森在论证仁爱的自然神的时候，不知不觉形成了从有限的经验观念到无限的神的观念之间的跨越。这样看来，通过批判自然神，休谟也就从根本上彻底批判了哈奇森在自然情感的帮助下依赖于设计论所论证的仁爱之神。

休谟不仅批判了哈奇森对上帝存在的证明，而且批判了宗教设计论。《自然宗教对话录》借克里安提斯之口对设计论证明的定义进行了叙述：设计论主张宇宙万物的存在和人造物的存在一样都拥有一定的秩序与规律，因此，既然人造物有设计者，那么宇宙万物也会有自己的设计者。然而《自然宗教对话录》借斐罗之口从四个方面质疑

---

① Francis Hutcheson, *An Inquiry into the Original of Beauty and Virtue in Two Treatises*, edited and with an introduction by Wolfgang Leidhold (Liberty Fund, 2004), p. 20.

了设计论证明。其一，任何类比得以进行的基础是事物与事物之间的相似度，相似度越高，类比就越精确。然而在设计论中，作为类比对象的人与上帝之间并不具有什么相似性，人是有限度、不完满的，而上帝则是无限的、完满的，很显然，无法基于相似度在二者之间进行类比。其二，无法从部分推导整体，用人造物与宇宙的相似性来推导人与上帝的相似性，就像用一根头发的生长来推导一个人的成长过程一样，其荒谬不言而喻。理性只能认识经验的事物，无法认识超出经验的宇宙创造者。其三，自然界中广泛存在的规律和秩序是自身具有的还是由上帝设计的，我们无从知晓，设计论证明并不能证明上帝是自然界的创造者，由于我们没有关于宇宙起源的知识，因此，把自然的起源归为上帝创造的观点是独断的。其四，设计论采用了由结果推导原因的论证的路径，就结果的性质而言，我们所面对的结果是有限的，然而当我们说"上帝是完满的"时，我们对导致结果的原因进行了夸大，同理，当我们说"上帝是完美的"时，我们也犯了相同的错误。从这四个方面出发反对了设计论之后，休谟得出结论：我们的经验是有限的，我们的认知是有限的，我们的感官知觉也是有限的，我们只能在经验范围内建立关于事物的知识，一旦超出了经验的范围，我们就会无能为力，因此，我们的经验不能使我们完全认识上帝并确认上帝的存在。

除此之外，基于对哈奇森神学思想的批判，休谟还批判了神迹。虽然神迹是宗教的基本要素，各宗教教义手册都对神迹进行了描写，不过休谟认为神迹并不真正存在。理由在于：其一，神迹违背了自然规律，其二，我们无法直接观察到神迹存在的证据。神迹不能被人直接观察到，但却借神明或理解力之名构成了"对自然法则的破坏"①。对于这种破坏自然法则的神迹，休谟认为从来没有一个神迹具备令人信服的证据。休谟用四个理由质疑了神迹。其一，那些号称见过神迹的人是否真正有资格证明神迹，迄今为止，这个问题从未被证实过。其二，人类心灵存有一种喜欢神奇事物的倾向，因此，很多宗教家利用这种心理倾向编造神迹，使普通信众信服。然而当我们认清了心灵中的这种倾向后，我们就能怀疑神迹了。其三，观察显示，随着文明的进步，关于神迹的传闻会越来越少，因此，那些超自然的奇闻一般在野蛮民族中最为盛行。其四，不同宗教会提供关于神迹的不同传说，而这些传说往往相互矛盾，这种矛盾性也在一定程度上消解了神迹的权威性。

（二）自然情感限度内的"真正的宗教"

休谟的实体观以及对哈奇森神学观的批判表明，神不存在于人类理性视域之内。那么，神会存在于自然情感之中吗？对此，休谟的回答是肯定的。作为怀疑主义者，休谟一再说自己怀疑的是对上帝的各种理性证明，他并不怀疑上帝本身。《自然宗教对话录》说："神的存在是千真万确，神是我们希望的本原、道德的基础、社会的柱石……"② 有

---

① David Hume, *Enquiries Concerning the Human Understanding and Concerning the Principles of Morals*, edited by L. A. Selby-Bigge, M. A. 2nd edition（Clarendon Press，1902），p. 114.

② 〔英〕休谟：《自然宗教对话录》，陈修斋、曹棉之译，商务印书馆，1962，第2页。

理由相信休谟在反对传统宗教观的同时确实承认神的存在，他反对把宗教作为知识和经验的对象，但赞成把它作为情感对象。不过，很显然，休谟在这里所说的这种情感，不再是哈奇森或沙夫茨伯里所说的那种以人类社会公共利益为指归的自然情感。

《人类理智和道德原则研究》曾提到，真正的宗教只是一种哲学，《自然宗教对话录》进一步对这种观点进行了阐释。《自然宗教对话录》的最后部分把真正的宗教表述为一个受了多种限制的命题，"宇宙中秩序的因或诸因与人类理智可能有细微的相似"①，与此同时，休谟对该命题给予了多重限制：第一，既不能对这个命题进行扩大，也不能对它进行更具体的解释；第二，这个命题不会提出对人生真正产生影响的结论，也不能作为对人类行为进行惩戒或禁止的根据；第三，它存在于人类理智对象之内，或，它存在于人类理智之内；第四，该命题不能以任何形态被推论至人类心灵的其他性质之上。简言之，真正的宗教可以被理解为在理智上承认上帝。这种宗教不能对人类的行为产生影响，它唯一的积极意义在于，能使人避免陷入迷信和狂热。就此而言，真正的宗教属于信仰，但不能用理性来证明。《自然宗教对话录》批判了上帝存在的设计论证明以及基督教的宇宙论证明。由此可见，经验没有权利对宇宙的原因进行形而上学的解释。

我们该如何信仰这个位于人类理性边界之外的上帝

---

① 〔英〕休谟：《自然宗教对话录》，陈修斋、曹棉之译，商务印书馆，1962，第111页。

呢？休谟所持有的怀疑主义立场没有给我们肯定性的答案，康德在他的学说中告诉我们，超越自然世界的世界，既是自由的世界，也是宗教的世界，因此，我们要为知识划定边界，为信仰留下地盘。然而康德所说的自由，由于不能为感官提供简单经验，其本性与苏格兰启蒙学派道德情感哲学对自由的理解并不相容。

休谟极力否定理性在宗教事务中的作用，其目的不是否定信仰本身，也不是否定宗教本身，而是在自然情感的限度内确立一种真正的宗教情感。休谟自己也说过类似的话，他说自己所怀疑的是对神的理性证明，他并不怀疑神本身。相反，在他看来，理性既不能对上帝的存在提供证明，也不能对上帝的存在进行否定，在看透了理性的缺陷之后，我们就会成为一个真正虔诚的基督徒。[①] 这充分说明，休谟并不反对信仰，他并不是一个无神论者，只不过受他所信仰的神既与启示无关，也与理性无关，仅仅与情感本身有关。正是从这点出发，利文斯顿发现休谟有与现代信仰主义者一致的地方："休谟与一切现代信仰主义者一致的地方在于，他相信理性既无力确证也无力驳倒宗教信念。这是休谟在神学中拥有现代性和持久重要性的一个原因。"[②] 著名基督教哲学家阿尔文·普兰丁格（Alvin Plantinga）为信仰主义（fideism）提供了权威定义，他把信仰主义描述为对信仰本身具有排他性的基本依赖，贬低理

---

① 〔英〕休谟：《自然宗教对话录》，陈修斋、曹棉之译，商务印书馆，1962，第97页。

② 〔美〕詹姆斯·C. 利文斯顿：《现代基督教思想》（上卷），何光沪、高师宁译，四川人民出版社，1992，第124－125页。

性，主要用于追求哲学或宗教真理……信仰主义者在哲学和宗教事务中所依赖的是信仰而非理性，对理性持有贬低和诽谤的态度。[1] 就此而言，休谟在方法论上的怀疑主义没有导致普遍意义的宗教怀疑主义，相反，它表明理性之人必须以一种极为谦卑的态度在宗教事务中使用自己的理性。

五　同情机制神圣化

关于斯密的宗教信仰问题，也是一个在学术界长期受争议的问题。约翰·雷在斯密的传记中说"斯密确实是个有神论者"[2]，并说斯密并不是传统意义上的有神论者，因为他不相信神迹。事实上，沙夫茨伯里、哈奇森和斯密等苏格兰启蒙时代的道德情感主义者们都不信仰神迹，也不信仰天启，然而这并不意味着他们不是有神论者。我们认为，他们对有神论的理解和定义迥异于传统，而他们正是根据自己对有神论的全新理解而走上了为自己所确信的宗教之路。沙夫茨伯里把有神论定义为"相信一切都受一种必然具有善和永恒特性的设计原则或心智所主宰、命令或管辖以获得最大利益，这种人就完全是有神论者"[3]。按照

---

[1] Alvin Plantinga, "Reason and Belief in God", In Alvin Plantinga and Nicholas Wolterstorff (eds.), *Faith and Rationality*: *Reason and Belief in God* (University of Notre Dame Press), 1991, p. 87.

[2] 〔英〕约翰·雷：《亚当·斯密传》，胡企林、陈应年译，商务印书馆，2014。

[3] Anthony Ashley Cooper, Third Earl of Shaftesbury, *Characteristicks of Men*, *Manners*, *Opinions*, *Times* (Volume 2), Introduction by Douglas Den Uyl (Liberty Fund, 2001), p. 6.

这种观点，斯密完全可被称为有神论者。作为一个不同于正统基督教的有神论者，斯密的宗教观显然不同于休谟。那么在斯密的宗教观中，信仰对象和信仰方式分别是什么？这种信仰在宗教情感自然化进程中占何种地位？接下来，我们将探讨这些问题。

（一）信仰对象是什么？

为了成为正统的宗教教士，斯密从格拉斯哥大学毕业后去了牛津大学，不过从牛津大学毕业后并未当教士，而是去了爱丁堡大学担任英国文学教师。斯密在格拉斯哥大学任教期间，学校期待他给学生讲授自然神学，然而学生的笔记显示，斯密讲过修辞学、艺术和法理学，却从未讲过自然神学。后人难以从斯密的授课或是著述中找到他关于自然神学的研究成果，有人据此认为，斯密认为自然神学不重要。或许由于缺乏第一手资料，后人认为斯密哲学中的神学观非常不清晰，因此，关于斯密的宗教信仰问题，学界一直有两种不同的声音。

一种声音认为斯密的全部学说并不包含神学元素。以此为基础，这种声音试图从无神论角度阐释《国富论》的经济学思想。嘉文·苛勒迪（Gavin Kennedy）认为，斯密不是自然神论者，斯密的遗嘱执行人詹姆斯·哈顿（James Hutton，1726～1797）撰写的《经济学的伟大思想家》（*Great Thinkers in Economics*）也认为，斯密不是自然神论者，斯密一直在有意识地掩饰或隐藏自己的怀疑论者的身份。不过我们认为，斯密最好的朋友未必能代表斯密本人的观点。斯密逝世后，《时代》杂志曾这样评价斯密的宗教思想，"教堂被他视为不合宜的，因为在宗教事务中他早就成为了伏尔泰思想的信徒"①。除此之外，科利尔（Richard A. Kleer）、比特曼（Henry J. Bitterman）、迈克菲（A. L. Macfie）、梅迪克（Hans Medick）、林格仁（J. R. Lindgren）、斯金纳（A. S. Skinner）、弗庐（A. Flew）等人基于休谟对斯密的影响，均认为斯密的学说中没有神学痕迹。通过把斯密定位为一个无神论者，经济学在阐释斯密的思想时均排斥了斯密学说中的神学元素。新古典学派经济学思想，在阐述"看不见的手"时完全排斥了神学元素，仅仅从数理角度出发，把它转化成以竞争为基础的一般均衡范式。罗卫东教授指出，"在新古典经济学的发展中，去除斯密'看不见的手'思想中的神学基础，试图代之以某种意义上的数学基础，这已经是一个轰轰烈烈的理论运动"②。现代经济学也消解了"看不见的手"的神学元素，曾任教于耶鲁大学、伦敦大学、伦敦经济学院以及白金汉大学的经济思想史家马克·布劳格（Mark Blaug），曾任教于印第安纳大学、费城大学、哈佛大学、威斯康星大学和斯坦福大学的罗森博格（Nathan Rosenberg）以及一些当代经济学家如 J. B. 戴维斯（J. B. Davis）、J. R. 戴维斯（J. R. Davis）等人都认为，"看不见的手"不包含任何神学元素。例如，马克·布劳格在《经济学理论述评》一书中就明确提出："看不见的手不是什么别的东西，仅仅是竞争市场中的自动均衡机制（the automatic equilibrating mechanism of

---

① 〔英〕艾玛·罗斯柴尔德：《经济情操论：亚当·斯密、孔多塞与启蒙运动》，赵劲松、别曼译，社会科学文献出版社，2013，第 54 页。
② 罗卫东：《情感 秩序 美德》，中国人民大学出版社，2006，第 290 页。

the competitive market）罢了。"① 孔多塞的妻子索菲·格鲁希（Sophie Grouchy）认为，斯密已"使道德世俗化，并把它从所有的对宗教的依赖中消除掉了"②。

另一种声音认为，斯密的学说中存在大量神学元素，并认为要从斯密的神学元素出发才能更好、更全面地理解斯密的全部思想体系。渠敬东教授认为，斯密的自然概念可以从三个层面——造物主、大写的自然和从人出发的自然来理解。渠敬东教授认为，对于造物主层面的自然来说，"这个层面的自然显然具有'神'的意义，虽然人们常认为斯密所说的'神'只具有自然神（Deity）的含义，但事情没有这样简单。在一般的表述中，斯密确实用 Deity来表述，但这并不意味着他对基督教的神（上帝或 God 概念）持消极态度。在《道德情感论》第一卷第一节的结尾处，我们可以明显看出他将'自然的伟大规诫'（the great precept of nature）与'基督教的伟大法则'（the great law of Christianity）并置一处同等看待，英文编者也明确发现，斯密将基督教的爱的伦理（the Christian ethic of love）与斯多亚主义的自制伦理（the Stoicethic of self-command）结合起来"③。此外，渠敬东教授还发现，造物主意义上的自然，依然保留了"圣父"的含意，且能根据"善有善报""恶有恶报"的奖惩原则来确保善最终得以实现。因此，

---

① Mark Blaug, *Economic Theory in Retrospect*, 4th edition (Cambridge University Press, 1985), p. 58.

② 〔英〕艾玛·罗斯柴尔德：《经济情操论：亚当·斯密、孔多塞与启蒙运动》，赵劲松、别曼译，社会科学文献出版社，2013，第76页。

③ 渠敬东：《斯密的三重自然观》，《浙江大学学报》（人文社会科学版）2011年第6期。

斯密所理解的造物主意义上的自然，预设了上帝的酬劳或报应。① 雅各·瓦伊纳（Jacob Viner）认为，"看不见的手"是斯密体系中的一种"目的论要素"或"宗教成分"，迈克菲则认为，"看不见的手"就是基督教上帝之手。② 美国经济学家凡勃仑（Thorstein Veblen 1857～1929）和加尔布雷斯（James K. Galbraith 1952～）也认为斯密是一个自然神论者。英国道德哲学家拉斐尔（D. D. Raphael）认为，斯密对神持有自然神的观点。比利时安特卫普大学（Univeristy of Antwerp）的莫里斯·布朗（M. Brwon）的《亚当·斯密的经济学及其在经济思想史的地位》（*Adam Smith's Economics*，*Its Plase in The Development of Economic Thought*）、美国经济学家和经济思想史家海尔布罗纳（Robert L. Heilbroner）的《看不见的手：斯密的个体的社会化》（*Invisible Hand：The Socialization of the Individual in Adam Smith*）以及瓦伊纳的《社会秩序中的天意的角色》（*The Role of Providence in the Social Order：An Essay in Interllectual histroy*）均认为"看不见的手"包含着不能完全还原为市场规律的东西——神学元素，认为只有从神学意义上的斯密入手才能真正理解斯密的整个思想体系。

我们认为，就苏格兰启蒙时代宗教情感自然化进程来说，较之第一种观点，第二种观点显得更合理。不过这并不意味着我们可以把斯密的宗教观等同于正统神学，更确

---

① 渠敬东：《斯密的三重自然观》，《浙江大学学报》（人文社会科学版）2011 年第 6 期。

② 〔英〕艾玛·罗斯柴尔德：《经济情操论：亚当·斯密、孔多塞与启蒙运动》，赵劲松、别曼译，社会科学文献出版社，2013，第 147 页。

切地说，斯密的宗教观与沙夫茨伯里在《论美德与功德》中阐明的宗教观一脉相承。沙夫茨伯里在《论美德与功德》中明确反对加尔文神学，尤其反对命定说。加尔文宗教中的神用自己的意志或律法把控着人以及人间的对与错。沙夫茨伯里则认为，如果完全根据神的意愿判定对错，那么对错将毫无意义，同时，他还认为如果存在物被专横无理地命定忍受永恒的恶，而其他人则命定可以享受善，那么也同样无意义。沙夫茨伯里认为，只有自然而然做出的行为才有内在的善的价值，然而加尔文宗教中的神基于自己的权力和绝对意志对人施以奖惩。因此，即使人做了善事，也称不上美德。因为此人做善事的动机是恐惧，这种行为所表现出来的善，并不比被束缚的老虎以及摄于皮鞭威胁的猴子表现出来的善更多。基于畏惧而产生的服从顶多只能算作奴性的服从，而所有由此而产生的行为都是奴性的行为，顺从或服从的程度越高，奴性也越大，不管服从的对象是谁，不管主人的本性是好还是坏，奴性的大小都不会受到改变。

在批判加尔文宗教中的神的同时，沙夫茨伯里主张建立一个新的神，该神代表着神圣天意，能容纳所有人并对人类的整体善表现出恒定的情感。对人来说，沙夫茨伯里认为这样一个神具有榜样的作用，神所具有的情感必定会成为我们行动的指南，使我们以类似的原则和感情而行事，而一旦我们把自己的种族善或公共善作为自身的目标，那么我们就不再会受到任何错误的对错观或对错感的误导。这样一个神从何而来呢？沙夫茨伯里认为，该神与现行宗教无关，甚至可以说诞生于现行宗教之前。因为我

们可以在开始接受关于神的观念前运用我们的反思而建立
对错感，从而基于该对错感建立我们对神的各种看法。一
个缺乏理性和反省精神的被造物不会根据某种既定的宗教
观判定善恶对错，而是根据自己的情感判定。在此过程
中，天然谦逊、友善的人会赞同友善的行为，而天生骄
傲、苛刻的人则会赞同暴力。

以上分析显示，沙夫茨伯里主张建立的新神并不具有
先天色彩，就此而言，该神与正统宗教中的神划开了界
限，同时，该神因为高度重视人类的整体善或公共善而表
现出自身的仁爱的品性。就此而言，就该神所指向的目标
而言，也不具有先天色彩，因为这种目标只是人类整体善
或公共善的化身罢了，该神用以实现其目标的方式不是意
志或律法而是仁爱之情。作为斯密道德哲学之信仰对象的
同情机制，也具有这种宗教意蕴。它蕴含了以"看不见的
手"为指向的目标，就斯密道德哲学逻辑进路而言，该目
标也不包含任何先天成分。当《道德情操论》第四卷说自
然有仁爱的目的时，他其实也假定作为信仰对象的同情机
制或自然法则也具有仁爱的本性。不过，前文的分析显
示，在宗教情感自然化历史进程中，斯密并不认为同情机
制自身可以借助仁爱之情来实现自身的目标，这是斯密的
宗教观与沙夫茨伯里的宗教观之间的分歧所在，即使如
此，我们认为二者的宗教观并无根本分歧。

为了进一步阐明斯密的宗教观，我们还可以把它与休
谟的宗教观进行对比。较之沙夫茨伯里和哈奇森，斯密和
休谟共同代表了宗教情感自然化进程的新阶段，然而这并
不意味着斯密和休谟持有类似的宗教观。不过，西方学界

也有人认为二者持有类似或一致的宗教观，例如，约翰·辛克莱爵士的儿子在1837年谈到斯密与休谟的友谊时说，二者的关系已经超出了普通的礼貌和仁爱，带有暗示彼此观点一致的意蕴。很显然，此语的言外之意是要表明，斯密持有与休谟类似的宗教观。① 然而，斯密虽深受休谟影响，但并不意味着斯密在宗教问题上会和休谟持有相同看法。休谟离世前曾试图让斯密成为其遗嘱执行人，督促斯密在他过世两年内出版《自然宗教对话录》，但斯密拒绝了，以至于后来休谟不得不重新寻找新的遗嘱执行人。对于斯密的拒绝，传记作家约翰·雷解释为斯密是从自己的前途和声望而做出的行为，然而，我们有充足的理由相信并非如此。斯密之所以拒绝休谟的这个想法，真正原因或许是他在宗教问题上不赞成休谟的观点。

我们之所以相信斯密的宗教观不同于休谟，理由在于，斯密受哈奇森的影响远甚休谟。就此而言，斯密对苏格兰启蒙时代道德情感哲学的基本理论立场，即对未受干扰的自然本身的信仰的坚守要比休谟坚定得多。约翰·雷也承认，在哈奇森和休谟之间，斯密受哈奇森的影响要远大于休谟。约翰·雷在《亚当·斯密传》中说："他在格拉斯哥大学受到的最深最大的影响，是来自哈奇森教授……确实，在教育家或著述家中，再也没有人能够像这个人那样启迪他的良知，给他的思想指明方向。斯密有时被称为休谟的学生，有时又被称为魁奈的学生。然而，如果要说他

---

① 〔英〕艾玛·罗斯柴尔德：《经济情操论：亚当·斯密、孔多塞与启蒙运动》，赵劲松、别曼译，社会科学文献出版社，2013，第151页。

是谁的学生，只能说他是哈奇森的学生。"①

哈奇森在宗教问题上，把理性自然神变成了情感型自然神，并对这个神的情感特征进行了详细描述与分析，哈奇森的情感型自然神思想促进了人的全面觉醒与全面独立和自由。这种思想曾被哈奇森自己称为"新光"，对于实现康德所说的启蒙的目标——要摆脱蒙昧状态并获得自由来说，有异曲同工之妙。不过，这种"新光"思想在哈奇森的著作中并未完全建立在世俗的基础上，而是以单一类型的自然情感——仁爱的形式染上了浓厚的宗教色彩。如19 世纪历史学家亨利·托马斯·巴克莱（Henry Thomas Buckle）所言："哈奇森……不敢根据纯世俗建立道德体系，但也在苏格兰道德哲学中做出了前所未有的贡献……尽管他坚定地相信启示，但他认为行为的最佳原则是可以仅凭人的机智在自然法的帮助下独立获得。对人的理解力的这种信心，在苏格兰是全新的，并不断在民族文学中用不同形式得到了回应。"② 尽管如此，斯密还是从哈奇森那里继承了他思想中最耀眼的闪光之处。

在哈奇森的影响下，斯密对未受干扰的自然情感以及蕴含于自然情感背后的情感机制在道德和宗教中的建设性作用持坚定信仰，然而在休谟的道德哲学中，人为美德的出现已足够清晰地向我们表明，休谟缺乏此种类型的信仰。因此，斯密在他的学说中虽与哈奇森一样并不信仰传

---

① 〔英〕约翰·雷：《亚当·斯密传》，胡企林、陈应年译，商务印书馆，2014。

② Henry Thomas Buckle, *History of Civilization in England*, Volume 4 (Harst's International Library Co, 1913), p. 332.

统宗教中的启示神，也没有像哈奇森那样对情感型自然神进行描述，但是斯密对于情感型自然神赖以运行的方式，即未受干扰的自然或未受干扰的自然情感自然生成机制却自始至终都有着十分虔诚的信仰。就此而言，我们甚至可以说，在哈奇森的影响下，斯密也是一个情感型的自然神论者，但与哈奇森不同的是，他的信仰并非以神的名义现身，他也不讨论神的情感或理性本质，他信仰的是这个神赖以运行的规则或原理——以同情机制为表现形式的自然法则本身。作为信仰对象，以同情机制为表现形式的自然法则不是人格神，但却并非没有人的情感。《道德情操论》认为它们具有仁爱品质，比如，对弱者的关心。

神的仁爱，在哈奇森那里体现为给人赋予"道德感官"和"美的感官"从而使人可以见证美与道德，在斯密这里直接体现为充满善意的自然旨意或自然法则本身。在此意义上，对怀有善意的自然法则或自然旨意的信仰构成了沙夫茨伯里、哈奇森和斯密所在的苏格兰启蒙学派道德情感哲学在信仰问题上的共同之处。作为斯密之信仰对象的自然法则或情感机制，其特点是善和非超越性，一旦它被确立为信仰对象，那么较之传统宗教的人神关系，斯密哲学中的人神关系也发生了巨大变革。

1. 斯密的信仰对象

斯密的著作中神学用语很少，但这并不表明斯密没有宗教信仰。斯密的宗教思想所信仰的神既不同于传统基督教中的具有超越性特征的启示神，也不同于休谟所说的位于理性限度之外的神，而是沿着哈奇森所开辟的情感型自然神路径，产生了对未受干扰的自然机制、自然法则或自然逻辑的信仰。与正统基督教启示神相比，作为斯密之信仰对象的情感机制或自然法则，不具有人格特征，也不像《圣经》中的神——耶和华那样具有超自然性。在自然开始运行之前，《圣经》中的耶和华神就已存在，因此，无论在时间还是空间上，《圣经》中的神都超越了自然，一如《诗篇》（146：6）所说，"耶和华造天、地、海和其中的万物，他守诚实直到永远"。《圣经》中的神是大能的神，不但自然万物都由他所造，而且支配自然的规则或法则也须服从他的意志，因此，违背自然秩序的神迹就成了他展示大能的标记，如火烧荆棘林等。

在斯密这里，以同情机制为表现形式的自然法则自身却被神圣化，其运行机制不再受制于异于自身的任何力量的干扰。万物都存在于自然法则之内，自然法则自身被视为最高信仰对象。斯密认为把非常规的自然现象归给神，以超自然的神为信仰对象，是野蛮时代的典型特征，这与他和其他苏格兰启蒙思想家所致力于追求的文明社会（civil society）大相径庭。理由在于，野蛮人的情感仅受野性和激情支配，从不会对这类情感进行反思。"哪怕是具有高度文明的人，遇到类似情况心里有时也会生出此类苗头，但又会立即反省，认识到这种事情并不是上述情感的合宜对象。然而野蛮人的观念完全受着野性和激情的支配，他只知道一件事激起了这种情感，这就够了，无须等待别的什么方面来验证此事正是某种情感的合宜对象。某些自然现象在他心里激起的敬畏和感激，已经足以令他确信，上述现象正是这种敬畏和感激之情的合宜对象，因此它们必定源于某种悦纳此类情感的智慧的存在。"① 以人自身为参照，以类比的方式把神想象为有设计能力，并且会对事物的发展轨道进行中止、阻碍或干扰，这是人类在早期文明阶段情感低级、懦弱的表现，"在人类文明的早期阶段，就是由这种最低级、最懦弱的迷信占据了哲学的地位"②。

在斯密看来，放弃对超越自然的神的信仰，是社会文明进步的标志。随着社会逐步变得文明，秩序和安全在法律基础上得以确立后，人类的好奇心就会大大增长，会"更迫切地想去探究自然现象背后的关联链条"③。一旦找到了这些链条之后，他们就能把发生在不同时段的事件联系起来，使整个宇宙进程显得连贯而统一。哲学研究的结果会使万事万物的隐秘联系被破解，也会使自然规律得到破解，因此会逐步远离远古时代那些看不见的神灵或存在。"由于对上述关联链条的认知，他们便不那么倾向于求神拜灵，求助于那些看不见的存在——人类野蛮先祖的恐惧和无知所造成的产物了。"④ 斯密据此认为，古希腊是西方最早进入文明社会的地区，因为这里诞生了人类思想史上有记载的第一批哲学家。

斯密在宗教信仰对象上持有非超越的视角，该视角中的神不是来自上天或自然限度之外而是蕴藏在自然深处。在此意义上，作为顺利运行的情感机制或自然法则的象

---

① Adam Smith, *Essays on Philosophical Subjects*（*and Miscellaneous Pieces*），Edited by W. P. D. Wightman and J. C. Bryce（Liberty Fund, 1982），p. 49.

② Ibid. , p. 50.

③ Ibid. , p. 50.

④ Ibid. , p. 50.

征，"看不见的手"在斯密的思想中是一个具有神学意蕴的宗教意象。需要注意的是，就斯密所持有的那种非超越性的宗教观来看，"看不见的手"顶多只是一个宗教意象，自身并未被视为一种神学元素。就此而言，我们认同艾玛·罗斯柴尔德的观点，即，"几乎没有正当理由来认为看不见的手在他的思想中是一个神学元素"①。作为宗教意象，"看不见的手"代表着依照自然自身的法则顺利运行的机制，它并非一个直接被信仰的对象。在斯密的学说中，信仰的对象只是以同情机制为表现形式的自然法则本身，当按自身规律运行的自然法则上升至不可见的层面时，它就变成了一双"看不见的手"，但即使如此，它也不能被视为神学元素。

2. 一种新型的人神关系

斯密的信仰对象与传统宗教的信仰对象迥异，这种信仰孕育了一种新型人神关系，而讨论斯密信仰体系中的人神关系，需要从神与人两个方面入手。就神而言，斯密信仰体系中的信仰对象只持有一种消极意义上的神权。就人而言，斯密信仰体系中的人无须仰望任何超越性存在，只需着眼于今生今世的经验世界，严格遵循同情机制中的自然逻辑，就能成为虔敬之人。

斯密信仰体系中的信仰对象只在非常消极的意义上持有神权。与传统宗教中的神不同的地方在于，它不会凌驾于人之上，相反，在斯密的学说中，当现实的旁观者不够

① 〔英〕艾玛·罗斯柴尔德：《经济情操论：亚当·斯密、孔多塞与启蒙运动》，赵劲松、别曼译，社会科学文献出版社，2013，第186页。

公正时，它还能以旁观者的身份给人提供情感安慰。在这个意义上，如同正义一样，以同情机制为表征的自然法则的化身，即，"洞察一切的万物之主"，在斯密的学说中也只拥有消极意义上的神权。当内心的人因现实的不公正评价和报偿而陷入惶惑时，才需要从"公正的神"那里寻求安慰与支持。通过求教于它，伤痕可以得到抚慰。在此意义上，神的出场体现了自然对自身之目的与使命的坚守，它不愿意看到我们完全受自爱欺骗，并做出有违其正义要求的行为，不会"完全听任我们身受自爱的欺骗"①。"看不见的手"是它在人间的代言人，正由于它不可为人所看见，因此它不会直接出现在人的面前并对人类的行为提供直接出自自身的建议和指示，更不会像传统宗教神那样给人类生活设定各种戒律。只有在半人半神的旁观者们实在无法赞扬值得赞扬的事物并使拥有值得赞扬的品质的人遭遇失望时，他才会出现在伤者的心灵中并给这些人以安慰。在此意义上，斯密所说的信仰对象只是承担了价值补救与情感慰藉的作用。

作为斯密信仰体系中的"人"，虔诚的标志不是仰望并追随那最高的存在，而是着眼于今生今世，在为人处世时时刻刻谨守同情机制并使自身的情感或行为符合合宜性的要求。在传统宗教中，人被希望在情感上全身心仰望神，神被希望赐福给仰望自己的人。然而，斯密认为，人类的幸福不会来自超越性的宗教信仰对象，或者说，超越性的

---

① Adam Smith, *The Theory of Moral Sentiments*, edited by D. D. Raphael and A. L. Macfie（Liberty Fund，1984），p. 159.

宗教信仰对象不会给人类带来幸福。那么幸福从何而来？幸福仅仅来自对自然情感机制或自然法则的谨守。斯密通过考察发现，当宗教尚处于原始状态时，就已基于自然情感对各种道德准则表示了认可。例如，宗教总会鼓励人们做善良之人或仁爱之人，教导人们不要做不义之人。这背后的原因就在于天然的同情机制，即自然情感的自然生成机制在发挥着作用。由情感机制所引起的、基于情感而来的道德判断是一种先于宗教而存在的判断。因此，当复杂的哲学和宗教建立起来后，它们也只是进一步证实了人类基于自然天性而产生的那些判断，即，经由同情，或自然情感自然生成机制而来的判断。

与反对超越性宗教神相对应的是，超越性的宗教情感在社会功绩方面的价值在斯密的学说中要远低于服务于社会公共利益的自然情感。"拿某个修道院徒劳的苦修与使人变得尊贵的战争的艰难和冒险相比，认为在万物之主的眼中修道院中一日或一小时的苦行比在战争中度过的光荣一生具有更大的功绩，肯定是同我们的全部道德情感相抵触的，肯定是同自然教我们要据以控制自己的轻蔑和钦佩心理的全部原理相违背的。"① 严格来说，修道院里的那种与社会隔绝的情感，在斯密看来，并不能被视为宗教情感，因为真正的宗教情感是位于自然秩序和社会生活之内的自然情感。

斯密对宗教情感持有一种经验化、现实化、世俗化的

---

① Adam Smith, *The Theory of Moral Sentiments*, edited by D. D. Raphael and A. L. Macfie (Liberty Fund, 1984), p. 134.

态度，与此相应，他把超出人的认知范围之外且受自然法则支配的世界称为受"看不见的手"支配的世界。《道德情操论》和《国富论》曾两次使用"看不见的手"这个概念，每次都指那个超出个体感知世界的更大的世界，都代表超出个体的某种社会利益或与此有关的一个正义或公正的世界。在《道德情操论》第四卷，斯密描述了贪得无厌的地主，该人雇用了成百上千的穷人来满足自己的虚荣和贪得无厌的愿望，然而，这些人最终却还是在"看不见的手"的指引下以非本意的方式实现了社会公共利益。《国富论》在讨论国际贸易时再次使用了"看不见的手"这个概念。在强烈反对对进口的限制时，斯密指出，即使没有对进口的限制，商人出于自己的利益依然会支持国内的产业，也会促进社会的公共利益。商人其实是受"看不见的手"引导从而以非本意的方式推动了社会公共利益。自然法则秉承内在于自身的机制而运行，这种内在机制在人类情感领域就表现为同情机制，使日常情感或行为服从于该法则被视为虔敬之人表达虔敬的最佳方式，这种思想极容易让人回想起哈奇森哲学中的类似思想，即，有益于社会公共利益的情感就是虔敬的情感。对于超出日常生活视域的更大世界来说，即使关乎社会公共利益，斯密也不主张个人或国家或政府以主动的方式通过设计或干预实现该利益，而主张把一切都交给"看不见的手"，这实际上既是一种全新的人神关系，也是一条全新的信仰之路。

3. 小结

沿着哈奇森道德哲学所暗示的宗教之路，斯密的宗教思想把情感型自然神论推向了理论发展的最高峰。正如哈奇森用自然情感来论证神的存在和善性一样，斯密的宗教思想在此基础上进一步沿着情感的自然进程向前迈了一大步。在人类情感领域中彻底清除了哈奇森学说中残存的传统宗教痕迹对原初的、未受干扰的自然状态的干扰，使得以同情机制为表征的自然法则本身得以取代正统宗教中的神而成为信仰的对象。"Deity"在《道德情操论》中共出现了17次，结合语境进行分析，凡是该词出现的地方，大多可以换为"情感机制或自然法则"。在这个意义上，也可以说斯密所信仰的对象就是神，但不同于理性之神或仁爱之神的地方在于，斯密所信仰的是以情感机制为象征的神。这种思想与苏格兰启蒙运动的时代精神保持了高度一致，日本学者堂木卓生指出，在斯密所处的那个时代，其时代精神的主要特征是"对事物的认知不再依赖于宗教权威，而是更加相信客观认知，这种方法不仅适用于自然界，同时，也开始适用于人类社会"①。斯密道德哲学中的宗教观，就是该时代精神的最好注脚。在这种宗教思想中，人类因在自然情感领域内摆脱了一切非自然因素——理性、单一类型的自然情感、情感的后果或效用的控制或干扰而享有了最彻底的自由。那么，这种情感意义上的自由是否意味着为所欲为呢？绝非如此。即使对于在情感领域内发挥效力的情感机制来说，也不可以为所欲为。作为运行于人类情感领域的自然法则，情感机制必然受制于更

---

① 堂木卓生：《解读亚当·斯密之〈道德情操论〉与〈国富论〉》，杨玲译，求真出版社，2012，第6页。

强大的自然法则或自然逻辑，这就意味着自由的自然人绝对不可能为所欲为或肆意妄为，相反，必须对以情感机制为代表的自然法则保持高度敬重，这种敬重的对象在《道德情操论》中表现为受同情机制约束的旁观者的意见，而在《国富论》中则体现为受市场竞争制约的商品交易。就此而言，较之哈奇森，通过在情感机制的约束下把自然情感尤其是把他人或旁观者的自然情感神圣化，斯密沿着自然之路以一种十分彻底的方式清除了启示神的道德与宗教约束力，并把以同情机制为代表的情感机制或自然法则转变成了神圣的宗教信仰对象。因此，无须再像哈奇森那样借助"美的感官"和"道德感官"论证神的存在和善性，单以自然情感为出发点并遵守内蕴于该情感内部的情感机制行事，斯密的道德学说就可达到并实现最恢宏的宗教目的。或许正因如此，当《国富论》出版之后，苏格兰启蒙运动也随之画上了句号，因为它已经从方方面面完成了启蒙的任务。

（二）信仰方式是什么？

斯密用情感机制（或，以同情机制为表现形式的自然法则）代替了传统宗教中的神，对它产生了类似于正统宗教对至高的存在所拥有的那种敬重之情。当宗教情感自然化进程发展到斯密这里时，随着未受干扰的情感机制或自然法则开始以自律的方式运行，传统宗教也作为一种干扰元素被排除在了这种宗教观的外围并对人的生活失去了控制力。斯密的道德哲学向人们表明，无须传统宗教的指导或帮助，只需在情感机制的指引下，人人都可成为虔敬之人。那么，当以何种方式信仰对情感机制或自然法则表达宗教般的敬重之情？斯密提供了两种方案：同情机制拟人化以及自然情感自律化。

1. 同情机制拟人化

同情机制作为信仰对象虽不具有人格形象，但斯密用一种极具人文色彩的笔调对其进行了描述并因此赋予它以人类的善良情感。就其关心被造物的幸福或福祉而言，以情感机制为代表的"看不见的手"所拥有的善性丝毫不输正统宗教中的神，它拥有善的目标——给人类以幸福，"人类的幸福，以及所有其他理性被造物的幸福，似乎已经成为了造物主的原初目的……大自然的作品的一切目的都是为了促进幸福并防止不幸"①，因此，《道德情操论》赋予它以仁爱气质。在谈到冷酷的大地主通过对财富再分配而不知不觉地实现了自然原初的目的时，《道德情操论》第四卷说："看不见的手引导人们对生活必需品做出了几乎同土地在平均分配给全体居民的情况下所能做出的一样的分配。"② 借助同情机制的有效运行，自然消解了人类社会的各种不幸所引起的对自然本身的目的的偏离，最终使自然原初的善良目的得到了实现。这种思想中暗含着西方福利经济学的雏形。需要注意的是，被斯密赋予仁爱之情的自然法则或"看不见的手"终究不是人格神，它利用情感机制支配并引导人类情感以自然的方式自由运行并以此达到自身的仁爱目标。由被拟人化的同情机制而产生的信仰，与正统宗教所宣扬的信仰之路有本质不同。对个体而

① Adam Smith, *The Theory of Moral Sentiments*, edited by D. D. Raphael and A. L. Macfie（Liberty Fund, 1984）, p. 166.

② Ibid. , p. 185.

言，斯密没有描述信仰对象本身的诸多性质，也没有明确指明该信仰对象所追求的目标，即使在社会公共利益问题上，《道德情操论》也从未明确教导人们以它为目标而确立自己的情感动机并为之行动，相反，它认为自爱的个体可以非本意的方式"主动"实现社会公共利益。

被拟人化的情感机制或"看不见的手"以不同于传统宗教权力的方式实现自己的目标。首先，它不会通过凌驾于人之上的方式支配并引导人的情感，"我们的道德官能，绝不会像某些作家在涉及我们的本性中的其他官能和嗜欲的时候被赋予了限制它们的权力。正如后者不能限制前者，前者也丝毫不能限制后者"①。很显然，斯密这是在批判哈奇森的"道德感官"所具有的那种凌驾于其他一切自然情感之上的道德权力。支配自然情感得以发生的情感机制并非通过凌驾于自然情感之上的方式而是通过同情机制作用下的合宜性来行使道德判断的权力。其次，它会以一种迂回曲折的方式，即，以美为媒介的善意欺骗支配并引导人的情感以实现自己的目标。尽管人的情感和行为时常偏离自然本来的目的，但自然自身却带有解药，它常利用人类的爱美之心来纠偏并实现自己的目的。人类在追求财富的过程中，往往会因迷恋财富本身的美（对愉快的同情感）而忘记大自然本来的目的。不过，这并不会导致大自然本来的目的不会被实现，由于自然自带解药，个人可以一种非本意的方式实现并增进公共利益，这其中并非因为

①　Adam Smith, *The Theory of Moral Sentiments*, edited by D. D. Raphael and A. L. Macfie（Liberty Fund, 1984）, p. 165.

财富追求者怀有增进社会公共利益的意图，而是因为自然要利用爱美之心而选择用善意欺骗的方式来达到自己的目的。爱美之心，人皆有之，通过向人类展示各种各样的美，不仅包括自然之美，而且包括人类社会得以高效运行的不同体系之美，自然就可利用爱美之心于不知不觉中实现自己的目的。追求并实现自己能力范围内的便利之美在一定意义上是人的本分所在，而一个又一个便利之美的累加或综合，不知不觉就构成并完成了自然本身的目的。当人类被便利或财富吸引时，由于从未遮蔽求美之心，因此可以在求美的过程中以非本意的方式达到该事物本该达到的目的，这既体现了斯密学说中的个人主义精神，也体现了浓厚的宗教谦卑精神，个体无法也无须知晓受"看不见的手"支配的事物或自然本身的目的，因此只被要求专注于做好能力范围之内的诸事。

尽管实现目标的方式显得如此缺乏权威性，但其权威自身却不容置疑。由同情机制所规定的行为准则是由神安置在我们内心的副手或代理人（the vicegerent of god）所颁布的命令和法则（commands and laws of deity），经由同情机制所确立的一般行为准则是人类全部行为的最高仲裁者（supreme arbiter），可以"监督我们所有的感觉、激情和嗜欲，并对它们是应该得到放纵还是受到限制做出判断"①。因此，它在人性中拥有至高地位和绝对支配权，人无权干涉乃至违抗，最明智的做法是遵守那必然的和不可违反的

---

① Adam Smith, *The Theory of Moral Sentiments*, edited by D. D. Raphael and A. L. Macfie（Liberty Fund, 1984）, p. 165.

规则。① 对我们来说，遵从受同情机制制约的合宜性就等于遵守"道德官能的命令"（dictates of moral faculties），一旦做到了，我们就必然会以最有效的方式提升人类幸福，并在某种意义上采用通过与神合作的方式帮助天意实现自己的目标。② 就此而言，甚至可以说《道德情操论》的核心主题就在于讨论人类该在何种感情的推动下如何行动才能与神处于合作状态从而实现天意想要实现的目标。作为最高仲裁者和人类情感与行为的终极旁观者，它可以像传统的神那样在我们遭受冤屈时给我们以慰藉。当现实中的旁观者无法公正地发挥作用时，当事人将会感到特别委屈，例如，当智者蒙冤时，尽管旁观者的内心还是会说"你是无罪的"，但智者并不会因此就保持平静，也不会像古代斯多葛学派的追随者那样做到无动于衷。这时候，如果以"看不见的手"为代表的终极旁观者或神介入进来并认可智者的清白，当运行于情感领域内的同情机制像人格神那样给失意之人带来安慰时，智者心中就会恢复平静。斯密认为这是促进宗教得以诞生的契机。宗教虽然在此时找到了诞生的契机，但该宗教中的神并非传统宗教中的神，而是以"看不见的手"或同情机制为代表的拟人化终极旁观者。

当沙夫茨伯里创立道德情感哲学时，他认为自己的哲学所要完成的目标是使道德建立在自然情感基础上并以此推动人的自我完善，虽然沙夫茨伯里明确提出了该理论目

① Adam Smith, *The Theory of Moral Sentiments*, edited by D. D. Raphael and A. L. Macfie (Liberty Fund, 1984), p. 168.

② Ibid., p. 166.

标，但是在他本人乃至哈奇森和休谟的道德情感哲学中，由于他们所讨论的道德判断原则并未排除种种非自然因素——理性、单一类型的自然情感以及效用的干扰，因此，他们所有人的道德哲学都没有真正完成该理论目标，唯有到了斯密的道德哲学中，当同情机制被拟人化为信仰对象时，通过使自然情感服从于同情机制并接受合宜性的约束，道德不仅得以完全建立在情感基础上，而且道德主体也找到了自我完善之路，甚至可以由此促进"种族的完善"①（perfection of the species）、"人类本性的完善"②、"神圣的完善"③（divine perfection），以及"完全的完善"④（complete perfection）。

最后需要讨论的问题是，以同情机制为信仰对象的信仰观在正统宗教视域中是否可被称为虔敬？美国天主教作家、神学家和哲学家迈克尔·诺瓦克（Michael Novak）认为，斯密在《道德情操论》中表达的宗教观符合犹太教、基督教中的世界观。如果说基于启示神而确立起来的信仰暗含着精英论，那么以同情机制为核心而确立起来的信仰就是一种完全摆脱了精英论的宗教观。

对蕴含在自然情感深处的同情机制乃至更广意义上的自然法则的敬重能否被视为虔敬的标志呢？哈奇森当年就任格拉斯哥大学道德哲学教授时发表的就职演说对该问题

① Adam Smith, *The Theory of Moral Sentiments*, edited by D. D. Raphael and A. L. Macfie（Liberty Fund, 1984）, p. 105.
② Ibid., p. 168.
③ Ibid., p. 132, p. 164.
④ Ibid., p. 145.

给出过非常肯定的回答。在讨论自然状态时，哈奇森宣称，对蕴含在自然情感内部的情感机制表达敬畏之心，或者说以敬重之心对待受该机制支配的他人情感、行为或意见，这的确可在宗教上被视为虔敬。神基于自己的善性通过神圣的技艺和规划设计出了我们的本性，而我们的本性被设计出来的目的是使我们可以基于本性去追求美德，因此，即使我们的本性处于堕落状态，其原初构造也依然会得到神恩的认可。用哈奇森的话说，"神圣恩典也没有否定我们的本性中的原初构造（the original fabric of our nature），通过神圣的技艺和安排，这种原初结构被设计成有助于形成每一种美德以及一切诚实和卓越的品质。这种设计和技艺所留下的印记，明显得到了保留，在这种结构所遭遇的毁灭自身之中，它们依然得到了认可"①。乍看起来，这种哈奇森—斯密式宗教观远没有正统宗教观那么高远，但事实上，受正统宗教约束的最虔敬的信徒也不能对斯密道德哲学所讨论的旁观者的意见视而不见。试想如果该人在世俗生活中做的每一件事都受到了旁观者的责难，那么难以想象该人最终是否会被神悦纳。

沙夫茨伯里把那种无视他人情感或行为的信徒称为狂热之徒，就此而言，不无道理。沙夫茨伯里认为这种类型的宗教热忱不仅不能成为美德的保障，相反会成为美德的阻碍。毋宁说，无须宗教的帮助，美德自身便能使自己成为美德。那么美德如何使自身成为美德？苏格兰启蒙时代

---

① Francis Hutcheson, *Logic*, *Metaphysics*, *and the Natural Sociability of Mankind*, edited and with an introduction by Wolfgang Leidhold（Liberty Fund, 2006）, p. 200.

的道德情感哲学沿着情感的自然化之路为美德指明了一条日渐明朗的道路，然而这一路却注定充满坎坷，经沙夫茨伯里、哈奇森和休谟的不懈探索，只有当它发展到斯密这里时，才算真正走上康庄大道。

2. 自然情感自律化

当同情机制获取了神圣的道德与宗教权威后，位于同情机制链条上的人或人的情感也随之有了神圣性。对于受同情机制约束的自然情感来说，追求合宜性的过程也可被视为同情机制实现自律的过程，使自身的情感服从于内在于情感自身的法则或机制，从而使其因自律而变得日臻完美，这是神圣的同情机制为我们在自然情感领域内指明的另一条信仰之路。

《道德情操论》把受同情机制或自然法则约束的人视为自然的代理人，人人皆可为代理人。要使行为具有合宜性，首先必须把自己的情感与旁观者的情感进行对比，因此，随着同情机制被神圣化，合宜性约束下的自然情感也沾染了神圣色彩。对于当事人来说，旁观者的意见也因此显得至关重要且不容忽视。对位于同一道德语境中的当事人和旁观者来说，对方的情感之所以值得被尊重且能成为合宜性的情感基础，归根结底因为这两种情感都共同受到相同的情感机制或自然法则的约束。这意味着旁观者在根据自己的情感或行为评价当事人的情感或行为时并不能随心所欲或任意为之，而是必须使自身的评价或判断受神圣同情机制的制约。也唯有如此，旁观者的判断才是有效的判断，才会受到当事人的尊重。同理，正是基于对相同的同情机制的敬重，旁观者的责难才能使当事人感到屈辱，而旁观者的赞同才能使当事人感到无比高兴。用斯密的话说，"自然教他们认识如此赋予他的权力和裁判权，当他们遭到他的责难时会或多或少地感到丢脸和屈辱，而当他们得到他的赞许时则会或多或少地感到欢欣"[1]。归根结底，若非对同情机制保持敬重，当事人就不会那么在意旁观者的意见，更不会煞费苦心地为自己的情感或行为寻求合宜性。

进一步说，无论愿意与否，人人皆须敬重同情机制。用斯密的话说，"这是我们的义务，也是唯一能为大部分人所用并对其行为产生指导作用的行为准则"[2]。这种一般行为准则是属于"全能的存在物"的行为准则，"决定行为之功过的一般准则就是全能的存在物的法则"[3]。

上文的分析显示，"全能的存在物"不是启示神，而是被神圣化的同情机制。更确切地说，同情机制以及蕴含在该机制中的自然法则才是真正决定行为之功过的一般准则。违抗这种一般行为准则，不仅意味着大逆不道，而且会使人成为一个不合人情、令人厌恶的人。因此，一个有道德修养的人，不仅会对这种一般行为准则报以尊重，而且会用它指导自己的行为。而对这种一般行为准则的尊重反过来又可使人的天然性情得到改善，做出更得体、更具合宜性的行为，从而在他人那里获得更多赞同。对个人来

---

① Francis Hutcheson, *Logic*, *Metaphysics*, *and the Natural Sociability of Mankind*, edited and with an introduction by Wolfgang Leidhold（Liberty Fund, 2006），pp. 128 – 129.

② Ibid., p. 162.

③ Ibid., p. 170.

说，是否尊重这种一般行为准则，构成了有气节的君子和卑鄙小人之间的区别。对社会来说，尊重这种一般行为准则，就会使社会变得欣欣向荣，而不尊重这种行为的一般准则，社会就会面临崩溃的危险。①

既然一般行为准则源于同情机制，那么当我们据此确立了义务感之后，当我们面临具体道德语境时，我们该如何确立自己的一般行为准则呢？唯有通过仔细观察他人的情感，我们才能最终在具体的道德语境中确立自己的一般行为准则。用斯密的话说，"我们对他人行为持续不断地观察，会不知不觉地引导我们给自己形成与'做或不做什么才是适宜并恰当的'有关的一般准则"②。尤其需要特别强调的是，虽然斯密把自爱确立为人性中占主导地位的情感动机，但自爱本身却并不构成人类的一般行为准则，也不是义务感的来源。据此而言，那些认为《国富论》与《道德情操论》之间有着严重理论不一致的评论家，更确切地说，那些认为《国富论》中占支配性地位的情感是自爱的评论家，无疑忽视了斯密对一般行为准则的阐释。就《道德情操论》所讨论的人类一般行为准则来说，自爱无论多么重要但也绝不会被视为一般行为准则，同理，《国富论》中的自爱也是如此。进一步说，当我们在具体道德语境中观察他人的情感和行为时，我们该如何确立一般行为准则呢？我们根据源于同情机制的合宜性确立一般行为

---

① Francis Hutcheson, *Logic*, *Metaphysics*, *and the Natural Sociability of Mankind*, edited and with an introduction by Wolfgang Leidhold (Liberty Fund, 2006), p. 163.

② Ibid., p. 159.

准则，更确切地说，对于位于同一道德语境两个自爱之人来说，情感均受制于同样的、以同情机制为表现形式的自然法则的制约，因此，基于对合宜性的敬重并使自身行为符合合宜性原则，就能获得一般行为准则。而一旦自爱之人在情感和行为中展现了这种一般性的行为准则，就意味着自爱已经受到了约束。

为了使我们自身的情感或行为变得合宜，我们必须高度尊重他人的意见并以之为参考，而对我们自己的情感或行为做出调整或改变。是什么原因推动我们这样做呢？答案是同情机制。同情机制为什么会推动我们这样做呢？答案是服从同情机制等于在情感领域内服从广义的自然法则。人人身处自然法则之中且受其制约，我们天然喜欢被人赞同而不喜欢被谴责、厌恶或憎恨。我们因此就会于不知不觉中自然而然地尊重他人的情感、行为或意见并以此为基础为自己制定一般行为准则。从此之后，我们开始小心谨慎地遵守它并用它指导我们的每一个行为。① 在这种心理动机的作用下，一旦一般行为准则被真正确立，自然情感中过于强烈的自爱之心就会得到纠正。斯密举例说，当一个人对敌人感到极度愤恨时，往往希望用敌人的死来补偿或安慰自己的愤怒，不过，若参考一下旁观者的意见，该人就会发现自己的愤怒从旁观者那里得不到同等程度的赞同。因为愤怒从根本上说是一种难以得到同情的情感，即使得到了同情，其程度一般也远低于当事人的情

---

① Francis Hutcheson, *Logic, Metaphysics, and the Natural Sociability of Mankind*, edited and with an introduction by Wolfgang Leidhold（Liberty Fund, 2006）, p. 159.

感，而一旦发现自己无法或难以得到旁观者的同情，该人很快就会发现自己的愤怒以及由此而生的报复心令人畏惧且并不可取。这种认知会使他克制自己的愤怒和报复心，而一旦他用这种方法克制了自己的愤怒，不仅意味着他高度尊重了他人的意见，而且意味着他掌握了"用他人的眼光来看待自己所做过的事情"① 的方法。

对于以同情机制为信仰对象的个体来说，表达虔诚信仰的方式既非祷告也非忏悔，而是使个体在日常生活中使自爱不断变得具有合宜性。而当个体追求合宜性时，事实上也以一种非本意的方式推动同情机制或自然法则实现了自律。自律化的情感机制可以使我们单单依靠合宜性就能获得道德尊严和道德自主性。就此而言，在苏格兰启蒙学派道德情感哲学的自然化进程中，斯密第一次指明了自律的情感之路，先于德国启蒙思想家康德讨论了道德自律性问题。以自律的同情机制或自然法则为对象的信仰不仅给苏格兰启蒙时代的道德哲学带来了巨大变革，推动苏格兰启蒙时代道德哲学自然化进程走向了理论高峰，而且给政治、经济等领域也带来了一系列变革。因服从同情机制和合宜性而享有自由，《道德情操论》和《国富论》分别是这种自由谱写在道德和政治经济学中的自我之歌。

---

① Francis Hutcheson, *Logic*, *Metaphysics*, *and the Natural Sociability of Mankind*, edited and with an introduction by Wolfgang Leidhold (Liberty Fund, 2006), p. 161.

第五章　苏格兰启蒙时代道德情感哲学的得与失

从《论特征》的面世到《国富论》的出版，苏格兰启蒙学派道德情感哲学也伴随苏格兰启蒙运动兴起与落幕的全过程完成了自身的理论进化。游叙弗伦困境的存在表明该派情感哲学在规范理论建设方面存在难以逾越的难点，后来的伦理思想史发展历程表明，该派情感哲学在规范问题上给后人留下了巨大的争论与挑战。尽管如此，由于未受干扰的自然情感及其情感机制最终被该派哲学赋予了道德价值，该观点被应用于以《国富论》为代表的英国古典政治经济学之中，该派哲学当之无愧地充当其哲学基础。我们认为，苏格兰启蒙时代的道德情感哲学在政治经济学领域取得的成就的确令人瞩目，或许正是因为该原因，人们时常只记得作为经济学之父的斯密而忘记了作为道德情感主义者的斯密以及孕育其政治经济学的情感哲学传统。

一　游叙弗伦困境①

　　苏格兰启蒙时代的人们对道德哲学的理解非常宽泛，几乎一切现代意义上的社会科学和人文科学均可以被置于道德哲学的名下予以讨论。在讨论该派道德情感哲学的理论缺陷时，本书仅以斯密的道德情感哲学作为讨论对象，因为它在情感的自然化中代表着高峰与终结。无论是在《道德情操论》还是在《国富论》中，受斯密高度重视的内容都处于未受干扰状态的同情机制或自然法则。这种状态又被称为自由的自然状态，斯密的哲学体系因此被称为"自然的自由体系"（System of Natural Liberty）。自由之所以被赋予道德价值，是因为它可以确保自然在纯粹自然或自由的状态中以自律的方式运行。我们知道，为了达到这个目的，从沙夫茨伯里开始的道德情感哲学孜孜不倦地排除了以理性、单一类型的自然情感以及效用等为代表的多种干扰因素后，同情机制才最终得以在斯密道德哲学中以自由的状态自然而然地运行。在相同自然自由原则的支配下，《道德情操论》中的道德人和《国富论》中的经济人实现了合二为一。不过，需要注意的是，这种合二为一是否真正有效？至少，晚年的斯密也曾注意到了这个问题。如果这种合二为一是有效的，那么为什么财富的增长并不能保证道德的增长？如果这种合二为一是无效的，那么原因何在？本书认为，原因在于斯密的道德哲学中存在可被

---

① 本节的部分内容曾以《论亚当·斯密道德哲学中的"游叙弗伦困境"》为题发表在《道德与文明》2018 年第 4 期。

称为"游叙弗伦困境"的理论局限。

《道德情操论》自出版以来，学界就一直存在对它的赞誉和批评。康德早年也是情感主义者，他曾把斯密的《道德情操论》视为苏格兰道德情感理论作家中最为他所喜爱的著作。然而不可否认的是，自《道德情操论》问世以来，也不断有思想家批评该著作缺乏休谟理论所具有的那种系统性和推理性。斯密在《道德情操论》中对道德情感的生成机制与运行原理用实例进行了详细的论证，这些论证很细致、很典雅，非常明晰地向我们显示了人类对死亡的惧怕、他人风流韵事的有趣之处以及我们对此表现出的麻木或反感、道德运气何以进入我们对各种行为的道德评价之中、为什么我们要自欺等。对于这些描述，有些人评价甚高，而另外一些人却认为斯密不务正业，所做的工作不属于哲学家，而属于小说家或经验心理学家。事实上，这种指责是站不住脚的，尽管斯密的确对各种心理活动进行了细致描述，但绝非经验心理学家式的描述。不仅如此，所有这些描述都围绕他所发现的"道德情感原理"而展开，或者说是该"原理"在生活中的生动展现。不过我们要说的是，作为道德判断与道德规范原则的理论基础，该"原理"蕴含着一种"游叙弗伦困境"。

（一）"游叙弗伦困境"的表现形式

"游叙弗伦困境"来自柏拉图所写的《游叙弗伦篇》中的游叙弗伦之名。由于厌恶诸神的故事并尽力使理性成为万物的根据，苏格拉底被认为不敬神，并因此被指控为"腐蚀青年"。和游叙弗伦相遇时，苏格拉底正陷入这桩官司，而游叙弗伦则正准备起诉自己的父亲犯了杀人罪。如此对待父亲，该青年会不会成为被苏格拉底"腐蚀"之后的青年的榜样呢？于是，二人围绕虔敬的本质问题展开了对话。苏格拉底给游叙弗伦提出了一个问题："虔敬之所以受神喜爱，其原因是虔敬本身还是它为神所喜爱？"苏格拉底认为虔敬之所以受神喜爱，其原因在于虔敬本身，而游叙弗伦则认为，虔敬之所以受神喜爱，其原因在于它受众神一致喜爱。这番对话使苏格拉底发现游叙弗伦和控告自己的那些人一模一样，都把虔敬的本质理解成了为神所喜爱或遵从神的意愿而非蕴含于虔敬本身之内的理性或内在于虔敬本身的某种东西。《游叙弗伦篇》所记载的故事后来演变为"游叙弗伦困境"，并在哲学中转变为"由神所发出的命令，在道德上是善的，其原因是该命令本身在道德上为善还是它是由神所发出的命令"这个问题，从而对哲学和一神论宗教产生了影响。在有神论者中，有些人认为这是个值得重视的问题，而另外一些人却认为这是个伪问题。不过，直到今天，这个问题依然是神学和哲学讨论的对象。

斯密的道德哲学讨论的核心问题之一是赞同问题，更确切地说，是关于赞同的基础与原则问题。前文的分析显示，道德赞同的基础源于由同情机制而来的合宜性，那么可以这样表述"游叙弗伦困境"：合宜的情感或行为之所以受赞同，是因为合宜性本身还是因为受旁观者赞同？对位于同一道德语境中的旁观者和当事人表现的情感而言，一旦基于同情机制而展现对称与平衡的美学特质，那么情感或行为就会因合宜而受到赞同。合宜的情感或行为之所以受人赞同，是因为它受到旁观者赞同，而旁观者之所以赞同，其根据却是位于同一道德语境中的旁观者和当事人的情感展现出的对称平衡美学原则。那么该美学原则之所以受人赞同，其内部是否包含某种道德规定性？或者说，被视为合宜的情感或行为之所以受人赞同，其原因是位于同一道德语境中的旁观者和当事人的情感或行为所表现出的美学一致性还是因为该情感内在具有的道德规定性？毫无疑问，斯密的答案是前者。就道德情感的道德品性与道德赞同的关系来说，受人赞同的合宜性并未对道德情感的道德品性做出规定，就此而言，赞同的原因不在于合宜性本身所产生的道德品性而在于它受到了旁观者赞同。事实上，当《道德情操论》出版后，吉尔伯特·艾略特爵士（Gilbert Elliot）曾基于类似观点批判斯密道德哲学，他说："如果针对我们自身行为而做出的道德判断是社会赞同和不赞同的反应，那么一个人就不可能形成一种与流行观点相左的道德判断。"① 具体来说，"游叙弗伦困境"在道德、社会和个体不同层面有三种不同表现形式。

在道德层面，"游叙弗伦困境"表现为合宜性的本质面临"无本质"困境。合宜性的本质是无偏的旁观者与当事人基于共同的情感机制生发出来的具有对称平衡美学特质的情感，而非同情机制自身发出的、具有普遍本质的某种"命令"。合宜性问题是斯密道德哲学关注的焦点，一如苏格拉底对游叙弗伦认为虔敬的本质是因为众神一致喜爱这种观点持有质疑一样，斯密所说的以旁观者的同情为

---

① Adam Smith, *The Correspondence of Adam Smith*, edited by Ernest Campbell Mossner and Ian Simpson Ross（Liberty Classics, 1987）, p. 48.

基础的合宜性也会同样受到质疑。或许可以这样应对该质疑：以无偏的旁观者的同情为基础的合宜性的本质不是来自无偏的旁观者与当事人的一致赞许，而是来自合宜性本身。事实上，斯密的全部道德哲学无力做出这种应对并有力反驳"游叙弗伦困境"。理由在于，斯密的道德哲学对于蕴含在情感机制背后的本质持有与休谟极为相似但却不如休谟明晰的不可知论态度。

　　《道德情操论》的哲学背景是18世纪英国经验主义哲学，研究显示，从哈奇森开始直到休谟的18世纪英国经验主义哲学均对现象背后的实体持有一种不可知论态度，其中尤以休谟为甚。前文的分析显示，哈奇森和休谟均认为，我们只能通过感官所呈现的简单观念来认知实体，如果没有以感官为基础的简单观念，实体本身将无法被认知。换句话说，我们所认识的实体，只是一切简单观念的综合罢了，而简单观念来自感官知觉，如果我们的感官知觉无法就实体给我们提供简单观念，那么我们就无法基于对各种简单观念的综合而确立起实体观念。在这种哲学背景下讨论旁观者的赞同时，斯密把赞同的本质限定于位于同一道德语境中的旁观者和当事人的情感与情感所展现出来的那种看得见、摸得着、以对称平衡为表现形式的美学原则基础上。无论是赞同的本质还是表达赞同的主体，所有这一切均位于自然的限度之内，与自然限度之外的实体没有任何关联。在此意义上，合宜性的本质中暗含着无本质困境，合宜性之所以暗含"游叙弗伦困境"，其深层原因不在于斯密本身，而在于经验主义哲学充分发展之后所展示出来的深层理论困境。

在社会层面，"游叙弗伦困境"直接表现为社会的自然基础与道德性之间存有冲突与张力。一方面，斯密认为社会赖以建立的基础是同情机制，即，受对称平衡美学元素约束的自然情感自然生成机制。它有两个特征，其一，同情是一种以自然对象——财富、地位、身份等为对象的自然情感自然生成机制。该机制的内在运行原理具有趋乐避苦的自然趋向，即容易同情快乐而不怎么容易同情悲伤。当同情和财富结合起来后，斯密认为人类追求财富并避免贫困的原因是为了确信我们自己可以因此而成为受人关注和赞许的对象或引起世人的注意。一旦达到目的，我们内心仿佛就会充满骄傲和自满的情绪；一旦达不到目的，我们内心仿佛就会充满悲伤和自卑的情绪。其二，因地位、身份而带来的他人的瞩目或羡慕可给当事人带来情感满足。这种满足在某种程度上可以补偿因追求这种地位而必定要经历的种种辛苦、焦虑和耻辱。因此，每当旁观者看到成功者表现出意得自满的情绪时，也总会报以一种特殊的同情，因为旁观者明白，当处于相同境遇时，在自然情感自然发生机制——同情机制的作用下，自己也会产生与当事人相同的情感。相反，贫穷会使人得不到荣誉和赞许，也得不到别人的注意。因此，贫穷会使当事人受到轻蔑，因为旁观者明白，当处于相同境遇时，在自然情感自然发生机制——同情机制的作用下，自己同样会受人轻视，而自己也同样与当事人一样会十分讨厌被轻视。在自然情感自然发生机制——同情机制的作用下，不管是旁观者还是当事人都会表现出趋乐避苦的心理倾向和行为倾向，当这种倾向被置于财富的语境中时，无疑会自然而然地生出嫌贫爱富之心。斯密认为这种心理倾向为社会秩序奠定了情感基础，"正是人们这种同情有钱有势的人的感情的倾向，构成了等级差别和社会秩序的基础"①。

另一方面，斯密却认为，基于同情机制所建立的社会不是一个道德的社会，这其中秘而不宣的意蕴似乎是同情机制本身蕴含着受败坏后的道德情感，或，基于同情而来的合宜性自身包含着不道德的因素。观察显示，在社会上已经获得了地位和权势的大人物可以毫不费力地博取公众的敬佩，然而为了得到类似的敬佩，地位低下的人则需要培育诸多美德，例如，具备扎实的专业知识、勤恳做好自己的工作、吃苦耐劳等。唯有如此，才能得到他人的高度赞扬，也才能得到出人头地的机会从而获得更多人的关注和崇拜。由于那些有地位、有身份的人不用通过这种途径就可以轻易获得公众的敬佩，因此在他们身上看不见地位低下的人所表现出来的忍耐、勤奋、刚毅和坚强等美德。不仅如此，这几乎成了一个普遍现象，因为"在所有出身高贵的人身上几乎都看不见这些美德"②。很显然，以同情机制为基础而建立起来的社会秩序，表现出了自然基础和道德价值之间存有冲突与张力。

在个体层面，"游叙弗伦困境"表现为个体行为的自然情感基础与道德性之间也存有冲突和张力。同情会使大人物或富人得到不配得到的尊敬和钦佩，也会使贫苦和软弱的人得到不应得到的鄙视。对大人物和富人的羡慕与崇

---

① Adam Smith, *The Theory of Moral Sentiments*, edited by D. D. Raphael and A. L. Macfie (Liberty Fund, 1984), p. 52.

② Ibid., p. 56.

拜以及对小人物和穷人的鄙视与忽视，虽然是建立和维持社会秩序的基础，但却是导致道德情感败坏的重要而又普遍的原因。因为财富和地位获得了智慧和美德所应获得的尊敬和钦佩，罪恶和愚蠢所应获得的鄙视却落到了贫困和软弱的人的身上。"我们常常看到，世人尊敬的目光更多地投向有钱有地位的人，而非有智慧和有美德的人。"① 因为社会上绝大部分人都是财富和地位的钦佩者和崇拜者，在优点旗鼓相当的情形下，几乎所有人对富人和大人物的尊敬都超过对穷人和小人物的尊敬，对绝大部分人而言，往往钦佩前者的傲慢和自负，而非后者的诚实和可靠。虽然这不是一种好的道德，但我们必须承认，财富和地位不断受到人们的膜拜，虽然地位高的人会由于自己的罪恶和愚蠢而失去在人们心中的地位，但要很严重的罪恶才会如此，一般的罪恶，如放荡行为，则不会如此。"上流社会的放荡行为所遭受的轻视和厌恶比下层百姓的同样的行为要轻得多。"② 尽管对智慧和美德的尊敬不同于对财富和地位的尊敬，但二者的外部表现并无什么两样，很容易被混淆。因此，为了获得令人羡慕的境遇，追求财富的人常常放弃通向美德的道路，野心勃勃的人常常通过败坏德行来使自己获得梦寐以求的地位。虽然在斯密看来，这些人往往是失败多于成功，但不可否认的是，它在社会上的流行度和受欢迎度还是非常高的。

---

① Adam Smith, *The Theory of Moral Sentiments*, edited by D. D. Raphael and A. L. Macfie (Liberty Fund, 1984), p. 62.

② Ibid. , p. 63.

（二）"游叙弗伦困境"的内在根源

"游叙弗伦困境"源于同情机制未能基于自身而为这种道德哲学提供内在道德规范。一方面，这与斯密采取的道德哲学研究方法有关；另一方面，这与其道德哲学的内在基础有关。

就研究方法而言，斯密反对以道德研究简化法研究道德。所谓道德研究简化法，即，相信道德哲学可以简化为尽可能少的自然法则或神圣法则。不过，斯密并不认同这种研究方法。当斯密聚焦于情感本身并基于以同情机制为表现形式的自然法则讨论合宜性时，他始终对自然法则本身的动态性或复杂性保持高度尊重与开放的态度，拒绝用某种静态的单一原则进行限定或规定。在此研究方法的指导下，他从方法论上批判萨缪尔·克拉克、威廉·伍拉斯顿和沙夫茨伯里所倡导的道德哲学体系，认为他们过多地强调了静态合宜性，他宣称综合考察美德的各组成成分并在该过程中避免把这些成分简化为某种单一原则。此外，他还批判了伊壁鸠鲁哲学，因为这种哲学在方法论上属于简化论。"通过把一切各不相同的美德归结为这种单一的合宜性，伊壁鸠鲁坠入了所有人天然具有而哲学家尤其乐于将其培育为展现其聪明才智的行为倾向，即，用尽可能少的原则来解释一切表面现象。"[1] 当斯密立足同情机制讨论道德判断原则时，他同样在方法论上反对简化论。在他看来，不管是哈奇森的"道德感官"所提供的道德判断原

---

[1] Adam Smith, *The Theory of Moral Sentiments*, edited by D. D. Raphael and A. L. Macfie (Liberty Fund, 1984), p. 299.

则，还是休谟的道德判断原则，二者在方法论上都属于简化论，即，使用蕴含于同情机制中的某一单一原则以简化论的方法取代同情机制本身。较之沙夫茨伯里、哈奇森和休谟的道德哲学，基于以推动单一原则得以诞生的同情机制或自然法则本身解释包括单一原则在内的所有道德问题是斯密道德哲学的主旨与特色，也是斯密道德哲学为苏格兰启蒙时代道德情感哲学的自然化历史进程做出的重要理论贡献。当蕴含着美学对称原则的合宜性得以被视为道德判断的基础时，以同情机制为表现形式的未受干扰的自然法则随之也被视为道德世界的"拱心石"①。然而道德永远只是属人的学问，单纯基于同情机制的美学对称原则而产生的合宜性何以为人提供道德规范？或，剥离了内在情感规定性的对称平衡美学法则何以成为包含规范价值的道德判断原则？无疑，由于未能较好地处理该问题，斯密的道德哲学呈现了"无规范性"特征。

尽管合宜性并非美德的唯一要素，但斯密认为美德的本质就是关注合宜性，即，"对自己行为合宜性的一切热切而又诚挚的关注"②。前文的分析显示，所谓合宜性的本质，从根本上而言是一种美学效果，一种在同情的作用下在同一道德语境中的旁观者和当事人的情感之间形成的对称与平衡状态，它关注的焦点是旁观者与当事人的情感表

---

① 当同样的思路被推广到《国富论》时，未受干扰的自然法则就成了斯密政治经济学的"拱心石"，也成了斯密批判重商主义和垄断并吸收部分重农主义思想的"黏合剂"。

② Adam Smith, *The Theory of Moral Sentiments*, edited by D. D. Raphael and A. L. Macfie (Liberty Fund, 1984), p. 244.

现出来的以一致性或对称平衡为特征的外在美学效果，而非情感自身的内在道德性质，简言之，位于同一道德语境中的旁观者和当事人的情感自身的道德性质等问题从未在斯密道德哲学中成为合宜性概念讨论的重点，斯密的合宜性概念似乎根本就不关心该问题。由此可见，作为美德之本质的合宜性，并非要在非常严格的意义上为人类情感或行为确立道德规范。正所谓"解铃还须系铃人"，斯密的全部道德哲学都建立在同情的基础上，那么这种同情是否已暗含了缺乏道德规范这一理论事实呢？答案是肯定的。斯密曾说过，精确的心理学分析不可能使得某一种规范伦理学的诞生，就此而言，他从未试图立足人类道德情感用某种规范原则对自己发现的这个原理或理论进行过规范。坎佩尔①和拉斐尔②认为，《道德情操论》是一部描述心理学或社会学的著作，而非规范道德理论著作。《亚当·斯密与美德特征》③ 以及《亚当·斯密的生活市场》④ 这两本书的作者都认为，《道德情操论》难以为道德提供规范判断，斯密认为做出规范判断的办法是从无偏的旁观者视角思考道德，但事实并非如此。在斯密的道德情感哲学中，以情感为表现形式的自然事实因其审美价值而被等同于道德情感，而以情感为表现形式的道德现象随即又被等

---

① T. D. Campbell, *Adam Smith's science of morals* (Rowman & Littlefield, 1971).

② D. D. Raphael, *The Impartial Spectator* (Clarendon Press, 2007).

③ Ryan Hanley, *Adam Smith and the Character of Virtue* (Cambridge University Press, 2009).

④ James Otteson, *Adam Smith's Marketplace of Life* (Cambridge University Press, 2002).

同于规范道德理论。因此，我们在斯密的规范道德理论中找不到可以为规范提供基础的那种更基础的道德规范价值。究其原因，与同情的生发机制、表现形式以及基于同情而建立起来的合宜性都缺乏严格的道德规范不无关系。

推动同情得以生发的内在情感机制是一种缺乏内在道德规范的自然机制。斯密的同情以情感的投射为基础，与休谟的同情有本质差异。伊利诺伊大学芝加哥分校道德哲学和政治哲学教授萨缪尔·弗雷撒切尔（Samuel Fleischacker）在谈到斯密的同情和休谟的同情之间的区别时也认为，斯密所讨论的同情是一种"投射性的"描述，而休谟的同情是一种"感染"或"受纳"。[1] 斯密所说的美德形成于情感不断投射的过程中，推动情感得以投射的原初动力是想象，它自身只是天然蕴含于人性内部的自然秉性罢了，并不具有道德性或实在的道德规范价值。[2] 作为与当事人位于同一道德语境中的旁观者，使自己投射出去的感情尽可能与当事人本身保持一致，在斯密看来，由于缺乏当事人的情感的强度，因此是有难度的，但这恰好构成了我们道德生活的主要动力。作为旁观者，我们会不断对我们主要关心的那些人分享我们的感情并调整它们，使之与当事人保持一致。而作为当事人，我们也会不断对自己的感情做出改变，使之与旁观者保持一致。这种追求一致

---

① Samuel Fleischacker, "Sympathy in Hume and Smith", In C. Fricke and D. Føllesdal, *Intersubjectivity and Objectivity in Husserl and Adam Smith* (Ontos Verlag, 2012), pp. 273 – 311.

② 吴红列：《作为自然法理学的古典政治经济学：从哈奇逊、休谟到亚当·斯密》，中国社会科学出版社，2017，第 66 – 67 页。

性的过程也就是追求合宜性的过程，为了使情感具有合宜性，当事人和旁观者双方都会对各自的情感做出适当改变，这推动了美德的诞生。克制的美德来自我们把自己想象成旁观者后使我们的感情保持在旁观者所能接受的范围内，而可亲的美德则来自我们把自己想象成旁观者后能参与并分享他人的喜怒哀乐。

为了使旁观者的感情与当事人的感情尽可能保持一致，我们需要借助想象不断把我们自己的感情投射出去，并在该过程中不断修订情感的强度，而这个不断修订的过程，也逐渐形成了我们自身人性的完满。"人性的完满，就在于多感受他人而少感受自己，就在于克制我们的自私，同时释放自己的仁爱意向。唯有这样，才能在人与人之间产生各种情感和激情的和谐，它们全部的高雅和合宜尽在这种和谐之中。"① 然而，在讨论情感投射的过程中，斯密注重的是投射的发生机制，忽视了对投射的性质的限定。确切地说，斯密更关注情感的原因与性质和强度是否恰当，对于符合情感的原因且具有恰当性质和强度的情感来说，斯密忽视了对其道德品性的探究。进一步说，由于投射本身暗示了对自爱的克服以及对他人的关心，斯密在把投射视为一种自然行为时甚至理所当然地视之为善。因此，只要真正发生了情感投射，那么就意味着已享有道德价值。无疑，将情感投射本身与该情感的道德性质等同起来，这意味着，只要投射性的情感或行为本身得以发生且

① Adam Smith, *The Theory of Moral Sentiments*, edited by D. D. Raphael and A. L. Macfie (Liberty Fund, 1984), p. 25.

符合合宜性，不管本身是否真正具有道德价值，那么似乎就能天然享有道德价值。进一步说，推动情感的投射得以产生的自然情感自然发生机制或同情机制天然就具有道德性，其道德价值甚至可以剥离人的情感而独立存在。简言之，自然情感自然生成机制本身甚至可以被等同于道德本身。虽然斯密的老师哈奇森曾明确表示，我们只能在人身上且只能在人的情感身上，而不能在自然物身上寻求道德价值的来源，更确切地说，道德价值需要与自然物所具有的自然价值区分开来。然而，当斯密讨论同情机制时，当基于同情机制而产生的美学特征被等同于道德价值时，他似乎并未谨守老师的教导。由此可见，严格基于合宜性讨论旁观者和当事人的情感的道德价值，或者说，未能从道德视角论证投射性情感或行为本身的内在道德基础，是引起斯密伦理学缺乏内在道德规范的重要原因。换句话说，当我们基于合宜性讨论道德判断原则时，必须对同情式投射的内在道德性质进行规定或描述，只有这样才能确保符合合宜性要求的情感或行为具有道德价值，而对投射性情感设定道德规范，对于产生投射的主体（旁观者或当事人）来说，意味着必须对主体产生的投射性情感本身设定道德规范。然而，前文的叙述表明，这并非斯密的道德情感哲学重点关注的问题。斯密的伦理学是描述性的而非规定性的，它重点描述的是具有道德排除了所有外在干扰的情感机制或自然法则何以具有道德价值，与未受干扰的情感机制或自然法则一样，这种伦理学中的道德主体享有绝对道德自由，不会受制于外在于主体的任何规范的约束。如果说主体受到了什么规范，那么这种规范只是主体作为自然人本身的自然反应——同情式投射所产生的"规范"价值。

同情的表现形式缺乏内在道德规范。人类一切行为都产生于情感动机，要使情感成为合宜的情感，就必须为情感寻找合宜点。假如旁观者与当事人都在同一道德语境中对同一对象产生了相同的情感，确切地说，对二者的比较显示，这两种情感的强度、性质都与其原因相符，那么这就意味着彼此找到了合宜点，也意味着二者都具有合宜性。事实上，情感或行为符合合宜性，这只能证明情感的强度和性质符合情感的原因，并不能完全保证它符合道德要求，也不能保证它会因此而具有道德价值。若非如此，就等于说，任何一种情感，只要其性质和强度符合情感得以产生的原因，那么它就会因合宜而具有道德价值，然而事实却并非如此。道德规范只能产生于情感和行为的内部，而非产生于情感和行为的外部合宜点。斯密所说的合宜点之所以出现这种缺陷，根源在于斯密对自然状态、自然情感持有彻底的自由态度。斯密的道德世界是一个排除了一切非自然因素干扰的纯粹自然世界，纯粹自然世界因排斥一切人为与非人为因素的干扰而享有绝对自由。这种道德哲学以绝对自由的立场对待自然情感，一切自然情感均平等地具有道德地位，共同受制于蕴含于自然情感内部、以同情机制为表现形式的自然法则的约束，无须受异于情感机制的任何其他因素的约束。这意味着以同情机制为表现形式的自然法则自身即可为道德提供价值与规范的源头活水。

斯密伦理学中的道德标准表达了无偏的旁观者的感

情：当无偏的旁观者愿意同情且能表现出合宜性时，这就意味着赞同，反之，则意味着不赞同。罗卫东教授曾说："斯密的伦理学强调基于正义的法制对基于其他德性的伦理规范的优先性。"[①] 正义事实上是自由的同情机制所提供的道德底线，目的是维护同情机制或以同情机制为表现形式的自然法则的自由运行。就此而言，这种"优先性"指的就是基于同情机制而建立起来的规范对其他美德伦理规范的优先性，更确切地说，是自由之于规范而产生的优先性。然而，正是这种观点为斯密伦理学带来了责难：绝对自由的自然世界何以能为人的道德世界提供规范之源？

长期以来，批评者指出，绝对自由的自然世界，即使能被认知，也无法为人类行为提供规范性的道德动机。严格来说，斯密所讨论的美德，是一种情感主义美德认知论，而非情感主义美德规范论。以绝对自由为表征的同情原则，能使我们辨识或认知美德，但不能为我们提供美德规范。纽约大学哲学系沙隆·斯推特（Sharon Street）教授在批判此类道德情感主义时指出，对自然特性的认知不能为我们提供道德动机。当我们把斯推特的观点应用到斯密道德哲学，完全可以认为，以美德认知为特性的同情不能为我们提供内在于同情自身的道德动机。的确，由于受同情机制的约束，我们会因他人的不赞同而收敛或改变我们的行为并使之具有合宜性甚至成为一种美德。但那只是基于同情产生的合宜性效果对我们产生的影响，并非同情或

---

① 罗卫东：《情感 秩序 美德》，中国人民大学出版社，2006，第345页。

合宜性本身为我们提供了道德的动机与价值，或者说，我们最多只是基于对外在于情感的某种因素（例如他人的赞同或谴责）的考量而收敛或改变了我们的情感，我们并未从情感自身出发或基于某种内在于情感的因素而收敛或改变我们的情感。简言之，我们并未基于对道德的敬重本身而收敛或改变我们的情感。

　　以同情为基础而建立的合宜性缺乏内在道德规范。合宜性的本质可被理解为同情机制的美学表现形式，即，位于同一道德语境中的旁观者和当事人在同情机制的约束下使彼此的情感表现出对称与平衡美学形式。前文的叙述表明，斯密的道德哲学把道德评价（赞同或谴责）确立在基于同情机制而来的合宜性之上，而同情即位于同一道德语境中的旁观者和当事人通过想象把自己置于对方的处境后产生的自然情感反应。合宜性的出场是为了使双方情感的性质和强度能与情感的原因相符，而不是为了确立情感的道德价值，就此而言，斯密的理论极富洞见。一如艾德蒙·伯克 1759 年 9 月 10 日发表在《年度纪事》（*Annual Register*）的书评所言：“您的理论最适于解释人类心灵的那些自然运行轨迹，而每一门关于我们本性科学都应以此为出发点……最近已有很多书讨论了我们的道德义务和道德戒律。人们本以为该问题已被讨论得清清楚楚了。不过，该作者却就该主题开辟了一条不失新颖却同时极为自然的思辨之路……”①

---

① “The introduction of The theory of moral sentiments”, In Adam Smith, *The Theory of Moral Sentiments*, edited by D. D. Raphael and A. L. Macfie (Liberty Fund, 1984), p. 28.

不过，我们的问题是，以情感与情感展现出的美学对称与平衡特征为本质的合宜性自身包含善性吗？善或道德的规范价值仅仅由位于相同道德语境中的旁观者和当事人的情感之间的对称平衡状态所决定吗？不管情感的道德性质如何，只要位于相同道德语境中的旁观者和当事人的情感之间能保持对称与平衡的美学状态，这种情感就一定可被视为善的情感吗？显然，斯密的道德哲学极有可能给予肯定性回答。《道德情操论》所发现的、蕴含在自然情感中的道德原理就是合宜性原理，而合宜性原理的本质却是位于相同道德语境中的旁观者和当事人的情感所表现出的以对称平衡为表征的美学特征。如果说它可以为情感或行为提供规范，那么它所给予的规范所指向的目标是位于相同道德语境中的旁观者和当事人的情感与情感之间的对称与平衡状态，而不是用从情感内部规定情感并使之为善的那种规范。简言之，虽然它能在一般意义上对人的情感或行为提供规范，但却无法对情感或行为提供专属于道德的规范。换句话说，如果说它能提供规范，那么它并不会从情感内部对其道德价值提供规范，而是仅仅着眼于从情感外部提供以对称与平衡为表征的美学规范。毋宁说，基于合宜性而来的规范根本就不关心情感的内在道德性质。因此，一种情感即使不善或充满恶意，但依然有可能成为具有合宜性特征的情感，也依然能在某些语境中成为受人赞同的情感，正如渠敬东教授所言，"假如从《道德情感论》的人性，即基于同情的机制出发来确立正义原则的话，那么一定会出现一个现世伦理的困难：具体的人基于同情而培养出的德性并不一定能获得最终的'善'的结果"①。

斯密晚年或许注意到了这个问题，因此修订版的《道德情操论》讨论了"赞同"和"值得赞同"之间的异同，认为如果求助于更高的旁观者或心中的那个人等，我们终究可以明白何谓赞同，尤其是明白何谓值得赞同。正是这样，我们发现，当斯密解释"报应"时，他主张借用"来世"和上帝的惩罚来确保"善"最终得以实现。很显然，这表明斯密在发现该问题的同时试图沿着传统神学路径为之寻找解决之道。然而，就其道德情感理论的内在理论一致性来说，这种做法并未从根本上解决问题，仅把合宜性的标准视为位于相同道德语境中的旁观者与当事人的情感之间所形成的对称平衡状态，而不从情感内部对推动这种对称与平衡得以形成的情感本身确立规范原则，这种伦理学终究无法从内部克服自身的局限。

或许隐隐约约意识到了这种局限，斯密在《国富论》中希望通过经验研究重新强调美德的重要性，并致力于在心理学和社会学研究的基础上重新找回美德。然而即使如此，由于未从根本上解决问题，他所找到的美德业已远远偏离了亚里士多德意义上的美德。事实上，在道德领域内，斯密伦理学遇到的问题远比我们的描述严重得多。在某种意义上，这是情感主义道德理论建设的难点所在。情感主义伦理学何以能为以自然情感为内容的道德情感确立规范价值并以此为基础建立规范伦理学？为了回答该

---

① 渠敬东：《斯密的三重自然观》，《浙江大学学报》（人文社会科学版）2011年第6期。

问题，我们似乎要在直面斯密道德哲学之内在缺陷的同时为克服该缺陷找到一条不同于斯密情感哲学的全新情感之路。

（三）"游叙弗伦困境"的解困之道

当艾略特伯爵基于由少数人做出的、与社会认同相左的道德判断批判斯密道德哲学后，斯密在回应该批评过程中对《道德情操论》进行了修订。1759 年 10 月 10 日，在《致吉尔伯特·艾略特》的回信中，斯密说："为了消除这种反驳，我对第三卷第二章进行了修订……这耗费了我大量时间和精力……"① 这部分内容在 1759 年第一版《道德情操论》中以"我们自己的判断会以何种方式而成为他人应该做出的判断，兼论普遍原则的起源"为题面世。第二版对该部分内容进行了修订，后来经再次修订。该部分内容在第六版中以"论对赞扬和值得赞扬；兼论对责备和该受责备的畏惧"为题出版。从第一版到第六版的修订过程表明斯密对良心的理解经历了从公众舆论到想象的无偏的（或内心的）旁观者的转变，且在第六版中认为唯有想象中的无偏的旁观者才能确定何谓值得赞扬。由此可见，如上文所述，斯密本人为"游叙弗伦困境"提出的解困之道是求助于想象中的无偏的旁观者或内心中的那个人。较之合宜性，该旁观者能更有力地推动我们为他人牺牲我们自己的利益。"较之任何与他人有关的事情，我们总是更易被与我们自己有关的事情深深影响，那么是什么东西促使

---

① Adam Smith, *The Correspondence of Adam Smith*, edited by Ernest Campbell Mossner and Ian Simpson Ross (Liberty Classics, 1987), p. 49.

高尚的人在一切场合，普通人在许多场合牺牲自己的利益以满足属于他人的更大利益？能以这种方式抵御自爱的最强烈冲动的东西，不是人性中的温和力量，也不是大自然在人类内心所点燃的仁爱的羸弱火花。在这种场合自行发挥作用的，是一种更强大的力量，一种更有力的动机。它是理性、道义、良心、心中的居民、内心的那个人、我们行为的伟大法官和仲裁者。"① 此外，当我们在现实的旁观者那里遭遇不公正审判时，我们可以求助于这个旁观者，从而看清与自己有关的事且得到安慰。

斯密的这种做法表明斯密试图超越合宜性概念并从该概念的外部，即，想象性的无偏的旁观者为"游叙弗伦困境"寻找解困之道。与此同时，也表明斯密否定了基于现实中的旁观者而来的那种合宜性。当想象性的无偏的旁观者开始为我们提供道德助力时，斯密也表现出了对西方传统道德哲学中的理性和道义等观念的重新认可。尽管这种认可在斯密的道德哲学中并不占核心地位，但就理论立场而言，它意味着斯密道德哲学在一定程度上偏离了他所在的苏格兰启蒙学派道德情感哲学传统。就此而言，斯密在几次修订过程中对"游叙弗伦困境"提出的解困之道并不令人满意。在此意义上，我们主张，我们需要在坚守道德情感主义的理论立场的前提下立足合宜性概念为"游叙弗伦困境"寻找新的解困之道。

在开始讨论"游叙弗伦困境"的解困之道前，须注意

---

① Adam Smith, *The Theory of Moral Sentiments*, edited by D. D. Raphael and A. L. Macfie (Liberty Fund, 1984), p. 137.

一个事实，即，较之当代西方道德情感主义，苏格兰启蒙时代的道德情感哲学从整体上对美学展现了较为浓厚的理论依赖性。例如，斯密道德情感哲学把位于同一道德语境中的旁观者和当事人的情感所表现出的、以对称均衡的美学特征为特点的同情合宜性视为情感主义道德判断的基础。除斯密外，包括沙夫茨伯里和哈奇森等在内的其他道德情感主义者在讨论道德判断问题时也纷纷展现了不同形式的美学特征，或许正是由于注意到了这点，19世纪英国伦理学家马丁诺在《伦理理论类型》一书中直接把该派伦理思想称为"审美伦理"①。对于斯密所讨论的道德判断来说，导致"游叙弗伦困境"的根本原因与蕴含在同情合宜性概念中的美学原则紧密相关，那么为了从根本上为"游叙弗伦困境"寻求解困之道，我们或许首先需要回溯到赋予斯密道德情感哲学以美学气质的沙夫茨伯里和哈奇森道德情感哲学传统，考察一下斯密的道德情感哲学所拥有的美学气质以何种方式继承了前辈们在讨论道德情感问题时开创的美学传统。在考察了该问题后，有鉴于美学原则之于苏格兰启蒙时代道德情感哲学的重要性，在为"游叙弗伦困境"提供解困之道的同时，我们还须进一步深入探讨"当道德情感哲学在讨论道德判断问题时，美学原则在何种意义上是必备的有效原则"这个问题。

1. 苏格兰启蒙时代道德情感哲学的美学特质

乍看起来，苏格兰启蒙时代的道德情感主义者们总倾

---

① James Martineau, *Types of Ethical Theory*, volume 2, third edition, revised (Oxford at the Cla-rendon Press, 1889), p. 485.

向于把令人快乐与否作为情感主义道德判断的情感表现形式，这很容易使人联想起摩尔在《伦理学原理》中指出过的"自然主义谬误"。摩尔认为，"自然主义谬误"有两种表现形式。第一种形式的"自然主义谬误"是自然主义伦理学，其中包括进化论伦理学、功利主义伦理学和各种快乐主义伦理学，其本质是把善的性质等同于善本身，试图从"是"推论"应当"。第二种形式的"自然主义谬误"是试图利用某种超自然、超感觉的实在定义善，试图从"应当"推论"是"。二者的理论路径虽不同，但本质却无异。

根据摩尔对"自然主义谬误"的分类，具体到斯密的道德情感哲学，不难发现，《道德情操论》认为，相互同情令人快乐，因此，以同情为基础的合宜性也会以令人快乐与否作为其情感表现形式。不仅如此，作为斯密的前辈，沙夫茨伯里与哈奇森在讨论道德情感问题尤其是道德判断问题时，也一以贯之地认为，令人快乐与否是道德判断过程中不可或缺的重要情感元素。具体来说，当"道德感官"做出道德判断时，总会把令人快乐与否视为其判断的情感表达。对于苏格兰启蒙时代的道德情感哲学来说，在讨论道德判断问题时对令人快乐与否的情感表现出了对情感的高度重视与理论依赖，那么这种做法是否可被视为"自然主义谬误"？答案是否定的。以斯密的道德情感哲学为例，虽然它把令人快乐与否视为合宜性的情感表达，但它从未试图用令人快乐与否的情感定义善，更未把令人快乐与否的情感视为情感主义道德判断标准，因此斯密的道德情感哲学与"自然主义谬误"并无关联。

　　既然斯密乃至苏格兰启蒙时代的道德情感哲学均与"自然主义谬误"没有关联，那么这种道德情感哲学到底基于何种理由或动机而把令人快乐与否的情感视为道德判断的情感表达？换句话说，这种道德情感哲学为什么要把令人愉快与否视为道德判断的情感表达？虽然该问题在道德情感主义思想史的研究过程中极少受人关注，但是对于苏格兰启蒙时代道德情感哲学来说，这个问题却显得较为重要。它确定了这一时期道德情感哲学的独特理论特征和道德情感主义者们讨论道德情感问题的独特范式；孕育了这一时期的道德情感哲学的基本理论特征，并使其从根本上区别于 20 世纪以降元伦理学中的道德情感主义甚或以关怀伦理学为典型的当代西方道德情感主义。

　　斯密的道德情感哲学诞生于由沙夫茨伯里和哈奇森所开创的哲学传统。当该传统对道德问题展现最初理论兴趣时，它就具有浓厚的审美意蕴，由二者开创的道德情感哲学之审美化倾向为斯密道德情感哲学奠定了最重要的理论基础。沙夫茨伯里和哈奇森的道德情感哲学所展现的美学化倾向，集中体现为从审美视角看待人类道德行为，由二位所开创的这种把道德置于审美视域中予以讨论的独特理论传统无疑在斯密的《道德情操论》中也得到了生动体现。在某种意义上，该传统可被视为苏格兰启蒙时代道德情感哲学的独特理论秉性。综合来看，该理论传统有三种表现形式。其一，于美德的起源而言，美德只不过是秩序之美（尤其是自然秩序之美）的表现形式；其二，于道德判断的情感表现形式而言，它隶属于审美判断，二者共同以令人快乐与否作为其情感表达方式，美德之乐的本质从本质上来说与审美之乐无异；其三，于道德动机而言，追求美德从而使情感和行为富有美德，从根本上来说只被视为求美的一种方式，二者均服从于共同的内在目的，即，由自然秩序所产生的美和整体善。

在道德的本质问题上，沙夫茨伯里、哈奇森和斯密一方面赋予道德以情感内涵，另一方面从美学视域理解以情感为本性的道德行为的道德本质，把道德行为的本质理解为秩序之美在人类行为中的表现形式。较之自然事物之美，美德发生在人类行为领域，但美德归根结底也被理解为一种美，即，发生在道德领域内的行为之美。这种美虽然发生在情感和行为领域，但归根结底也是自然秩序中的美的一种表现形式。对于斯密的先辈和老师而言，美德和美具有共同的根源，美德只是自然美赖以产生的真①（沙夫茨伯里）或自然秩序（哈奇森）在人类行为中的特殊表现罢了。在沙夫茨伯里看来，"美德自身不过是对社会中的秩序和美的热爱罢了"②。进一步说，由于美的本质是真，因此，诸如诚实之类的道德之真，也分享属于美的那种真，"世界上最自然的美是诚实和道德之真，因为所有的美都是真"③。

在情感的自然化历史进程的推动下，哈奇森不再从真

---

① 前文的分析显示，沙夫茨伯里所说的真的本质是理性。

② Anthony Ashley Cooper, Third Earl of Shaftesbury, *Characteristicks of Men, Manners, Opinions, Times* (Volume 2) Introduction by Douglas Den Uyl (Liberty Fund, 2001), p. 43.

③ Anthony Ashley Cooper, Third Earl of Shaftesbury, *Characteristicks of Men, Manners, Opinions, Times* (Volume 1) Introduction by Douglas Den Uyl (Liberty Fund, 2001), p. 89.

出发理解美和美德的本质，而是从自然秩序出发探索美和美德的根源。如果说必须从自然事物和由自然事物所展现的自然秩序出发才能理解美的根源，那么若要使美德得到理解，也必须坚守相同的理论路径。更确切地说，要在富含情感的道德行为中找到美德之为美德的自然秩序基础。美德和美具有相同的根源，"寓多样于一致"既是自然事物得以为美的根源，也被视为人类情感领域中的道德情感之美的根源，即，一切人类情感或以情感为基础的一切人类行为（多样）均须具有仁爱（一致）这种情感的特性才能被视为美，也才能被称为道德情感。美德本质上被视为自然秩序，较之其他类型的秩序，该秩序能给被造物带来最多的幸福或整体善。"最大的善或最完美的美德是各种事件的整体序列或排列，除去该排列与其他任何可能出现的排列所产生的所有恶之后，该排列总体上含有的幸福总量或绝对整体善大于任何可能出现的排列。"①

　　最道德的行为就是最美的行为，也是最能提升整体善的行为，一旦以私人善为目标的情感（自爱）完全服从于以整体善为目标的情感，那么该情感就会变得既美且善。若能使自爱服从于以整体善为目标的仁爱之情，那么就像最完美的建筑规则，该规则会避免对超出整体比例的某部分建筑（除非该部分建筑位于大厦的显眼处，例如主大门或公共入口，那么对这部分建筑的装饰若超过对该建筑物其他组成部分的装饰，则能使整体得到美化）进行过度装

---

① Francis Hutcheson, *An Essay on the Nature and Conduct of the Passions and Affections*, *with Illustrations on the Moral Sense*, edited and with an introduction by Aaron Garrett（Liberty Fund, 2002）, p. 36.

饰那样展现出美感。① 同理，若一个人的情感或行为能表现出对社会公共利益的热爱、牺牲或奉献，那么情感或行为就会在成为美德的同时展现出一种无法匹敌的美。因为在一切被爱者的眼中，爱自身会给爱人者一种其他人不太能感受到的美。②

斯密从设计的角度理解美之为美的根源，在批判休谟的效用说的同时表达了自己在该问题上与休谟的差异。《道德情操论》第四卷第一章表明，效用不是美的来源，设计才是美的来源。对于爱美之人来说，对于秩序和设计的爱才是我们爱美的真正动机，当我们爱那个位于美的表象背后的秩序并为之而行动时，效用就会自然而然地产生。换句话说，如果说爱美会给我们带来效用，那么我们也不会基于对效用的爱而爱美，真正为我们所爱的，不是效用，而是推动使效用得以产生的秩序之美。用斯密的话说，"一切艺术品所具有的这种合适性，这种令人愉悦的巧妙设计，应该比该艺术品指望达到的目的更受重视；为了获取便利或快乐而对手段进行的精确调适，应该比便利或快乐本身更受重视，便利和快乐的全部价值在于获取它们的过程"③。以整理房间为例，斯密认为，我们之所以想把零乱的房间整理好，虽然会受便利感的推动，但真正为我们所追求的却不是这种便利，而是带来这种便利的房间

---

① Francis Hutcheson, *An Inquiry into the Original of Beauty and Virtue in Two Treatises*, edited and with an introduction by Wolfgang Leidhold (Liberty Fund, 2004), p. 127.

② Ibid. , p. 169.

③ Adam Smith, *The Theory of Moral Sentiments* edited by D. D. Raphael and A. L. Macfie (Liberty Fund, 1984), pp. 179 – 180.

布置方式①，即秩序。同理，当一个并不怎么守时却对表现得很讲究的人必须把每天慢两分钟的表调适准确时，真正令他感兴趣并推动其行为的，"不是掌握时间，而是有助于掌握时间的机械的完美性"②。

类似的例子很多，所有这一切都表明，斯密倾向于从设计而非由设计所产生的便利（或效用）理解美之为美的根源。同时，这也表明，斯密在美学根本问题上更多还是继承了沙夫茨伯里和哈奇森所开创的理论传统而非休谟的效用说。同理，对斯密道德情感哲学的研究显示，斯密在道德问题上也体现了对这种美学传统的继承。例如，斯密把美德理解为一种受天意支配的秩序。合宜性概念不仅把位于同一道德语境中的旁观者和当事人的情感所表现出的美学对称视为其道德判断的基础，而且包括道德行为在内的人类一切行为归根结底都必定会有意无意服从于某种自然智慧的精巧安排或巧妙欺骗。③ 与此同时，也必定会有意无意地以自然最初的善意设计或安排为其终极目的。

对于道德判断的情感表现形式来说，道德判断的本质与审美判断无二。在确定道德判断的情感表现形式时，沙夫茨伯里、哈奇森、休谟和斯密都选择把审美活动中的快乐或不快确立为道德判断的情感表现形式。沙夫茨伯里认为，判断善恶本质上与审美判断无异。其理由在于，审美判断主要是对呈现于眼前的感官对象的外形、颜色、比例

---

① Adam Smith, *The Theory of Moral Sentiments* edited by D. D. Raphael and A. L. Macfie（Liberty Fund, 1984）, p. 180.

② Ibid. , p. 180.

③ Ibid. , pp. 183 – 187.

等的美丑进行判断，而道德判断则是对呈现于眼前的人类行为所展现的规则性或不规则性特征进行判断，其本质与审美判断无二。"呈现于眼前的感官日常对象的外形、运动、颜色和比例，必然会根据其各个不同组成部分的不同尺度、排列和比例而产生美或丑。行为和行动也是如此，一旦它们被呈现于我们的知性，我们就必然会根据其规则性或不规则性而发现明显的差异。"① 沙夫茨伯里认为，每个人的心灵都是他人心灵的旁观者或听众，因此，心灵必然拥有自己的眼睛和耳朵，其目的是区分不同比例，辨别不同声音，同时审视呈现给自身的每一种情感或思想。② 当心灵进行道德判断时，其本质依然属于审美判断。就此而言，如果说审美判断是心灵天然具有的一种与"看"有关的能力，那么道德判断则是心灵内部天然具备的"一种关于看和崇拜的新能力"③。在此意义上，对行为进行道德判断，本质上是对行为所呈现出来的美丑进行判断，而对美丑进行判断，就是对事物所展现的线条、比例、结构等不同排列秩序所展现的美丑进行衡量与判断。就此而言，当心灵使用"道德感官"对各种富含情感的人类行为进行道德判断时，实际上就是对道德行为所呈现的潜在秩序或规则进行审美判断，或者说，是对蕴含在受情感推动的、道德行为背后的秩序或规则进行审美判断。其"名"虽属

---

① Anthony Ashley Cooper, Third Earl of Shaftesbury, *Characteristicks of Men, Manners, Opinions, Times* (Volume 2), Introduction by Douglas Den Uyl (Liberty Fund, 2001), pp. 16 – 17.

② Ibid., p. 17.

③ Ibid., p. 25.

于道德，而其"质"却属于审美，其工作机制与"美的感官"的工作机制无二。

　　道德判断归根结底只是审美判断的一个分支罢了，道德赞同或谴责也建基于这种审美判断的基础上。用沙夫茨伯里的话说，当心灵用自己的眼睛和耳朵对表达以赞同或不赞同（或谴责）为表现形式的道德判断时，"它会像面对音乐乐符或感性事物的外在形式或表现那样，真真切切、实实在在地感知到情感中的柔和与坚硬、宜人与不适，发现其美与丑、和谐与不和谐"①。

　　以审美判断为基础阐述道德判断，这使得 18 世纪道德情感主义者们终究把审美赞同或不赞同（或谴责）等同于情感主义道德判断。在沙夫茨伯里看来，由道德情感主义者们在道德判断过程中表达出的赞同或不赞同仅是一种在事物中普遍存在的、自然而然的、与崇高和美有关的感觉罢了。不仅如此，当心灵对受情感推动的行为进行道德判断时，其过程完全是自然而然的，而在所有恰当思考此事的人看来，任何不这么做的人，无疑就是一种虚伪。因此，如同审美判断一样，道德判断是一种自然而然的行为。简言之，用以进行审美判断的"美的感官"和用以进行道德判断的"道德感官"都具有天然性或自然性的本性。因此，当心灵内部出现了某种错误而走向了堕落或受到了扭曲时，"美的感官"和"道德感官"不仅依然可以发现心灵的美丑以及行为中的细微情感变化，而且还可以

---

① Anthony Ashley Cooper, Third Earl of Shaftesbury, *Characteristicks of Men, Manners, Opinions, Times* (Volume 2), Introduction by Douglas Den Uyl (Liberty Fund, 2001), p. 17.

在所有无关利害的情景中赞美自然与真诚，谴责不真诚和堕落。因此，用于进行道德判断的"道德感官"可被视为一种用于判断行为之美丑的审美官能，归根结底属于"美的感官"，所以被"道德感官"所认可的美也能像被"美的感官"认可的事物那样深深地打动我们的内心。在某种程度上，或许比单纯的自然事物之美更能打动我们的内心。因此，道德情感哲学告诉我们，"最动人的美都关乎'道德感官'，且能比用最生动的手法刻画的自然对象更强烈地打动我们"①。

如果说沙夫茨伯里和哈奇森的道德情感哲学把美德视为美的一种特殊类型且把道德判断等同于审美判断，那么斯密的《道德情操论》则以一种更生动、更彻底的方式继承了这种理论传统。以道德判断和审美判断的关系为例，当位于同一道德语境中的旁观者和当事人的情感表现了对称均衡的美学特质时，旁观者的同情和当事人的原始情感就找到了合宜点，与此同时，也找到了美德赖以生成的原点。这既表明合宜性的本质是审美判断，也表明合宜性的本质与旁观者和当事人的情感的性质无关，而仅与二者的情感所展现出的以对称平衡为表征的美学特征有关，更确切地说，斯密道德情感哲学中的关键性概念——合宜性的本质属性应该被划归为美学而非伦理学。通过把斯密对道德判断问题的讨论与沙夫茨伯里和哈奇森对该问题的讨论进行对比，可以发现，道德判断被视为审美判断的分支

---

① Francis Hutcheson, *An Inquiry into the Original of Beauty and Virtue in Two Treatises*, edited and with an introduction by Wolfgang Leidhold (Liberty Fund, 2004), p. 174.

时，意味着二者依然在为道德判断寻找属于道德自身的判断标准，道德判断并未完全丧失其独有的"道德"领地。而当斯密把道德判断全然置于审美判断之上时，则意味着他似乎已全然放弃了对道德判断寻找独特价值的理论冲动，也意味着他试图用审美判断取代道德判断的独特道德价值而使道德判断全盘实现了审美化的理论转变。

对于美德或高尚的行为的动机来说，沙夫茨伯里、哈奇森、休谟和斯密都从情感出发予以恒定。美德之为美德，重要原因在于行为主体拥有使行为成为美德的那种独特行为动机，而较之行为后果，行为动机更应成为道德判断的关键性考量因素。追求美德，其结果固然会使社会整体利益得到增加，也会使社会公共利益得到改善。但这终究只是美德的附加效应，美德自身并不以效用或功利为目标，行为也不会因其满足或实现了效用或功利目标而成为富有美德的行为。

为什么苏格兰启蒙时代的道德情感主义者们在构建其道德情感哲学体系时，一方面表现得对公共利益、效用或功利重视有加，但另一方面却终究不能被视为功利主义者？谈到这个问题时，尤其值得一提的是哈奇森，虽然他第一次把功利主义的标志性口号——"最大多数人最大幸福"引入了英语世界，但他却不能被视为真正的功利主义者？原因在于他和其他苏格兰启蒙学派的道德情感主义者们一样始终坚持从美学或审美，而非功利或效用的视域出发讨论美德。对他们来说，追求美德从根本上说也是求美，是在道德领域内求美，固然能产生效用，但效用终究只能被视为美或美德的附加效应而不能取代美或美德自身的目的。

对于沙夫茨伯里来说，追求美德，在很大程度上意味着超越自爱，而对"秩序之美"的爱则会比建立在自爱基础上的任何东西都更能自然而然地激发更强烈的情感。[①]进一步说，对"秩序之美"的爱会有效促进人们战胜自爱，极大地推动美德的成长，进而提升社会公共利益或整体善，"无疑，对一切秩序、和谐和比例的爱会自然而然地改善性情，促进社交感情，且极大地有助于美德"[②]。在这个世界上，即使最卑微的事物，一旦心灵见到了其富有秩序的外表，那么该秩序也会吸引人们并使人们对它产生感情。而一旦世界自身的秩序显得既具有公义又美丽，那么如此庄严宏伟的审美对象就能吸引人们对它表示崇敬与尊敬，同时也能更加有助于人们培养优雅的激情和对美的热爱之情。美的对象背后蕴含着一种神圣的秩序。当人们沉思该秩序时，必然会产生狂喜与极度兴奋的情感；同理，当任何富含恰当的比例与和谐的事物呈现于人的眼前时，也必然会以这种方式给自然科学家们和人文科学家们带来同样的兴奋之情。富含美德的行为在人类情感领域内造就了一种与自然秩序相呼应的秩序之美。当人们追求美德时，其实也只是在特定的领域求美罢了。总而言之，美以一种令人沉醉的方式吸引人们克服万千困难对它孜孜

① Anthony Ashley Cooper, Third Earl of Shaftesbury, *Characteristicks of Men, Manners, Opinions, Times* (Volume 1), Introduction by Douglas Den Uyl (Liberty Fund, 2001), p. 74.

② Anthony Ashley Cooper, Third Earl of Shaftesbury, *Characteristicks of Men, Manners, Opinions, Times* (Volume 2), Introduction by Douglas Den Uyl (Liberty Fund, 2001), p. 43.

以求。

　　如果说自然美会直接触动审美者的内心，使之产生求美之心，那么由美德引起的美会以何种方式推动打动人们的求美之心并推动人们做出求美的行为？对于把道德情感定位于某种单一类型的情感的沙夫茨伯里和哈奇森来说，这意味着道德主体只需使这种被视为道德情感的情感，即，仁爱在全部情感中处于支配地位即可，只要做到了这点，求德就与求美实现了完全同一。然而，斯密的道德情感哲学并未把某种单一类型的情感视为道德情感，那么如何才能实现美德与美的合二为一呢？《道德情操论》第四卷第一章向我们指明，通过使我们感受到蕴含在美之中的事物，例如，财富内部的愉悦和伟大，我们会在想象中感受到某种高贵和美好。这种感受会使我们认为美的事物，例如财富值得我们为获取它而克服一切艰难困苦。不过，斯密同时也注意到，诸如财富一类的美的事物固然能令人感受到美感，但同时也能令人感受到痛苦。原因在于，自然故意要用这种方式欺骗我们，不过我们正是靠着这种欺骗而拥有了美德。我们辛勤地劳作，"建造房屋，创立城市和社区，创造和推进所有的科学和技艺，使人类的生活变得高贵和丰富多彩……改变世界的面貌，使自然而然的原始森林变成肥沃宜人的平原，把杳无人迹的海洋变成人类赖以维生的新源泉，变成通往世界各个国家的大道"①。不仅如此，我们还会拥有勤勉之德，我们会通过劳动增加

---

①　Adam Smith, *The Theory of Moral Sentiments*, edited by D. D. Raphael and A. L. Macfie（Liberty Fund, 1984）, pp. 183 – 184.

社会财富，在此过程中，我们不仅会创造富有美感的社会秩序，而且也会使自己的行为变成富有美德的行为。因此，就追求美德的情感动机而言，求德与求美再次实现了合二为一。

2. 美学原则之于情感主义道德判断原则的理论有效性

前文的分析显示，无论是对道德本质的理解，还是对道德判断和道德动机的阐释，苏格兰启蒙学派道德情感哲学均展现了浓厚的审美倾向。众所周知，苏格兰启蒙时代开启了现代美学的大幕，例如，哈奇森写出了英国美学史上第一本美学专著——《论美与德性观念的根源》（1725）。该书由两篇论文构成，其中《论美、秩序、和谐与设计》被认为是"启蒙思想史上第一次以美学名义出版的论文……英语世界第一本系统化、哲学化的美学论文"①。中国学者朱光潜也认为，"在英国专门论美的论文中，这要算是头一部"②，该论文直接把"美的感官"推向了理论发展的最高峰，而哈奇森本人也因此被18世纪和当代美学家们称为"现代美学学科创始人"③。有意思的是，这种美学在诞生之初就对道德情感问题表现出了某种先天亲和力，而对苏格兰启蒙学派道德情感哲学的综合考察显示，自其诞生之日，它似乎就与美学结下了不解之缘。时至今日，以迈克尔·斯洛特为代表的当代西方道德情感主义者在讨论道

---

① Peter Kivy, *The Seventh Sense*: *Francis Hutcheson and Eighteenth-Century British Aesthetics* (Clarendon Press, 2003), p. 24.

② 朱光潜：《西方美学史》，人民文学出版社，2002，第214页。

③ Michael, Emily, "Francis Hutcheson on Aesthetic Perception and Aesthetic Pleasure", *British Journal of Aesthetics*, Vol. 24, No. 3, Summer, 1984.

德情感领域内的基本理论问题，尤其是道德判断问题时，似乎也未能完全抛弃美学原则。尽管斯洛特明确说过自己不是美学家，且无意在道德哲学中关注并讨论美学问题。这似乎表明，对于道德情感哲学所讨论的道德判断原则来说，美学原则似乎并非一种可有可无的理论元素，而是一种不可或缺的理论配置。既然"游叙弗伦困境"是一种以规范形式表现出的道德判断困境，那么我们将聚焦于美学原则与情感主义道德判断原则的关系问题进一步阐述美学原则之于情感主义道德判断原则的有效性。

为了阐明美学原则和道德判断原则之间的关系，首先需要回答的问题是，对于情感主义道德判断原则来说，为什么美学原则，如斯密哲学的位于同一道德语境中的旁观者和当事人的情感所表现出的对称原则是其不可或缺的理论元素？为了回答这个问题，让我们首先简要回顾苏格兰启蒙时代道德情感哲学家们所阐释的道德判断原则。

对于沙夫茨伯里和哈奇森的道德情感哲学来说，"道德感官"行使着道德判断的功能。更具体地说，"道德感官"在二者的道德情感哲学体系中分别根据理性原则（沙夫茨伯里）和功利原则（哈奇森）做出道德判断。虽然二者都一再论证过"道德感官"的天然性，但分析显示，在讨论道德判断原则时，二者均未沿着天然或自然路径阐明蕴含在"道德感官"内部的道德判断原则。当休谟和斯密把讨论道德判断的思维模式从"感官模式"转变为"同情模式"之后，随着"道德感官"被同情取代，情感主义道德判断原则开始围绕同情而展开。前文的分析显示，同情在本质上和自然情感的内在运行或生成机制有关。在休谟的道德情感哲学中，同情描绘了不同道德主体的情感传染或感染机制，而在斯密的道德情感哲学中，同情则描述了位于同一道德语境中的当事人与旁观者的情感生成机制。虽然同情在休谟的道德情感哲学中扮演了重要角色，但休谟阐述的道德判断原则并未以同情来展开。

前文的叙述表明，效用在休谟所阐释的道德判断理论中扮演了更重要角色。而当效用取代同情而在道德判断过程中发挥关键作用时，同情机制就变成了不同效用之间的沟通者和对话者。于是同情更多地被理解为情感与情感之间的感染机制或效用与效用之间的沟通或对话机制，与此同时，其美学特征便不再受到重视。而当斯密道德情感哲学立足于同情探讨道德判断原则时，与同情紧密相关的效用受到了排斥，随着位于同一道德语境的当事人和旁观者的情感与情感之间呈现的美学对称效果被视为合宜性概念的核心原则，源于同情自身的美学原则开始在道德判断原则中充当关键角色。归根结底，对于具有最彻底的自然化特征的斯密道德情感哲学来说，对于基于蕴藏在自然情感内部的同情机制阐述道德判断原则的合宜性概念来说，情感机制必须借助美学原则完成自我表达并成为道德判断原则的内在核心要素。就此而言，美学原则必将在道德判断原则中占据不可或缺的重要地位。

在苏格兰启蒙学派道德情感哲学的自然化进程中，对于最具自然化特征的斯密道德情感哲学来说，既然美学原则是情感机制在道德判断过程中进行自我表达时不可逾越的重要理论中介，建基于情感机制（同情）之上的美学原则可被视为情感机制以自我分裂的形式实现自我表达的独特方式。如何使用美学原则才能使其在情感主义道德判断过程中既发挥其本应充当的重要作用的同时又有效避开"游叙弗伦困境"？更确切地说，当我们基于情感机制讨论情感主义道德判断原则时，该如何处理美学原则和道德判断原则的情感表现形式之间的关系？换句话说，当我们基于情感机制构建情感主义道德判断原则时，对于位于同一道德语境中的旁观者和当事人来说，基于情感与情感的对称而产生的审美快乐可被直接视为道德判断的情感表现形式吗？或者说，除了高度依赖审美情感之外，道德判断有没有可能找到某种具有独立道德品性的情感表达形式？

斯密的合宜性概念所讨论的道德判断原则完全以情感与情感之间的对称与平衡美学效果为基础，具有独立理论品性的道德情感在这种道德情感哲学中处于被忽视的状态。《道德情操论》第一卷第二章指明，相互同情可令人感到愉快，而相互同情之所以令人感到愉快，不是因为相互同情的行为或情感中蕴含某种道德本性，而是因为相互同情的情感或行为内部蕴含以情感对称与平衡为表现形式的审美原则。当位于同一道德语境的旁观者和当事人相互同情并从中获取愉快感时，他们其实并不关心使同情产生的原因，他们关心的仅仅是同情是否发生这一事实，即，"不管同情的原因是什么，不管同情何以产生，再也没有什么比我们充满激情地在他人身上看到一种同胞之情更令我们愉快，也没有什么比看到相反的情感而令我们震惊"①。由

①　Adam Smith, *The Theory of Moral Sentiments*, edited by D. D. Raphael and A. L. Macfie（Liberty Fund, 1984）, p. 13.

于我们在产生或享受同情之乐的过程中并不关心同情的原因，而仅仅"根据别人的感情同我们自己的感情是否一致来判断其合宜性或重要性"①。这意味着，当我们确定行为是否合宜时，我们同样也不会关心同情的原因。合宜性被确立的过程，就是位于同一道德语境的旁观者和当事人通过不断调整自己的情感从而实现一致性的过程。在此基础上，这种一致性不仅成了合宜性的内在判断标准，而且也直接决定了这种评价是否具有道德意义。②

合宜性建基于同情之上，而同情之乐却与当事人的情感得以产生的原因尤其是道德原因无关。这意味着位于同一道德语境中的当事人和旁观者在确立合宜点的过程中并不会关注行为者的情感动机，也不会对该动机进行道德评价。进一步说，在确立合宜点的过程中，位于同一道德语境中的当事人和旁观者关注的焦点问题是情感的性质与强度与其原因是否相符这个问题，确立合宜点的目的也是使情感的性质与强度与其原因相符，而不是对推动情感得以产生的原因或动机给予道德评价。在此意义上，在当事人和旁观者的相互同情中基于情感与情感的对称原则而建立起来的合宜性之乐，其本质并非道德之乐，而是审美之乐。也就是说，基于同情之乐而建立起来的合宜性，从根本上说并不考量行为的情感动机，而仅仅考量位于同一道德语境中的当事人和旁观者的情感是否展示了对称之美。

---

① Adam Smith, *The Theory of Moral Sentiments*, edited by D. D. Raphael and A. L. Macfie (Liberty Fund, 1984), p. 16.

② 吴红列:《作为自然法理学的古典政治经济学：从哈奇逊、休谟到亚当·斯密》，中国社会科学出版社，2017，第68页。

那么这种类型的审美之乐能否充当道德判断的准绳？斯密的道德情感哲学给我们的答案是肯定的。以审美之乐为基础的合宜性被视为道德判断的基础与准绳，毫无疑问，这意味着一个行为之所以被赞同，是因为它受到了他人的赞同，而非因为它本身值得被赞同，于是"游叙弗伦困境"诞生。在此意义上，为了从根本上为"游叙弗伦困境"找到解困之道，不是要盲目排斥蕴含在情感主义道德判断原则中的情感对称原则，而是要为道德情感确立内在情感规范。

如何才能建立道德情感的内在情感规范？由沙夫茨伯里、哈奇森和斯密等开创并建立的道德情感主义，其哲学基础是经验主义。这种道德情感哲学虽然主张审美和道德在人性天然存在的自然情感，但却并不支持传统理性主义哲学中的先天观念论。他们采用描述的方式论证审美情感和道德情感的天然性。因此，在讨论道德情感问题时，他们普遍倾向于在审美情感视域内讨论道德情感之内在情感品性并试图为道德确立情感规范。而事实证明，这种做法从根本上说是行不通的，其"行不通"不仅体现为哈奇森道德情感哲学的内在理论不一致①，而且体现为斯密道德哲学中挥之不去的"游叙弗伦困境"。那么有没有可能为道德情感确立一种有别于审美情感具有独立理论品性的天然情感特质？答案是肯定的。

美国当代道德情感主义者、美德伦理学家迈克尔·斯

---

① 哈奇森道德情感哲学视仁爱为其理论基础，当同时充当审美判断和道德判断的"道德感官"对仁爱进行道德判断时，仁爱就展现了审美视域中的无功利性与道德代数法视域中的功利品性之间的矛盾与冲突。

洛特基于指称固定理论（Theory of Reference Fixing）为我们提供了一种新的理论尝试。指称固定理论最早由逻辑学家索尔·A. 克里普克（Saul Aaron Kripke）提出，克里普克在《命名与必然性》一书中指出，我们并不能对所有词汇进行分析定义。例如，"单身汉"可以用"没有结婚的人"来进行分析定义，而"水"却不能进行分析定义，既不能用"透明的、流动性的液体"来定义，也不能用"无色无味的液体"来定义，因为有些液体具有透明、流动性、无色、无味等特征，但它不是水，其化学成分也不是 H_2O。同理，"红"也是如此。"红"就是使事物变红的东西，但当我们使用"红"这个词语的时候，我们并不说"红"就是一种能产生红的颜色效果的光波。那么"能产生红的颜色效果的光波"或"使事物变红的特征"都不是对红的分析定义。

当克里普克发现这个问题时，他发明了指称固定理论来解决这个问题。该理论认为，我们之所以能理解"红"这个自然类词项，是因为我们能以某种方式固定它的指称。这样一来，诸如"水""红"之类的自然类词项虽不能进行分析定义，但其含义却可用其指称予以固定。斯洛特对克里普克的指称固定理论持赞成态度，在他看来，道德哲学中的"善"也和"水""红"等自然类词项一样，同样不能进行分析定义，但我们可以借用指称固定理论对道德善的指称进行固定。不过，斯洛特并不赞同直接挪用克里普克用以固定"水"与"红"等自然类词项的做法对"善"的指称进行固定。因为他认为克里普克用固定"水"与"红"等自然类词项的做法无法对"善"进行指称固定。理由在于，在克里普克的指称固定理论看来，"'仁爱在道德上为善'以及'残忍在道德上为错'这样的道德判断视为纯粹经验性的后天产物"①。斯洛特表示无法接受这样的观点，因此，《道德情感主义》指出，"在《命名与必然性》中，索尔·A.克里普克从未像他用指称固定解释自然类词项那样对道德术语给予指称固定解释，他不这样做无疑是明智的"②。但是在斯洛特看来，若对克里普克的指称固定理论进行改造，那么"善"也可以用这种方式进行指称固定。但当我们用这种被改造过的指称固定理论固定"善"的指称时，我们同时也拥有了一种与克里普克的指称固定理论截然不同的理论意图，我们的目的不是证明善的纯经验性或后验性，而是证明善的先天性或先验性。

如何改造克里普克的指称固定理论并固定道德"善"的指称呢？克里普克通过指称固定来确定自然类词项的含义。该理论不包含任何先天成分，对克里普克而言，即使承认存在先天性，那也只是一种偶然的先天性。例如，对"1 英尺等于 12 英寸"这个定义而言，这里面包含一种先天性，但这是一种偶然的先天性，而不是必然的先天性。如果要用这种方法固定道德"善"的指称，斯洛特发现必须对克里普克的指称固定理论予以改造。理由在于，用以固定道德"善"的指称不能仅是后天性的或后验性的，必须包含某种先天性的成分。

---

① Michael Slote, *Moral Sentimentalism* (Oxford Unviersity Press, 2010), p. 57.
② Ibid..

　　作为一个道德情感主义者，在固定道德"善"之指称时，斯洛特主张把道德善理解为一种情感表现形式，即，使人产生温暖感的情感。因此，道德"善"必然表现为以令人温暖的情感为特征的赞同。在此意义上，赞同就是道德主体身上具有的、能使旁观者通过移情而感到温暖的东西。如果"我"通过移情感受到了温暖，一定是因为主体身上有令"我"感到温暖的东西，也就是说，"我"所感受到的移情温暖只来自令人感到温暖的主体。道德"善"就是移情温暖，有且只有一种温暖能产生道德温暖，即，主体自身的行为或情感内在地包含着温暖，因此，赞同意味着在移情的作用下对这种温暖的认可。这样一来，道德"善"的指称就如同克里普克所说的"红"的指称一样得到了固定。如"红"一样，我们虽然不能对道德"善"进行分析定义，但我们却可以对它的指称进行固定。道德"善"虽然不能进行分析定义，但它的指称却可以经由移情所感知到的温暖而得到固定。

　　与克里普克的指称固定理论不同的是，克里普克在固定"红"的指称时，仅仅着眼于后天或后验，斯洛特认为，道德"善"的指称具有先天性，更确切地说，斯洛特致力于根据"先天"路径来改造克里普克的指称固定理论。以此为基础，斯洛特认为我们对关怀、道德"善"等词汇的理解都是如此，其指称都包含"先天"成分。

　　通过改造克里普克的指称固定理论，斯洛特在情感主义道德哲学中创立了一种新的指称固定理论，即，以情感为表征从"先天"入手固定"善"的指称的理论。道德"善"就是能使人经由移情机制的作用而感觉到温暖的东西，一种能使人通过移情而感受到温暖的东西必然在逻辑上先于温暖本身具有使人产生温暖的能力。那么这种可以使人先于温暖的经验而感受到温暖的东西是什么呢？斯洛特的回答是移情机制。这样一来，具有先天特征的移情机制，就成了可以固定道德"善"的指称的东西。由此而来，相对于苏格兰启蒙时代道德情感主义者们所讨论的道德"善"，斯洛特所说的道德"善"具有了先天内容。因此，这种道德善虽然具有"令人温暖"的情感表现形式，但这种情感本身却不完全是经验性的，因为它包含先天成分，并且只有在先天成分——移情机制的作用下，作为道德"善"之情感规定的温暖感才能得以表现出来。

当道德"善"拥有了具有独立理论品性的情感感受时，当道德情感主义以赞同和不赞同表达道德判断时，是否意味着美学对称原则不再有效或可被抛弃呢？答案是否定的。无论是基于同情还是移情表达以赞同和不赞同为表现形式的情感主义道德判断，本质上都是基于情感机制进行道德判断。就此而言，道德判断就意味着位于同一道德语境中的旁观者和当事人会遵循相同的情感机制对同一情感或受情感推动的行为表达赞同或不赞同。以温暖感为例，唯有受制于情感机制作用的当事人和旁观者同时从某一情感或受情感推动的行为中感受到温暖感，那么这种温暖感才会被赞同或认可为道德的情感。进一步说，当同情或移情据其内在情感机制进行道德判断时，它必定在一切具体的道德语境中表现为当事人和旁观者的赞同或不赞同。这种赞同或不赞同必然以令人温暖或寒心的情感感受作为其情感表现形式。此种意义上的赞同就意味着当事人和旁观者同时感受到了令人温暖的情感，而不赞同则意味着当事人和旁观者同时感受到了温暖之情的缺乏，或者说，同时拥有某种令人寒心的情感感受。唯有此时，以赞同和不赞同为表现形式的情感主义道德判断才得以真正被确立起来。

《道德情感主义》一书将这种类型的赞同或不赞同称为"二阶移情"①（second order empathy）。事实上，"二阶移情"之所以能被视为有效的情感主义道德判断原则，其深层原因并非其具有二阶性，而是因为位于同一道德语境中的当事人和旁观者在移情这种情感机制的作用下同时对某一情感或受情感推动的行为感受到了令人温暖的情感感受。换句话说，因为二者所感受到的令人温暖的情感感受展现出了一种以对称为特征的美学特质。就此而言，美学对称便成了用于推动当事人和旁观者进行道德判断的情感机制的自我表达方式。在此意义上，我们认为，即使为道德情感找到了具有独立理论品性的情感感受，立足情感机制而做出的情感主义道德判断终究还是不能抛弃或背离以情感对称为表现形式的美学特性。

现在，让我们再次面对"游叙弗伦困境"。如果说造成"游叙弗伦困境"的根源在于合宜性完全以情感之间的美学对称为基础，或者说合宜性概念未能拥有具有独立道德品性的道德情感，那么当我们为之确立了具有独立道德品性的道德情感，例如令人温暖或寒心的情感后，虽然这

---

① Michael Slote, *Moral Sentimentalism* (Oxford University Press, 2010), p. 39.

意味着我们能从根本上为"游叙弗伦困境"找到解困之道。但与此同时我们也需要注意到，此处所讨论的情感主义道德判断原则虽能与审美情感划清界限，但却不能与审美情感得以产生情感对称原则划清界限。因为唯有基于以美学对称为表现形式的情感对称原则，位于同一道德语境中的当事人和旁观者才有可能基于情感机制——同情或移情而真正进行情感主义道德判断。与此同时，推动二者进行道德判断的情感机制也才能真正找到自我表达和自我实现的恰当舞台。

二　英国古典政治经济学的兴起

如果说"游叙弗伦困境"对于苏格兰启蒙时代的道德情感哲学来说是一种理论缺陷，那么它表明该学派并未在情感主义道德理论上实现自身的理论愿景。但它对于英国古典政治经济学来说却具有十分重要甚或不可或缺的理论意义，因为它为之奠定了哲学基础。《道德情操论》并未给读者指明美德得以生成的道德规范原则，它对自然—社会的因果关系给予了自然的、描述性的解释，它的精华与优点在于向读者描述了道德与社会何以能以内生而外的方式自然而然地生成，而不是要给读者提供某种具有客观效力的道德规范价值。因此，当这种缺乏严格内在规范的美德被认可时，自由运行的、未受干扰的自然情感自然发生机制或自然法则，就不仅可以使自爱之人找到美德之路从而构建一个以美德为基础的社会，而且可以使自利之人在自由竞争的环境中以非本意的方式自然而然地增进国民财富。《道德情操论》关心前者，而《国富论》关心后者，二者都共同受制于未受干扰的自然情感自然发生机制或自然法则的制约。不过，要把该机制确立为政治经济学背后运行的"看不见的手"，一如它在苏格兰启蒙时代的道德情感哲学中被确立为合宜性之基础时经历过种种曲折和困难，难度也很大。未受干扰的自然情感自然发生机制要成为政治经济学的支配性原则，必须克服重商主义设定的很多障碍，比如，对财富之本性的理解等，也意味着必须从根本上改变曾经在西欧流行了两百多年的经济思想。就此而言，其难度甚至远甚该原则在道德哲学中获得支配性地位而遭遇的重重困难。

通过分析该原则如何借助情感这一关键词而在18世纪情感主义者们的美学、道德和宗教思想中战胜异于自身的种种障碍，本书系统阐述了该原则如何在18世纪道德情感哲学中取得胜利的过程。不仅如此，我们还指出了这种受未受干扰的自然情感自然发生机制支配的情感哲学，也即斯密道德情感哲学内在具有的理论缺陷（"游叙弗伦困境"）。游叙弗伦困境向读者描述了道德规范何以能自然而然地内生而成，但并未向读者提供具有客观效力的规范原则。对于寻求客观规范的道德理论来说，如果说"游叙弗伦困境"的存在使得18世纪道德情感哲学在道德理论建设事务上遭遇了巨大障碍或瓶颈，那么当这种道德情感哲学得以成为政治经济学思想的哲学基础时，却迎来了另外一番天地。但毕竟对于绝大多数人来说，严肃的情感主义道德哲学无法接受缺乏内在客观规范效力的道德理论，却可以接受缺乏严格道德规范效力的政治经济学理论。或许正是基于这个原因，19 世纪以来经济学中始终持续不断地存在去道德化倾向。道德规范和经济行为之间的关联渐行渐远，不受道德规范约束的"理性人假设"概念逐步变得越来越强势。因此，如果说缺乏客观道德规范原则不能为严格的道德情感主义理论乃至一般意义上的道德哲学所接受，但对于以斯密为代表的英国古典政治经济学乃至 19 世纪以来的经济学来说，不仅可能不是缺点，反而有可能是优点。

当我们谈论苏格兰启蒙时代的道德情感哲学为英国古典政治经济学奠定了哲学基础时，首先需要申明的是，这种情感哲学并非以一种被应用的方式对英国古典政治经济学产生影响，而是与之生成了一种相生相和且不可分割的关系。换句话说，该派情感哲学自创立之初就有浓厚的社会意图和政治意图，它在讨论道德情感问题时也一并讨论了今天被分化为不同学科的法学问题、政治学问题、社会学问题等，对于政治经济学来说，更是如此。沙夫茨伯里、哈奇森、休谟和斯密都在讨论道德问题的同时讨论过政治经济学问题。

沙夫茨伯里的讨论最具宏观性，他主要着眼于从政治经济事务的管理之道出发讨论政治经济活动，没有对具体经济活动中的经济行为进行分析。不过他的讨论十分重要，一如他为这派学说的审美、道德和宗教确立了自然与情感的视角一样，他为人类政治经济事务的管理之道也赋予了浓厚的自然与情感色彩，为后来者的讨论确立了切入该问题的基调。哈奇森、休谟和斯密的讨论显得尤其令人瞩目，实际上当他们把政治经济学问题置于道德情感哲学语境中进行讨论时，他们不仅深入分析了诸多经济概念，还试图借助情感话题给这种经济学引入以情感机制为表现形式的、未受干扰的自然法则。[①]

1776 年出版的《国富论》提出了一个问题，社会如何才能使大量彼此互不相识且分散于世界各处的经济行为者——生产者、运输者、商人、消费者的独立经济活动相互协调配合？较之斯密之前的所有经济学家，斯密提供的答案十分激进：发生在所有经济行为者之间的协调配合乃自动生成，没有任何人或机构有意识地创造或维护它，更确切地说，对于受到以情感机制为表现形式的自然法则支配的个体来说，它出自这种个体对私人利益的追求。这表明在苏格兰启蒙学派道德情感哲学自然化进程的推动下，未受干扰的情感机制或自然法则不仅可以成为道德情感的原理，而且可以在政治经济学中占主导地位。

在斯密之前，尽管也曾出现倡导自由放任主义的经济学家，如佩蒂、休谟、魁奈等，但占主流地位的政治经济学思想认为，经济行为者之间的协调合作绝不会自动生成，而是统治者推行的强制措施所致。斯密的观点对此前的政治经济学思想构成了重大挑战，《国富论》的出版表明自由放任主义最终完全战胜了重商主义。这不仅意味着英国古典政治经济学体系的诞生，而且意味着经济学开始作为一门独立的学科正式从道德哲学中分离开来，斯密也因此被后世称为"自由放任主义之父"。不过，需要注意

---

① 前文的论证表明，在哈奇森道德哲学中，这种情感机制被隐藏在"美的感官""道德感官"等概念中。

的是，即使自由放任主义曾给英国乃至其他西方国家带来
了福利，但依然有思想家发现了它的缺陷与问题并坚持对
它进行批判与修正。此外，值得注意的是，对于充当斯密
政治经济学之哲学基础的道德情感哲学来说，由于存在
"游叙弗伦困境"，以这种世界观为基础而建立起来的政治
经济学似乎在其诞生之初就具有了某种先天不足。就此而
言，当经济学在发展过程中不仅不试图克服这种先天不
足，相反还试图放大该问题时，就无疑是在错上加错。

　　经济活动从根本上属于广义的人类的活动，不可能真
正做到价值中立，也不可能成为纯粹的逻辑科学。就此而
言，阿马蒂亚·森（Amartya Sen，1933～）所说的经济学
的"工程学"方法①从根本上说是值得商榷的。尽管该问
题值得受经济学人高度重视，但它毕竟不属于本书的讨论
范围，因此让我们暂时放下该问题，以便仔细探析沙夫茨
伯里、哈奇森、休谟所讨论的政治经济学与斯密政治经济
学之间的紧密关联。

（一）沙夫茨伯里：以自然情感自由交流为基础的文雅社会

　　早在古希腊就产生了"经济学"一词，色诺芬写过关
于经济学的专著。这一术语在古希腊指的是生产管理或家
务管理。根据熊彼特的分析，在 16 世纪乃至更晚的时代，
经济学指的仍然是家务管理。例如，流传了一个多世纪的
《农业和家庭经济学》（1593～1607）主要针对包括农事、

---

　　①　Amrtya Sen, *On Ethics and Economics*, Blackwell, 1987.

园艺和家庭医学事务在内的家务管理提供各种建议①（all sorts of advice about housekeeping, including farming, gardening, and deomestic medical practice）；《精明的管家》（1629）的作者弗里赫里奥（B. Frigerio）把经济学定义为治家时的审慎②（a certain prudence with which to govern a family）；《政治教育体系》（1606）则把经济学定义为有关房宅和家务的学问③（a disciplina de domo et familia recte dirigenda）。不管是管理家务还是管理现代经济学所说的社会政治经济事务，都会在管理过程中涉及某种管理原则并在管理结果上表现为某种管理秩序。沙夫茨伯里在《论特征》中共使用了 36 次"oeconomy"，根据不同的语境，该词既指管理过程或蕴含在管理过程中的治理原则，也指由管理过程产生的结果，即秩序。沙夫茨伯里并没有针对具体经济问题阐述经济思想，但他却为 18 世纪英国哲学家尤其是斯密所在的情感主义哲学传统确立了讨论社会、政治以及经济秩序的理论方向，即，以自然情感为基础构建全新的人神新秩序以及与此相关的道德、审美、社会经济秩序。

　　通过批判洛克哲学中的人神秩序，沙夫茨伯里想要基于情感而构建一种以人自身为出发点的全新人神秩序。洛克哲学认为包括价值在内的事物本性是外在的、客观的，上帝创造了天地和价值结构，其目的是让人发现其存在并

---

①　Joseph A. Schumpeter, *History of Economic Analysis*, edited from manuscript by Elizabeth Boody Schumpeter and with an introduction by Mark Perlman [Routledge (publishers) ltd, 1986], p. 156.

②　Ibid..

③　Ibid..

从中发现效用。洛克的神学思想具有唯意志论特点的加尔文神。该神的命令具有绝对性和任意性，人没有能力与神圣的全知全能全善保持一致或对应，由于人与善之间是一种格格不入的关系，人几乎无法自主求善。洛克哲学中的人无从知晓上帝的设计或意图，而上帝的设计或意图也没有以任何显而易见的方式透露给任何人。因此，人与上帝之间没有关联，或者说，人不具备知晓上帝的原则或意图的任何先天品质。

　　与剑桥柏拉图学派一样，沙夫茨伯里也反对这种加尔文教义中的神及其构建的秩序。他试图建立一种由人建立的社会秩序，主张沿着情感或主观之路建立这种新秩序。他认为善和恶都是人对上帝的真实反应，人可以自然而然地感知善恶，并能在感知的过程中与普遍善保持和谐。沙夫茨伯里认为道德价值并不由理性发现，道德价值于人而言具有先天性，道德价值的源头是主体或人自身，简言之，人有能力用内在的方式与上帝保持一致。这种"内在的方式"就是发现美的能力，而道德行为则被视为美的一个组成部分，"灵魂如果真没有这种感官，就无法欣赏它所认知的所有事物。因此，一旦以这种全新的方式拥有了看和欣赏的能力，它就一定会像在形体、声音或颜色中发现美丑一样在行为、心灵和性情中发现美丑"①。

　　一旦人与上帝之间找到了主观性的联通之路，其他一切人类活动都能在美的视域下分有这种联通。尤其值得一

———————

① Anthony Ashley Cooper, Third Earl of Shaftesbury, *Characteristicks of Men, Manners, Opinions, Times* (Volume 2), Introduction by Douglas Den Uyl (Liberty Fund, 2001), p. 25.

提的是，当沙夫茨伯里哲学试图基于内在的主观性——情感为人与上帝找到联通的渠道时，也意味着这条渠道可以在个人利益或私人善和社会公共利益或整体善之间达成一致。很明显，苏格兰启蒙学派道德情感哲学的自然化进程向我们表明，二者达成一致的路径是以同情机制为表现形式的自然法则。但是沙夫茨伯里虽然确立了新时代新哲学的发展方向，但却并没有迈出实质性步伐。这项艰巨而伟大的工作由他的后来者——哈奇森、休谟和斯密以一种连贯的方式沿着自然化的路径不断推进，最终才得以完成。

以主观性的情感为基础构建的新秩序并不因情感的主观性而缺乏客观性。苏格兰启蒙时代的道德哲学家们和古代的道德哲学家们一样热衷于讨论规范问题，尤其热衷于讨论具有客观性特征的规范问题。因此，由于受客观性的规范原则的约束，以主观情感为基础而构建的社会秩序便具有了客观效力。如何使主观性的情感判断原则享有客观效力？这也是困扰苏格兰启蒙时代所有情感主义道德哲学家们的理论难题。前文的叙述表明，为苏格兰启蒙时代的道德情感主义者们所确立的情感主义规范原则走过了一个自然化的历史进程，当自然化进程接近尾声时，以情感为基础的美学或道德规范或判断原则在沿着自然化之路不断演进的过程中也表现出了一种自发性，即，在情感机制或自然法则的支配下自发构建一种和谐的审美或道德秩序。斯密的《道德情操论》和《国富论》分别在道德哲学和经济学两个领域内最大限度地彰显了这种自然性和自发性，经济活动在这个新世界中不仅是经济秩序的表征，而且是审美和道德秩序的表征。因为在情感的自然化进程终结处，所有这些人类活动都共同受制于以情感机制为表现形式的相同自然法则的约束。

由沙夫茨伯里所开创的情感主义传统在规范问题上走过了一个自然化的历史进程。对于18世纪欧洲资产阶级构建起来的以自我为中心的社会来说，这一历史进程具有十分重要的政治经济学含义。为苏格兰启蒙时代的道德情感主义者们所论证的情感的自然化进程即为情感立法的过程。能否成功为情感立法，直接决定了以自我为中心的资产阶级所从事的政治经济活动能否具有道德合法性。苏格兰启蒙时代的道德情感哲学眼中的人，不是被政治身份或神圣法则规定的人，而首先是一个行为者，一个服从于情感机制（或自然法则）且被自然情感推动的行为者。这种情感既推动行为者做出道德行为也推动行为者做出经济行为。换句话说，欲望、情感或感觉推动并支配着包括经济行为在内的所有人类行为。苏格兰启蒙时代的道德情感哲学认为，财产权、正义、道德的来源是情感感受而非理性推理。因此，论证政治经济活动的道德合法性也即论证蔓延于经济和社会生活中的全新主观性或主体性（subjectivity）的道德合法性，而情感的自然化进程终结处，即，这种合法性被建立起来的地方。

沙夫茨伯里以人的情感为出发点构建一种全新的人神秩序和道德秩序的终极目的是要建立一种新的社会政治经济秩序，一种以自然情感的自由交流为基础的文雅社会或绅士社会。不过，《论特征》并没有直接描绘这种文雅社会的构建准则，而是使写作聚焦于描述自然的、不受干扰的情感自由交流状态。换句话说，通过讨论处于自由交流状态的情感，沙夫茨伯里试图以这种情感为基础建立一种新的社会秩序，或者说，他用这种方式为他心中的理想社会绘制了蓝图。沙夫茨伯里在讨论宗教狂热的论文中指出，处于自由交流状态的情感可以消除宗教狂热，在讨论共通感的论文中，沙夫茨伯里进一步阐述了早年在《论美德》中阐述过的观点，把理性而合群的对话推荐为一种理智活动和文化习惯。进一步说，真理、文明、文雅和一切表达的改进都离不开情感与情感的自由交流，"所有的文雅都源于自由。在友好的碰撞中，我们相互砥砺，磨去棱角。限制这种自由，必然会损害人的理解力"①。

自由源于情感，尤其是源于健康的、不受限制的、自然情感之间的自由交流。这种自由可以使人形成一种文雅的合群性，从而构建一种免受权威干涉的、自然的自由秩序。在这种意义上，沙夫茨伯里在《独白》《论宗教狂热》等论文中讨论过的基于情感的自由交流而产生的对话就成了以自由为特征的社会秩序的原型。唯有使情感处于自由交流的状态，自然而然地存在于情感中的合群性才能得到凸显。与此同时，由于处于自由交流状态的情感先在地排除了一切外在权威，例如宗教等的干涉，那么蕴含于合群性中的情感交流机制或法则也才能借着这种状态而真正发挥作用。沙夫茨伯里的家族拥有辉格党政治遗产，他本人晚年参与了一些政治讨论。在 17 世纪 90 年代，沙夫茨伯里公开表达自己对托利党和辉格党的意见，他认为托利党

---

① Anthony Ashley Cooper, Third Earl of Shaftesbury, *Characteristicks of Men*, *Manners*, *Opinions*, *Times* (Volume 1), Introduction by Douglas Den Uyl (Liberty Fund, 2001), p. 42.

腐败、反对自由、支持奴隶制等而对该党大肆批评。不过尽管他对托利党持有明确的反对意见，但他对辉格党的立场却是复杂的。当他于1708~1711年开始写作《论特征》时，饱含明显的辉格党立场，他对自由的颂扬尤其彰显了这种立场，他主张依靠法治（rule of law）实现并保障自由。这里所说的法治，从根本上说，指的是理性自然神在创造世界之初所设定的设计原则（principles of design）。《论特征》向读者表明，唯有使情感处于自由交流状态，这种设计原则才能真正拥有发挥效力的条件。

　　对于处于自由状态中的自然情感来说，蕴含于其中的设计原则是什么呢？《论美德与功德》认为，需要向自然求教才能获得该原则。通过观察大自然，他主张从整体出发理解善恶。如果整体系统完全为恶，那么这就意味着该系统是恶的，因此处于系统内的恶就是真正的恶。如果整体系统为善，那么在该整体系统之内，如果私人系统对其他系统是善的，那么对整体也是善的，在这种情况下，相对私人善而存在的恶就不是真正的恶。对于整体系统为善的系统来说，对于该系统之内的存在物而言，不存在完全恶或绝对恶，除非该存在物不会对任何其他秩序或组织（oeconomy）为善。人的恶也是一样，除非这个人天生对其他所有人有害，该人才能被称为恶人（ill man）。如果一个人因为受到了束缚而不能实施自己的邪恶计划，沙夫茨伯里认为，这种状态下的人的本性既非善也非恶，而由于该人处于整体为善的大系统之内，我们甚至可以据此推断，该人为善。因此，当我们要对人的善恶形成判断时，我们一定要把判断的基础确立为该人情感。指向私人善或自我善的情感，既可以是善的，也可以是恶的。唯有当个人的情感所指的私人善与公共善相一致时，才能被称为善的情感，否则，就是恶的情感。就此而言，沙夫茨伯里指出，使情感有利于或有助于公共善或整体善就是蕴含于情感之内的天然道德判断原则。

对于处于自由状态的情感来说，如何才能使之有利于或服务于公共善或整体善呢？前文的叙述表明，沙夫茨伯里在回答这个问题时，由于过多地依靠理性原则，他并没有完全坚守他在《独白》等论文中坚守的情感自由交流之路。尽管如此，在情感的自然化进程中，作为这一进程的理论开创者，沙夫茨伯里为后来者指明了道路和方向。就此而言，尽管他提出的社会、政治、经济理论存在诸多局限，但依然具有不可被忽视的开拓性价值。对于沙夫茨伯里的追随者们来说，有了这种方向性指导，当他们沿着情感的自然化进程进一步深化、细化对政治经济问题的分析时，不仅使沙夫茨伯里想说却未说明的那种设计原则变得越来越明晰，而且使英国古典政治经济学的理论基础也变得越来越坚实。值得一提的是，尽管沙夫茨伯里的追随者们沿着情感的自然化进程把沙夫茨伯里学说隐而未宣的重要情感原则逐步阐述得更清楚了，但他们的阐述最终都围绕或服务于沙夫茨伯里提出的理想社会目标，即，以自然情感自由交流为基础的文雅社会而展开。沙夫茨伯里仅仅讨论了会话领域内的情感自由交流，而只有当斯密的《国富论》在政治经济活动中讨论以商品为媒介的情感自由交流活动时，我们才能说经沙夫茨伯里设想过的理想社会才真正变成了一种现实社会秩序。

（二）哈奇森：作为自然法理学之分支的政治经济学

哈奇森并非古典政治经济学的代表人物，但就哲学观和经济思想来说，他也对斯密产生了重要影响。不过，长期以来，学界并未充分注意到这种影响，有些思想家，例如，斯卡尔津斯基（Skarzynski）在完全没有注意到哈奇森对斯密的影响的同时高度强调休谟对斯密的影响。毫无疑问，就哈奇森与休谟的个人关系和哲学思想之间的关联来说，二者有紧密关联，这已成为定论。但是，这并不意味着哈奇森与斯密的经济思想之间没有关联。当斯密还是格拉斯哥大学的学生时，他曾聆听哈奇森讲授道德哲学和经济思想。根据斯科特的记述，斯密在格拉斯哥大学的讲稿和哈奇森当年的讲稿在主题和格式排列上都十分相似。① 此外斯科特还认为，斯密在《国富论》中讨论的劳动分工理论、劳动作为价值的尺度、使用价值和交换价值、货币理论以及某些税收最大化理论都被哈奇森讨论过。②

约翰·雷在《亚当·斯密传》中指出，"虽然哈奇森的名字并未载入政治经济学史，但他在自然法理学的课程中系统地讲授过该学科，斯密本人后来也承认。在讨论契约时，他讨论了价值、利息、现金等问题，这些讲授，尽管不完整，但却准确理解了前哈奇森时代的经济问题，就

---

① William Robert Scott, *Francis Hutcheson: His Life, Teaching and Position in the History of Philosophy* (Thoemmes Press, 1992), pp. 232 – 233.

② Ibid., p. 240.

其重要性来说，彰显了最具特色的斯密立场。他不同意当时流行的重商主义货币观"①。

哈奇森对经济问题的分析并未单独成文，而是交织于他对法理学（Jurisprudence）的分析之内，或许基于这个原因，其经济思想也未引起经济思想史家们的注意。直到坎南（Edwin Cannan）在编辑斯密的《法学讲义》（Lectures on Jurisprudence）时，他才从中发现了哈奇森的经济思想对斯密的影响。哈奇森在其经济思想中讨论过劳动分工和价值理论，坎南还注意到，其价值理论包含着《国富论》的萌芽。继他之后，泰勒（W. L. Taylor）也做过类似分析并指出过哈奇森对斯密经济思想的影响。虽然哈奇森的经济思想直接影响了斯密，但更重要的是，推动他得以阐述出这些经济思想背后的哲学世界观对斯密产生了更大影响。

不过，要深入分析哈奇森的哲学思想与斯密经济思想之间的关联点，首先必须考察哈奇森早年在格拉斯哥大学接受的教育。早在哈奇森在格拉斯哥大学读书时，他十分崇敬在他之前担任道德哲学主席的卡迈克尔教授②（Gershom Carmichael，1672~1729）。卡迈克尔教授把普芬道夫（Samuel Pufendorf，1632~1694）的思想引入道德哲学，用自然法理学思想解释道德。哈奇森在格拉斯哥大学求学时深受卡迈克尔教授和辛普森教授影响，这种给他奠定了接受沙

---

① John Rae, *Life of Adam Smith*, Macmillan & Co, 1895, p. 15.
② 卡迈克尔被认为是苏格兰哲学学派的真正创始人和奠基者［W. L. Taylor, *Francis Hutcheson and david hume as predecessors of adam smith* (Duke University, 1965), *op*, *cit*, p. 253.］。

夫茨伯里哲学的基础。① 正是因为有了这种影响，当他在为沙夫茨伯里的学说进行系统化哲学辩护时，他才能始终基于人的自然情感论证上帝（自然神）的存在。这既剥离了沙夫茨伯里道德哲学中的理性主义成分，又为苏格兰道德情感哲学指明了新的发展方向。

作为沙夫茨伯里和哈奇森共同的前辈，洛克虽然在自然法哲学中享有盛名，但他并没有给普芬道夫或格劳秀斯的学说增加什么新思想。就此而言，就普芬道夫的学说来说，哈奇森对沙夫茨伯里做的这种工作，可被视为哈奇森给其添加的新内容。哈奇森后来在和格拉斯哥大学学生谈话时指出，他从西塞罗和亚里士多德的著作中汲取了很多灵感，对于影响过自己的现代作家，哈奇森唯一提到的就是普芬道夫，尤其是他的《人和公民的自然法义务》（*De Officio Hominis et Civis Juxta Legem Naturalem*）。他还指出，卡迈克尔教授对该书的点评的价值甚至超过了原文本的价值，通过卡迈克尔的介绍，普芬道夫的思想影响了哈奇森的经济学思想。② 在自然法领域，格劳秀斯沿着自然法路径探索过个人利益与社会公共利益之间的关系问题，但他的讨论尚未完全摆脱经院哲学的束缚。普芬道夫也沿着相同的理论路径讨论过这个问题，但他讨论的出发点是理性而不是情感。当哈奇森基于情感沿着自然法路径继续讨论这个问题时，沙夫茨伯里开创的新哲学传统不仅为自身找

① William Robert Scott, *Francis Hutcheson: His Life, Teaching and Position in the History of Philosophy*, Thoemmes Press, 1992, p. 21.

② W. L. Taylor, *Francis Hutcheson and david hume as predecessors of adam smith*, Duke University, 1965, p. 25.

到了不断发展的理论基础，而且为其论证政治经济新秩序的合法性奠定了坚实的理论基础。

格劳秀斯、霍布斯和普芬道夫是近代较有影响的三位自然法学家，格劳秀斯的自然法思想推动了中世纪神学自然法向以理性为本质的自然法过渡，而霍布斯则基于人性从处于战争状态的自然状态阐述自然法，普芬道夫则进一步使自然法与神法区分开来，从而使自然法与人的理性关联起来。严格来说，当哈奇森改进普芬道夫的自然法思想时，他的理路依然是霍布斯式的，即，从人性出发并根据人性而推导出自然法。但是与霍布斯不同的是，他对人性的理解以及对与此相关的自然状态的理解与霍布斯截然不同。在某种程度上，普芬道夫关于自然状态的论述给哈奇森提供了反驳霍布斯的灵感。普芬道夫认为自然状态是人"出生"时决定的状态，这种状态使人一出生就被赋予了自然权利与义务，"处于自然状态的所有人都要按自然法的旨意履行全部义务"①，同时，这也意味着人可以用自己的能力改进并提升这种状态。普芬道夫的自然状态说是理解其自然法思想的前提，较之格劳秀斯与霍布斯，这种自然状态说的革新意义在于，它完成了"从人性的、抽象的状态向包含了义务和权利的社会状态"的转变。② 哈奇森接受了普芬道夫关于自然状态的思想，在把它论证为沙夫

---

① Samuel Pufendorf, *The Whole Duty of Man According to the Law of Nature*, Translated by Andrew Tooke, 1691, edited with an introduction by Ian Hunter and David Saunders (Liberty Fund, 2003), p. 84.

② 努德·哈孔森：《自然法与道德哲学——从格老秀斯到苏格兰启蒙运动》，马庆、刘科译，浙江大学出版社，2010，第43页。

茨伯里学说的哲学基础的同时用情感代替理性对其进行了创新性发展，使其变得符合 18 世纪英国经验主义哲学的理论趣味，试图阐发出一套全新道德哲学体系。但令人遗憾的是，由于深受各种限制，在苏格兰启蒙哲学的自然化进程中，哈奇森虽然是重要的推动者，但却不是终结者。因此，不管是他的道德哲学还是政治经济学，都变成了孕育新思想的摇篮，并最终培育出了斯密的全部思想体系。

哈奇森把经济问题放在自然法视域中予以讨论，在结合普芬道夫自然法思想的同时给这种思想注入了经验主义哲学视域。在分析经济行为时，哈奇森抛弃了普芬道夫基于理性而坚守的人类普遍义务这种理论立场，主张要从经验，即，人类的习惯行为已经建立的获得性政府或关系出发予以讨论。例如，当《道德哲学体系》第二卷第四章讨论合作与劳动分工这两种十分具体的经济学思想时，所有的讨论都建基于业已存在的经验事实之上。当哈奇森注意到由 20 人的集体劳动比这些人分散开来的劳动能更快地完成开垦森林、排水等工作时，他发现了合作劳动的价值。随后，他注意到了劳动分工的重要性。"确切地说，大家都知道，在为生活提供必需品和便利品的过程中，任何既定数量，例如，20 人的劳动产出会大于单个人（该人会很快获得某种类型的劳动技艺并转而从事另一种类型的工作）的劳动产出，即使这 20 人中的每个人都被迫轮流从事生存所必要的不同类型劳动但并未获得任何技艺。当人们以这种方式劳动时，每个人都会生产出大量的同类产品，可以把部分用于交换以换取他所需要的他人劳动。一个人可以成为耕地专家，另一个人可以成为放牧和饲养牲畜的专家，第三个人可以成为石工专家，第四个人可以成为狩猎专家，第五个人可以成为打铁专家，第六个人可以成为织布专家，如此类推，则会有更多专家。这样，当杰出的艺术家们相互交换彼此的作品时，所有需要都会被满足。当人们以另一种方式劳动时，几乎没有人能在任何一种类型的劳动中成为技艺娴熟的专家。"① 哈奇森的劳动分工理论表明，为了满足彼此的需要，社会成员彼此处于相互依赖的状态。

除了在自然法视域中讨论劳动分工外，哈奇森还讨论了财产安全和交换价值，此外，甚至还提出过货币理论，这些理论都对斯密产生过影响。当哈奇森立足普芬道夫、卡迈克尔的自然法思想系统化阐述沙夫茨伯里提出的道德感官概念时，他时常会应用该概念分析自然法和人的自然权利观念。正是在此过程中，哈奇森建立起了以情感而非理性为基础的财产权思想，从而对商业世界中的经济行为和劳动确立了合法性。哈奇森不将财产权和商业活动视为广义的人性自然权利，他说："只要在某种环境下被普遍许可的做法、要求或拥有某物的能力大体上有利于整体善，我们就会说，该环境中的任何人有权利做、拥有或要

---

① Francis Hutcheson, *A System of Moral Philosophy in Three Books*, written by the lat Francis Hutcheson, LL. D, professor of moral philosophy in the university of Glasgow. Published from the original MS, by his son Francisi Hutcheson, M. D. to which is prefixed *Some Account of the Life*, *Writings*, *and Character of the Author*, by the Reverend WIllilam Leechman, D. D. , Professor of Divinity in the same university, Glasgow, pp. 288 - 289.

求那个东西。"①

《道德哲学体系》第二卷第六章讨论了财产权问题，哈奇森指出，为了向生活提供必需品，社会需要产业，但是如果财产权没有得到确认，即使最博爱的人也无法使人投身各种产业之中②，所以为财产权确立合法性就显得尤其重要。基于这种思路，哈奇森不仅详细解释了人拥有自己的果实的权利，而且详细解释了商业和交换的权利。"每个人的劳动无法为其提供所有必需品，尽管可以给该人大量提供某种不需要的东西，因此，就有了商业交换的权利……以及制定合同和许下诺言的权利，不管是为了使他人得到商品还是为了从他人那里得到商品。"③

普芬道夫和格劳秀斯也曾把商业活动论证为自然权利的核心组成部分。但不同于哈奇森的是，当他们从理性出发展开论述时，他们忽视了以道德感官为代表的情感维度和内在自然动机，而这正是哈奇森的特色所在。哈奇森还谈到了个人对财产的处理问题，他高度重视选择自由问题，他反对这种权利受到干涉。除了财产权问题外，哈奇

---

① Francis Hutcheson, *An Inquiry into the Original of Beauty and Virtue in Two Treatises*, edited and with an introduction by Wolfgang Leidhold (Liberty Fund, 2004), p. 185.

② Francis Hutcheson, *A System of Moral Philosophy in Three Books*, written by the lat Francis Hutcheson, LL. D, professor of moral philosophy in the university of Glasgow. Published from the original MS, by his son Francisi Hutcheson, M. D. to which is prefixed *Some Account of the Life*, *Writings*, *and Character of the Author*, by the Reverend WIllilam Leechman, D. D., Professor of Divinity in the same university, Glasgow. pp. 320 – 321.

③ Francis Hutcheson, *An Inquiry into the Original of Beauty and Virtue in Two Treatises*, edited and with an introduction by Wolfgang Leidhold (Liberty Fund, 2004), p. 188.

森的价值理论也显示了普芬道夫和卡迈克尔对他的深刻影响。卡迈克尔曾说，商品的价值取决于两个因素，即，稀缺度和获得它们的难度。在谈到价值的共同基础时，普芬道夫说，价值源于直接或间接有助于人们满足生活之必需。在此意义上，他认为价值的本质是对人有用，当然，他也注意到，有些东西对人十分有用但却没有明确的价值，比如海洋、阳光、洁净的空气等。[①] 以此为基础，普芬道夫还讨论了商品价格、交换价值等概念。这些讨论都影响了哈奇森。例如，哈奇森认为所有价值的自然基础是商品所能给予人的某种用途[②]，不仅如此，哈奇森还顺着普芬道夫的思路继续讨论了价格问题和交换价值问题。此外，哈奇森还接受了普芬道夫关于货币的观点。普芬道夫曾指出，以物易物十分不便，因此需要建立某种不变的标准进行交易。与此类似，哈奇森也讨论过相同的内容，指出要为"商业活动中的价值或商品"建立"共同的尺度"[③]。

普芬道夫和哈奇森为价值确立了主观判断标准，在阐述商品价值时，哈奇森高度重视商品的用途以及创造商品时的劳动以及需求和供给等问题。谈到哈奇森的价值理论对斯密的影响，雷曾说，哈奇森的价值理论之于斯密"就

---

① Samuel Pufendorf. *De Officio et Civis Juxta Legem Naturalem Libri Duo*, Book 1, chapter 14, 1927, pp. 70 – 73.

② Francis Hutcheson, *A System of Moral Philosophy in Three Books*, written by the lat Francis Hutcheson, LL. D, professor of moral philosophy in the university of Glasgow. Published from the original MS, by his son Francisi Hutcheson, M. D. to which is prefixed *Some Account of the Life*, *Writings*, *and Character of the Author*, by the Reverend WIlilam Leechman, D. D., Professor of Divinity in the same university, Glasgow, pp. 53 – 54.

③ Ibid. , p. 55.

像斯密所讨论的使用价值和交换价值的初稿一样"[1]。此外，哈奇森还提出过自己的货币理论，《国富论》基本上完全体现了哈奇森的货币理论。哈奇森把货币当作交换媒介，视之为价值和延迟支付（deferred payment）的标准。在讨论货币时，哈奇森明确表示不赞成重商主义货币观，同时，他还强烈谴责政府操纵重金属价值的做法，不管是出口重金属，还是使重金属增值或贬值，这些政府行为都受到了哈奇森的谴责，他认为使货币贬值就等于欺骗国民。同理，《国富论》也谈论过类似的欺骗行为。

　　基于对普芬道夫、卡迈克尔、格劳秀斯等思想家理论的借鉴与吸收，哈奇森对价值问题的分析曾影响了斯密，并在一定程度上为《国富论》的部分核心思想奠定了雏形。除了在价值问题上影响了斯密外，哈奇森提出的劳动分工理论也影响了斯密，与哈奇森不同的是，斯密扩展了哈奇森提出的劳动分工理论，把它变成了社会意义上的分工理论。需要注意的是，尽管斯密接受了哈奇森提出的某些经济学思想，但一如斯密在道德哲学上并未对哈奇森亦步亦趋，斯密在经济思想上也是如此。例如，斯密在地租理论、利息理论上就与哈奇森表现出了显而易见的差异。在国际贸易问题上更是如此，哈奇森虽然从未宣称过自己是重商主义者，但他在国际贸易问题上却表现出了显而易见的重商主义态度。例如，在谈到增进国民财富的问题时，哈奇森说，国民财富得以增进的原因在于出口高于进口。众所周知，斯密并不赞成该观点。不过，虽然斯密的

---

① John Rae, *Life of Adam Smith*, Macmillan & Co, 1895, p. 14.

经济思想在很多细节处并未与哈奇森保持一致，但这无关紧要，因为哈奇森对斯密最重要、最核心的影响不是这些细枝末节之处，而是一般意义上的哲学世界观。用斯科特的话说，就是"一般哲学立场……我们在这两个思想家身上都发现了相同的自然自由、乐观主义和自然主义"①。据斯科特的记载，斯密从格拉斯哥大学的教室里学到了"自然的自由"②。

（三）休谟：价格—铸币流动机制

当休谟用情感机制取代感官学说后，不仅在审美、道德和宗教领域内产生了重要意义，更重要的是，在英国古典政治经济学领域也产生了重要意义，为斯密的英国古典政治经济学的诞生奠定了良好基础。当理查德·康替龙（Richard Cantillon，1680～1734）在休谟之前讨论由出口盈余所导致的货币量增加给国家财富带来的影响时，他认为，消费和物价会随着货币量的增加而上升，随之而来的是，该国用于进口奢侈品的花费也会增加，那么随之会导致出口盈余不断减少，从而使这个国家逐步从富有走向贫穷。为了避免国家再度陷入贫困，康替龙认为，君主或立法者要用权力进行干涉，从流通中撤出部分货币。为了使干涉得以成功并保证国家的富裕，康替龙依赖的是君主或立法者的权力而非蕴含在经济行为背后的自然秩序以及由此自动产生的均衡状态。当休谟面对这一问题时，一如依

---

① William Robert Scott, *Francis Hutcheson: His Life, Teaching and Position in the History of Philosophy*, Thoemmes Press, 1992, p. 232.

② Ibid., p. 240.

赖自然机制而给审美情感、道德情感和宗教情感带来了革命性变革一样，他在这个问题上的独到见解也使这一时期的政治经济学发生了巨大变化，从而为英国古典政治经济学的兴起打下了良好基础。

1748～1758年，英国和德国等其他欧洲大陆学者以通信的方式展开了一场讨论，讨论的焦点包括以下问题：经济平衡是否受"自然的"过程的支配？如果有，那么政府的干预在多大程度上可以使其恢复平衡？这场讨论的本质关乎对重商主义的批判。休谟参与了这场讨论，当休谟在1752年出版的《政治论丛》中发表了一系列经济学论文后，他在经济学界树立了自己的威望。

货币数量论是休谟经济论文中的重要核心主题。虽然货币数量论并非休谟独创，但他的理论的确不可忽视。马克思曾指出："休谟是18世纪这一理论的最重要的代表人物。"[①]休谟的经济思想主要反映在他的货币理论中。当休谟讨论货币理论时，他重点关注的是金本位制下货币和商品价格之间的关系。在《论货币》《论贸易平衡》等论文中，休谟提出了"价格—铸币流动机制"（Price Specie-flow Mechanism）。

在面对由出口盈余使货币量增加从而导致国内财富的变化时，休谟没有像康替龙那样选择诉诸君主或立法者的权力从流通领域撤出部分货币以保证本国不再陷入贫困。相反，由于发现金本位制度下国际收支具有自动调节机制，因此他不仅否定了康替龙的观点，而且从根本上否定了重商主义对国际贸易顺差的执念以及对贸易逆差的恐

① 《马克思恩格斯全集》第13卷，人民出版社，1979，第150页。

惧。休谟指出，无须君主或立法者对国际贸易中的货币盈余进行干预，金本位制下的国际收支可以自动调节的方式达到平衡。在金本位制下，当一国在国际贸易中出现贸易赤字后，这将意味着本国黄金会外流，而本国的黄金存量一旦减少，本国投放到市场的货币量也会相应减少，由此将引起国内物价下跌。当国内物价下跌后，本国商品在国际贸易中将增加国际竞争力，于是本国商品的出口就会增加。与此同时，本国市场中的外国商品的价格将上涨，于是进口就会减少，这样一来，贸易赤字就会自动消除或减小，同理，贸易顺差也不能持久。在1758年写给凯姆斯勋爵的信中，休谟对此给予了明确的否定。由于一国在国际贸易中持续出现贸易顺差，因此本国的黄金储量就会增加，货币供给也会相应增加，由此将引起国内物价上涨。当国内物价上涨后，本国商品在国际贸易中将失去国际竞争力，出口就会减少，而进口则会增加，贸易顺差也会自动消除或减小。

通过阐述自然情感自然发生机制在国际贸易中的自动调节功能，休谟提出的金本位制下的"价格—铸币流动机制"或自动平衡国际收支理论从根本上否定了重商主义对贸易顺差的偏爱以及对贸易逆差的恐惧。该理论直接反映了资本自由竞争时期的市场价格竞争规律，而休谟之所以能提出该规律，其根本原因在于他对蕴含在情感背后的自然机制持有高度信赖的心理，也与他持续不断地以科学的眼光研究情感有紧密关联。由于资本市场存在不受政府干预的国际均衡机制，因此，自由放任将是最佳国际贸易模式。于是，我们看到休谟在《论贸易的妒忌》中反驳了重商主义长期坚持的一个基本观点，即，在国际贸易中，一国获利建立在他国受损的基础上，唯有牺牲他国利益，本国财富才能得到增加。他说："我斗胆提出下列观点：任何一个国家的财富和商业的增加，不会阻碍而会共同增进其所有邻国的财富和商业，而当一国之所有邻国都被无知、懒惰和野蛮所淹没，那么该国几乎不可能从事贸易与商业活动。"① 显然，这种观点与重商主义者的观点形成了鲜明对比。

当休谟把不受政府干预的"价格—铸币流动机制"应用于金本位制下的国际贸易，自由放任主义就会开始占上风。休谟在《论贸易平衡》中写道，国际贸易中的不平衡状态可自动得到纠正，例如，受汇率的影响而纠正贸易失衡。"还有另一个原因可以纠正英国与每个国家之间的贸易失衡，尽管操作过程中会受更多限制。当我们的进口超过出口时，汇率会对我们不利，这会变成鼓励出口的新举措。"② 国际贸易中的自然纠正力量来自休谟的"价格—铸币流动机制"中的自然秩序。进一步说，休谟对自然秩序的阐述并非空穴来风，把他的这种思想置于苏格兰启蒙时代的道德情感主义历史中进行考察就会发现，休谟的这种思想与哈奇森在道德哲学中阐述的道德感官的自我纠正如出一辙。在谈到道德感官等内感官时，哈奇森曾说："一如人们无法根除外在感官，他们也无法根除这些感官。通

---

① David Hume, *The Philosophical Works of David Hume*, *including all the essays*, *and exhibiting the more important alterations and corrections in the successive editions published by the author. In Four Volumes.* Vol. 3, Adam Black and William Tait, 1826, p. 369.

② Ibid. , p. 352.

过错误的观念并在观念与观念之间展开愚蠢的联想，他们可以阻止并削弱它们，但唯有使其保持在自然状态并满足它们，他们才会感到幸福。"① 前文的叙述显示，虽然休谟批判并否定了哈奇森的感官学说，但他却沿着蕴含在这种感官学说中的自然思想发展出了一种新的理论，因此，此处所说的"价格—铸币流动机制"之所以拥有自我纠正能力，其根源还是与哈奇森的感官理论有很大关联。

休谟在批判重商主义的同时，还进一步否定了重商主义对财富的看法。重商主义把金银视为一国真正的财富，但休谟认为，货币并不是财富，"恰当地说，货币……只是人们约定用以彼此之间的商品交换带来便利的工具。它不是贸易的轮轴，而是使轮轴运转得更平稳的润滑油"②。那么真正的财富是什么呢？休谟认为，真正的财富是劳动产品而非货币。"对于一国之国内幸福来说，不管是增加抑或减少货币量，均无甚影响……增加劳动产品的储备才构成一国之真正实力和财富。"③ 对国民来说也是如此，"国民拥有大量商品，就会变得强大而有力，富裕且幸福，这一切与拥有多少贵金属毫无关系"④。就此而言，休谟对货币的职能和财富的本质的认识与重商主义者大不一样。

---

① Francis Hutcheson, *An Essay on the Nature and Conduct of the Passions and Affections*, *with Illustrations on the Moral Sense*, edited and with an introduction by Aaron Garrett, Liberty Fund, 2002, p. 90.

② David Hume, *The Philosophical Works of David Hume*, *including all the essays*, *and exhibiting the more important alterations and corrections in the successive editions published by the author. In Four Volumes.* Vol. 3, Adam Black and William Tait, 1826, p. 317.

③ Ibid., p. 324.

④ Ibid., p. 326.

尽管如此，休谟仅仅把商品视为财富，并未把商品背后的劳动尤其是以自由的方式劳动视为财富。一如他的道德情感哲学始终受效用的制约，他的经济学思想高度重视商品而非商品背后的劳动。

尽管如此，一如休谟在道德哲学中的突破具有划时代的意义，休谟在英国古典政治经济学中实现的理论突破也具有划时代的意义。休谟在《人性论》中讨论诺言的义务时认为人与人之间可以依照同情原则，即，情感机制相互交往。尽管在交往过程中彼此都没有好感，但依靠彼此之间的利益对等原则①，无须在意彼此是否对对方真正抱有好感，我们就能以一种间接的方式使彼此为对方服务并增加彼此的收益。休谟认为，这是增加公共利益的一种新方法。"这是人性中自然而然的固有原则和情感产生的后果；而由于这些情感和原则具有不可改变性，因此，人们会认为，当我们依靠这些原则和情感产生行为时，这些行为也必然具有不可改变性，而且，不论道德学家们或政治学家们如何为了公益而对我们横加干涉或试图改变我们行为的日常图景，都将徒劳无益。如果他们想通过成功改变人的自私和忘恩负义而达到目的……他们唯一能做的，只是给那些自然情感指明新方向，并告诉我们说，较之顺从鲁莽的冲动，借助间接的、人为的方式，能更好地满足我们的欲望。这样一来，我就学会了以一种不带任何真正好感的方式为别人效劳，因为我预料到，他会报答我的服务，以

---

① 休谟哲学讨论的正义感建立在以利益感为表现形式的利益对等原则之上，因此，利益对等的本质是情感对等。

期得到另一次相同类型的服务并与我和他人维持相同的礼尚往来关系。因此，当我为他效劳并使他从我的行为得到了好处后，由于料到了拒绝的后果，他也会被诱导履行他的义务。"① 这意味着情感机制会取代直接情感而给人带来更多收益，因为当我们以这种方式相互交往时，情感机制已经取代某种直接情感，例如仁爱，而在人际交往中处于支配性的角色。这种交往与合作的新观念表明，依靠某种固定的、不会轻易发生改变的情感机制而产生的人际交往法则可被视为斯密的合宜性概念的先声。这也暗示休谟找到了人与人之间相互合作的新基础，就此而言，在经济学的意义上甚至可以表明，固定价格协议会给交易双方带来某种稳定的新收益。

（四）斯密：自然自由视域中的富国裕民之道

《国富论》共 5 篇 32 章，第 1、2 篇是政治经济学篇，第 3、4 篇是经济思想史篇，第 5 篇是政府经济学篇。该书基于自然的自由体系探究富国裕民的原因，其出版被视为英国古典政治经济学得以兴起的标志。

自由的自然法则在《道德情操论》中表现为同情机制，虽然同样的情感机制或自然法则在《国富论》中也占核心地位，但却多了一个发挥作用的条件——竞争。虽然相同的情感机制或自然法则共同构成了《道德情操论》和《国富论》的理论基础，但它在两本书中发挥作用的方式

---

① David Hume, *The Philosophical Works of David Hume, including all the essays, and exhibiting the more important alterations and corrections in the successive editions published by the author. In Four Volumes.* Vol. 2, Adam Black and William Tait, 1826, p. 297.

却表现出静态和动态的差异：以情感机制为代表的自然法则在《道德情操论》中通过诉诸主体的理性自觉和想象力而发挥作用，只需要诉诸理性主体的道德自觉就可达成合宜点，然而，同样的情感机制或自然法则在《国富论》中却是通过竞争而发挥作用。竞争不仅可以为之创造适于发挥作用的外部环境，而且可以在经济活动内部确保资本找到最适于增进社会公共利益的用途。当自由的情感机制或自然法则出现在道德哲学中时，它推动了苏格兰启蒙学派道德情感自然化进程走向高峰并给 18 世纪道德情感主义伦理理论带来了新面貌。① 而当它出现在政治经济学中时，则因其全方位取代昔日的教会和政府乃至惯例而建立了一种全新的资源分配新机制（市场机制）而具有划时代意义。一如以同情机制（或，自然法则）为内核的合宜性原则在《道德情操论》中被视为支配美德的重要观念和力量，以同样的机制或法则为内核的市场机制也被《国富论》视为支配市场经济的重要观念和力量。尽管后来很多经济学家发现斯密的经济思想并非没有问题，例如，他的价格理论、劳动价值理论等就曾让一代又一代经济学家深感困惑。不过，瑕不掩瑜，作为古典政治经济学体系的创建者，斯密始终在经济思想史上享有鼻祖地位，直到 200 多年后的今天，仍未有较大改变。

斯密的体系与绝大多数重商主义者体系的最大区别在

---

① 由于存在以缺乏内在规范为表现形式的"游叙弗伦困境"，以该理论为基础而构建的道德情感理论在极具创新性的同时也表现出了巨大缺陷，因此，人们在道德哲学领域中并未取得极富创新性的理论效果。

于他把处于竞争状态的自然法则或同情机制视为政治经济活动中的管理之道。当该机制在市场内部运行时，生产要素开始自由流动，从而提升了各自的经济优势。斯密认为，在没有政府干预的情况下，自由竞争会使资源以最低可能的社会成本在市场实现最佳配置。这是一个奇妙的过程。这一切得以发生的前提以自利为纽带的情感机制（或市场机制）始终可以在无干扰的状态下自由运行。以自利为基础的劳动，在市场上表现为自然而然的分工，而为了使情感机制（或市场机制）能在无干扰的状态下自由运行，既需要限制政府的权力，也需要消除独占经营。

1. 自由竞争的条件与保障

第一，劳动分工。

劳动分工是《国富论》的理念基础，也是第一章讨论的主题，分工是斯密经济体系的逻辑起点。斯密用扣针工厂的劳动描述了劳动分工带来的惊人效益，认为劳动分工的细致程度与社会的发达程度成正比。斯密在阐述劳动分工的重要性的同时也清楚地表明了自己与重商主义和重农主义经济思想的不同。劳动分工的目的是增加劳动生产效率，高效率的劳动被视为国家财富的基石。重商主义把商品交换视为国家财富增长的秘密，重农主义把农业产出视为财富增长的基础，显然，斯密对国民财富之基础的看法与二者都不一样。

除了在学理上表现其理论特色外，劳动分工的另一个重要作用在于为自由竞争的交易环境提供了独具特色的劳动产品。以劳动分工为前提，所有经济活动参与者都只会提供自己最擅长的产品用以市场交易，同时，也只会在交易中追求自己的个人利益。因此,《国富论》指出, 我们的生活必需品并不来自屠夫、酿酒师或面包师的恩惠而是来自他们对自身利益的打算。在这种情况下, 社会公共利益何以得到有效保障? 斯密给出的答案是自由竞争。一如同情机制在《道德情操论》中推动了美德的诞生一样, 同样的情感机制, 一旦消除各种阻碍并得以自由运行后, 会在《国富论》中促进增加社会公共利益。在自由竞争的作用下, 每个想要获得最大利润的商人都受到同样想要获得最大利润的其他商人的限制, 因此, 竞争得以减少商人预期的利润, 从而使利润保持在合理的水平。同理, 工人的工资也一样会因竞争而保持在合理的水平。

国民财富的重要决定因素是劳动生产力, 而劳动生产力取决于劳动分工, 因为劳动分工可以增加劳动的专业化程度并提高劳动生产力。劳动分工取决于市场的范围和资本的积累, 因此, 为了深化劳动分工并增加参加生产性劳动的人口比例, 斯密主张增加资本积累。斯密讨论的资本积累所采取的形式是私人资本而非国家资本。当个体根据自己的利益自由积累资本时, 由于受市场机制的制约, 专注于资本积累的资本家可以一种非本意的方式增进社会利益, "每个个体都不断地努力为他自己所能支配的资本寻找最有利的用途。的确, 他所考虑的不是社会的利益, 而是他自身的利益。但是, 他考虑自身利益的结果, 自然地, 或者说必然地会引导他选择最有利于社会的用途"[1]。

---

[1] Adam Smith, *An Inquiry into the Nature and Causes of the Wealth of Nations*, edited by R. H. Campbell and A. S. Skinner, Textual editor W. B. Todd, Volume 1, Liberty Fund, 1981, p. 454.

一国现有财富取决于资本积累，资本家对财富和利润的追逐可以有效引导资源的有效配置与经济体的经济增长。

斯密不仅在国内倡导劳动分工，而且还提出了国际分工的主张。如果每个国家都能用自己的自然优势和技术优势所生产的东西交换他国擅长生产的东西，那么较之由自己生产所有东西，这种做法更有利。因为它不仅能使国际分工变得更为合理，而且还能提高劳动生产率并降低生产成本，从而推动劳动和资本找到最有利的用途。李嘉图后来进一步发展了斯密的国际分工思想并提出了比较优势论。

需要注意的是，虽然斯密认为精细的专业化劳动分工会增加人类福利，但他也发现了劳动分工的"副作用"。劳动分工使工人从事单调、乏味的重复性工作，人的劳动变成了机器生产过程的附属物，长期从事这种劳动会使人失去高瞻远瞩的能力和男子气概并导致教育大受忽视。为了消除劳动分工带来的"副作用"，斯密主张在政府的主导下强化基础教育，教育的资金来自国家，教育的目的是使全体国民获得基础教育，学会阅读、书写和算术，以防止精神上的残疾。同时，斯密也指出，虽然劳动分工给社会带来了"副作用"，但这并不意味着缺乏充分劳动分工的农猎社会和游牧社会值得被羡慕。

第二，有限政府。

斯密反对重商主义国家干预经济行为。对于本国有能力生产的商品，重商主义主张通过提高关税或颁布禁令从而禁止该商品输入国内，斯密认为这种做法必然会带来有害的结果，此种关税条款或贸易禁令不但会阻碍自由贸易，而且会减少政府的关税收入。一旦重商主义者在贸易过程中意识到贸易对手从交易中获取的收益比本土多，就会认为对手的收益即本土利益的流失，从而用关税控制贸易对手的收益。斯密认为这种做法对本土和贸易伙伴均无益处。提高关税会使贸易对手产生反感并遭到报复，最终会损害本国商品的出口。这种行为从本质上说违背了自由自然的市场规则和秩序原则。为了鼓励本国商品出口，重商主义主张以退税的方式对商人给予奖励。当商人在国外市场降价出售商品并因此遭受损失后，重商主义主张本国政府对商人给予出口补偿，尤其是以退税的方式进行补偿。此外，还有很多方法也被重商主义者们用来鼓励商品出口。斯密认为这种做法不合理，因为这些做法都是在限制资本自由流动，使之无法自然而然地投入能给它带来最多产出的部门，结果不但不能增进国民收入，而且扰乱了公平竞争的经济环境。在研究殖民地贸易时，斯密注意到重商主义者制定的贸易政策主要致力于增进殖民地商人的利益。为了保护殖民地商人的利益，有些国家会在殖民地设立专营公司。《国富论》详细分析了专营公司的贸易行为，在专营公司的操纵下，利润会高于国内水平，母国的资本会受到吸引而涌向殖民地，结果会打破母国不同行业间的平衡状态。斯密指出，由专营公司主导的垄断贸易既不会给殖民地带来益处，也不会给母国带来益处。

　　为了保护市场机制和自由竞争，斯密主张限制政府的权力，尤其要限制政治家对资本之使用用途的干预，主张以自由放任的态度"管理"资本的使用用途。这一切都是为了保护自然情感自然发生机制或自然秩序能以自由的方式自主运行。落实到个体，这种思想体现为资本家按自己的意图自由支配资本。在这种情况下，政治家其实并没有能力指导资本。"每一个人处在他当时的地位，显然对其经济利益能判断的比政治家或立法者好得多。如果政治家企图指导私人如何运用他们的资本，那不仅是自寻烦恼地去注意最不需要注意的问题，而且是僭取一种不能放心地委托给任何人，也不能放心地委之于任何委员或参议院的权力。把这种权力交给一个大言不惭的、荒唐的、自认为有资格行使它的人，是再危险不过的了。"①

同理，通过类推的方式，斯密主张，国家权力不仅需要在国内受到限制，在国际贸易中也需要受到限制。一如国家不应该干预私人资本的使用用途，国家也不应该干预国际贸易，应该让国家像人一样专门生产自己最擅长的产品用于交换其他国家最擅长的产品。"对每一个私人家庭来说是精明的事情，对一个大国来说就不可能是愚蠢的。如果外国所供给我们的商品要以比我们自己生产的更为低廉，那最好就用我们自己劳动所生产的具有一些优势的产物中的一部分去从外国购买它。国家的总体劳动总是与雇用它的资本成比例的，它不会因此而有所减少，正如上述工匠的劳动并不会减少一样，只不过要去寻找最为有利的用途而已。当劳动被引导着去生产一种购买比自行制造更

---

① Adam Smith, *An Inquiry into the Nature and Causes of the Wealth of Nations*, edited by R. H. Campbell and A. S. Skinner, Textual editor W. B. Todd, Volume 1, Liberty Fund, 1981, p. 456.

为低廉的产品时，那当然不是最为有利的。当劳动没有去生产那些价值显然高于被引导生产的商品时，劳动年产物的价值肯定要有所减少。根据推测，那种商品能以比本国自产更为便宜的方式从外国购买得到。如果听其自然，那么这种商品就可以用等量资本所雇佣劳动在国内生产的商品的一部分或者可称为所生产商品的一部分价值从国外购买。因此，国家劳动就从更为有利的用途转向了更为不利的用途，它的年产物的交换价值并没有随立法者的意愿而有所增加，而是因每一个这样的管制而必然有所减少。"①

与极端自由放任主义不同的是，斯密虽然提倡限制政府权力，但并不认为政府一无是处。他主要是从反对政府干预自由竞争的立场出发主张限制政府权力，在其他领域，例如司法、国家安全等领域，他认为政府还是可以发挥一定功能的。如当自由贸易削弱了国家防卫力量，斯密主张进行必要的贸易管制。斯密认为，政府应该在以下领域发挥作用：保护国家安全，保护国民免遭外国入侵；承担私人企业家不能从中获利的社会公共工程（例如修建道路和学校）；建立司法机构等。为了给政府活动提供资金支持，斯密建议建立税收制度。斯密把修建道路和学校这类事务交给政府，理由在于，这类事务能产生较大社会收益，但私人却因无法从中得到足够利润而不会提供此类产品，如果听任市场调节，那么市场将无法提供社会所需要

---

①　Adam Smith, *An Inquiry into the Nature and Causes of the Wealth of Nations*, edited by R. H. Campbell and A. S. Skinner, Textual editor W. B. Todd, Volume 1, Liberty Fund, 1981, p. 457.

的产品。这表明斯密并不认为自由放任主义可以全方位、无死角地推行于全社会，同时，这也表明斯密并非极端自由放任主义者。相反，斯密始终以谨慎态度对待自由放任政策，一旦发现"看不见的手"无法把私人利益引向社会公共利益，自由放任政策就受到了约束。值得一提的是，斯密的这种谨慎态度折射出了他的老师哈奇森哲学中的那种根深蒂固的折中主义精神。

第三，反对垄断。

《国富论》不遗余力地反对垄断。享有垄断特权的个人或公司不仅能顺利销售自己的商品，而且还能以高于自然价格的价格获得超过平均水平的利润。虽然商品的市场价格并非保持不变，但从长远来看，商品价格的变化总是趋于向中心靠近。由垄断价格获得的高收益会吸引更多资本涌入，从而达到供需平衡以至于不能再产生额外收益，因此，由垄断价格带来的利润在公平竞争的经济环境中不会长久维持下去。在反对垄断的同时，斯密还反对在国内外进行独占经营。《国富论》第三篇批判由封建特权和重商主义造成的独占经营。通过分析欧洲封建专制制度如何阻碍欧洲农业的发展，斯密主张，唯有实行自由放任政策，欧洲农业、制造业和商业才能得到发展。独占经营之所以大行其道，是因为受到了政府保护，政府以不合理的方式干预经济活动助长了独占经营。因此，斯密把批评的矛头对准政府对经济活动的不合理干预，主张政府放弃有害管制，要容许并听任资本和劳动自由地为自身寻找自然的用途。他认为这样会使社会资本迅速增加。重商主义思想主导下的政府管制之所以不合理，从根本上说是因为它破坏了市场经济内部的自动机制，因此，"独占经营乃良好经营之大敌。自由而普遍的竞争迫使每个人为了自卫而不得不采用良好的经营方法，唯有如此，良好经营才能遍地开花"[①]。

2. 以自由竞争为基础的富国裕民之道

所谓以自由竞争为基础的富国裕民之道，也即后世经济学家们所说的《国富论》讨论过的经济规律，例如价值、价格、工资、地租、货币、利润、经济发展等。经济规律诞生于自由竞争，和自由竞争一道增进国民财富。自由竞争的目的从根本上说是使市场机制在经济活动中得到保护，进一步说，是使存在于人性自身之内的自然状态能够在不受外力干扰的情况下享有自由，并因此而使人在自由的状态中劳动并创造财富。进一步说，自由竞争的目的是确保自然人获得自由发展的机会，竞争实际上是为了人本身而非财富本身。就此而言，如斯密的道德哲学一样，维护未受干扰的自然人的自由状态可被视为斯密经济理论的核心。例如，以劳动为表现形式的人自身成了商品的价值尺度，劳动被视为衡量价值的尺度，尽管当资本投资和土地资源都变得十分重要时，商品的真实价值不再直接以其中包含的劳动进行衡量，但价值依然可以用商品所能购买或支配的劳动量来衡量。当价值理论被应用到价格领域时，商品的真实价格是它可支配的劳动而非可支配的货币，与价值思想一样，劳动也是价格的决定因素。再比

[①]　Adam Smith, *An Inquiry into the Nature and Causes of the Wealth of Nations*, edited by R. H. Campbell and A. S. Skinner, Textual editor W. B. Todd, Volume 1, Liberty Fund, 1981, pp. 163 – 164.

如，关于工资理论，斯密也展现了以人为尺度的思想。斯密反对重商主义持有的低工资信条，他认为提高佣人、劳动者和工人的工资绝对不会对社会不利，相反，降低他们的工资从而使社会绝大多数成员都处于贫困或悲惨的状态，这样的社会绝不能说是繁荣而幸福的社会。斯密认为高工资可以给人带来生活的希望，激励人们努力工作，从而提高生产效率。

在保持自由竞争的前提下，由于对支配人类情感的自然法则或情感机制的自动协调能力抱有十足信心，斯密在自我利益和社会公共利益之间找到了一种新的协调之道。在这种新的协调之道之下，自爱之人可以非本意的方式增进社会公共利益，这使斯密放心大胆地把社会公共利益交付到受自爱或自我利益支配的主体。这不仅是斯密反对重商主义并倡导自由放任的重要理论依据，而且也是英国古典政治经济学的重要理论基础。就此而言，尽管心中并无仁爱，但由于专注于自我利益，因此，他人也可以从屠夫、酿酒师或烘焙师那里得到优质服务。

为了使受自爱支配的个体在经济活动中相互协作，斯密提出了一种完全脱离仁爱的协作方案，即，双方都受制于自然的自由法则，而保持自由竞争则是该法则得以真正保持自由的前提所在。因此，为了磨炼并发挥天资，斯密鼓励社会成员专注于各自特定的业务即可达到目的，而当每个人的天资都能充分发挥，那么社会公共利益将被有效增进。就此而言，资产者的自利并非坏事，反而是好事。当资产者利用资本追求私人利润时，尽管对私人利润的打算是决定其用途的唯一动机，但这并非坏事，因为在自由的自然法则的约束下，资产者必然会以非本意的方式为资本找到最有利于社会的用途并增进社会公共利益，而资产者之所以能以非本意的方式增进社会公共利益，原因在于他受"看不见的手"，即，未受干扰的情感机制或自然法则的支配。"受'看不见的手'指引，他会达到并非本意想要达到的目的。尽管该目的并非他的本意，但却并不总是对社会有害。通过追求他自己的利益，他往往能增进社会利益，较之他真正有意想这么做，这种做法更有效。"① 那么，"看不见的手"如何在他身上具体发挥作用呢？斯密认为，在自由竞争的前提下，通过作用于个人的利害关系和情感，"看不见的手"能指引他把资本投在通常最有利于社会的用途之上。"个体的私人利益和激情自然而然会使他们把资本投在通常最有利于社会的用途之上。不过在这种自然偏好的支配下，如果他们给那些用途投入了过多资本，那么将导致利润的降低，而所有其他用途所带来的利润的增加将立即使他们改变这种错误的分配。因此，无须法律干涉，人类私人利益和激情会自然而然地指引他们尽可能按照最适合增进全社会利益的比例把全社会的资本分配到不同用途之上。"②

　　能增加一国国民财富的经济规律，推而广之，则能以同样的方式增加他国财富乃至全世界财富。与重商主义国

---

① Adam Smith, *An Inquiry into the Nature and Causes of the Wealth of Nations*, edited by R. H. Campbell and A. S. Skinner, Textual editor W. B. Todd, Volume 1, Liberty Fund, 1981, p. 456.

② Ibid. , p. 630.

际贸易观不同的是，斯密主张非规制的对外贸易。例如，如果英法两国都能以低于成本的方式生产某种产品并相互交换，那么这种交换将给双方带来益处。劳动分工学说同样适用于国际贸易。随着劳动分工在国际层面变得越来越专业化，收益将逐步增加。只要能保持自由竞争的状态，所有参与国际贸易的国家都能随着时间的推移通过高度精细的专业化劳动分工获得益处。简言之，当自由放任的政策在国际层面得以运行时，所有国家都将增进自身的福利水平。斯密与其他古典经济学家的国际贸易观与很多重商主义者的信仰背道而驰，为自愿交换提供了非常有利的理论支持。

与《道德情操论》一样，以增加国民财富为表征的社会公共利益在《国富论》中也是以非本意的途径得以实现的。当然，使这一切得到有效保障的，在《道德情操论》中是同情机制，而在《国富论》中则是自由竞争。二者在本质上都是要使自然情感自然生发机制或蕴含于情感中的自然秩序自由运行。当这种自然秩序自由运行时，《国富论》中的自爱之人便和《道德情操论》中的自爱之人一样，可以达到非本意想要达到的目的——有效增进社会公共利益。由于受"看不见的手"的引导，富人在《道德情操论》和在《国富论》中一样能达到非本意要达到的目的——促进社会公共利益。《道德情操论》中的富人可以在追求自我利益的同时于不知不觉中增进社会公共利益，"但是他们还是同穷人一起分享他们所做的一切改良的成果。他们被一只'看不见的手'引导着对生活必需品做出几乎同土地在平均分配给全体居民的情况下所能做出的一样的分配；就这样，他们在既非意欲，也毫不知晓这种分配的情况下，增进了社会利益，为人类种族的繁衍提供手段"[1]。同理，《国富论》中的富人也是如此："确实，他通常既不打算促进公共的利益，也不知道他自己是在什么程度上促进那种利益。由于宁愿投资支持国内产业而不支持国外产业，他只是盘算他自己的安全；由于他管理产业的方式目的在于使其生产物的价值能达到最大程度，他所盘算的也只是他自己的利益。在这种场合，像在其他许多场合一样，他受着一只'看不见的手'的指导，去尽力达到一个并非他本意想要达到的目的。也并不因为事非出于本意，就对社会有害。他追求自己的利益，往往能使他比在真正出于本意的情况下更有效地促进社会的利益"[2]。

综合来看，尽管斯密的经济思想放在今天有很多地方都有待修订，而且很多当代社会的问题也远远未被这种经济思想预料到，但是这并不能减损斯密在经济学领域的耀眼成就。在自由竞争的保障下，受制于自然情感自然发生机制的制约，以自爱为动力的个体最终会与他人利益形成和谐局面，同时以一种非本意的方式最大限度地提升社会公共利益。显然，在今天看来，斯密的经济思想中包含了浓厚的乐观主义元素。说到这里，我们会再次想起沙夫茨

---

① Adam Smith, *The Theory of Moral Sentiments*, edited by D. D. Raphael and A. L. Macfie, Indianapolis: Liberty Fund, 1984, pp. 184 – 185.

② Adam Smith, *An Inquiry into the Nature and Causes of the Wealth of Nations*, edited with an introduction, notes, marginal summary and an enlarged index by Edwin Cannan, London: Methuen, 1904, Volume 1, Indianapolis: Liberty Fund, 1981, p. 421.

伯里和哈奇森的哲学中的乐观主义。这似乎再次说明，被沙夫茨伯里开创的苏格兰启蒙学派道德情感哲学不仅给英国古典政治经济学奠定了哲学基础，而且给当代世界秩序也留下了诸多有待解决的理论问题。

参考文献

中文部分

弗兰西斯·哈奇森：《道德哲学体系》，江畅等译，浙江大学出版社，2010。

弗兰西斯·哈奇森：《论激情和感情的本性与表现，以及对道德感官的阐明》，戴茂堂等译，浙江大学出版社，2009。

弗兰西斯·哈奇森：《论美与德性观念的根源》，高乐田等译，浙江大学出版社，2009。

托马斯·霍布斯：《利维坦》，黎思复等译，商务印书馆，1985。

安东尼·阿西尼·库伯·沙夫茨伯里：《人、风俗、意见与时代之特征》，李斯译，武汉大学出版社，2010。

亚当·斯密：《道德情操论》，蒋自强译，商务印书馆，1997。

亚当·斯密：《道德情操论》，吕洪波、杨江涛译，九州出版社，2007。

亚当·斯密：《国富论》，郭大力等译，商务印书馆，1974。

《亚当·斯密哲学文集》，石小竹、孙明丽译，商务印书馆，2012。

亚当·斯密：《亚当·斯密通信集》，欧内斯特·莫斯纳、伊恩·辛普森·罗斯编，林国夫、吴良健、王翼龙、蔡受百译，吴良健校，商务印书馆，2002。

大卫·休谟：《道德原则研究》，曾晓平译，商务印书馆，2001。

大卫·休谟：《论趣味的标准》，人民文学出版社，1963。

大卫·休谟：《人性论》，关文运译，郑之骧校，商务印书馆，1980。

大卫·休谟：《人性论》，石碧球译，九州出版社，2007。

大卫·休谟：《休谟散文集》，杨适等译，上海三联书店，1988。

大卫·休谟：《自然宗教对话录》，陈修斋、曹棉之译，商务印书馆，1962。

约翰·奥尔：《英国自然神论：起源和结果》，周玄毅译，武汉大学出版社，2008。

北京大学哲学系外国哲学史教研室编译《十六—十八世纪西欧各国哲学》，商务印书馆，1975。

北京大学哲学系美学教研室编《西方美学家论美和美感》，商务印书馆，1980。

克里斯托弗·J. 贝瑞：《苏格兰启蒙运动的社会理论》，马庆译，浙江大学出版社，2013。

克里斯托弗·J. 贝瑞：《苏格兰启蒙运动中的商业社会观念》，张正萍译，浙江大学出版社，2018。

布尔克：《西方伦理学史》，黄慰愿译，华东师范大学出版社，2016。

亚历山大·布罗迪：《苏格兰启蒙运动》，贾宁译，浙江大学出版社，2010。

邓晓芒：《西方美学史纲》，武汉大学出版社，2011。

邓晓芒：《西方美学史讲演录》，湖南教育出版社，2012。

高全喜：《休谟的政治哲学》，北京大学出版社，2004。

努德·哈孔森：《立法者的科学：大卫·休谟与亚当·斯密的自然法理学》，赵立岩译，浙江大学出版社，2010。

努德·哈孔森：《自然法与道德哲学》，马庆等译，浙江大学出版社，2010。

赫希曼：《欲望与利益》，冯克利译，浙江大学出版社，2015。

伊什特万·洪特、米凯尔·伊格纳季耶夫：《财富与德性：苏格兰启蒙运动中政治经济学的发展》，李大军等译，浙江大学出版社，2013。

E. 卡西勒：《启蒙哲学》，顾伟铭等译，山东人民出版社，1996。

克劳治：《基督教教义史》，胡加恩译，中华福音神学院，2002。

哈利·兰德雷斯、大卫·C. 柯南德尔：《经济思想史》，周文译，人民邮电出版社，2014。

约翰·雷：《亚当·斯密传》，胡企林、陈应年译，商务印书馆，2014。

李家莲：《道德的情感之源》，浙江大学出版社，2012。

李家莲：《论亚当·斯密道德哲学中的"游叙弗伦困境"》，《道德与文明》2018 年第 4 期。

李家莲：《论苏格兰启蒙学派对机械论自然观的超越》，

《云梦学刊》2018 年第 4 期。

李家莲：《论斯密伦理思想对哈奇森仁爱观的背离》，《世界哲学》2018 年第 4 期。

李家莲：《论弗兰西斯·哈奇森的"神"》，《宗教学研究》2016 年第 1 期。

李醒尘：《西方美学史教程》，北京大学出版社，2005。

李向平：《"信仰方式"与中国人的"秩序情结"》，《华东师范大学学报》（哲学社会科学版）2017 年第 2 期。

詹姆斯·C. 利文斯顿：《现代基督教思想》，上卷，何光沪译，四川人民出版社，1992。

默瑞·N. 罗斯巴德：《亚当·斯密以前的经济思想：奥地利学派视角下的经济思想史》（第一卷），张凤林译，商务印书馆，2012。

艾玛·罗斯柴尔德：《经济情操论：亚当·斯密、孔多塞与启蒙运动》，赵劲松、别曼译，社会科学文献出版社，2013。

罗卫东：《情感秩序美德》，中国人民大学出版社，2006。

罗卫东、陈正国：《启蒙及其限制》，浙江大学出版社，2012。

陆杨：《中世纪文艺复兴美学》，北京师范大学出版社，2013。

阿拉斯代尔·麦金太尔：《伦理学简史》，龚群译，商务印书馆，2003。

〔美〕詹姆斯·W. 麦卡里斯特：《美与科学革命》，李为译，吉林人民出版社，2000。

罗伯特·金·默顿：《十七世纪英格兰的科学、技术与社会》，商务印书馆，2012。

彭锋：《完美的自然》，北京大学出版社，2005。

渠敬东:《斯密的三重自然观》,《浙江大学学报》(人文社会科学版)2011 年第 6 期。

渠敬东、王楠:《自由与教育》,生活·读书·新知三联书店,2012。

理查德·斯蒂尔:《工作的呼召》,王培洁、杜华译,团结出版社,2011。

堂木卓生:《解读亚当·斯密之〈道德情操论〉与〈国富论〉》,杨玲译,求真出版社,2012。

吴红列:《亚当·斯密的自然观——对〈道德情操论〉中 nature 的解读》,《浙江大学学报》(人文社会科学版)2011 年第 5 期。

吴红列:《作为自然法理学的古典政治经济学——从哈奇逊、休谟到亚当·斯密》,中国社会科学出版社,2017。

万俊人:《现代西方伦理学史》,人民大学出版社,2011。

万俊人:《道德之维:现代经济伦理导论》,广东人民出版社,2000。

帕特里夏·沃哈恩:《亚当·斯密及其留给现代资本主义的遗产》,夏镇平译,上海译文出版社,2006。

亨利·西季威克:《伦理学史纲》,薛燕译,《哲学译丛》1986 年第 5 期。

辛向阳:《17-18 世纪西方民主理论论析》,山东人民出版社,2013。

希尔:《激情社会》,张江伟译,华东师范大学出版社,2018。

缪灵珠译,章安祺编订《缪灵珠美学译文集》(第一卷),中国人民大学出版社,1998。

张海仁:《西方伦理学家辞典》,中国广播电影电视出版社，1992。

张正萍：《激情与财富：休谟的人性科学与其政治经济
学》，浙江大学出版社，2018。

朱光潜：《西方美学史》（上卷），人民文学出版社，1963。

英文部分

Blackstone, William. T. "Objective Emotivism", *The Journal of Philosophy* 1958 (58).

Blaug, Mark. *Economic Theory in Retrospect*, 4th edition, Cambridge: Cambridge University Press, 1985.

Broadie, Alexander. *The Tradition of Scottish Philosophy*: *A New Perspective on the Enlightenment*, Polygon. 1990.

Buckle, Henry Thomas. *History of Civilization in England*, Volume 4, New York: Harst's International Library Co, 1913.

Byrne, Peter. *Natural Religion and the Nature of Religion*: *The Legacy of Deism*, Routledge, 2015.

Campbell, T. D. *Adam Smith's science of morals*, Totowa: Rowman & Littlefield, 1971.

Cassirer, Ernst. *The philosophy of the Enlightenment*, trans, Koelln and Pettegrove, Boston: Beacon, 1955.

Clarke, John. *The Foundation of Morality in Theory and Practice Considered*, *in an Examination of the Learned Dr. Samuel Clarke's Opinion*, *Concering the Original of Moral Obligation*, *as also of the Notion of Virtue*, *advanced in a late Book*, *Entitled*, *An Inquiry into the Original of Our Ideas of Beauty and Virtue*, York: Thomas Gent, 1730.

Copp, David. *Morality*, *Normativity and Society*, New York:

Oxford University Press, 2000.

Cragg, Gerald R. *The Church and the Age of Reason*: 1648 – 1789, London: Hodder & Stoughton, 1962.

Darwall, Stephen. *The British Moralists and The Internal 'Ought'* 1640 – 1740, New York: Cambridge University Press, 1995.

Ebeling, Richard M. "Economic Ideas: Francis Hutcheson and a system of Natural Liberty", *Capitalism Magazine*, 2016 (11).

Forman-Brazilai, Fonna. *Adam Smith and the Circles of Sympathy: Cosmopolitanism and moral theory*, Cambridge: Cambridge University Press, 2011.

Fricke, D. Føllesdal (eds.), *Intersubjectivity and Objectivity in Husserl and Adam Smith*, Frankfurt: Ontos Verlag, 2012.

Gobetti, Daniela, *Private and Public: Individual, households, and body politic in Locke and Hutcheson*, London: Routledge, 1992.

Grayling, A. C. , Naomi Goulder, Andrew Plyle Edied, *Continuum Encyclopedia of British Philosophy*, New York: Thoemmes Continum, 2007.

Graver, Margaret R. *Stoicism and Emotion*, Chicago & London: The University of Chicago Press, 2007.

Hanley, Ryan. *Adam Smith and the Character of Virtue*, Cambridge: Cambridge University Press, 2009.

Hobbes, Thomas. *Leviathan*, reprinted from the edition of 1651 with an essay by the late W. G. Pogson Smith, London:

Oxofrd Unviersity Press，1965.

Hudson，Wayne. *Enlightenment and Modernity*：*The English Deists and Reform* London：Pickering & Chatto，2009.

Hume，David. *A Treatise of Human Nature*，reprinted from the Original Edition in the Three Volumes and edited，with an analytical index，by L. A. Selby-Bigge，M. A.，Oxford：Clarendon Press，1896.

Hume，David. *Enquiries Concerning the Human Understanding and Concerning the Principles of Morals*，edited by L. A. Selby-Bigge，M. A. 2nd edition，Oxford：Clarendon Press，1902.

Hume，David. *Essays Moral*，*Political*，*and Literary*，Edited and with a Foreword，Notes and Glossary by Eugene F. Miller with an apparatus of variant readings from the 1889 edition by T. H. Green and T. H. Grose，Indiananpolis：Liberty Fund，1985，1987.

Hutcheson，Francis. *An Essay on the Nature and Conduct of the Passions and Affections*，*with Illustrations on the Moral Sense*，edited and with an introduction by Aaron Garrett，Indianapolis：Liberty Fund，2002.

Hutcheson，Francis. *An Inquiry into the Original of Our Ideas of Beauty and Virtue*，edited and with an introduction by Wolfgang Leidhold，Indianapolis：Liberty Fund，2008.

Hutcheson，Francis. *A System of Moral Philosophy*，Book 1，Bristol：Thoemmes Press，2000.

Hutcheson，Francis. *A System of Moral Philosophy*，Book 2，

Bristol: Thoemmes Press, 2000.

Hutcheson, Francis. *Logic, Metaphysics, and the Natural Sociability of Mankind*, edited and with an introduction by Wolfgang Leidhold, Indianapolis: Liberty Fund, 2006.

Klein, Lawrence E., *Shaftesbury and the Culture of Politeness: Moral Discourse and Cultural Politics in Early Eighteenth-century England*. New York: Cambridge University Press, 1994.

Lyons, Day. "Adam Smith's Aesthetic of Conduct", *International Journal of Moral and Social Studies*, 1993 (8).

Mandeville, Bernard. *The Fable of the Bees*, London: The Penguin Group, 1970.

Martin, Raymond and John Barresi. *Naturalization of the Soul: Self and Personal Identity in the Eighteenth Century*, London: Routledge, 2000.

Otteson, James. *Adam Smith's Marketplace of Life*, Cambridge: Cambridge University Press, 2002.

Pack, Spenser. J. and Eric. Schliesser, "Simth's Humean Criticism of Humes Account of the Origin of Justice", *Journal of the History of Philosophy*, 2006 (44).

Plantinga, Alvin. *Reason and Belief in God*, In: Alvin Plantinga and Nicholas Wolterstorff (eds.), Faith and Rationality: Reason and Belief in God, Notre Dame: University of Notre Dame Press, 1991.

Porter, Roy. *Enlightenment: Britain and the Creation of the Modern World*, Penguin, 2001.

Raphael, D. D. *The Impartial Spectator*, Oxford: Clarendon Press, 2007.

Rivers, Isabel. *Reason, Grace, and Sentiment: A Study of the Language of Religion and Ethics in England* 1660 – 1780, Volume II Shaftesbury to Hume, New York: Cambridge University Press, 2000.

Rosemont, Henry Jr., T. Ames Roger, *Confucian Role Ethics*, Taipei: National Taiwan University Press, 2016.

Scott, William Robert. *Francis Hutcheson: His Life, Teaching and Position in the History of Philosophy*, Bristol: Thoemmes Press, 1992.

Sedgwick, Henry. *Outlines of the History of Ethics for English Readers*, New York: The Macmillan Company, 1906.

Sedgwick, Henry. *Outlines of History of Ethics*, 5th edition, Indiana: Hackett Publishing Company, 1988.

Sen, Amrtya. *On Ethics and Economics*, Oxofrd: Blackwell, 1987.

Slote, Michael. *Essays on the History of Ethics*, Oxford: Oxford university Press, 2009.

Slote, Michael. *Moral Sentimentalism*, Oxford: Oxford University Press, 2010.

Smith, Adam. *An Inquiry into the Nature and Cause of the Wealth of Nations*, R. H., Campbell, A. S. Skinner, and W. B. Todd eds, Indianapolis: Liberty Calssic, 1981.

Smith, Adam. *The Theory of Moral Sentiments*, Indianapolis: Liberty Fund, 1982.

Smith, Adam. *The Theory of Moral Sentiments*, New York: Gutenberg Publishers, 2011.

Smith, Adam. *Essays on Philosophical Subjects (and Miscellaneous Pieces)*, Edited by W. P. D. Wightman and J. C. Bryce, Indianapolis: Liberty Fund, 1982.

Smith, Adam. *The Correspondence of Adam Smith*, edited by Ernest Campbell Mossner and Ian Simpson Ross, Indianapolis: Liberty Classics, 1987.

Shaftesbury, Anthony Ashley Cooper. *Characteristicks of Men, Manners, Opinions, Times* (Volume 1), Introduction by Douglas Den Uyl, Indianapolis: Liberty Fund, 2001.

Smith, Adam. *Characteristicks of Men, Manners, Opinions, Times* (Volume 2), Introduction by Douglas Den Uyl, Indianapolis: Liberty Fund, 2001.

Solomon, Robert, Kathleen Higgins, *Emotions: An Overview, Encyclopedia of Aesthetics*, edited by Michael Kelly, New York: Oxford University Press, 1998.

Waligore, Joseph. *Christian deism in eighteenth century England*, International Journal of Philosophy and Theology (2014).

Waligore, Joseph. "The Piety of the English Deis: Their Personal Relationship with an Active Godt", *Intellectual History Review*, 2012 (2).

Ward, Thomas. J. "Adam Smith's Views on Religion and Social Justice", *International Journal On World Peace* Vol. XXI, No. 2, June.

Young, B. W. *Religion and Enlightenment in Eighteenth-century England: Theological Debate from Locke to Burke*, Clarendon Press, 1998.

后　记

　　本书最初是我在浙江大学经济学院理论经济学博士后流动站出站时的研究工作报告，若有可取之处，则属众人合力而成，因此，我要对我从各方接受的指导与帮助表达真挚谢意。

　　感谢清华大学哲学系万俊人教授。推动本书得以构思的动机，部分来自2007～2010年读博期间的哈奇森道德情感思想研究。时至今日，依然难以忘怀的是，在博士论文答辩会上，答辩主席万俊人教授在点评时说希望看到我"把哈奇森肖像画变成视频"。这既为我确立了博士毕业后的研究方向，也为本书确立了最初的思想雏形。本书完成后，曾分别送给万老师和北京大学哲学系安乐哲教授评阅，两位老师对本书给予了极大认可，这种认可也极大地推动我完成出站答辩后进一步修改并完善书稿。

　　感谢浙江大学经济学院罗卫东教授。作为博士后合作导师，罗老师给予的指导和帮助是多方面的。在罗老师和浙大启真馆的推动下，我有幸在2007年10月接触到哈奇森文本，并以翻译和研究为基础完成了博士论文。在浙江大学经济学院理论经济学博士后流动站研习的几年时光，极大地拓展了我的学术视野。我参与罗门读书会，承担了

《国富论》部分章节的翻译工作，聆听了罗老师讲授的"经济思想史"课程，这一切均对本书的创作提供了十分重要的灵感和助力。书稿完成后，罗老师对全书提出过很宝贵的修改意见，从目录到引文，从字词到行文，罗老师都提出过诸多有针对性的修改意见，谆谆教诲，语重心长，令人感动，其影响是深远的。

感谢浙江大学高等人文研究院多次组织高质量的读书会，感谢参与读书会的老师和同学曾从各自不同的专业视域出发对斯密的道德哲学尤其是伦理思想提出各种值得深思的问题。例如，北京大学社会学系渠敬东教授曾在读书会上提问："斯密的道德哲学中到底有没有大写的自然？"渠老师提出的这个问题曾一度极大地推动了我的阅读、思考和写作。感谢浙江大学高等人文研究院于 2017 年 9 月在之江校区组织了为期一周的亚当·斯密学术研习营。感谢加州大学圣地亚哥分校政治学教授福纳·弗门（Fonna Forman）、台湾中研院历史语言研究所陈正国研究员以及维克森林大学经济学教授詹姆斯·奥特森（James Otterson）等各主讲嘉宾从各自不同研究视角讲述自己对斯密道德哲学和政治经济学的理解。

感谢浙江大学张旭昆教授、曹正汉教授、董平教授、徐向东教授、郑备军教授，清华大学万俊人教授，北京大学安乐哲教授在博士后出站报告考评过程中从不同视角对本书提出了非常有益的修改意见。这些意见以一种迅捷而高效的方式推动作者在修改过程中提升了书稿的品质。感谢浙江大学其他老师和朋友（张正萍、吴红列、张亚萍、张江伟、鲁建坤、周嫣然、程晨、刘璐、罗君丽、朱翔宇、李杨等），他们给予的帮助和启迪十分令人难忘。

感谢迈阿密大学哲学系校聘教授迈克尔·斯洛特。受国家留学基金委资助，我于 2016 年 1 月～2017 年 3 月去美国访学，师从斯洛特教授。身为访问学者指导教授，斯洛特展现了远超一般水准的责任心，不辞辛劳每周坚持分别与我和其他各位访问学者在办公室进行一到两个小时的一对一学术谈话。感谢斯洛特教授在学术谈话过程中对本书的诸多重要观点给予高度认可，感谢斯洛特教授对本书寄予厚望，期待英文版尽快面世。亚当·斯密曾说，人文社会科学领域内的研究人员所从事的工作，若要得到他人的赞同，是非常困难的事，然而，他们却偏偏十分渴望他人的赞同。在此意义上，尤其要感谢斯洛特教授对本研究的认可。感谢斯洛特教授授予我《道德情感主义》的汉译权，该书致力于解决自休谟以来的苏格兰启蒙时代道德情感主义所面临的一系列理论难题，立足元伦理学和当代英美情感主义美德伦理学语境，试图构建一种新的规范道德情感主义。翻译的过程不仅是思想交流的过程，更是学习写作的过程，对于本书的顺利写作来说，这一切无疑均大有裨益。

感谢剑桥大学政治思想研究中心理查德·伯克教授。经数次修改，书稿基本定稿后，我来到剑桥大学进行学术访问，有幸聆听伯克教授讲解哈奇森、休谟、斯密和埃德蒙·伯克的政治哲学思想，参加政治思想研究中心在国王学院威尔金斯楼里举办的系列学术讲座。这些经历给我以极大启迪，使我满怀热情再次修改本已放弃修改的书稿。

在构思与写作过程中，本研究曾有幸获批国家社科基金 2013 年年度项目，从立项到结项的过程也是从构思立意到初稿完成的过程。尤其值得一提的是，感谢五位匿名评审专家在成果结项过程中对本书提出了有益的修改意见。

感谢湖北大学哲学学院、高等人文研究院以及农村社区研究中心对本研究的支持与鼓励！感谢所有支持我、关心我、帮助我的师友同道！

图书在版编目（CIP）数据

情感的自然化：英国古典政治经济学的哲学基础／
李家莲著. -- 北京：社会科学文献出版社，2022.2
（2023.9 重印）
ISBN 978 - 7 - 5201 - 9648 - 2

Ⅰ.①情… Ⅱ.①李… Ⅲ.①古典资产阶级政治经济
学 - 研究 - 英国 Ⅳ.①F091.33

中国版本图书馆 CIP 数据核字（2022）第 018749 号

情感的自然化：英国古典政治经济学的哲学基础

著　　者／李家莲

出 版 人／冀祥德
责任编辑／周　琼
文稿编辑／薄子桓
责任印制／王京美

出　　版／社会科学文献出版社·政法传媒分社（010）59367126
　　　　　地址：北京市北三环中路甲29号院华龙大厦　邮编：100029
　　　　　网址：www.ssap.com.cn
发　　行／社会科学文献出版社（010）59367028
印　　装／三河市东方印刷有限公司

规　　格／开 本：889mm×1194mm　1/32
　　　　　印 张：15.375　字 数：332千字
版　　次／2022年2月第1版　2023年9月第3次印刷
书　　号／ISBN 978 - 7 - 5201 - 9648 - 2
定　　价／98.00元

读者服务电话：4008918866